Karin Lützen
Frauen lieben Frauen

Serie Piper
Band 1424

Zu diesem Buch

Karin Lützen erzählt hier die Geschichte der Liebe und Freundschaft von Frauen zu Frauen während der letzten 150 Jahre. Sie schildert, wie sich im weiblichen Bewußtsein das Verhältnis zu Freundschaft, Liebe, Begehren und Sexualität immer mehr entwickelt hat – und zwar sehr wohl in Abhängigkeit davon, ob Wissenschaft (Medizin) und Gesellschaft den Frauen überhaupt eine eigene Sexualität zugestanden haben. Diese Geschichte der Frauenliebe, reich illustriert und dicht mit literarischen Quellen unterfüttert (George Sand, Vita Sackwell-West, Virginia Woolf u. a.), ist neben einer Geschichte der Sexualität der Frau auch eine Erörterung der Frage, was Weiblichkeit überhaupt sei.

Karin Lützen, geboren 1952 in Fredericia, Jütland, Studium der Volkskunde und Ethnologie, Dr. phil., Feministin. Lebt als Schriftstellerin in Kopenhagen.

Karin Lützen

Frauen lieben Frauen

Freundschaft und Begehren

Aus dem Dänischen von
Gabriele Haefs

Piper
München Zürich

SERIE PIPER
FRAUEN

Die Originalausgabe erschien 1986 unter dem Titel
»Hvad Hjertet Begaerer«
bei Tiderne Skifter, Kopenhagen

ISBN 3-492-11424-5
Dezember 1992
R. Piper GmbH & Co. KG, München
Lizenzausgabe mit Genehmigung
des Ernst Kabel Verlages, Hamburg

Umschlag: Federico Luci,
unter Verwendung eines Gemäldes von Carol Wald
Foto Umschlagrückseite: Gregers Nielsen
Gesamtherstellung: Clausen & Bosse, Leck
Printed in Germany

Inhalt

Illustrationen

Aus Sammlungen:

Von Fotografen:

Aus Büchern:

Danksagung

Ich habe dieses Buch ganz allein geschrieben, und deshalb muß ich mich zuallererst bei mir selber bedanken. Durch meine unglaubliche Energie und meine gigantische Selbstdisziplin konnte ich wie festgebunden an meinem Schreibtisch sitzen, während ich Festmähler, Spaziergänge in der Natur, Geburten, Sonnenuntergänge und alles andere, was das sogenannte soziale Leben ausmacht, glatt verpaßte. Durch meine messerscharfe Konzentrationsfähigkeit konnte ich mich während meiner Nebenjobs als Hotelrezeptionistin in meine Forschungen vertiefen, wo ich in aller Heimlichkeit unter dem Tresen Quellenliteratur studierte und gleichzeitig Stadtpläne erklärte und Schlüssel verteilte und wo ich einzelne Kapitel auf der Maschine ins reine schrieb, während ich Telefongespräche mit Shanghai und Australien führte. Durch mein enormes Ego und meine ebenso große Selbstsicherheit habe ich mutterseelenallein bei meinen Büchern gesessen und war absolut zufrieden und überzeugt, das Richtige zu tun. Durch meine Begeisterungsfähigkeit und meine gute Laune habe ich beim Schreiben den schöpferischen Funken nicht verloren und habe dieses Buch mit einem Lied auf den Lippen verfaßt. Durch meine phantastische Muskelkraft konnte ich tonnenweise Bücher zwischen meiner Wohnung und der Königlichen Bibliothek hin- und herschleppen, und mit Hilfe meines Pionierinnengeistes habe ich mich in dieses noch ganz und gar unbeackerte Forschungsfeld geworfen.

Aber für alle diese Eigenschaften muß ich mich bei meiner Mutter – Irène Lützen, geborene Lupu – bedanken, die in den Wald ging, um Anemonen zu pflücken, dadurch ihre Niederkunft beschleunigte, so daß sie mich im Sternzeichen des Widders zur Welt brachte (wo mein Bruder sich bereits befand) und mir noch dazu den Widder als Aszendenten verpaßte – ganz zu schweigen davon, daß sie mich danach mit sehr viel Liebe großgezogen hat. Die Kennzeichen des Widders sind genau die oben angeführten Eigenschaften – neben vielen weiteren. Als erstes Zeichen im Tierkreis hat der Widder viel Kraft, dagegen nicht für einen Fünfer Einsicht in Gefühle – oder gar Selbstkritik, Taktgefühl, Überlegung, Sensibilität und so weiter. Ein Buch wird jedoch nicht allein durch das Ego geschrieben, und deshalb muß ich mich bei unzähligen Frauen bedanken, die ihre eigenen, sensibleren Eigenschaften und philosophischen Gedanken mit mir geteilt haben.

Eine Freundin sagte eines Tages, sie habe einer gemeinsamen Freundin von einem Besuch bei mir erzählt, worauf die gemeinsame Freundin gesagt habe: »Dann habt ihr wohl über Sex geredet, mit Karin kannst du doch nur über Sex reden.« Als ich das hörte, erschien es mir als eine seltsame Bemerkung, denn worüber sollten wir denn sonst reden? Aber diese Bemerkung zeigt, daß ich in den letzten Jahren die reinste Fachidiotin gewesen sein muß, die alles in bezug auf ihre Forschung und ihre Forschung in bezug auf alles gesehen hat. Es stimmt, daß ich Freundinnen gekidnappt habe, um mein Thema zu diskutieren, aber diese Diskussionen haben auch eine große Bedeutung für meine Arbeit an diesem Buch gehabt.

Deshalb richtet sich mein Dank an folgende Frauen – sowohl an Lesben als auch an Heterosexuelle –, von denen manche jahrelange Freundinnen sind, andere haben mir nur einmal etwas Wichtiges gesagt, mit noch anderen habe ich nicht nur über Sex und Liebe diskutiert, sondern selbiges auch praktiziert. Den lesbischen Frauen in dieser Aufzählung möchte ich danken, weil sie das lesbische Leben zu einem Genuß gemacht haben, den ich gerne in alle Ewigkeit weitererleben würde. Mein Dank geht an: Inge Aas, Barbara Adler, Birgit Agermåne, Nina Arbo, Lotte Bering, Marianne Hall Christensen, Bente Clod, Brigitte Due, Isabelle Durousseau, Lizzie Elmøe, Jutta Fischer, Hanne Fokdal, Dorte Grene, Iben Haahr, Nise Harder, Hanne Haugaard, Bodil Højbjerg, Kirsten Johnsen, Lone Karkov, Gunilla Karlsson, Pernille Kløvedal Helweg, Liesel Kolb, Else Korsgaard, Elisabeth Lange, Ane Lillegaard, Jette Michaelsen, Annelise Nielsen, Anne Ottosen, Bodil Pedersen, Mie Pedersen, Tine Sallyman, Berit Scheibel, Gitte Schröder, Monika Selmer, Lene Sjørup, Maj Skadegaard, Britta Skovgaard, Connie Skovart, Karin Sten Madsen, Renate Stendahl, Vivi Tengberg, Marianne Thorsen, Vibeke Vasbo und Brita Wielopolska.

Einigen weiteren Frauen möchte ich gesondert danken, da sie für dieses Buch von besonderer Bedeutung gewesen sind. Margrethe Krogh-Jacobsen, meine Verflossene, meine ewig Geliebte und meine beste Freundin. Ihr ist es zu verdanken, daß ich entdeckt habe, daß Liebe und Sex nicht bloß in Büchern vorkommen, mit ihr habe ich die vielen Gesichter der Liebe erlebt, und von ihren scharfen politischen Analysen und ihrer phantasievollen Radikalität habe ich unglaublich viel gelernt. Susi Frastein – die suchende Seele – schafft es immer, mir zum richtigen Zeitpunkt das Richtige zu sagen, und bringt damit meine Gedanken in Schwung.

Mein Dank geht an die Historikerinnen Brigitte Possing und Bente Rosenbeck, mit denen ich einen Geheimklub gegründet habe, in dem wir gegenseitig die Arbeit der anderen unterstützen. Was diese beiden Frauen mir beigebracht haben, läßt sich mit zehn Jahren an der Universität messen, und ihre Kritik dieses Buches als Manuskript im Rohzustand war außerordentlich fruchtbar. Brigitte Rørbye war meine Lehrerin und Doktormutter am Institut für Volkskunde der Universität Kopenhagen und hat meine wilden Projekte immer unterstützt. Helle Jarlmose ist neben mir die einzige Frau in Dänemark, die die Liebe unter Frauen in historischer Perspektive untersucht hat – sie geht von einem literarischen Blickwinkel aus. Wir haben über dieses Thema im ganzen Land gesprochen, und zu wissen, daß sie sich auch damit beschäftigt, war für mich eine große Aufmunterung. Nynne Koch – typisch für ihren mangelnden akademischen Snobismus – hat sich schon für meine Arbeit interessiert, als ich noch ein rotziges Erstsemester war, und mich aufgefordert, für *Kvindestudier 4* und später für *Forum for Kvindeforskning* Nr. 3, 1985, zu schreiben. Diese Nummer handelte vom weiblichen Begehren, und dadurch wurde ich auf das Thema gebracht, das nun zum roten Faden dieses Buches geworden ist.

Viele der Zitate in diesem Buch sind aus den Originalsprachen übersetzt, und immer konnte ich in aller Eile bei sprachbegabten Freundinnen anrufen, wenn ich beim Übersetzen hängenblieb. Ich bedanke mich bei Lisa Hughes für ihre Hilfe mit den englischen Zitaten, Liesel Kolb für Hilfe bei den deutschen, Isabelle Durousseau und meiner Mutter für die französischen und Magdalena Maahl für die schwedischen. Außerdem möchte ich Hanne Fokdal danken, die als Stimme des Volkes mein Manuskript gelesen und Änderungsvorschläge gemacht hat. Schließlich bedanke ich mich bei meinem Schwesterchen Marianne Lützen, verehelichte Bonde, die mein Verbindungsglied zur »wirklichen Welt« gewesen ist und die mir immer die Türen zu ihrem harmonischen Heim geöffnet hat, wenn ich beim Schreiben ein Bad in der Normalität gebraucht habe. Bei ihren beiden engelhaften Kindern Signe und Louise möchte ich mich bedanken, weil sie mich wieder zum Kind machen und aus meinen olympischen Höhen herunterziehen.

Das Thema dieses Buches ist in Dänemark ziemlich unbearbeitet, und ich habe deshalb manche Inspiration Ausländerinnen zu verdanken, die sich schon länger damit beschäftigen. Ich danke Marjan Sax aus Amsterdam und Jeanne Bergman aus Berkeley für ihre ausdauernde Neugier, ihren Mut zu neuen Wegen und ihre Bereitschaft, diese Erlebnisse mit mir zu teilen. Ich danke der Historikerin Martha Vicinus, da sie den Artikel geschrieben hat, der mich zu meiner Forschungsarbeit angeregt hat, und die seither freigiebig in ihren Briefen ihre Gedanken mit mir geteilt hat. Ich danke Joan Nestle und Deb Edel, die mich so gastfreundlich in ihren Lesbian Herstory Archives aufgenommen und mich mit vielen neuen Gedanken bekanntgemacht haben. Ich danke Frances Doughty, die über dasselbe Thema wie ich arbeitet und die meinen Aufenthalt in New York ganz entzückend gestaltet hat, was wir auch in unserer Korrespondenz fortzusetzen versuchen.

Es liegt in der Natur der Sache – oder vielleicht in meiner eigenen –, daß Männer bei dieser Arbeit nicht so schrecklich interessant waren. Früher war das anders, und wer auf den Saiten meiner Liebe gespielt hat, soll voller Diskretion verschwiegen werden. Allerdings hatten zwei Männer Bedeutung für mein Schreiben, was ich in meinem Beitrag zu der Anthologie *Når kvinder skriver*, herausgegeben von Susi Frastein, ausführlich dargestellt habe. Ich will an dieser Stelle ihre Namen verraten, um ihnen ausführlich danken zu können: der Dichter Hans Hartvig Seedorff, der meine schriftstellerischen Fähigkeiten schon »entdeckt« hatte, als ich erst 15 war, und der seitdem mein schriftstellerischer Schutzengel gewesen ist. Er hat großes Interesse für dieses Buch gezeigt, und ich hatte mich darauf gefreut, es ihm zu lesen zu geben, aber er ist heute begraben worden. Der andere ist Ib Larsen, mein Altgriechisch-Lehrer, der meine Augen für die Sprachwissenschaft geöffnet und mir zu Ehren auch Sapphos Liebesgedichte durchgenommen hat.

Als ich dieses Buch schrieb, hatten auch noch andere Männer ihre Bedeutung, und ich möchte mich bei Professor Odd Nordland aus Oslo bedanken, der mein Prüfer an der Universität war und immer großes Verständnis und Interesse für meine Forschungen hatte. Der Historiker Wilhelm von Rosen hat als erster in Dänemark die Geschichte der Homosexualität auf hohes Niveau gebracht. Mit dem Geistesgeschichtler Henning Bech hatte ich eine spannende Zusammenarbeit. Der Forschungsbibliothekar Willy Dähnhardt hat meine unzähligen Besuche in der Königlichen Bibliothek zum Vergnügen gemacht und sich immer wieder kopfüber in die Karteikästen gestürzt, um schwer erreichbare Quellen aufzustöbern. Der Verlagslektor Claus Clausen hat schon Interesse an diesem Buch gehabt, als es noch die reinste Gedankenspinnerei war, und brachte fruchtbare Kritik, als es zum Manuskript heranreifte. Und schließlich möchte ich mich ganz besonders bei Oberarzt Preben Hertoft bedanken, der sich seit unserer ersten Begegnung außerordentlich interessiert und hilfsbereit gezeigt hat und dessen Charme und Engagement meine Begegnung mit einem Vertreter der bislang alleinherrschenden Experten auf diesem Gebiet zu einem großen Erlebnis gemacht haben.

Zum Schluß möchte ich mich bei meinen Katzen Lillemis und Sortemis bedanken, mit denen ich seit zehn Jahren glücklich zusammenlebe und die mich beim Schreiben auf beste Katzenmanier unterstützt haben.

Karin Lützen
Kopenhagen

Prolog

Schulzimmer Villa Claudia
23.10.10
¼ nach 8 Uhr.

Ja meine liebe Ebba jetzt naht die Abschiedsstunde, noch einige Tage, dann heißt es »lebe wohl«, vielleicht auf nimmer Wiedersehn. Ich bin so froh, daß Du nach Fredericia nach meiner liebsten Freundin Hedvig fährst. Du bist nun bald 1 Jahr hier und weißt genau als ich damals kam. Weißt Du liebe Ebba, da schliefen wir zusammen im Anbau, da haben wir auch viele vergnügte und nette Abende verlebt, aber wir kannten uns noch nicht recht. Erst in Fredericia haben wir uns recht kennen gelernt. Ja das war eine schöne Zeit in Fredericia. Auch als wir das Zweitemal in Fredericia waren war es *sehr* nett, und als wir nach Villa Claudia zurückkehrten schliefen wir beide zusammen. Ich war so glücklich, daß ich mit Dir zusammen schlief, denn Du, ja besonders *Du* verstandest mich wenn ich so furchtbare Sehnsucht nach meiner Hedda hatte, ich war ja so oft so traurig, denn mein einzigster Wunsch war meine Herzensfreundin bei mir zu haben. Ja liebe Ebba Du hattest immer so viel Geduld mit mir, wenn ich so viel von meiner lieben Hedda sprach. Ja das ist bald alles vorbei. Noch vier Wochen, dann gehe auch ich fort und nehme Abschied von meiner lieben Villa Claudia. So leb' wohl, behalte mich und meine liebe Hedda ein wenig lieb; und vergiß nicht ganz Deine treue Freundin Hilde.

War sie lesbisch?

Die obenstehende Liebeserklärung wurde in deutscher Sprache verfaßt und kann im Poesiealbum meiner Großmutter nachgelesen werden, das 1903 angefangen wurde und späterhin aus gepreßten Blumen und herausgerissenen Seiten besteht. Sie war 17, als sie sich 1910 in der Mädchenpension Villa Claudia in Deutschland aufhielt – noch keine richtige Erwachsene, aber auch kein reines Kind mehr. Sollen wir diese Liebeserklärung also als Ausdruck für die Freundschaft zweier Backfische auffassen oder als Beweis für das lesbische Jungmädchenleben meiner Großmutter?

Solche Fragen zu stellen heißt, die Geschichte zu verfälschen. Solche Fragen entspringen einer Auffassung, die in der Gegen-

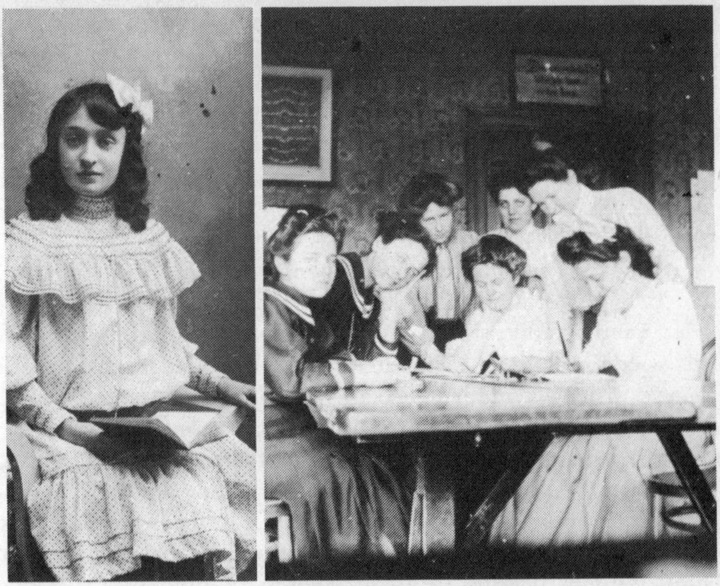

Hilde, ca. 17 Jahre. Das Schulzimmer in der Villa Claudia, Hilde ganz rechts

wart entstanden ist und die sich auf die Vergangenheit nicht einfach anwenden läßt. Lesbisch zu sein bedeutet heute dasselbe wie stigmatisiert zu sein – abgestempelt als Abweichlerin. Wäre das schon 1910 so gewesen und wären solche Liebeserklärungen sofort als »lesbisch« kategorisiert worden, hätte meine Großmutter sie dann in ihrem Poesiealbum geduldet? Hätte sie dann auch alle Schnappschüsse von Hilde in ihrem Fotoalbum gelassen? Hilde blinzelt allein in die Sonne, Hilde mit Käthe am Kaffeetisch, Hilde im Schulzimmer und Hilde und Ebba, die sich umarmen.

Das hätte sie natürlich nicht, denn Ebba war ein wirklich braves Mädchen, das lieber den vorgeschriebenen Regeln gehorchte, als sich dagegen aufzulehnen. Aber es läßt sich nicht leugnen, daß sie auf ihren Fotos aus der Villa-Claudia-Zeit wesentlich gelöster und froher aussieht als auf Bildern aus ihrem Erwachsenenleben. Und anders als in meiner Erinnerung, denn meine erste Erinnerung an sie zeigt mir eine kleine, runde Dame, die mir zu hart mit dem Taschentuch den Mund abwischte, als wir uns von der Kakaotafel erhoben – aber sie hat mir immer Geschenke gemacht, über die ich mich gefreut habe. Nach ihrem Tod 1957 erbten wir alles mögliche von ihr – ich erinnere mich an winzigkleine elegante Goldschuhe und fromme Bücher. Meine Mutter erbte ihren Schmuck, und meiner Schwester und mir wurde versprochen, daß wir ihn bekommen sollten, wenn wir erwachsen wären.

Als ich in der Pubertät das Frauenleben selber kennenlernte, tauchten Bruchstücke aus ihrer Lebensgeschichte, die mir irgendwann erzählt worden waren, in meiner Erinnerung auf: daß sie wiederholt vom Familiengespenst Maniodepressivität gequält worden war, daß mein Großvater sich von ihr getrennt und danach mit einer Krankenschwester zusammengelebt hatte, die sie vorher zu den Kurorten begleitet hatte. Als ich selber anfing, die Unterdrückung von Frauen zu begreifen, wurde die Geschichte meiner Großmutter zu einem Bild des Schicksals, als Frau überflüssig zu sein. Auch sie wurde das Opfer der Frauenunterdrückung, ihr finanzieller Reichtum rettete sie nicht davor, er entschied nur über die Form der Unterdrückung.

Als Tochter eines erfolgreichen und deshalb wohlhabenden Direktors – dessen Vater Handwerker gewesen war – wuchs Ebba natürlich in ausgeprägtem Reichtum auf, und die schöne und stattliche Mutter erzog die fünf Kinder, wenn sie nicht gerade ihre Anfälle von Maniodepressivität hatte. Fünf Jahre nach ihrem Aufenthalt in Villa Claudia heiratete Ebba mit 23 Jahren einen Pastorensohn, Geschäftsmann und Heeresintendanten aus Jütland – natürlich eine gute Partie. Jeden Tag ritt er in der jütländischen Garnisonstadt an ihrem Fenster vorbei, bis es zur Verlobung kam und er seinen Abschied nahm, um in die Firma seines Schwiegervaters einzutreten. Ebbas Mann – mein Großvater – wurde Direktor, stieg in den Direktorsgraden, bis er schließlich mit seinem Schwiegervater und später mit seinem Schwager die Firma leitete. Das Patriarchat verbrüderte sich, während Ebba immer überflüssiger wurde. Ihre drei Söhne wurden sorgfältig von Kindermädchen versorgt, das Essen wurde von Küchenmädchen zubereitet und von Stubenmädchen serviert. Es gab kaum einen Unterschied zwischen ihrem Leben und dem ihrer Mutter – und wie ihre Mutter begann Ebba, an Maniodepressivität zu leiden. Ihre Ehe endete in den dreißiger

Jahren mit der Scheidung, und den Rest ihres Lebens verbrachte sie in einer kleinen Wohnung in Kopenhagen, wenn sie nicht in Kur weilte. Ihr Mann heiratete seine schöne Haushälterin, Tochter eines bankrotten Direktors, und sie lebten weiter in der schloßähnlichen Villa. Ebba heiratete nicht wieder.

Ebbas Leben unterscheidet sich nicht vom Leben unzähliger anderer Oberklassefrauen ihrer Zeit – und hätte es denn anders ausfallen können? Sie war keine Bahnbrecherin, keine Aufrührerin, und der Gedanke an ein anderes Leben ist ihr möglicherweise einfach nicht gekommen. Aber ihr Leben ist auch ein Beispiel dafür, daß sich die Zeiten für Frauen verändert hatten – von liebevollem Zusammensein unter Frauen hin zu einer isolierten heterosexuellen Idylle. Sie wuchs in einer Zeit auf, in der das Zusammensein von Frauen ein natürlicher Teil ihres Lebens war, und sie wurde erwachsen, als dieses Zusammensein als Mauerblümchensyndrom gebrandmarkt wurde. Sie wuchs aber auch in einer Zeit auf, als Frauen nicht über Begehren verfügten und wo den Frauen deshalb ohne Probleme die Nähe und Zärtlichkeit zugebilligt wurden, wie es sie in der Villa Claudia gegeben hatte, ohne daß das als sexuelle Abweichung abgestempelt wurde.

Die Veränderlichkeit des Begehrens

Liebe unter Frauen hat es zu allen Zeiten gegeben, aber zu unterschiedlichen Zeiten ist sie unterschiedlich aufgefaßt worden. Der älteste Beleg für eine solche Liebe sind Bruchstücke von Gedichten der Sappho. Sie lebte im 5. Jahrhundert vor Christus auf der Insel Lesbos in der Ägäis und unterrichtete junge Frauen in Komposition und Dichtung. Ihre nachgelassenen Gedichte über ihre Liebe zu diesen Schülerinnen haben der Liebe unter Frauen ihren Namen gegeben. Das Adjektiv »lesbisch« bedeutete ursprünglich »von der Insel Lesbos«, wird aber heute als Bezeichnung für eine homosexuelle Frau verwendet. Ein wenig altmodisch ist das Wort »sapphistisch«, was dieselbe Bedeutung hatte und vom Namen der Dichterin abgeleitet ist. »Tribade«, ein heute veralteter Begriff, leitet sich ab von dem altgriechischen Verb »tribein«, was »reiben« bedeutet. Auf welche Weise Sappho ihre Schülerinnen geliebt hat, bleibt ungewiß, aber ihre

Gedichte bieten den hinlänglichen Beweis dafür, daß sie es getan hat. Sie scheint auch das Begehren gekannt zu haben, denn ein Bruchstück aus einem ihrer Gedichte besagt: »KAI POTHÈOO KAI MÁOMAI«, »und ich begehre, und ich ziehe an«.

Dieses Buch handelt von der Verbindung von Begehren und Liebe unter Frauen, und zu diesem Zweck habe ich bürgerliche Frauen in der westlichen Welt der letzten 160 Jahre untersucht. Dieses Forschungsfeld ist ziemlich unbeackert und wurde überhaupt erst 1975 zum Forschungsfeld erhöht, als die US-amerikanische Historikerin Caroll Smith-Rosenberg ihren Artikel »The Female World of Love and Ritual: Relations between women in nineteenth-century America« veröffentlichte. In diesem Artikel zeigte sie, daß Liebesbeziehungen zwischen bürgerlichen Frauen im 19. Jahrhundert hoch angesehen waren und gewissermaßen einen Teil der weiblichen Kultur ausmachten. Heute können wir uns darüber wundern, aber damals galten bürgerliche Frauen, rein biologisch gesehen, als frei von geschlechtlichem Begehren, und deshalb mußte eine Liebesbeziehung zwischen ihnen zwangsläufig »rein« sein. Es liegt auch daran, daß die Kategorien Homosexualität und Heterosexualität noch nicht erfunden worden waren, weswegen solche Beziehungen nicht als »unnormal« und »abweichend« gebrandmarkt werden konnten. Caroll Smith-Rosenberg betonte deshalb, daß solche Beziehungen in ihrem historischen Zusammenhang und aus dem historischen Bewußtsein heraus untersucht werden müßten.

Der Begriff »Homosexualität« wurde Ende des 19. Jahrhunderts von der medizinischen Wissenschaft entwickelt, das Wissen darum blieb jedoch dem Kreis der Ärzte vorbehalten. Erst nach 1920 wurden sie zu allgemein bekannten Begriffen und damit zu einer Identität, die Frauen übernehmen, und zu einer Abweichung, von der andere sich distanzieren konnten. Historisch korrekt wäre es deshalb, die zeitgenössischen Begriffe zu verwenden. Und für Frauen des 19. Jahrhunderts war »Homosexualität« ein ebenso unbekannter Begriff wie BH, EDV oder AIDS. Meine Großmutter Ebba und die anderen Frauen des 19. Jahrhunderts können nicht als »homosexuell« bezeichnet werden; so, wie es absurd wäre, von der entfremdeten Arbeit der Galeerensklaven, der Kapitalakkumulation der Renaissancefürsten, Brünhilds Penisneid oder der Sauregurkenzeit der Eiszeit zu sprechen.

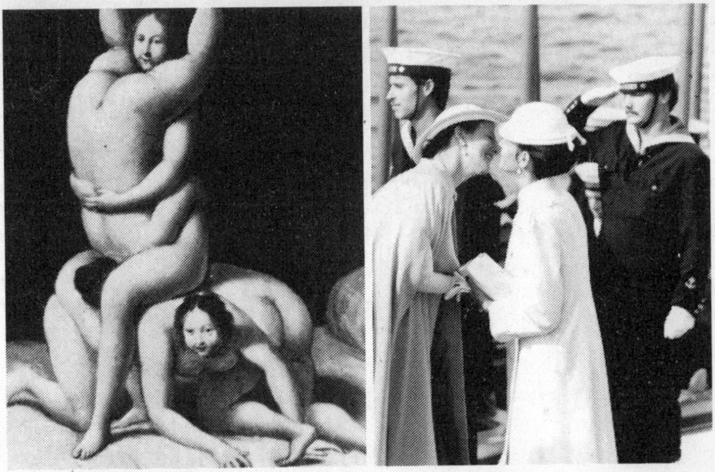

Die Vielfalt der Frauenliebe. Französisches anonymes Gemälde; rechts dänisches Pressefoto 1985

Der Zeitraum, den ich untersuchen will, umfaßt die Zeit, in der den Frauen noch niemand auf die Schliche gekommen war, und die Zeit, in der Gefahr absolut im Verzug war. Mit anderen Worten, er umfaßt die Zeit vor und nach der Erfindung des Begriffes Homosexualität, vor und nach der Anerkennung eines weiblichen Sexualitätstriebes. Obwohl Frauen im 19. Jahrhundert kein Begehren zugebilligt wurde, habe ich das Begehren für dieses Buch zum roten Faden genommen. Ich verstehe darunter nämlich nicht nur einen Trieb, der mit der Sexualität zu tun hat, sondern auch das Begehren nach etwas anderem, sei es nun die Erwiderung der Liebe oder die Vereinigung mit dem geliebten Menschen.

Der Hintergrund der Forscherin

Dieses Buch ist das Ergebnis der emsigen Forschung von zwei Jahren, aus der schon eine Magisterarbeit, diverse Hausarbeiten und eine abschließende Examensvorlesung geworden sind, allesamt über die Liebe von Frauen zu Frauen an allen Ecken und historischen Enden. Aber wir können gleich hier eine Pause machen und uns ein billiges Grinsen gönnen, angesichts der Tatsache, daß ich während dieser ganzen Zeit fast kein anderes Begehren gekannt habe, als zu forschen. Und, haha, das ist genau so ein großer Witz wie der, daß meine befreundeten Historikerinnen nichts so schrecklich finden, wie als bodenständig und durchschnittlich zu gelten, und deshalb über Frauen forschen, die mit der Frauenrolle aneinandergeraten. Alle Forschung handelt im Grunde vielleicht nur von den eigenen Qualen der Forschenden, und hier sitze ich, die Nase in den Büchern vergraben, und finde, daß der Traum vom vergangenen und vom kommenden Begehren befriedigender sein kann als das vorhandene. Vielleicht sollte ich also lieber eine Therapie machen, statt zu forschen, oder vielleicht ist die Forscherei bloß eine Therapie, aber muß ich damit auch noch den Leuten auf die Nerven gehen?

Als ich mit dieser Arbeit anfing, hatten meine jahrelange Liebste und ich einander gründlich satt und gingen jeweils unsere eigenen Wege. Das setzte dann sehr viel Zeit und Energie frei, die ich sonst zum Begehren und Schimpfen und Küssen und Reden und überhaupt gebraucht hätte. Aber ich war außerdem von einem Artikel der US-amerikanischen Forscherin Martha Vicinus aufgeweckt worden. Beim Kongreß »Among Men, Among Women« 1973 in Amsterdam stellte sie ihre Studien über Liebesbeziehungen zwischen Schülerinnen und Lehrerinnen in englischen Mädcheninternaten gegen Ende des 19. Jahrhunderts vor. Diese Beziehungen charakterisiert sie mit der Bezeichnung »Distance and Desire«, also »Distanz und Verlangen«, und zeigt auf, daß das Begehren über eine Distanz stattfand und deshalb notwendigerweise auf Erwiderung verzichten mußte. Die Liebe der Schülerinnen brauchte keine Antwort von der bewunderten Lehrerin, um wirklich zu sein, sondern fand Befriedigung durch das bloße Empfinden dieser Liebe.

Das stellt nun wieder die heutige Auffassung von unerwiderter Liebe als vergeudeter Liebe auf den Kopf und hat mir ein neues Geschichtsbewußtsein gegeben – wie wir später sehen werden – und darüber hinaus ein neues Bewußtsein meines eigenen Liebeslebens. Es gab mir auch den Anstoß, mich an mein eigenes Konferenzthema zu setzen, da ich schon seit Jahren das lesbische Weltbild der Gegenwart hatte untersuchen wollen. Aber ich war dabei so subjektiv, daß ich Angst hatte, am Ende würde bloß »Karin Lützens Traum von einem lesbischen Weltbild« herauskommen. Mit diesem Projekt vor Augen fuhr ich nach Amsterdam, und als Caroll Smith-Rosenberg, auf meinem Fahrradgepäckträger, mich eines Tages unterwegs zum Kongreß höflich fragte, worin ich unterrichtete (!), brachte ich eine verwirrte Darstellung dieses Weltbildes, von dem weder sie noch ich auch nur das geringste verstanden. »Ich bin nicht ganz sicher, daß ich verstehe, was du meinst«, sagte sie taktvoll, und mir ging es ja auch nicht anders. An diesem Tag gab dann Martha Vicinus ihre erweckende Vorlesung, und ich war sofort Feuer und Flamme und beschloß im Handumdrehen, mein Thema zu ändern. Freudestrahlend erzählte ich das Caroll, als alle Kongreßteilnehmerinnen abends im Frauencafé saßen und sich erholten. Da sagte sie sehr klug: »Es ist immer leichter, die eigenen Träume in die Vergangenheit zu projizieren.«

Und es sollte sich zeigen, daß sie ewig recht hatte, denn als ich mich endlich an die Forschung setzte, identifizierte ich mich dermaßen mit den bürgerlichen Frauen des 19. Jahrhunderts, daß ich jegliches sexuelle Gefühl zur geistvollen Liebe sublimierte. Rein forschungstechnisch hatte das den Vorteil, daß ich mich wunderbar in die begehrlose Liebe dieser Frauen hineinversetzen und erkennen konnte, welche Vorteile diese Liebe ihnen gebracht hatte. Aber es hatte auch den Nachteil, daß ich mich so sehr mit ihnen identifizierte, daß ich die Probleme, die diese Art von Liebe ebenfalls mit sich brachte, nicht mehr erkennen konnte.

Dabei war es völlig blödsinnig und unhistorisch zu glauben, daß ich eine neue bürgerliche Frau werden könnte, wo ich doch in einer Zeit aufgewachsen bin, in der Sexualität und Begehren eine ganz andere Bedeutung bekommen haben. Hinterher, wie immer klüger, kann ich deshalb meine hypnotischen Fähigkeiten, meine eigenen Qualen zur Ideologie zu erhöhen, nur belächeln. Die Begehrlosigkeit war für mich plötzlich zum Alpha und Omega geworden, und ich predigte sie allen, die mir zuhören wollten – mit meinen Freundinnen als zweifelndem Publikum.

Ich würde zwar die Begehrlosigkeit nicht mehr für das einzig Richtige halten, möchte sie aber doch als eine Liebesmöglichkeit anbieten, da ich selber ein Erlebnis hatte, das mir eine Erkenntnis vermittelte, die mir ansonsten niemals zuteil geworden wäre. Vor einigen Jahren war ich in New York und studierte in den Lesbian Herstory Archives, um mehr über dieses verdammte Weltbild herauszufinden, und hier wurde ich mit dem letzten Schrei im lesbischen Denken konfrontiert, worauf ich im Kapitel über die Gegenwart noch eingehen werde. Außerdem stürzte ich mich in eine Liebesbeziehung mit einer Forscherin, was mir in jeder Hinsicht Freude machte, und deshalb ahnte ich nichts Böses, als ich mich in die Metropolitan Opera begab.

Hier war ich auf meinem Stehplatz in der letzten Reihe, oberster Balkon – mit Menstruationsbeschwerden und Angst vor dem Nachhauseweg im Dunkeln –, und sah die Oper »Der Rosenkavalier«, die mir zum einen Ohr hinein- und zum anderen hinausging. Diese Apathie hielt vor bis zum berühmten Terzett im letzten Akt, wo Octavian zwischen der Marschallin und Sophie auf der Bühne steht, und sie wechselten sich mit dem Singen ab, die Töne stahlen sich in mein müdes Haupt – und ich erlitt einen Schock. Ich entriß meinem Nachbarn das Opernglas und richtete es auf Octavian und sah, daß sie die wunderbarste Frau war, die mir je zu Augen gekommen war. Ihre Stimme brauste in all meine Chakren – wie Spirituelle sagen –, wir können uns aber auch darauf beschränken, daß alle möglichen bisher schlummernden Gefühle, Sinne und Bewußtheiten schlagartig zum Leben erweckt wurden.

Seit jenem Abend sind Opernarien meine Droge, aber das will ich nur kurz erwähnen und mich auf Octavian konzentrieren. Als Kind der sogenannten sexuellen Befreiung wollte ich mich augenblicklich mit ihr verloben und verheiraten, wo ich nun so begeistert von ihr war. Ich habe schließlich mit der Muttermilch die Überzeugung eingesogen, daß aus einer Verliebtheit auch etwas werden soll, daß sie also zu einer Verlobung werden oder zumindest mit einer sexuellen Begegnung enden soll, und wenn das nicht geschieht, so ist die Verliebtheit ein Fieber, das wir uns schnellstmöglich aus dem Körper schwitzen sollten. Außerdem gehörte es in meiner lesbischen Szene zum guten Ton, die Angebetete mit dieser Verliebtheit zu nerven, damit sie sich dazu äußern konnte.

Gedacht, getan, und bei jedem ihrer Auftritte fand ich mich auf einem besseren Stehplatz ein, ausgerüstet mit einem riesigen Feldstecher, damit ich ihr bis ins Nasenloch schauen konnte, und genau wie die umstehenden heterosexuellen Frauen verfiel ich ihr immer mehr. Eine davon sagte mit Pudding in den Knien, daß Octavian so phantastisch wäre, weil sie vollständig zum Mann würde – »oder zur Frau«, sagte ich. Daraufhin errötete sie aufs heftigste und murmelte, ich hätte wohl recht, aber damit war ihr bewußt geworden, daß sie sich von einer Frau angezogen fühlte.

Octavian ist eine sogenannte Hosenrolle, die immer von einer Frau gesungen wird, die einen Jüngling darstellen soll.

Oft geht dieser Plan dermaßen in die Hose, daß Octavian statt dessen wie ein Transvestit aussieht. Diese Sängerin jedoch war groß und schön und breitschultrig und spielte die Rolle wie eine Frau, die eine Frau liebt – ich muß hinzufügen, daß ich sie später noch als Romeo gesehen habe, und den spielte sie genauso. Wenn sie Hosenrollen sang, dann schien Vita Sackville-West wieder zum Leben zu erwachen und Orlando den Anstrich von Sex zu verleihen, der dem Buch fehlt, den sie jedoch selber hatte.

Außerdem tat sie in der Oper in New York das Ihre, um die Frauen aufzureizen, denn als sie eines Abends beim Vorhang die als Gast auftretende Marschallin an der Hand hielt, beugte sie sich plötzlich vor und küßte sie auf den Mund. Wir fielen alle in Ohnmacht, und um ihre Herrlichkeit zu vervollkommnen, hatte sie eine Stimme, die vor Leidenschaft, Wärme, Glut, Kraft, vor allem, was großartig ist, vibrierte.

Natürlich konnte ich mich nicht verloben, solange ich nur durch meinen Feldstecher glotzte, und deshalb schickte ich Briefe und Blumen, und meine ganze Szene in New York zerbrach sich den Kopf, um mir zu helfen. Eine Frau schlug vor, ich sollte mir ein Katapult anschaffen, um damit samt einem Strauß silberner Rosen beim Vorhang vor ihre Füße geschleudert zu werden. Aber ich traute mich nicht, und als einzigen Hinweis auf Erwiderung meiner Gefühle erhielt ich per Post eine Autogrammpostkarte. Well, dachte ich, es gibt sicher Unterschiede zwischen New York und dem kleinen Dänemark, wo wir die Prominenz im Bioladen treffen können, over there mischen sie sich nicht so unters Volk – und ich fuhr wieder nach Hause.

Hier träumte ich jede Nacht von dieser Opernsängerin, und da ich nun wußte, daß übereinstimmende Träume eine Botschaft des Unterbewußtseins überbringen sollen, zerbrach ich mir den Kopf nach einer Erklärung. Im Traum sah ich sie jedesmal über einem Abgrund aus Publikumsplätzen und Orchestergraben, und in meiner Phantasielosigkeit kam ich zu der Deutung, daß ich Gesangunterricht nehmen sollte. Der Traum kam aber immer wieder, bis eine Freundin mir eines Tages erklärte, daß Traumfiguren immer von der träumenden Person handeln und daß die Opernsängerin wohl eher Eigenschaften darstellen sollte, die ich zwar hatte, aber nicht auszuleben wagte. In derselben Nacht träumte ich wieder von ihr, aber nun stand ich auf der Bühne und sprach mit ihr – ich war also dabei, mich mir selber zu nähern.

So weit war ich gekommen, als ich nach Amsterdam fuhr und von Martha Vicinus' Vortrag über Distanz und Verlangen erweckt wurde. Mir ging auf, daß ich mir die Befriedigung meines Begehrens aller Wahrscheinlichkeit nach an den Hut stecken könnte – mich mit meiner Opernsängerin zu verloben –, aber daß meine Begeisterung für sie deshalb noch lange keine Verschwendung wäre. Wie die englischen Schulmädchen, die Martha Vicinus untersucht hatte, bewunderte ich eine nachahmenswerte Frau, denn die Opernsängerin war die Verkörperung von Idealen, die bisher nur in meinem Gehirn herumgeblubbert hatten, und von Eigenschaften, die tief in mir vergraben waren. Eine solche Begeisterung hat ja immer ihre Bedeutung, und meine bedeutete, daß mein Schwarm mein unbewußtes Ideal meiner selbst verkörperte. Sie hat nachdrücklich Gefühle getroffen, die ich gerne zum Ausdruck bringen möchte, was mir aber nicht gelingt. Wenn ich sie sehe, brauche ich nicht zu denken, »ach, was ist sie wunderbar, und ich bin bloß dumm und häßlich und blöd«, sondern, »wenn sie kann, dann kann ich auch«, denn sie ist der Beweis dafür, daß es machbar ist.

Wenn ich diese Eigenschaften und Gefühle in Worte kleiden soll, wird es gleich schwieriger, geht es doch um eine Frage, die sich nicht intellektuell erklären läßt. Es hat auch mit Macht zu tun; sie wagt es, die ganze Bühne in Besitz zu nehmen, es hat mit Leidenschaft zu tun, sie wagt, so viel von sich zu geben. Und beides wagte ich nicht, hätte es aber gern getan. Hier öffne ich gleich eine forschungsmäßige Klammer und erzähle, wie ich von der Begeisterung las, die George Sand überkam, als sie 1832 Marie Dorval auf der Bühne sah, weil sie die Verkörperung aller Eigenschaften war, die George Sand so mühevoll beim Schreiben ausdrückte. Ich fand das sehr interessant und hatte das Gefühl, so etwas schon einmal gehört zu haben, bis mir aufging, daß es sich ja um meine eigene Geschichte handelte.

Meine Opernsängerin hat eine Stimme, die in mir bisher ungekannte Gefühle erwecken kann. Ich selber habe zeitlebens eine kraftlose Mädchenstimme gehabt, zu der ich ein traumatisches Verhältnis hatte. Aber jetzt, wo ich von ihrer Stimme besessen bin, trainiere ich meine eigene – nicht, um die Forschung gegen die Oper einzutauschen oder um eine Stimme wie die ihre zu entwickeln, sondern weil ich jetzt glauben kann, daß Veränderung möglich ist. Außerdem habe ich von ihrer Ausstrahlung auf der Bühne viel gelernt, äffe sie aber nicht nach, das ist durchaus nicht der Sinn dieser Art von Begeisterung. Sie war mein Schutzengel, wenn ich später zu meinen Vorträgen das Podium betreten mußte, und ich bin keine verängstigte, flüsternde und kichernde Rednerin mehr. Ehe ich anfange, rufe ich ihren Schutz herbei, ich übernehme ihre Kraft und Intensität, verwandle sie in meine eigene, und ich entdecke, daß ich mein Publikum fesseln kann, auch wenn ich noch viel zu lernen habe.

Dies war ein ellenlanger und selbstausstülpender Ausflug in die Segnungen der Begehrlosigkeit. Ich wollte damit sagen, daß ich die Bereicherung sehen konnte, sowie ich darauf verzichtete, mein Begehren erwidert zu sehen. Ich wollte auch die Wechselwirkung zwischen meinen eigenen Erfahrungen und meiner Forschung zeigen. Und schließlich wollte ich 1:1 mit den Frauen stehen, über die ich forsche, denn es kann doch nicht gerechtfertigt sein, in ihrem Leben und ihren Gefühlen herumzustochern und sie vor aller Welt bloßzustellen, ohne etwas zurückzugeben?

Die bürgerliche Frau 1825–1870

Bewußtsein

Vor dem 19. Jahrhundert hatten Frauen einen Geschlechtstrieb. 1486 schrieben zwei Inquisitoren darüber im »Hexenhammer« – einem Handbuch der Hexenverfolgung –, daß alle Hexerei der fleischlichen Lust entspränge, die bei Frauen unersättlich sei. Frauen wurde eine geschlechtliche Macht über Männer zugeschrieben, im 19. Jahrhundert jedoch nahm diese Macht geistige Beschaffenheit an. Dieses Bewußtsein bedeutete für die bürgerlichen Frauen, daß sie ihre menschlichen Fähigkeiten und ihre Selbstachtung entwickeln konnten. Von einer sündhaften Kreatur wurde die Frau – verkörpert durch die Frau des Bürgertums – nun zur Keuschheitsgarantie der Gesellschaft erhöht. Sie galt als frei vom Geschlechtstrieb und damit auch als frei von Begehren, was bedeutete, daß eine Liebesbeziehung zwischen zwei Frauen als Inkarnation der Reinheit galt.

Die geistigen Werte

Die Begehrlosigkeit war nur eine der Eigenschaften, die in einer geschlechtsspezifischen Gesellschaft den bürgerlichen Frauen zugeschrieben wurden. Die geschlechtsspezifische Arbeitsteilung reflektierte sich auch im geschlechtsspezifischen Gefühlsregister, das zum herrschenden Ideal wurde. Die bürgerlichen Männer mußten durch die Industrialisierung das Haus verlassen und sich an den Aufbau der Gesellschaft machen. Ihnen wurden alle energischen und tatkräftigen Eigenschaften zugeteilt. Den Frauen dagegen, die in den häuslichen vier Wänden blieben, fielen die eher innerlichen und gefühlvollen zu. Sie galten deshalb als Inhaberinnen von: Nächstenliebe, Barmherzigkeit, Dankbarkeit, Hingabe, Liebenswürdigkeit, Bescheidenheit, Demut, Keuschheit, Selbstaufopferung und Selbstverleugnung.

Die weiblichen Tugenden – Weisheit und Verständnis – sollten der Intuition entspringen, während die männlichen Tugenden – Wahrheitsliebe und Wissen – der Intelligenz zu verdanken waren. Deshalb wurde angenommen, daß Männer Fähigkeiten und Talente hätten, während Wissen und Begabung der Frauen aus einer tieferen Quelle stammten, weshalb Frauen nicht zum Lernen geschaffen waren. Mit dieser Art von Argumenten wurden Frauen später im selben Jahrhundert abgespeist, wenn sie Ausbildung und Stimmrecht forderten, da diese weltlichen Beschäftigungen den weiblichen Tugenden schaden sollten.

Achtbarkeit wurde zum Codewort des Bürgertums, das nun zur Klasse wurde, zu der alle anderen aufblicken sollten und die die neuen kulturellen Werte und Moralbegriffe darstellte. Gemeinsam für beide Geschlechter wurde die Forderung nach Selbstbeherrschung erhoben, durch die die Achtbarkeit bewahrt bleiben sollte. Obwohl Frauen sich wegen ihres Gefühlslebens Tränen erlauben konnten, wurde Hysterie als Krankheit aufgefaßt.

Diese Auffassung von Frauen als geistvoll im Gegensatz zu den praktischeren Männern bedeutete auch eine Stärke. Sie erhielten die verantwortungsvolle Stellung als geistige Wächterinnen des Heims, in dem ihre Männer aufatmeten und nach vollbrachtem Tagewerk neue Kräfte sammelten. In diesem Wirbelwind von einer Gesellschaftsentwicklung sollten Frauen die Garantie dafür bieten, daß es die geistigen Werte noch immer gab. Je tatkräftiger die Männer sein sollten, desto unveränderlicher die Frauen, da jedes Geschlecht aus dem Gegensatz zum anderen seine Kraft schöpfte.

Die Naturwissenschaft wurde bald zur Erklärung fast aller Seiten des Lebens herangezogen. Deshalb sollten medizinische und biologische Beweisführungen überkommene Geschlechtsrollen vereinfachend als unerschütterlich in den Vorschriften von Anatomie und Physiognomie verwurzelt erklären. Die medizinische Rechtgläubigkeit des 19. Jahrhunderts bestand darauf, daß Frauen in jeder Hinsicht restlos anders seien als die männlichen Exemplare der Spezies. Körperlich waren sie kleiner, ihr Schädel war geringer, ihre Muskeln waren zarter; noch überzeugender war der Unterschied im Nervensystem, und die Biologie der Frauen wurde zum Erklärungsmodell für ihre Psyche herangezogen.

Auffälligerweise sollten die idealen Eigenschaften der bürgerlichen Frauen – die weiblichen Tugenden – in ihrer Biologie begründet liegen. Die natürlichen Triebe, die mit dem Eisprung in Verbindung standen, machten Frauen von Natur aus mild, liebevoll und fürsorglich. Körperlich schwächer, eingeschränkt durch Menstruation und Schwangerschaft, waren sie physisch und ökonomisch von den stärkeren und energischeren Männern abhängig, zu denen sie notwendigerweise mit Bewunderung und Hingabe aufschauten. Diese ideologische Behauptung wurde als Wahrheit verbreitet und von vielen Frauen mit Kußhand entgegengenommen, da sie ihrem reichen Innenleben, ihrer Begehrlosigkeit und ihrem Gefühlsreichtum eine wissenschaftliche Erklärung vermittelten.

Auch in der Kleidung kamen die weiblichen Tugenden zum Ausdruck. Wo der Empirestil seit Ende des 18. Jahrhunderts und bis etwa 1830 von der altgriechischen Verehrung des gesunden, nackten Körpers inspiriert gewesen war, schlug der Biedermeierstil ins Gegenteil um. Die Ehrbarkeit wurde betont durch glatte Haare mit Mittelscheitel, die Demut durch schräge Schultern. Das eingeschränkte Tätigkeitsfeld der Frauen wurde durch Hauben mit Scheuklappen markiert, stramme Korsetts symbolisierten die Selbstbeherrschung. Das Stahlgestell der Krinolinen zeigte den goldenen Käfig, tiefe Dekolletés standen für Mütterlichkeit. Dazu sollten die Füßchen in dünnen Schühchen und die winzigen kreideweißen Händchen beweisen, daß Frauen keine körperlich anstrengende Arbeit mehr leisten mußten.

Auch die Mutterliebe gehörte zu den neuen weiblichen Tugenden, die durch die Biologie erklärt wurden, und sie ging einher mit der Definition der Kindheit als besonderer Kategorie. Bisher waren Kinder kleine Erwachsene mit Pflichten und harter Arbeit gewesen, nun wurden sie zu einer unschuldigen und hilflosen Untergruppe der Menschheit. Die Verantwortung für ihre Pflege oblag der Mutter und wurde als wichtige Arbeit betrachtet, lag es doch an ihr, ob die kommenden Bürger der Gesellschaft mit heiler Haut in die Welt der Erwachsenen gelangen würden.

Da die Mutterrolle ein natürlicher Teil der Frauenrolle war, gingen dieselben Gefühle damit einher, und die bürgerlichen Frauen erzogen ihre Kinder mit Selbstaufopferung und Milde. Darüber berichtete die dänische Schulpionierin Natalie Zahle in ihren Erinnerungen, in denen sie ihre Mutter beschrieb, die 1827 bei Natalies Geburt ihre Gesundheit eingebüßt hatte. »Ihre Augen und Ohren folgten uns auf allen Wegen, zuerst suchten wir in jeglicher Not bei ihr Zuflucht, bei seelischer sowie körperlicher. Wenn sie auf ihrem Platz saß, bereit, unsere Trauer und Freude, unsere Tränen und unseren Jubel entgegenzunehmen,

Mutterliebe wurde zum Teil einer neuen Rolle für die Frauen des Bürgertums.

bereit, über alle unsere Erlebnisse in Garten, Feld, Stall und Scheune zu hören und uns immer auf so stille und feine Weise zurechtzuweisen, bemerkten wir niemals etwas von Erziehung und gingen doch erzogen wieder hinaus. Und als Gattin? Ja, was war sie nicht alles für ihren Mann? Wie sehr spürten wir Kinder, daß er sie brauchte und daß er alles für sie getan hätte.« (*Mit Liv*, S. 13–14)

Dieses Mutterideal, das Frau Zahle offenbar so hervorragend verkörperte, sollten die bürgerlichen Frauen als ihren liebsten Besitz übernehmen, da sie dadurch wie Frau Zahle zum seelischen Oberhaupt des Hauses wurden. Milde, Mitgefühl und Zugänglichkeit, die sie als Mutter zeigte, brachten Frauen im ganzen Jahrhundert auch in ihren Beziehungen zu anderen Frauen und bei ihrer Arbeit für moralische und soziale Reformen auf.

Die christliche Erziehung vermittelte Frau Zahle, eine Pastorentochter, mit denselben Eigenschaften. Niemals scheint sie ihren Kindern Predigten über die Segnungen des Christentums gehalten zu haben, verkörperte sie aber durch ihr ganzes Sein. »Wurden wir direkt christlich beeinflußt? Ich weiß es nicht. Mein kleines Nachtgebet betete ich glücklich und froh, und Religion und Bibel wurden mir vermittelt, ohne daß ich im Grunde weiß, wie. Ich wurde vom Geist des Hauses erzogen, von einem Geist der Reinheit, Wahrheit und Liebe, der vom Giebel bis zum Keller reichte, vom Wohnzimmer zum Kuhstall, von der Herrschaft zum Gesinde. Eine geistige Zucht lag über all unserem Tun und Lassen, ein natürlicher Drang, alles aufrichtig mitzuteilen, was sich in uns rührte.« (*Mit Liv*, S. 31–35)

Für Natalie war das Christentum also der Inbegriff der Reinheit, Wahrheit und Liebe, was ihrerseits die Inbegriffe der weiblichen Tugenden waren, und deshalb wurde angenommen, daß Frauen die Frömmigkeit leichter fiele. Die weiblichen Tugenden – Untertänigkeit und Selbstaufopferung – waren die Voraussetzungen für hingebungsvolle Frömmigkeit. Frauen bekamen damit gewissermaßen das Patent für das Christentum, indem sie das Verbindungsglied zwischen den Männern und dem lieben Gott wurden.

Moralische Überlegenheit und doppelte Moral

Alle diese weiblichen Tugenden führten einerseits dazu, daß Frauen eine moralische und geistige Überlegenheit zugeschrieben wurde, während sie andererseits für intellektuell unterlegen galten. Frauen durften deshalb an der nach außen gerichteten gesellschaftlichen Arbeit nicht teilnehmen. Das kritisierte die US-Amerikanerin Margaret Fuller 1845 in ihrem Buch *Women in the 19th Century*. Darin warf sie den Männern vor, die Macht allein mit der Begründung besitzen zu wollen, daß Frauen noch nicht reif genug wären, daran teilzuhaben. Sie wollte jedoch den Männern gegenüber nicht unbarmherzig sein, denn »der Mann ist nicht bewußt *geizig*. Er wünscht Treue und Liebe, weil er selber noch kein erhöhtes Wesen ist.« (Fuller, S. 38) Wenn sie Männer so mit milder Nachsicht betrachteten, konnten Frauen ihrer eigenen niedrigen Stellung auf der gesellschaftlichen Rangleiter Vergnügen abgewinnen – bis später im 19. Jahrhundert die Stimmrechtsvorkämpferinnen damit nicht mehr zufrieden waren und Ebenbürtigkeit forderten.

Aber diese Überlegenheit in Verbindung mit Tugenden, die mit der Botschaft des Christentums übereinstimmten, konnte manche dazu bringen, das ganze Geschlecht für die Antwort der Frauen auf Christus zu halten. So erzählte die französische Malerin Rosa Bonheur, geboren 1822, daß ihr Vater, ein Anhänger Saint-Simons, ihr beigebracht habe: »Es ist die Mission der Frau, die Menschheit zu erhöhen, sie ist der Messias der kommenden Jahrhunderte (...) Ich bin davon überzeugt, daß die Zukunft uns gehört.« (Klumpke, S. 311) Dieses Selbstbewußtsein als geistige Retterinnen der Gesellschaft, als die moralisch überlegenen Vertreterinnen der christlichen Liebe gab den bürgerlichen Frauen die Stärke, mit der sie vor allem später im 19. Jahrhundert für moralische und soziale Reformen arbeiten konnten.

Die Frage, welches der beiden Geschlechter das überlegene sei, führte auch zu dem, was später »Doppelmoral« getauft wurde. Da die bürgerlichen Frauen als »begehrlos« galten, war ihre Reinheit ein natürlicher Teil ihrer weiblichen Natur, die ihnen aufgezwungenen moralischen Normen konnten deshalb nicht als Leiden oder Ungerechtigkeit angesehen werden.

Dem Ideal der Selbstbeherrschung nachzukommen fiel dagegen den achtbaren Bürgersmännern schwerer. Da jedoch die Geschlechtsrollen durch die Gegensätze aufrechterhalten wurden, wurden die Frauen immer reiner, je mehr die Männer sündigten. Der Geschlechtstrieb der Männer galt als ebenso aufstrebend wie ihre übrigen Charakterzüge. Es war eine explosive Energie, sie mußte dem Aufbau der neuen Gesellschaft gewidmet werden, und da erschien es nur als natürliche Konsequenz, daß auch der Geschlechtstrieb explosiv wurde. Da sie als Gentlemen ihren ehrbaren Gattinnen diesen Geschlechtstrieb nicht zumuten konnten, durften sie in offener Heimlichkeit Auslösung außerhalb des Heims suchen. Für Bürger einer aufstrebenden Klasse waren Wissen und Erfahrung Tugenden, und eine Ehe galt deshalb als erfolgreicher, wenn der Ehemann bereits einige Erfahrungen aufweisen konnte, während Frauen sie mit geschlossenen Augen angehen sollten.

Diese Doppelmoral diente einem materiellen Zweck. Für das Bürgertum als Gesellschaftsklasse war das Recht auf Privateigentum ein wichtiger Punkt, und für die Männer war es deshalb eine grundlegende Forderung, daß die Kinder, die ihr Erbe weiterführen sollten, auch tatsächlich ihre eigenen waren. Die Tugend ihrer Gattin war dabei eine unerläßliche Bedingung, die Ehre der Männer stand und fiel mit dieser Tugend, und ein Schatten auf ihrer Reinheit war ein Fleck auf seiner Ehre. Wenn die Gattin mit einem anderen Mann untreu war, war das eine ernste Angelegenheit, und sofort wurde sie aus der ehrbaren Gesellschaft ausgestoßen. Zugleich fiel ihre Untreue auf ihren Mann zurück, und ein Hahnrei galt als absolut lächerliche Kreatur.

Die Untreue eines Mannes dagegen konnte die Ehre seiner Gattin nicht besudeln, ihre Ehre entsprang ja ihrer eigenen Tugend. Natürlich durfte ein Bürger sich nicht an einer Bürgersfrau vergreifen, schließlich war sie eines anderen Bürgers Eigentum – und Ehre. Eine passende Empfängerin für den ungezügelten männlichen Geschlechtstrieb dagegen war eine Prostituierte – die sowieso nicht zur ehrbaren Gesellschaft gehörte. Bürgersmänner verloren ihre Ehrbarkeit nicht, wenn sie sich diese Möglichkeit zunutze machten, schließlich bewiesen sie dadurch lediglich ihre Rücksichtnahme ihrer Gattin gegenüber.

Später im 19. Jahrhundert begannen bürgerliche Frauen, diese Doppelmoral zu bekämpfen, sie rebellierten gegen ein Bewußtsein, das von Frauen Keuschheit verlangte, ohne die gleiche Forderung an die Männer zu stellen. Auch arbeiteten verschiedene Moral-Reformgruppen dafür, Frauen vor der Prostitution zu bewahren.

Als den Frauen der Geschlechtstrieb genommen wurde, wurde ihnen die Liebe zugeteilt. Die Liebe sollte ihnen leichtfallen, denn als ihr wichtigstes Organ galt jetzt das Herz, und ihre wichtigsten Tugenden waren Gefühle, die aus dem Herzen kamen. Ihre Fürsorge war deshalb nur eine Folgeerscheinung ihres liebevollen Herzens, und ihre Liebe kam allem zugute, was klein und hilflos war: Kindern, Haustieren, Kranken, Armen, Blumen und – gefallenen Frauen.

Auch ihr Verhältnis zu Männern wurde durch die Vorstellung der romantischen Liebe versüßt. Da die Frau aber die einzige war, die diese Vorstellung hegte, wurde sie notwendigerweise oft von der prosaischeren Einstellung des Mannes enttäuscht. Die harmonische Ehe wurde dadurch zum Schattenspiel, in dem beide Teile versuchten, im heiligen Namen der Achtbarkeit den geraden Weg zu gehen, und in dem die Träume der Frauen zur Fata Morgana wurden. Manche bürgerliche Frau mußte nach der Hochzeitsnacht erwachen und sich als Morgengabe mit der Erkenntnis begnügen, daß sie jetzt romantische Liebe mit einem Mann betreiben sollte, für den diese Vorstellung durchaus keinen süßen Klang hatte.

Den süßen Klang dagegen fanden sie in ihren Liebesbeziehungen zu anderen Frauen, mit denen sie nun *die* romantische Liebe erleben sollten, die in der Ehe nur eine Illusion schien. Mit anderen Frauen konnten sie die erlernte Weiblichkeit ausleben, denn die Eigenschaften, die sie als »weiblich« erlernt hatten, fielen auf Steinboden, wenn sie auf Männer gerichtet wurden. Die Weiblichkeit war zum Behagen der Männer entwickelt worden, sie war ein Dynamo für den müden Gesellschaftsaufbauer, aber sie war eine Art Einbahnstraße der Gefühle. Nur bei anderen Frauen konnten die bürgerlichen Frauen das zurückerhalten, was sie gaben. In ihren Ehen gaben sie ihre weiblichen Eigenschaften. In der Liebe zu Frauen fühlten sie sich davon umfangen.

Liebevolle Freundschaften zwischen Frauen des Bürgertums waren durchaus wohl angesehen.

Die liebevollen Frauenfreundschaften

Freundschaften zwischen Frauen waren wohl angesehen, und Frauen wurden geradezu dazu angehalten, solche Beziehungen einzugehen. Die US-amerikanische Autorin Dinah Maria Craik veröffentlichte unter dem Namen »Miss Muloch« 1858 das Buch *A Woman's Thoughts about Women*. Darin beschrieb sie verschiedene Gesichtspunkte eines Frauenlebens, Kapitel 7 behandelt die Freundschaft.

»Vermutlich gibt es wenige Frauen, die keine erste Freundschaft erlebt haben, die ebenso schön und fast ebenso leidenschaftlich war wie die erste Liebe. Sie hält vielleicht nicht an – das ist selten der Fall; aber, solange sie andauert, gehört sie zu den reinsten, selbstvergessensten und selbstlosesten Gefühlen, die ein Menschenherz überhaupt hegen kann. Bei vielen kommt sie dem Gefühl, das ›Liebe‹ genannt wird, am nächsten – ich meine Liebe in ihrer höchsten Erscheinungsform, frei von aller Eigenliebe und allen Ansprüchen – mehr als irgendwann später in ihrem Leben. Wie flüchtig diese jugendliche Freundschaft auch sein mag, wie romantisch und doch wie töricht in der Art, wie sie sich zeigt, wir sollten uns doch überlegen, wie wir darüber reden, damit wir nicht über Dinge spotten, die heiliger sind, als wir ahnen.« (Muloch, S. 113)

Der Autorin war jedoch völlig klar, daß es solche Freundschaften nicht nur unter jungen, noch unverheirateten Frauen gab, sondern auch unter älteren, ledigen. Und für diese sah der Fall ganz anders aus. »Wenn zwei Frauen, die die erste Jugend hinter sich haben, völlig ineinander aufgehen und diese Tatsache durch Liebkosungen und Zerwürfnisse offen bekannt geben, läuft das der gesunden Vernunft zuwider, ist nicht mehr töricht, sondern ganz einfach falsch. Zu sehen jedoch, daß zwei Frauen, denen die Vorsehung engere Bindungen versagt hat, klug das Beste aus ihrem Schicksal machen, indem sie einander lieben, trösten und umsorgen, mit einer Zärtlichkeit, die oft die von Schwestern noch übertrifft, da sie von der Neuheit der Erwählten getragen ist, wie auch die eheliche Bindung – das, sage ich, ist ein schöner und erfreulicher Anblick.« (S. 117)

Einerseits sollten solche Freundschaften also nicht übertrieben werden, andererseits waren sie achtbar. Auf jeden Fall waren liebevolle Freundschaften unter Frauen ein Teil des Frauenlebens geworden – ein so wichtiger Teil, daß sie beschrieben und empfohlen wurden.

Verhalten

Frauen fanden nicht nur Befriedigung in einer Liebesbeziehung zu einer anderen Frau, das Ideal der Begehrlosigkeit erlaubte es ihnen auch, die Beziehungen unter Frauen für höher zu halten als die geschlechtlichen Beziehungen zu Männern. Schließlich schlossen die Beziehungen zwischen Frauen das männliche fleischliche Begehren aus, das nun ganz unten auf der Rangleiter des Edlen stand.

Die Reinheit der Leidenschaft

Die französische Malerin Rosa Bonheur hat gesagt, die Toleranz, die in der Welt der Kunst ehrbaren Frauen entgegengebracht wurde, habe ihr nur Vorteile gebracht. Sie hätte machen können, was sie wollte, »statt dessen habe ich immer ein achtbares Leben geführt, ich bin rein geblieben und hatte weder Liebhaber noch Kinder«. (Klumpke, S. 314)

Diese Reinheit hat auch die Leidenschaft überlebt, die ihrerseits ein erlaubtes Gefühl war – schließlich schloß sie das Begehren nach einer körperlichen Vereinigung aus. Rosa Bonheur erzählte, daß sie mit 67 Jahren, 1889 in Paris, Nathalie Micas verlor, mit der sie seit über vierzig Jahren zusammengelebt hatte. Sie erhielt einen Beileidsbrief von ihrer gemeinsamen Freundin Herzogin Alexandrine, die schrieb, »sie habe verstanden, daß zwei Frauen den Zauber einer heftigen und leidenschaftlichen Freundschaft empfinden könnten, ohne dadurch die Schranken der Reinheit zu übertreten« (S. 356). Diese für die bürgerlichen Frauen so wichtige Reinheit wurde in keiner Weise aufs Spiel gesetzt, wenn auch die Liebe brannte – also leidenschaftlich war.

Andere Frauen haben dieses Wort verwendet, um den Grad ihrer Liebe zu kennzeichnen, so daß die Leidenschaft – auch wenn sie kam und ging – wirklich zum Beweis für die Stärke der Liebe wurde. Das hat Margaret Fuller in ihrem Tagebuch zum Ausdruck gebracht, als sie über eine namentlich nicht erwähnte Frau schrieb: »Ich liebte... einige Zeit lang mit solcher Leidenschaft, wie ich überhaupt nur empfinden konnte (...) Ich liebe sie, nicht mehr voller Leidenschaft, aber ich empfinde immer noch mehr für sie als für irgendeine andere Frau.« (Memoirs II, S. 71–72)

Seelisches Begehren

Diese Leidenschaft konnte also ohne ein Verlangen nach körperlicher Vereinigung bestehen, nicht jedoch ohne ein Verlangen nach seelischer Vereinigung. Deshalb schrieb Margaret Fuller, es sei möglich für zwei Menschen eines Geschlechts, Liebe zu empfinden, denn »ihr Gesetz ist das Verlangen der Seele nach einer Ganzheit, die sie in einem anderen Menschen suchen läßt, was sie in sich selber nicht findet« (Memoirs II, S. 71).

Dieses Begehren nach seelischer Vollkommenheit ließ sich in der Beziehung zu einer anderen Frau befriedigen. Frauen und Männer waren einander so fremd geworden, daß eine Vereinigung der geistigen Eigenschaften der beiden Geschlechter aussehen konnte wie eine Verschmelzung von hart und sanft, Sonne und Mond, Feuer und Wasser und allen anderen geschlechtsspezifischen Naturelementen. In einer Vereinigung von auseinanderstrebenden Eigenschaften lag für Frauen jedoch kaum eine Entwicklung, sie wurden weicher, je härter die Männer waren, reiner, je mehr die Männer sündigten.

Die Begegnung mit einer anderen Frau bedeutete dagegen eine Begegnung mit den weiblichen Eigenschaften, die jede Frau noch weiterentwickeln und zu den ihren machen konnte, weil sie in ihr selber begraben lagen. Diese andere Frau wurde so zur Geburtshelferin bei dem Versuch, diese Eigenschaften hervorzubringen. Sie wurde nicht zur Krücke für die eigene Unvollkommenheit, sondern zur Triebkraft, die diese Eigenschaften in einer anderen Frau erweckte. Wenn sie sie unbeschwert ausstrahlte, bewies sie ja, daß diese Eigenschaften entwickelt werden konnten.

Das Begehren zeigte sich dann im Wunsch, die beiden Seelen zu vereinen; die Begegnung konnte aber auch die Überraschung bedeuten, daß diese Vereinigung bereits stattgefunden hatte, daß die andere Frau die eigene Zwillingsseele war. Das hat die französische Autorin George Sand in einem Essay über die Schauspielerin Marie Dorval ausgedrückt, in dem sie schrieb, daß es ihr als Autorin oft schwerfiel, die Gefühle zum Ausdruck zu bringen, die sie erfüllten. Als jedoch Marie die Bühne betrat, »wissen Sie, was ich mir vorgestellt habe? – Gott vergebe mir diese unschuldige und eitle Einbildung! *Es kommt mir so vor, als sähe ich meine Seele;* als sei diese bleiche, traurige und schöne Gestalt meine Seele, die ihre Gestalt angenommen hat, um sich mir zu zeigen, um sich mir und den Menschen zu offenbaren.« (Sand, 1878, S. 63)

Marie war zum Spiegel geworden, in dem George Sand die Eigenschaften sehen konnte, die sie hatte, die sie aber nicht ausdrücken konnte. Beide Frauen besaßen nämlich das gleiche Gefühl, Marie konnte es jedoch klarer zum Ausdruck bringen, und George Sand schrieb weiter: »Ich bin es, die Sie dort sehen, es ist meine Seele, die sich in dieser Frau befindet und die sie dazu bringt, sich in dieser Wildheit zu winden, der Gott, der sie besitzt, ist auch in mir; es ist derselbe Gott, doch sie ist eine Seherin, und das bin ich nicht.« (S. 64) Das Begehren nach körperlicher Vereinigung und Besitz, das bürgerliche Frauen durchaus nicht hegen durften, wurde so zum Begehren nach einer seelischen Verschmelzung.

Begehrenswerte Engel

Ihr Begehren war geistig, und deshalb galt die Liebe zwischen zwei Frauen für höher als die körperliche Liebe zwischen zwei Personen verschiedenen Geschlechts. Gleichzeitig war sie damit vergleichbar, denn beide Beziehungen waren gleich leidenschaftlich. Deshalb schrieb Margaret Fuller in ihr Tagebuch: »Es stimmt, daß eine Frau sich in eine Frau und ein Mann sich in einen Mann verlieben kann. Diese Gewißheit gefällt mir, denn es ist die Liebe, die die Engel fühlen (...) Sie wird von denselben Gesetzen bestimmt wie die Liebe zwischen Menschen verschiedenen Geschlechts, nur ist sie rein intellektuell und geistig.« (Memoirs II, S. 70–71)

Die geistige Liebe ließ sich also mit der Liebe der Engel vergleichen, und viele bürgerliche Frauen sahen deshalb ihre Geliebte in Gestalt eines Engels. Der Engel war eine Weiterführung der Metapher der bürgerlichen Frau als »Engel des Hauses« und garantierte noch dazu die Bewahrung der Reinheit. Die Liebe zu einem Engel enthielt kein fleischliches Begehren, wohl aber das Verlangen nach einer Vereinigung.

Bürgerliche Frauen sahen ihre Geliebte oft in Gestalt eines Engels.

In ihrem Notizbuch hat George Sand einen Text aufgeschrieben, den sie »Traduction« nannte und dessen Engel zweifellos Marie Dorval ist. George Sand begann 1832, als Marie 34 und sie selbst 28 war, eine Liebesbeziehung zu Marie Dorval. Es ist auffällig, daß der Engel auf Kosten der Männer erhöht wurde, da seine Liebe sanft wie ein Atemhauch ist und nicht erstickend und fleischlich wie die der Männer.

»Wie ist ein Engel morgens doch schön mit seinem flatternden Haar! Warum haben Männer keine langen Haare? (...) Stummer Engel, legen Sie Ihre kühle Hand auf meine Schulter, sie ist heiß vor Liebe, aber kein Mann hat seinen Mund daraufgepreßt, nur Ihr parfümierter Atem, Ihr feuchtes Haar können ihr Kühlung verschaffen (...) Es ist genug, mein Engel. Ich sterbe. Ich will morgen leben und Sie wiedersehen, es tagt, gehen Sie schnell, meine Teure, damit niemand Sie sieht, sonst würde man Sie mir rauben, und ich müßte mich Männern hingeben. Lebwohl, laß mich deinen schneeweißen Hals und deine Stirn küssen, auf der ein Stern glüht, gib mir eine Feder aus deinen Schwingen, damit ich einen Beweis für deine Durchreise habe, eine Erinnerung an meinen Rausch. Warum haben Männer keine Flügel, um abends zu kommen und morgens davonzufliegen? (...) Morgenengel, so geh doch! Ich schlafe ein, küß mich auf die Stirn und sorgen Sie dafür, daß meine Seele so schön wird wie Sie.« (Sand, 1926, S. 159–60)

Das Verlangen nach einem Besuch des Engels wurde jedoch nicht zu einem Wunsch nach Besitz übersteigert. Der Engel sollte nur kommen und seinen göttlichen Atem auf die Schlafende hauchen, auf daß sie erhöht und ihre Seele schön wie ein Engel werde. Das Beste war jedoch, daß der Engel dann wieder davonflog – anders als Männer, die tagaus, tagein anwesend waren und alles Feuer verbrauchten. Endgültig davonfliegen sollte der Engel allerdings auch nicht, denn die Sehnsucht nach ihm machte die Fortsetzung der geistigen Vereinigung unmöglich. Als Marie Dorval 1841 starb, war George Sand deshalb untröstlich. Sie konnten sich im irdischen Leben nicht mehr treffen, aber sie war davon überzeugt, daß sie im Himmel wieder vereint würden. Da George Sand Marie als Engel empfand, war sie auch davon überzeugt, daß Marie ein ewiger Engel war, nur für kurze Zeit zur Erde herabgestiegen. Das brachte sie am Schluß ihres Erinnerungskapitels an Marie zum Ausdruck: »Und hier habe ich wirklich nicht von mir selber gesprochen, wo ich mich noch gar nicht an den Gedanken gewöhnt habe, daß sie nicht mehr ist und daß ich ihr nicht mehr helfen kann; wo ich diese Geschichte nicht habe erzählen können, ohne daß die Tränen strömten; wo ich davon überzeugt bin, sie in einer besseren Welt wiederzufinden, rein und fromm wie an dem Tag, als ihre Seele das Paradies verließ.« (Sand, 1855, S. 237) Der Tod beendete diese Begegnung zwischen zwei Seelen, das Begehren nach der geistigen Vereinigung jedoch wurde durch die Erkenntnis befriedigt, daß der Geist nach dem Tode weiterlebte und daß im Jenseits eine Begegnung möglich war.

Und doch scheint George Sand ohne eine Vereinigung mit Marie, als sie noch lebte, nicht ganz zufrieden gewesen zu sein. Anfang 1833 schrieb sie ihr deshalb, wie leid es ihr täte, daß sie sich verpaßt hatten. »Was war ich unglücklich, einen Tag meines Lebens zu verlieren, in dem Sie hätten sein können.« (André-Maurois, S. 209)

Was sie gerne mit Marie gemacht hätte, deutete sie kurz darauf in einem Brief an. »Montag, morgens oder abends – im Theater oder in Ihrem Bett – werde ich kommen müssen und Sie küssen, meine Dame, sonst stelle ich tolle Streiche an.« (S. 211) Diese Bemerkung weist darauf hin, daß George Sands Begehren dem fleischlichen gefährlich nahekam, daß dieses Begehren Befriedigung finden mußte, sonst würde sie Dummheiten begehen. Ein Kuß war zwar erlaubt als Ausdruck für die Zuneigung der bürgerlichen Frauen, und ein Kuß brauchte nicht zu mehr zu führen. Aber diese Aussage ist trotzdem ein Beweis dafür, daß das Begehren nicht immer völlig geistig war.

Die seelische Vereinigung

Wenn das Begehren geistig war, dann ließ es sich oft durch die Art der Vereinigung befriedigen, die in der Anwesenheit der Geliebten bestand, egal, ob sie diese Liebe erwiderte. Margaret Fuller schrieb deshalb in ihrem Tagebuch über ihre Liebe zu der erwachsenen Eliza Farrar, die sie 1823 mit 13 Jahren kennenlernte: »Es war mein erstes wirkliches Interesse für mein eigenes Geschlecht, und es nahm mich völlig in Anspruch. Ich hatte sie gesehen – ich würde sie sehen – und mein Gemüt badete in Zukunftsbildern, die dieser Quelle entströmten.« (Memoirs I, S. 36)

Statt nach Elizas Besitz zu streben, entdeckte Margaret, daß die Distanz zwischen ihrem Alter und ihrer Macht es ihr erlaubte, ihren Gefühlen freien Lauf zu lassen. Die Distanz machte eine gleichwertige Beziehung unmöglich, und deswegen errang Margaret nicht Eliza, sondern ihr eigenes Leben. »Was sie war, was sie mit sich brachte, was sie hätte mit sich bringen können, gehörte mir, und ich hatte das Recht, über einen ganzen Bereich neuen Lebens zu herrschen.« (S. 37)

Dieses neue Leben bestand darin, daß das tägliche Leben verwandelt wurde und daß das Leben überhaupt sich änderte, da Magaret eine Frau getroffen hatte, die für sie vorherbestimmt war. Sie schrieb, wenn sie und Eliza mit Bekannten einen Spaziergang machten, dann schien Eliza sich mit den Erwachsenen zu beschäftigen, aber es war Margaret, der sie dabei die Hand reichte. »Wie ein Schutzengel führte sie mich durch Feld und Wald, und jeder Baum, jeder Vogel begrüßte mich und sagte: Sie ist der erste Engel in deinem Leben.« (S. 38) Indem sie Eliza als Engel sah, stellte Margaret sicher – so wie George Sand –, daß ihre Liebe rein und geistig blieb; wenn sie Eliza für ihren Schutzgeist hielt, konnte sie sich vorstellen, daß sie füreinander bestimmt waren, da Eliza nur vom Himmel herabgeschickt worden war, um sie zu beschützen.

Das Verlangen nach Vereinigung zeigte sich also auf entsprechend luftige Weise, Margaret war zufrieden zu sehen, was Eliza sah, die Luft zu atmen, die Eliza atmete. Das zeigte sich, als sie eines Tages bei Eliza zu Besuch war und sich selber überlassen wurde. Sofort griff sie zu dem Buch, in dem Eliza gerade las. »Ich öffnete es an der Stelle, wo ihr Lesezeichen steckte, und las mit dem Gefühl, unser gemeinsames Leben dadurch fortzusetzen, daß ich meine Augen über dieselbe Seite gleiten ließ, auf der ihre geruht hatten.« (S. 39)

Jedoch war Margaret so ergriffen, als sie über das Verschwinden eines kleinen Knaben zwischen den Felsen las, daß sie sich so stark mit ihm identifizierte, daß sie das Gefühl hatte, sich selber zu verirren und Eliza zu verlieren. Ihre Tränen begannen zu strömen. In diesem Moment kam Eliza ins Zimmer und sah sie liebevoll an, ohne Fragen zu stellen. »Ich legte meinen Kopf an ihre Schulter und weinte – dabei hatte ich ganz schwach das Gefühl, sie bereits verloren zu haben, und alles – alles sagte mir dasselbe –, daß die kalte Woge über mir zusammenschlagen würde.« (S. 39–40)

Eliza ahnte, daß Margaret sich über eine zukünftige Trennung grämte, und schenkte ihr deshalb einen Strauß Immergrün aus Madeira. Margaret bewahrte diese Blumen viele Jahre lang auf, Madeira wurde für sie zum Traumland, weil Eliza von dort diese Blumen, ihr Liebespfand, mitgebracht hatte. Die Blumen waren zwar kein Beweis dafür, daß Eliza Margarets Gefühle erwiderte, sie belegten jedoch, daß sie diese akzeptierte. Und Margaret schien gar nichts mehr begehren zu wollen, denn sie schrieb, daß sie aus jener Zeit nichts mehr berichten und daß sie sich an nicht viel erinnern könnte, »abgesehen von dem Gefühlszustand, in dem ich lebte. Denn ich *lebte*, und wenn das der Fall ist, gibt es nicht viele Gedanken zu erzählen.« (S. 40)

Als Eliza einige Zeit später nach England zurückreiste, korrespondierten sie weiterhin miteinander, aber Margaret wollte keine neue Vereinigung erleben. »Wir dürfen uns niemals wiedersehen« (S. 45), schrieb sie. Das kann bedeuten, daß eine Beziehung, die aus dem Unterschied in Alter und Macht entstanden war, keine Begegnung zwischen zwei nunmehr gleichrangigen Frauen ertragen könnte. Es kann auch bedeuten, daß eine Begegnung überflüssig geworden war, da es Margaret vor allem darauf ankam, Liebe zu empfinden.

Diese bürgerlichen Frauen – die nach dem Ideal der Begehrlosigkeit leben sollten – konnten also mit dem Begehren so umgehen, daß sie die Grenzen der Weiblichkeit nicht überschritten. Was George Sand sich bei dem Kuß dachte, den sie Marie im Bett geben wollte, war vielleicht eine Übertretung dieser Normen. Vielleicht aber auch nicht, schließlich konnte einfach ein Gutenachtkuß damit gemeint sein. Ansonsten blieben Reinheit und Keuschheit bewahrt, da die Geliebte oft mit einem Engel verglichen und damit über das fleischliche Begehren erhoben wurde. Außerdem wurde das Verlangen zum Verlangen nach einer Vereinigung der Seelen – hier oder im Jenseits – und konnte befriedigt werden, wenn die Geliebte sich nur im selben Zimmer befand und dieselbe Luft atmete.

Das Patriarchat

Wie die Frauen ihre begehrlose Liebe selber sahen – oder wie sie darüber sprachen –, war allerdings eine Sache; etwas ganz anderes war die Ansicht der Männer jener Zeit. Und einige davon waren denn auch völlig anderer Meinung und schrieben manchen Frauen ein Begehren zu, das durchaus nicht durch geistige Vereinigung zu befriedigen war und deshalb nach Besitz strebte. Einige französische Schriftsteller brachten damals diese Ansicht zum Ausdruck, und vielleicht überführten sie dadurch nur ihr eigenes Begehren.

Die Frau als Samenbehälter und Samensaugerin

Wo die weibliche Begehrlosigkeit als biologisch vorgegeben erklärt wurde, wurde auch das männliche Begehren mit Hilfe der Biologie begründet. Das Ideal für die bürgerlichen Männer war jedoch die Selbstbeherrschung. Die medizinische Wissenschaft sollte belegen, daß geschlechtliche Selbstbeherrschung es den Männern gestattete, ihre Energie der nach außen gerichteten Arbeit zu widmen, wie dem Aufbau der Gesellschaft, denn gesparter Samen wurde mit gesparter Energie gleichgesetzt. Diese Selbstbeherrschung wurde zur Selbstüberwindung ernannt und war somit ein hübsches Beispiel für den Sieg des kultivierten Menschen – innerlich wie äußerlich – über die Natur. Der männliche Samen wurde als Ausbruch von Energie betrachtet, der zur Vermehrung gestattet war, nicht aber zum puren Genuß, weshalb Selbstbefriedigung als verwerflich galt. Die begehrlose bürgerliche Frau half ihrem Mann, dieses Ideal aufrechtzuerhalten. Zugleich war sie aber ein Samenbehälter und konnte in der Auffassung des Mannes rasch zur Samensaugerin werden, was den Verlust seiner vorbildlichen Selbstbeherrschung bedeutete. Die samensaugende Frau wurde damit zur Feindin, die bekämpft werden mußte, und die frisch entstandene Gynäkologie entwikkelte eine Wissenschaft über die allesverschlingenden weiblichen Geschlechtsorgane. Klitorisamputation und Kastration von Frauen wurden nun zu ärztlichen Methoden, mit deren Hilfe die Frau das begehrlose Idol bleiben konnte.

Der Haß auf die Frauen, die den männlichen Weg zur Selbstbeherrschung gefährdeten, kam auch im Bewußtsein zum Ausdruck, denn in der Vorstellung der Männer war die Grenze zwischen begehrloser bürgerlicher Frau und allesfressender Medusa schmal wie des Messers Schneide. Natürlich waren diese beiden Frauentypen die vollständigen Gegensätze, und der Abgrund zwischen ihren geschlechtlichen Eigenschaften war weit wie der Ozean, aber eine ehrbare Bürgersfrau konnte blitzschnell im Abfall landen, wenn ein Bürgersmann in ihr eine Samensaugerin zu entdecken glaubte. Deshalb wurde eine untreue Gattin im Nu vom Engel zur Dirne – daß sie vielleicht eher Liebe als geschlechtliche Befriedigung gesucht hatte, hatte keine Bedeutung. Es kann also so aussehen, als sei die der bürgerlichen Frau auferlegte Begehrlosigkeit in Wirklichkeit ein Versuch der Selbstverteidigung des Patriarchats gewesen, da diese Eigenschaften den Bürger beim Aufbau der Gesellschaft stärkten.

Carmen & Co.

Der Gegensatz der begehrlosen bürgerlichen Frau war die gefallene Frau, und in ihrer Höhle wohnten die ledigen Mütter, die ungetreuen Gattinnen, die Prostituierten und die Allesverschlingenden. Dieser begehrende Frauentyp lebte die Seiten aus, die der Bürger in sich selber fürchtete. Dabei ist die Frage, ob sie nicht eher eine Projektion seiner Angst war als eine wirkliche Frau. Der Bürger fragte nicht nach ihrer Vorgeschichte: nach der Vergewaltigung des Dienstmädchens, nach dem Liebeshunger der Ehefrau, der Armut der Proletarierin, dem weiblichen Freiheitsdrang oder gar nach den Klassenunterschieden, die vielleicht daran schuld waren, daß Frauen anderer Klassen das Geschlechtsleben anders sahen als die seiner eigenen. Er sah nur den Ausgang der Vorgeschichte und zog daraus seine Schlüsse – sie war wie er und dennoch seine Feindin, denn sie hatte den Absturz von der Helferin der Selbstbeherrschung zur unersättlichen Samensaugerin hinter sich.

Dieser Frauentyp war La femme fatale – die schicksalhafte Frau – und La belle dame sans merci – die schöne Dame ohne Gnade –, ein Typ, der das Grenzland zwischen Traum und Alptraum des Bürgers bevölkerte. Die Frau, die ihrer Engelrolle entfloh, wurde so teuflisch, daß sie keine höfliche Behandlung beanspruchen konnte – und das Leben schon gar nicht. Carmen war so eine vogelfreie Person, zuerst in einer Erzählung aus dem Jahre 1847 von Prosper Mérimée und danach als Titelfigur einer Oper von Georges Bizet aus dem Jahre 1875. Sie liebte die Männer, die sie wollte, und verließ sie, wenn sie sie langweilten. Deshalb hatte sie es verdient, vom verschmähten Don José erstochen zu werden. Noch nicht einmal, als sie seine mörderische Absicht erkannt hatte, ließ sie sich erweichen – deshalb hatte sie durch ihr skandalöses Benehmen Don José selber zum Mord getrieben.

Das weibliche Publikum konnte sich beim Lesen oder Zuhören an Carmens Stelle versetzen und von einer ebenso großen Selbständigkeit träumen – falls die eine Anziehungskraft für sie hatte –, wurde aber bald auf andere Bahnen gelenkt, wenn sie durch den Mord an Carmen erkannten, was für Folgen ein solches Leben mit sich brachte. Und das männliche Publikum konnte unterwegs mit Schaudern der Wollust davon träumen, sie wie Don José zu besitzen, und zustimmend nicken, als er sie ermordete. Sie hatte ihre Strafe verdient, denn Don José hatte sie vor dem Mord angefleht, zu ihm zurückzukehren, er hatte sich gedemütigt und sich als ihr Opfer gezeigt.

Das war genau der Punkt der Geschichte von den Samensaugerinnen, die die Männer zu ihren Opfern machten, da die unbezähmbare Begierde, die Männer ihnen zuschrieben, die Bürger vom gesellschaftsnützlichen Weg der Achtbarkeit und der Selbstbeherrschung fortlockte. Wenn er mit Carmen zusammen war, vergaß Don José völlig seine alte Mutter und die blutjunge Michaela mit den langen Zöpfen und war schließlich nur noch ein hilfloses Opfer von Carmens Wildheit.

Die Opferrolle war natürlich für den Erbauer der Gesellschaft nicht gerade kleidsam, konnte jedoch eine Erklärung für sein sündhaftes Leben liefern. Die Sirenen lockten ihn mit ihrem Gesang, die Elfen lockten ihn mit ihrem Tanz – er selber war ganz unschuldig, denn ihre Kraft war so groß, daß keiner – absolut keiner – ihr widerstehen konnte. Die Männer behielten damit ihr Bild von sich selber als edel und gut – der ewige Samson in den Netzen von Dalila.

Genau als das sah sich der französische Dichter Alfred de Vigny in seiner Beziehung zu Marie Dorval. Er schrieb deshalb 1839 das Scheidungsgedicht »La colère de Samson« – »Der Zorn des Samson« –, das einen bitteren Punkt hinter ihre Verräterei setzen sollte. Nun war es ja nicht das erste Mal, daß Marie zur Muse geworden war, schließlich hatte George Sand sie eben erst als Engel auf Morgenvisite unsterblich gemacht. Vigny dagegen konnte nichts Engelhaftes an ihr erkennen, in seinen Augen war sie viel eher das Gegenstück eines Engels – Dalila –, die schicksalhafte Frau, was er in seinem Gedicht auch betonte.

»Sie lacht und triumphiert in ihrer kundigen Kälte,
Unter ihren Schwestern wartet sie und brüstet sich,
Daß sie nichts empfinde bei seinem feurigen Angriff.
Ihrer schönsten Freundin hat sie das Gelübde getan:
Sie läßt sich lieben, ohne selber zu lieben;
Ein Herrscher macht ihr Angst. Sie mag den Genuß.
Der Mann ist nur grob und nimmt den Genuß,
Ohne zu wissen, wie er ihn selber zu geben vermag.«
(Vigny, S. 90)

Was Vigny Marie hier durch Dalilas Mund sagen läßt, war sicher nicht ganz abwegig. Auch in George Sands Engelstraum kam eine Unzufriedenheit darüber zum Ausdruck, daß Männer keine Engel sind, also nicht luftig und zärtlich. Aber Vigny wollte ja keine Dokumentation schreiben, sondern die verräterischen Frauen entlarven, und es war schließlich verletzend für ihn, wenn er als ungeschickter Liebhaber dargestellt wurde.

Noch bitterer für ihn war jedoch, daß Marie – oder Dalila – eher an ihrer schönen Freundin hing als an dem Mann, vor dem sie sich zu allem Überfluß auch noch fürchtete. Jetzt, wo ohnehin alles vorbei war, konnte er also den Tatsachen ins Auge sehen. Als er noch ein Verhältnis mit Marie hatte, hatte er nämlich einen Liebesbrief von George Sand aus dem Jahre 1833 gefunden und auf die Rückseite geschrieben: »Ich habe Marie verboten, dieser Sappho zu antworten, die sie langweilt« (André Maurois, S. 222), was aber vielleicht nur ein Wunschdenken zum Ausdruck brachte.

Begehren und Besitzen

Unter Männern war die Beziehung zwischen George Sand und Marie Dorval wegen ihrer Leidenschaftlichkeit berühmt, und in ihrer Auffassung galt George Sand als Sappho – also die Führende in der Beziehung, in der Marie ihr unwilliges Opfer zu sein schien. Allerdings gab George Sand diesen Männern auch Grund, sie für den aktiven Teil des Paares zu halten, da sie sich nicht nur ein männliches Pseudonym zugelegt hatte – ihr »wirklicher« Name war Aurore Dupin –, sondern da sie auch ab und zu männliche Kleidung trug. Das mußte nicht bedeuten, daß sie gern ein Mann gewesen wäre. Jedoch wollte sie an der Macht der Männer teilhaben, und da die Trennung der Geschlechter so vollendet durchgeführt war, mußte eine Frau, die die Frauenrolle verwarf, zwangsläufig die Männerrolle annehmen. Durch die Unterteilung in aktiv und passiv, in begehrend und verführt, wurde allerdings eher das Verhältnis der Männer zu Frauen überführt, und vielleicht war es auch eine Überführung davon, wie die Frauen die Beziehungen zwischen Frauen und Männern sahen.

Auf jeden Fall glaubten Männer also, daß eine Liebesbeziehung zwischen Frauen auf Verführung beruhen müßte. Dann aber mußte zumindest eine der beiden Frauen begehren und Besitzergreifung fordern, um ihr Begehren zu befriedigen. Diese beiden Bestandteile – fleischliches Begehren und Besitzergreifung –, die nach Ansicht der Frauen in ihren Beziehungen untereinander fehlten, feierten dort nach Ansicht der Männer fröhliche Urständ.

Das zeigte sich auch in einer Beschreibung der Beziehung zwischen George Sand und Marie Dorval, die sich Arsène Houssaye in seinen Erinnerungen von 1888 zusammenphantasiert – etliche Jahre also, nachdem beide Frauen diese Erde verlassen hatten. Obwohl er seine Phantasie zu einer anderen Zeit niederschrieb, als sie sich abgespielt haben konnte, stimmt sie doch damit überein, wie die Männer jener Zeit die Liebe zwischen Frauen beschrieben hatten.

Ihm zufolge fand Marie, wenn sie aus dem Theater nach Hause kam, diese »seltsame Frau, die auf ihre Beute wartete, während sie Zigaretten rauchte«. Danach löste angeblich die Brünette, also George Sand, die Haare der Blondine und umgekehrt. »Und diese Haare verwickelten sich unter Küssen und Bissen miteinander.« (Houssaye, S. 13) Natürlich rauchte George Sand, was damals ungewöhnlich war für eine Frau, aber in diesem Zusammenhang wird durch die Erwähnung ihre

Eine satirische Darstellung von George Sand – »Genie hat kein Geschlecht«, steht unter diesem Bild

Männlichkeit betont – was Begehren und Besitzerdrang bedeutet. Deshalb wurde der Liebesakt nicht nur mit Küssen versüßt, sondern auch mit Bissen, was unterstrich, daß Brutalität ein Bestandteil der Liebe unter Frauen wäre. Die Erklärung kann darin liegen, daß einer Frau nach den Regeln der Natur keine andere Frau zugeteilt war – daß sie deshalb kein *Recht* darauf hatte, eine Frau zu besitzen –, und deshalb mußte sie zu Gewalt und Zwang greifen.

Dieses Rendezvous ist mit Wollust beschrieben, und das ist vielleicht ein Punkt. In den Werken der französischen Autoren, die in dieser Zeitspanne über Liebe zwischen Frauen schrieben, schienen sie sich immer in die Rolle der grausamen Frau zu versetzen. Mit wollüstigem Eifer haben sie Grausamkeiten geschildert, die dem Leser die Möglichkeit geben, als Stellvertreter zu fungieren – und als Voyeur. Durch die Besitzergreifung einer anderen Frau durch die begehrende Frau konnte der Mann beide besitzen, und wieder waren die Frauen auf dem ihnen gebührenden Platz.

Das Blutbad im Boudoir

Alle diese Bestandteile – Begehren, Brutalität, Besitz sowie wollüstige Beschreibungen zu Nutz und Frommen der (männlichen) Leser – waren in der Novelle *La fille aux yeux d'or – Das Mädchen mit den Goldaugen* – zu finden, die Honoré de Balzac 1835 veröffentlichte. Diese goldenen Augen gehörten Paquita, die streng bewacht wurde und sehr geheimnisvoll war, die aber die Sinne des Erzählers in Wallung gebracht hatte. Er scheute denn auch kein Mittel, um sich ihr zu nähern, und Paquita war zwar ängstlich, aber durchaus nicht abweisend. In dem Haus, in dem sie bewacht wurde, hatten sie ein Rendezvous in einem überladenen Boudoir, und Paquita gab sich dem Helden mit den Worten hin: »Ich bin wie ein an den Pfahl gebundenes Tier.«

Das sollte andeuten, daß sie sich im Besitz eines anderen Menschen befand, und das Geschlecht dieses Menschen läßt Balzac uns erahnen, als Paquita den Helden vor der körperlichen Vereinigung darum bat, ein rotes Samtkleid anzuziehen. Bald wurde jedoch die Ohnmacht der Besitzerin entlarvt, denn als der Held Paquita umarmte, entdeckte er, wie Balzac schrieb: »Wenn das

Die Marquise ermordet Paquita mit den goldenen Augen.

Mädchen mit den Goldaugen auch noch Jungfrau war, so war sie doch nicht unschuldig.« Dieser jungfräuliche Zustand wurde behoben, als »der Irrtum, in dem eine eiserne Hand sie leben ließ, aufhörte«. Womit Balzac sagen wollte, daß Paquita von einer begehrenden Person mit einer symbolischen Eisenhand erotisch erweckt worden war, die sie jedoch nicht hatte endgültig besitzen – also deflorieren – können.

Das jedoch konnte der Held, was bei Paquita untilgbare Spuren hinterließ. Kurz darauf kehrte die Gefängniswärterin heim und erwies sich als die schöne Marquise de San-Real mit den zusammengewachsenen Werwolfsaugenbrauen. Sie war die wahre Besitzerin, schließlich hatte sie Paquita ganz einfach *gekauft*, als diese zwölf war, und deshalb konnte sie mit ihr machen, was sie wollte. Als sie nun entdeckte, daß Paquita sich im nachdrücklichen Besitz eines anderen befunden hatte, wurde sie so wütend über diesen Beweis ihrer eigenen Ohnmacht, daß sie sie mit den Worten erstach: »Für das Blut, das du ihm gegeben hast, schuldest du mir all dein Blut.« Nur mit ihrem phallischen Dolch konnte die Marquise Paquita also besitzen – was jedoch den Tod mit sich brachte, und um die Leser zu befriedigen, war dieses Blutbad in ausführlichen Einzelheiten beschrieben.

»Dieser weiße Raum, aus dem das rote Blut so grell hervorstach, verriet einen erbitterten Kampf. Paquitas Hände waren in die Kissen eingekrallt. Überall hatte sie sich ans Leben gehängt, überall hatte sie sich gewehrt, überall war sie geschlagen worden. Ihre blutigen Hände hatten ganze Streifen des Tapetenstoffes herabgerissen. Sie mußte wohl versucht haben, die Zimmerdecke zu erklimmen.« (S. 126)

Verwirrtes Begehren

In einem anderen Buch aus demselben Jahr, in *Mademoiselle de Maupin* von Théophile Gautier, fehlt diese blutige Besitzergreifung völlig. Darin zog die Titelfigur, als Mann verkleidet, in die Welt hinaus, um das Leben der Männer am eigenen Leib kennenzulernen. Nach vielen anderen lehrreichen Erlebnissen wurde sie auch zum Gegenstand der Verliebtheit einer Frau. Rosaline hielt Mademoiselle de Maupin natürlich für einen Mann und gab sich deshalb große Mühe, seine/ihre Liebe zu gewinnen.

Aber Mademoiselle de Maupin wußte nicht so recht, wie sie sich verhalten sollte; sie wollte ihre Verkleidung ja nicht verraten, konnte sich aber in ihrer wildesten Phantasie nicht vorstellen, was sie als Frau mit einer anderen Frau anfangen sollte. »Bisweilen bedauerte ich, daß ich nicht wirklich ein Mann war, um mehr Freude daran zu haben.« (Gautier, S. 297)

Gleichzeitig grämte sie sich darüber, daß die Geliebte dasselbe Geschlecht hatte wie sie selber, weil es ein bißchen unbehaglich war und eben einfach nicht so gut wie die Liebe eines Mannes. »Ich bin geliebt worden, und das ist süß, obwohl es nur eine Frau war, die mich liebte, und obwohl in einer so unnatürlichen Liebe etwas Peinliches liegt, was es in der anderen nicht geben kann.« (S. 298)

Das Problem war nämlich, daß sie schließlich kein Mann *war* und deshalb auch nicht dasselbe anzubieten hatte wie ein Mann – fleischliches Begehren und phallischen Besitz. »Zum Ausgleich dafür hatte ich nichts anzubieten, und ich befand mich in der Situation eines Armen, der die Gaben eines reichen und freigiebigen Freundes annimmt, ohne die Hoffnung, sie jemals erwidern zu können.«

Das einzige, was Mademoiselle de Maupin als Frau anzubieten hatte, waren ihre weibliche Zärtlichkeit und ihre weiblichen Geschlechtsorgane, und das, fand Gautier, war nicht genug. Er ließ sie nämlich denken, »selbst das schönste junge Mädchen kann, wie man sagt, nicht mehr geben, als es hat, und was ich hatte, hätte Rosaline nicht sonderlich genutzt«. Rosaline ließ sich jedoch nicht so leicht abweisen und erschien eines Abends bei Mademoiselle de Maupin und legte sich schmachtend aufs Bett. Unsere Heldin wollte Rosaline natürlich nicht enttäuschen und fing an, sie zu liebkosen. Gautier beschrieb, was Mademoiselle dabei empfand.

»Seltsame Gedanken zogen mir durch den Kopf; hätte ich nicht fürchten müssen, mein Inkognito aufs Spiel zu setzen, so würde ich vielleicht Rosalinens leidenschaftlichem Ansturm nicht gewehrt haben, vielleicht eiteltollen Versuch gewagt haben, einen Schein von Wirklichkeit zu leihen dem Gespenst der Lust, das meine verliebte Schöne so glühend umschlang; ich hatte noch nie einen Liebhaber gehabt; und stürmische Berührung, wütende Küsse, Nähe schönen Körpers, in Küssen sich verlierende Kosenamen erregten mich aufs höchste, obzwar es nur eine Frau war, die ich umarmte. Auch der nächtliche Besuch, das Romanhafte der Lage, Mondenschein wirkten auf mich so neu und reizvoll stark, daß ich zu guter Letzt meiner mangelnden Mannheit nicht mehr gedachte.« (S. 376)

Gautier vermittelt dadurch also eine ganz andere Botschaft als Balzac, indem er Mademoiselle de Maupin nur schwaches Begehren und keinerlei Drang nach Besitzergreifung, geschweige denn nach Brutalität, empfinden läßt. Statt dessen empfand sie eine gewisse Erregung, die jedoch überschattet wurde von der Besorgnis, wie sie Rosalines Wunsch erfüllen sollte – wo sie doch nun einmal kein Mann war.

Aber dennoch gab es Hoffnung, denn nachdem sie durch das ganze Land gereist war, kehrte Mademoiselle de Maupin zu Rosaline zurück, die sich inzwischen einen Liebhaber zugelegt hatte. Der wiederum fühlte sich von unserer Heldin angezogen, die immer noch als Mann verkleidet war, und seine Angst davor, ein Männerliebhaber zu sein, ließ sich schnell beruhigen, als sie sich ihm in Frauenkleidung zeigte. Sie hatte sich die Männer so lange und gründlich angesehen, daß sie sie gern noch besser kennenlernen wollte. Das tat sie nun, und Gautier schrieb, daß sie »hervorragend begabt war und in dieser einen Nacht ungeheure Fortschritte machte«.

Hier vermittelt Gautier die Hoffnung, daß Frauen einander doch vielleicht befriedigen können, denn im Morgengrauen begab sie sich zu Rosaline. Und Gautier kann leider nicht berichten, was dort geschah. »Nur eine Kammerfrau Rosalinens berichtete einen seltsamen Umstand: obgleich ihre Herrin diese Nacht nicht in Gesellschaft ihres Liebsten verbrachte, war dennoch das Bett in größter Unordnung und zeigte deutlich den Abdruck zweier Körper. Außerdem wies sie mir zwei Perlen, die genau jenen glichen, die Theodo im Haar getragen hatte, als er die Rosalinde spielte. Sie hatte sie beim Herrichten des Bettes gefunden. Ich unterbreite diese Mitteilung dem Scharfsinn des Lesers und stelle es ihm anheim, daraus zu folgern, was ihm gefällt. Ich habe tausend unterschiedliche Möglichkeiten erwogen, die einen unvernünftiger als die anderen und so sonderbar, daß ich kaum wage, sie zu Papier zu bringen, wenn auch in sittigste Worte gekleidet.« (S. 327)

Selbst wenn Mademoiselle de Maupin mit Rosaline im Bett gelegen hätte, so fände Gautier es doch wahnwitzig anzudeuten, zwischen ihnen könnte sich etwas Sexuelles zugetragen haben.

Diese Erzählung brachte also zum Ausdruck, daß Frauen andere Frauen einfach nicht begehren konnten, eben weil sie, rein physisch gesehen, keine Männer waren, und egal, wie sie sich auch verkleiden mochten, auch wenn sie von Frauen geliebt wurden, als wären sie Männer, so brachte diese Illusion sie doch nicht auf andere Gedanken. Gautier hat also die Haltung zum Ausdruck gebracht, die die Frauen des Bürgertums vermutlich selber hatten, obwohl er der Liebe unter Frauen einen niedrigeren Status zubilligte, als sie in der zeitgenössischen Frauenkultur hatte.

Das unbefriedigte Begehren der verdammten Frauen

Auch die Frauen bei Charles Baudelaire konnten ihr Verlangen nicht befriedigen, aber anders als Mademoiselle de Maupin hatten sie Lust dazu. Deshalb fehlt der Stimmung im Gedicht über die verdammten Frauen – »Femmes damnées. Delphine und Hippolyte« – jede Spur von Gautiers Gemütlichkeit. Dieses Gedicht finden wijeit. Dieses Gedicht finden wir als Nummer 81 in der Sammlung *Les Fleurs du Mal*, veröffentlicht 1857. Bald wurde das ganze Buch vor Gericht behandelt, vor allem wegen der verdammten Frauen. Der Staatsanwalt berief sich gerade auf sie und sagte vor Gericht: »Hier finden Sie in den intimsten Details die Gewohnheiten der Tribaden.«

Diese Gewohnheiten entsprangen der Unterteilung in begehrende, brutale Frau und verführte Unschuld. Die kräftige Schönheit Delphine saß zu Füßen der schmächtigen Schönheit Hippolyte und »verschlang sie mit brennenden Augen, wie ein starkes Tier seine Beute bewacht, nachdem es sie zuerst mit den Zähnen gezeichnet hat«. Dieser Raubtiervergleich wurde von nun an zum festen Bestandteil der Texte, in denen Männer die weibliche Besitzergreifung einer anderen Frau beschrieben. Ebenso wie Paquita war Hippolyte nicht sonderlich begeistert davon, von einer Frau begehrt zu werden, und nachdem Delphine einen langen männerfeindlichen Vortrag gehalten hatte, antwortete sie: »Du bist eine für mich ausgelegte Falle und der Anfang meines Untergangs.«

Diesen Dialog nannte der Staatsanwalt vor Gericht unsittlich, aber der Verteidiger konnte den Trumpf ausspielen, daß es durchaus nicht Baudelaires Absicht gewesen sei, in diesen Angewohnheiten zu schwelgen. Er wollte sie beschreiben, um sie dann zu verdammen, und der Staatsanwalt sagte: »Nachdem er die Sünde vorgeführt hat, geißelt er sie – getreu dem Ziel, das er sich gesetzt hat – in rächenden Versen, und in was für Versen!«

Und das tat er wirklich, denn nach dem Dialog der Frauen kam die Stimme des Dichters und verdammte sie zur ewigen Höllenpein. »Ihre Schatten, lauft nur zu eurer Süchte Ziel; niemals gelingt es, eure wütende Begier zu stillen, und eure Strafe wird aus eurer Lust erstehn.« (S. 246) Damit deutete Baudelaire an, daß diese Frauen zwar Begehren empfanden, aber nicht wußten, wie sie es befriedigen sollten.

Das wußten sie offenbar auch nicht im Gedicht Nr. 82, das ebenfalls »Verdammte Frauen« heißt und ebenfalls verboten wurde. Hier sind die Frauen nun in der Hölle angekommen, die eine trostlose Landschaft am Meer ist, in der sie ruhelos herumwandern. Hier hat Baudelaire sie mit Geräten ausgestattet, mit denen sie ihren brutalen Besitzerdrang verwirklichen können. »Und andre, deren Brust die Skapuliere liebt, die, eine Geißel unter ihren langen Gewändern bergend, im finstern Wald und in einsamen Nächten den Schaum der Lust vermischen mit der Qualen Tränen.« (S. 248)

Das Opfer der Besitzenden

Bei Balzac und bei Baudelaire griff die begehrende Frau zu körperlicher Brutalität, um ihren Besitz zu markieren, ob das nun in Schnittwunden oder Peitschenhieben zum Ausdruck kam – Delphine konnte sich allerdings mit glühenden Küssen begnügen, die wie Bisse wirkten. In *Mademoiselle Giraud, ma femme* (Mademoiselle Giraud, meine Frau), 1870 veröffentlicht von Adolph Belot, wandte diese Frau ausschließlich geistige Brutalität an.

Gräfin Berthe de Blangy hatte ein besitzergreifendes Liebesverhältnis mit Paule Giraud, die sie als junges Mädchen in der Klosterschule kennengelernt hatte. Paule ließ sich widerstrebend mit dem Helden des Romans verheiraten und willigte niemals in den Vollzug der Ehe ein, daher der Titel des Buches.

Nach der Hälfte des Romans wird ihm endlich klar, wie es zwischen den beiden Frauen steht, und deshalb entführt er seine Gattin, um sie auf andere Gedanken zu bringen.

Außerhalb dieser ungesunden Atmosphäre blüht Paule denn auch auf und entwickelt Vertrauen zu ihrem Mann. Eines Abends deutet sie in verblümten Wendungen an, daß Berthe sie besitzen wollte und daß dieses Verhaltensmuster schon in der Klosterschule begründet worden war. Als sie sich kennenlernten, war »man«, also Paule, froh über die Freundlichkeit der älteren Schülerin, wo »man« doch nun allein und verlassen und fern der Heimat war.

»Aber bald empfindet man nicht nur Zuneigung zu ihr, man empfindet auch Furcht. Man fühlt sich unwissend und klein neben ihr; indem sie sich jeden Tag Vertrauen erschleicht, indem sie sich in das Leben einmischt, indem sie einen langsamen und anhaltenden Druck auf unseren Verstand ausübt, kann sie einen schließlich zwingen, durch sie zu sehen, das Bewußtsein von recht und unrecht zu tilgen, einen zu beherrschen, einen an ihre Launen zu fesseln.« (Belot, S. 242)

So groß war Berthes Macht, daß sie Paule vom Weg der Besserung fortlocken konnte, und in einem Abschiedsbrief an ihren Mann wirft Paule ihm vor, nicht besser auf sie aufgepaßt zu haben. »Warum haben Sie mich im Stich gelassen! Mich ihrem Gutdünken ausgeliefert... ich bin doch so schwach zusammen mit ihr... (...) ich war noch nicht stark genug, noch nicht hinreichend geläutert, hinreichend erneuert, um schlechten Ratschlägen zu widerstehen. Habe ich nicht den Mut aufgebracht, zu gestehen, welchen Einfluß sie auf mich hatte? Wie sie mich beherrscht hat? Wie sie mich unterdrückt hat!« (S. 261)

Und Paule blieb weiterhin unterdrückt, denn das besitzergreifende Begehren hatte tödliche Folgen. Langsam siechte sie an einer geheimnisvollen Krankheit dahin, die, Andeutungen zufolge, einem übertriebenen geschlechtlichen Verkehr entsprang – und so endete auch sie in der Hölle, in die Baudelaire seine verdammten Frauen geschickt hatte.

Daraufhin ergrimmte ihr Ehemann, und als er eines Tages die Gräfin mit einem weiteren schönen Opfer am Badestrand erblickte, verfolgte er sie, als sie schwimmen ging, und ertränkte sie. Der Graf de Blangy – den Berthe schon längst verlassen hatte – schrieb dem Helden einen Brief, in dem er ihn wissen ließ, daß ihm die Vorgänge in den Wogen durchaus klar waren, und er dankte ihm »im Namen aller ehrbaren Menschen, weil Sie uns von diesem Ungeziefer befreit haben«.

Von der Mörderin zur Ermordeten

Zu Beginn dieser Epoche ermordete die besitzergreifende Frau ihr Opfer, während sie im letzten Werk dieser Zeit selber ermordet wurde – es gab also doch eine gewisse Gerechtigkeit. Allen diesen Berichten gemeinsam war jedoch, daß Begehren nicht existieren konnte, ohne besitzergreifend und brutal zu werden. Auch blieb die Befriedigung des Begehrens im ungewissen, denn Mademoiselle de Maupin war ja ein großes Fragezeichen, und die übrigen Frauen scheinen nur ihre Auslösung gefunden zu haben, wenn sie die andere quälen konnten. Schließlich waren alle Opfer ziemlich uninteressiert an dem Begehren, das ihnen zuteil wurde, und wären viel lieber von einem Mann begehrt worden. Die Besitzerinnen wiederum waren alle sehr schön – alle hatten zwar ein etwas dramatisches Aussehen, sahen aber doch gut aus, und die Opfer waren natürlich hinreißend.

Diese Berichte wurden alle in einer Epoche geschrieben, als die bürgerlichen Frauen von ihren Familien abhängig waren, als die Liebe zwischen Frauen also keine materielle Grundlage hatte, um selbständig ausgelebt zu werden. Belot schrieb, daß Paule Giraud viele Verehrer hatte und sich nur mit dem Helden verheiratete, weil ihre Eltern drohten, sie sonst ins Kloster zu schicken. Die Liebe zwischen Frauen konnte im wirklichen Leben deshalb nicht gefährlich werden, und da Frauen offenbar auch kein Begehren besaßen, konnte sie logischerweise nicht geschlechtlich sein.

Dennoch haben die zitierten Autoren es gefährlich und geschlechtlich, brutal und begehrend dargestellt, und die Frage ist, ob sie nicht eher phantasiert als dokumentiert haben. Die Schönheit beider Frauen und die wollüstige Beschreibung des Grauens können andeuten, daß diese Bücher für den männlichen Genuß, nicht zur männlichen Verärgerung geschrieben wurden. Denn wenn sie den Blick von den Seiten hoben und ihn auf die Welt richteten, dann waren nicht viele Marquisen und Gräfinnen zu entdecken. Das heißt, vielleicht gab es sie im Adel, der immer schon als verderbt gegolten hat – im Bürgertum dagegen scheinen solche Frauen nicht existiert zu haben.

Der Unterschied zwischen den Aussagen der Frauen und den Phantasien der Männer ist bemerkenswert, denn sie scheinen fast genau gegensätzlicher Ansicht gewesen zu sein. Wo es der bürgerlichen Frau als Bereicherung erschien, eine Liebe zu empfinden, wo deren Erwiderung zweitrangig war, scheinen die Männer den Frauen ein Begehren zugeschrieben zu haben, das eine Auslösung verlangte – das jedoch keine fand. Und wo eine geistige Vereinigung den Frauen selber als befriedigend erschien, unterstellten die Männer diesen Frauen Besitzgier. Die Frage ist deshalb, ob die Männer sich nicht eher an Stelle der begehrenden Frauen gesehen und ihnen ein maskulines Denken, ein maskulines Begehren, maskuline Brutalität und die männliche Forderung nach Besitz zugeteilt haben.

Die Übergangsfrau
1870–1915

Bewußtsein

Die Begehrlosigkeit, die den bürgerlichen Frauen zu Beginn des Jahrhunderts zugeschrieben wurde, verinnerlichten sie im Laufe der Zeit so gründlich, daß sie ihnen genauso lieb wurde, als ob sie sie selber erfunden hätten. Sie gab ihnen eine Gemeinsamkeit, die sich nicht nur in der liebevollen Vereinigung der Seelen zeigte, sondern auch in der gemeinsamen Arbeit für eine gemeinsame Sache. Zu Beginn des 19. Jahrhunderts wurden die bürgerlichen Frauen dem patriarchalischen Bewußtsein unterworfen, gegen Ende des Jahrhunderts schufen sie auf Grundlage der auferlegten Norm, die zu ihrer eigenen geworden war, ein eigenes Bewußtsein. Sie wurden zu Übergangsfrauen, da sie während des Übergangs von einer alten in eine neue Welt lebten, und ihr neues Bewußtsein bildete die Grundlage für ihre Arbeit an der Ausbildung und Emanzipation von Frauen und für moralische Reform. Der zwischenmenschliche Bereich war ja nun zum ureigensten Reich der Frau geworden, Schwesterlichkeit ein natürlicher Teil ihres Umgangs miteinander, und da sie sich für moralisch überlegen hielten, wurden sie zu gegenseitigen Bundesgenossinnen. Die Medaille der moralischen Überlegenheit hatte jedoch auch ihre Kehrseite; Frauen wurden als intellektuell unterlegen angesehen und damit vom Aufbau der Gesellschaft ausgeschlossen. Gegen diese Ungerechtigkeit arbeiteten die Übergangsfrauen nun gemeinsam.

Die gemeinsame Arbeit für die Emanzipation der Frauen

Die Frauen suchten Emanzipation durch das bürgerliche Recht und durch die Ausbildung. Während der ersten Hälfte des 19. Jahrhunderts hatten die Töchter des Bürgertums ihr spärliches Wissen von ihren Müttern oder ihren Gouvernanten zu Hause übernommen. Vielleicht hatten sie eine Töchterschule besucht, ein Abbild des trauten Heims ihrer Kindheit, mit Fächern wie Klavierspielen, Sticken und Poesie, oder scheußliche Anstalten mit langweiligen Unterrichtsstunden und Auswendiglernen.

Die Vorkämpferinnen der Schulreform waren sich jedoch darüber im klaren, daß Mädchen zu Staatsbürgerinnen ausgebildet werden mußten, um am Aufbau der Gesellschaft teilnehmen zu können. In England beruhten die öffentlichen Schulen – gegen Mitte des 18. Jahrhunderts eingerichtet – auf dieser Auffassung. In Dänemark übernahmen die privaten Mädchenschulen diese Aufgabe. Den Schülerinnen wurde hier klargemacht, daß ihre eigene Tüchtigkeit wichtig war und ihnen zur Selbständigkeit verhelfen konnte – zur geistigen *und* zur materiellen. Aber das sollte keinesfalls dazu führen, daß ihre Weiblichkeit darunter litt – eher im Gegenteil, wie Natalie Zahle in ihrem Ausbildungsmanifest *Om den kvindelige Uddannelse her i Landet* (Über die weibliche Ausbildung hierzulande) aus dem Jahre 1872 klarstellte:

»Ich glaube, daß nichts die wahre Weiblichkeit, die Weiblichkeit im *Innersten des Herzens* und in den *Tiefen des Gemütes* besser bewahren und schützen kann, als vom frühesten Alter an still an der persönlichen Entwicklung zu arbeiten, ohne Nebenabsichten, sowie am weltlichen Ziel, sich eine selbständige Lebensstellung, unabhängig von irgendeiner Beziehung zum Manne, zu verschaffen.« (Zahle, 1883, S. 4)

Wenn sie vom Manne unabhängig waren, konnten Frauen sich ihrer Arbeit voll und ganz weihen, da sie nicht aus wirtschaftlichen Gründen zu einer Ehe gezwungen waren. Sie konnten deshalb mit anderen Frauen gemeinsam arbeiten, und hier war der Lehrerinnenberuf der verbreitetste. Natalie Zahle hatte die Fähigkeit, Frauen anzuziehen und ihnen den Glauben zu vermitteln, daß ihre gemeinsame Arbeit wertvoll war. Das betonte die Oberschulleiterin Martha Steinthal in ihrer Festrede zu Natalie Zahles 100. Geburtstag im Jahre 1927.

»Sie entdeckte bei ihnen Möglichkeiten, die sie selber nicht gekannt hatten, und durch ihr Vertrauen, ihre Bewunderung, ja, wir können auch sagen, durch ihre hochgeschraubten Forderungen brachte sie sie zu den höchsten Leistungen. Vielleicht lag Romantik darin, wie sie sich an sie und ihre Ideen banden, aber dann war es jedenfalls eine wohltuende und fruchtbare Romantik.« (Thejll, S. 90)

Diese Romantik konnte auch als Schwärmerei aufgefaßt werden, was Martha Steinthal in ihrer Festschrift jedoch zurückwies. »Menschen fühlten sich sehr stark zu ihr hingezogen, wenn sie das wollte. Aber es war im Grunde nicht ihre eigene Person, die diese Menschen anzog. Es war keine normale Frauenanbetung, die sie auch energisch abweisen konnte. Ihre Ansichten über das Schulwesen hatten diese Anziehungskraft. Sie vermochte es außerordentlich gut, die Fähigkeiten der Frauen hervorzulocken und sie dazu zu bringen, für die gemeinsame Sache ihr Äußerstes zu geben. Da sie ihnen dadurch zu einem reicheren Lebensinhalt verhalf, banden sie sich voller Dankbarkeit an ihr Werk.« (Steinthal, S. 78)

Es war Natalie Zahles Wunsch, den Lehrerinnenberuf so anziehend zu machen, daß er eine akzeptable Alternative zur Ehe darstellen könnte. »Nicht, weil ich dieses schönste Los des weiblichen Lebens verkenne, sondern weil ich oft eine größere Weiblichkeit darin sehe, unverheiratet zu bleiben, als sich zu verheiraten, und weil ich gerne meinen Beitrag dazu leisten möchte, dieses, das *zweit*beste, froher, anziehender und befriedigender für eine Frau zu machen, als es jetzt ist.«

Das schrieb sie in ihrem Ausbildungsmanifest, wobei sie ihre etwas kryptische Aussage, daß der ledige Stand größere Weiblichkeit bedeuten könne als die Ehe, nicht weiter erläuterte. Vielleicht meinte sie, daß die wahre Weiblichkeit von einem Ehemann besudelt würde, oder vielleicht bewahrte ein Zusammenleben von zwei selbständigen Frauen die Weiblichkeit einfach besser.

Das Verlangen nach der ewigen Vereinigung von zwei Frauen konnte gerade jetzt erfüllt werden, da die finanzielle Selbständigkeit die materiellen Möglichkeiten für ein Zusammenleben bot. Deshalb machte Natalie Zahle in ihrem Ausbildungsmanifest darauf aufmerksam, daß die Lehrerinnenausbildung durch umfassendere Examen und damit höheres Gehalt verbessert werden müßte.

»Auch eine unverheiratete Frau muß in der Lage sein, sich einen Hausstand und einen Familienkreis zu schaffen, wenn ihr dieser nicht schon auf ganz natürliche Weise zugeteilt worden ist, damit sie ihrem ledigen Stand zum Trotz den in der Frau niemals schlafenden mütterlichen Instinkt zufriedenstellen kann, weil sonst ihre anderen Tätigkeiten Gefahr laufen, entweder überspannt oder dürr und handwerksmäßig auszufallen.« (Zahle, 1873, S. 26)

Als sie 1882 abermals zur Feder griff, um über die weibliche

Natalie Zahle mit den beiden Söhnen ihrer Pflegetochter Anna Paulsen, für die sie nach 1860 die »Großmutter« war.

Ausbildung zu schreiben, hatte sie voller Freude miterleben dürfen, daß Frauen Zutritt zu den Universitäten gewährt wurde und daß sie zu bürgerlichen Stellungen gefunden hatten. Dennoch hoffte sie, daß diese Möglichkeiten der ökonomischen Selbständigkeit die jungen Mädchen nicht von der Ehe abhalten würden, während sie auch weiterhin die Meinung vertrat, daß Berufstätigkeit einer unglücklichen Ehe vorzuziehen sei.

»Der ledige Stand ist mir wichtig, und ich möchte ihn gerne auf Kosten der unglücklichen Ehen fördern. Aber ich wäre sehr betrübt, wenn ich dazu beitrüge, daß die ledigen Frauen je die Mehrheit darstellten, welches, mit anderen Worten, ein mißverstandenes Streben wider die Ordnung der Natur und des Lebens wäre.« (Zahle, 1882, S. 460)

Der Wunsch, die Frauengemeinschaft zu bewahren, zeigte sich auch im Wunsch, die Mädchenschulen nicht abzuschaffen. Gegen Ende des Jahrhunderts wurde es immer üblicher, Mädchen in Jungenschulen zuzulassen und diese dann »Gemeinschaftsschulen« zu nennen. Dieser Schritt wurde damit begründet, daß die sanftmütigeren Mädchen einen guten Einfluß auf die wilderen Knaben ausüben würden. Henriette Skram aus Zahles Schule bezweifelte jedoch, daß diese intergeschlechtliche Gemeinschaft auch für die Mädchen einen Vorteil bedeutete, und sie befürchtete, daß es nicht möglich wäre, in allen Fächern Unterricht zu erteilen.

»Die Frage der Gesundheitslehre ist vielleicht diejenige, die die meisten Bedenken erwecken wird, vor allem wenn der Unterricht in Zukunft *so* umfassend wird, wie viele hoffen und wünschen, und dann auch die Fortpflanzungslehre und alles, was damit in Verbindung steht, behandeln wird, wie die geschlechtlichen Verhältnisse und ihre perversen Formen gar. Gegenüber dieser Forderung werden wohl die meisten, die überhaupt etwas über das Seelenleben junger Mädchen wissen, weichen und sich weigern, solche Themen vom Katheder aus zu behandeln.« (Skram, 1904, S. 53)

Als die Däninnen 1915 das Stimmrecht erkämpft hatten, schrieb Henriette Skram einen neuen Artikel über Mädchenschulen und betonte noch einmal die Vorteile der reinen Mädchenerziehung. »Wenn ich keinen gemeinsamen Unterricht wünsche, dann, weil ich hoffe bewiesen zu haben, daß es vor allem für die Frau als werdende Bürgerin wichtig ist, daß all ihre besten, typischen Eigenschaften die reichste Entfaltungsmöglichkeit erhalten, was meiner Meinung nach nur in einer Schule der Fall sein kann, wo nicht die Rücksichten auf das ›starke‹ Geschlecht unwillkürlich eine andere Unterrichtsart, einen anderen Umgangston diktieren, als für das kleine Mädchen richtig wäre.« (Skram, 1915, S. 320) Das war der letzte verzweifelte Versuch, die Frauengemeinschaft zu bewahren, ehe die moderne Zeit ihr den Garaus machte.

Den Frauen eine Ausbildungsmöglichkeit zu geben war das Lebenswerk dieser Pionierinnen gewesen, und das hielten sie für ihren Beitrag zur Emanzipation der Frau. Natalie Zahle schrieb dementsprechend zu jener Zeit in ihren Erinnerungen, daß es ihr Wunsch gewesen wäre, Frauen finanzielle Selbständigkeit und damit innere Emanzipation zu verschaffen, und daß sie sich deshalb nicht an den Bestrebungen habe beteiligen können, die äußeren Rechte zu erkämpfen.

»Aber ich stand und stehe noch in tiefster Bewunderung vor diesen Frauen, die diese äußeren sozialen Aufgaben übernommen haben, und mit ebenso unbedingter Bewunderung habe ich gesehen, wie – das kann ich fast sagen – ungeheuer weit sie es in dieser kurzen Zeitspanne gebracht haben, seit der Gedanke an die äußere Emanzipation der Frau zum ersten Mal laut geworden ist. Bisweilen habe ich mich ihnen gegenüber so klein gefühlt und das Gefühl gehabt, vor ihrer mächtigen Energie die Augen niederschlagen zu müssen. Aber – dennoch – das Streben, dem ich und meine verständnisvollen Mitarbeiterinnen uns gewidmet haben, brauchte auch jeden Tag seine stillen Arbeiterinnen.« (*Mit Liv*, S. 47–48)

Diese äußere Emanzipation wurde von den Frauenrechtsvereinen erkämpft, die in der westlichen Welt inzwischen aufgetaucht waren. Der Dänische Frauenverband wurde 1871 gegründet, mit dem Ziel, die Stellung der Frauen in Gesellschaft und Familie zu verbessern. Der einzige Bereich im öffentlichen Leben, in dem Frauen bisher Einfluß gehabt hatten, waren Kirche und Wohltätigkeitsarbeit. Doch gerade durch ihre Wohltätigkeitsarbeit war ihnen klargeworden, daß individuelle Fürsorgearbeit das große soziale Elend nicht verändern konnte. Viele Frauenrechtsvereine arbeiteten deshalb für das Frauenstimmrecht, um mit Hilfe ihrer parlamentarischen Rechte die Macht zu erlangen, diese Not zu beheben.

Über das Parlament wollten sie auch die Macht erringen, das häusliche Leben zu verändern, denn die Stimmrechtsvorkämpferinnen erwarteten, daß Frauen mit Hilfe ihres Stimmrechtes ihre Ansichten in die politischen Fragen einbringen würden. Sie stellten sich vor, daß Frauen, wenn sie ihre politische Macht strategisch nutzten, Zugang zu neuen Berufen, gleichem Lohn und zu Gesetzen erlangen würden, die ihre Rechte in der Ehe verbesserten – und sie damit selber beschützten.

Frauen wollten aus zwei Gründen diese parlamentarischen Rechte für sich gewinnen. Einerseits wehrten sie sich gegen die Ungerechtigkeit, per Gesetz entmündigt zu sein. Andererseits waren sie der Ansicht, daß Frauen eben wegen ihrer gemeinsamen moralischen Überlegenheit die Gesellschaft in eine weiblichere – und damit bessere – Richtung würden lenken können. Astrid Stampe Feddersen aus der Leitung des Dänischen Frauenverbundes schrieb deshalb 1888, daß die simple Gerechtigkeit zwar fordere, Frauen Mündigkeit in der Ehe und aktives und passives Wahlrecht zuzubilligen, daß dies aber nur Mittel zum Zweck sein könnte.

»*Das Hauptziel ist es, direkte weibliche moralische Beeinflussung ins Gesellschaftsleben zu bringen*, die moralische Stärke der Frau, ihr größeres Mitgefühl und ihren mütterlichen Instinkt den ganzen Einfluß auf das Gesellschaftsleben ausüben zu lassen, der ihnen zukommt. Wie oft müssen Frauen sich nicht über die bestehenden Gesetze grämen und zu sich sagen: ›Wenn wir Frauen an der Gesetzgebung mitwirken könnten, dann wäre es nicht so.‹ Aber sie müssen mitwirken, erst dann können wir hoffen, daß die Gesetze allen Seiten Gerechtigkeit widerfahren lassen.« (Stampe, S. 41)

Die gemeinsame Arbeit für moralische Reform

Der Wunsch, der moralischen Stärke der Frauen Einfluß auf die Gesellschaft zu verschaffen, lag auch hinter der Gründung der unzähligen Gruppen für moralische Reform, die die Frauen des Bürgertums in jenen Jahren ins Leben riefen. Sie fanden sich in ihrer gemeinsamen Überzeugung, daß sie das Recht und die Möglichkeit hatten, durch ihre gemeinsame Begehrlosigkeit die Moral zu prägen.

Natürlich gehörte die Frau ins Haus, aber das sollte nicht so engstirnig aufgefaßt werden, als ginge es dabei nur um die eigenen vier Wände. Es war ihre Pflicht, mit ganzem Herzen ihre Familie zu umsorgen, und ihr Herz war, wo ihre Lieben sich befanden. Wenn also ihre Männer und Söhne auf Abwege gerieten, gehörte es mit zu ihrer Fürsorge, sie wieder auf den rechten Weg zu führen. Und wenn einige ihrer Geschlechtsgenossinnen in der Sünde versumpft waren, gehörte es ebenfalls zu ihrer Aufgabe, die »verirrten Töchter« zu retten.

Das Reinheitsideal, mit dem die Frauen selber abgespeist worden waren, war nun ihr Leitstern im Kreuzzug, denn sie hielten Reinheit für die Rettung der Gesellschaft. Wenn jegliches abweichende und unpassende Verhalten entfernt würde, dann würde die Gesellschaft einen Fortschritt erleben, der größere Effektivität bedeutete. Soziale Reinheit mußte zu sozialem Fortschritt führen, und das Paradies auf Erden wäre dann zum Greifen nah. Diese Frauen glaubten an die ewigen Werte und daran, daß das Gute in allen Menschen erweckt werden kann, wenn nur die Sprache der Liebe gesprochen wird.

Zu dieser Ideologie der Güte kam auch der neue Gedanke, daß die Biologie verändert werden könnte. Die explosive Geschlechtlichkeit war seit langem als Naturgesetz festgeschrieben worden, der ganze Mann würde explodieren, wenn er keine Auslösung für seinen Geschlechtstrieb fand. Die Reformfrauen dagegen glaubten, auch Männer könnten Selbstbeherrschung üben, so, wie Frauen das gelernt hatten, wenn bloß an ihr Verantwortungsgefühl appelliert würde.

Außerdem hatten diese Frauen erkannt, daß die Doppelmoral, die von der Gattin Reinheit und Treue verlangte und dem Mann Untreue gestattete, für sie selber zur Falle wurde. Die Doppelmoral konnte nur dann überleben, wenn die Gattinnen nach diesem Ideal lebten, und das begrenzte ihre Entfaltungsmöglichkeiten. Wenn sich jedoch die Männer änderten und geschlechtlich rein würden, könnten Frauen alle möglichen Berufe ergreifen, ohne Ausnützung oder Diskriminierung fürchten zu müssen.

Indem sie den Kampf um größere Sittlichkeit mit dem Kampf gegen Alkoholmißbrauch verbanden, wurde indirekt die freiwillige Mutterschaft verteidigt. Schließlich hatte die Bewegung die Naturwissenschaft ihrer Zeit als Zeugin dafür, daß die Vererbung

Aussehen und Eigenschaften eines Kindes bestimmt. Nicht nur war Trunksucht vererbbar, das Trinken eines Vaters konnte mißgestaltete Kinder zur Folge haben, und die Reformfrauen wollten ihr Paradies auf Erden nicht mit einer Ansammlung lallender Idioten und Trunkenbolde bevölkern.

Um das zu verhindern, bot sich die geschlechtliche Enthaltsamkeit, die noch dazu dem bürgerlichen Ideal der Selbstbeherrschung nahekam. Alkohol dagegen schwächte die Selbstbeherrschung und steigerte den Geschlechtstrieb, der in seiner Zügellosigkeit den Arbeitseifer hemmte und damit eine bessere und ordentliche Gesellschaft verhindern konnte – deshalb sollte der Geschlechtstrieb vollständig entfernt werden. Die Vererbungslehre sollte auch belegen, daß ungewünschte Kinder geistig und körperlich mißgestaltet geboren würden, und nur die Kinder, die in sicheren Verhältnissen aufwachsen könnten, dürften auf die Welt kommen.

Die Frauen glaubten, Aufklärung über sittliche Fragen könnte diese Moralreform erleichtern, und deshalb brachten sie sie erstmalig in die Diskussion unter normalen, anständigen Menschen ein. In ihrem Wunsch, die Gesellschaft zu verändern, verwarfen sie die traditionelle Behauptung, daß Unschuld sich am besten durch Unwissenheit über geschlechtliche Dinge bewahren ließe. Statt dessen wünschten sie für Schule und Familie eine neue Rolle in der Verbreitung des Wissens um diese Fragen, um die Ausbreitung der Sünde zu verhindern. Selbstkontrolle galt nun als der beste Schutz vor der Versuchung.

Dieser Kreuzzug hatte nicht nur einen menschenfreundlichen Hintergedanken, denn er sollte auch den bürgerlichen Frauen selber Vorteile bringen. Weitaus die meisten von ihnen waren verheiratet, waren also sicher, daß sie versorgt würden, sie waren – ohne daß es ihnen bewußt war – einen Handel mit ihrem Ehemann eingegangen. Als Entgelt für diese Versorgung konnten die Frauen geschlechtliches Zusammenleben und Erben bieten – die Leitung des Haushaltes war ebenfalls im Handel inbegriffen. Aber in dem Moment, in dem die Ehe geschlossen wurde, zerrann ihre Macht, denn der Mann hielt diese Leistungen für einen selbstverständlichen Teil des Handelsabkommens.

Die Frauen konnten ihre Macht nur zurückgewinnen, wenn sie den Zugang zu diesen Gütern schrittweise begrenzten. Bei verringertem Zugang zu geschlechtlichem Zusammensein und Aussicht auf Erben würde der Preis steigen. So würden sie größeren Einfluß auf ihre Männer gewinnen, und ihre Selbstbestimmung wäre erreicht, da sie selber über die Anzahl ihrer Schwangerschaften bestimmen könnten. Diese Strategie ließ sich auf zweifache Weise durchführen: Entweder konnten die Frauen weiterhin darauf bestehen, daß sie keine Freude am geschlechtlichen Zusammenleben fänden, was das Schuldgefühl der Männer erwecken würde. Oder sie konnten den Feldzug außerhalb ihres Heimes führen, um die Männer dazu zu bringen, ihr Geschlechtsleben selber zu kontrollieren. Zu diesem Feldzug gehörte der Kampf gegen Prostitution, denn ohne Prostitution war das Geschlechtsleben der Männer auf die Ehe und damit auf ihre Gattin beschränkt. Durch ihr Monopol hätten die Frauen dann die Macht über das Geschlechtsleben der Männer und damit über die Ehe an sich gebracht und könnten gleichzeitig verhindern, daß sich Geschlechtskrankheiten in der ganzen Familie verbreiteten.

In Dänemark fiel Prostitution unter das Strafgesetz von 1866. In § 180 hieß es, daß »Frauenzimmer, die der polizeilichen Warnung zum Trotz ihr Gewerbe in der Unzucht suchen, mit Gefängnis bestraft werden«, und in § 182, »wer sich der Leitung eines öffentlichen Hauses schuldig macht sowie derjenige, der gegen Bezahlung Personen unterschiedlichen Geschlechts Zugang zu seiner Behausung gewährt, damit sie dort Unzucht treiben können, oder wer dem polizeilichen Verbot zum Trotz Frauenzimmer bei sich hat, die sich durch Unzucht ernähren, wird mit Arbeitshaus oder Gefängnis bei Wasser und Brot bestraft«.

Es war schwer, diese beiden Paragraphen anzuwenden, und sie bedeuteten, daß die Polizei – nach einer Vorwarnung – Frauen als »öffentliche Frauenzimmer« registrieren konnte. Viele Frauen entzogen sich jedoch der polizeilichen Kontrolle, und Geschlechtskrankheiten breiteten sich beunruhigend schnell aus. Um diese Krankheiten unter Kontrolle zu bekommen, wurde deshalb das umstrittene »Gesetz zur Verhinderung der Ausbreitung von venerischen Krankheiten vom 10. April 1874« erlassen.

Nach diesem Gesetz konnte die Polizei nun Patientinnen mit Geschlechtskrankheiten kontrollieren – kurioserweise konnten die Patienten weiterhin machen, was sie wollten. Das gab der Polizei die Möglichkeit, Frauen als Prostituierte zu registrieren und sie zu zwingen, in besonderen, ausgesuchten öffentlichen Häusern zu wohnen. Auch wurde die Freiheit der Frauen eingeschränkt: Sie durften ihren Wohnsitz nicht ändern oder den Großraum Kopenhagen für länger als 24 Stunden verlassen; sie durften keine Kinder oder Männer bei sich wohnen lassen, und die Polizei konnte jederzeit ihre Zimmer durchsuchen; sie durften nicht unziemlich gekleidet sein oder unanständiges Betragen aufweisen, sie durften keine Männer ansprechen oder ihnen folgen; sie durften sich nicht am Fenster zeigen oder sich in die Türen oder auf den Bürgersteig stellen; sie durften nur in bestimmten Straßen wohnen und mußten sich zweimal pro Woche auf Geschlechtskrankheiten untersuchen lassen. Ähnliche Bestimmungen galten in vielen Großstädten, zum Beispiel Hamburg.

Dieses Gesetz war vielen Reformfrauen ein Dorn im Auge, da sie fanden, es erlaube und fördere Prostitution und mache sie zu einem legalisierten, wenn auch kontrollierten Gewerbe. Sie starteten eine Bewegung zur Abschaffung der Bordelle, was auch in einem Gesetz von 1895 gefordert wurde, und 1901 wurde der Bordellbetrieb strafbar gemacht. Durch das berüchtigte »Oktobergesetz« von 1906 wurde die polizeiliche Überwachung der Prostituierten abgeschafft, und die Frauen, die sich später noch von Prostitution ernährten, wurden wegen Landstreicherei bestraft.

In England fielen Prostituierte unter »The contagious Diseases Act of 1864«, das, wie das dänische Gesetz von 1874, die Ausbreitung von Geschlechtskrankheiten begrenzen sollte. Wie in anderen Ländern erhielten Frauen dadurch den Status einer staatlich anerkannten Prostituierten. Und überall kamen die Freier ungeschoren davon, während die Polizei alle möglichen Frauen zwangsuntersuchen konnte, auch arme Frauen, die niemals Prostitution betrieben hatten.

Damit hatte die Polizei die Macht, Frauen als Prostituierte zu registrieren, die gar keine waren oder die nur in Notfällen zu diesem Ausweg griffen. Der Arbeitseifer der Polizisten zeigte sich darin, daß Arbeiterinnen, die nur am Arm ihres Freundes einen Abendspaziergang machen wollten, sich im nächsten Augenblick im Untersuchungszimmer der Sittenpolizei wiederfinden konnten, um danach als Prostituierte registriert zu werden.

Bordell in Kopenhagen um das Jahr 1900

Die englischen Reformfrauen waren der Meinung, daß Frauen durch dieses Gesetz ihre bürgerlichen Rechte genommen würden und daß die vorgeschriebenen gynäkologischen Untersuchungen viel schlimmer wären als bloße Kränkung des Schamgefühls. Sie kämpften deshalb für die Aufhebung dieses Gesetzes, was im Jahre 1866 geschah. Im weiteren Verlauf dieses Jahrhunderts weiteten die Frauen ihre Arbeit auch auf den weißen Sklavenhandel aus. Hierbei wurde der Unterschied zwischen den rettenden und den gefallenen Frauen endgültig aufgehoben. Als die bürgerlichen Frauen begannen, eine Gemeinsamkeit mit den gefallenen zu empfinden, übertrugen sie ihre eigenen Normen auf sie und gingen davon aus, daß die anderen zur Prostitution verführt worden sein müßten. Schließlich würde sich keine begehrlose Frau mit gesundem Verstand freiwillig dieses Gewerbe suchen. *Ver*führung konnte in ihren Augen auch zur *Ent*führung werden, und sie glaubten, schutzlose arme Frauen würden in die Bordelle gezwungen.

Später bekam diese Auffassung einen Hauch von Exotik, als Gerüchte aufkamen, Frauen würden entführt und in südliche Bordelle verschleppt, wobei die Grenzen zwischen klaren Prostituierten und anständigen Frauen endgültig verwischt wurden. Es wurde angenommen, daß die weißen Sklavenhändler es besonders auf anständige, schamvolle Frauen abgesehen hätten, und damit konnte sich überhaupt keine Frau mehr sicher fühlen.

Es bot keinen Schutz mehr, finanziell gesichert zu sein und sich an die gute Gesellschaft zu halten, denn die Entführung in die exotischen Bordelle konnte auf offener Straße stattfinden, in dunklen Lichtspielhäusern und in den neuen Automobilen. Damit hatte die Emanzipation ihren Preis, die frisch erkämpfte Freiheit der Frauen wurde eingeschränkt, wenn sie nicht Gefahr laufen wollten, eines Tages plötzlich in einem Bordell in Buenos Aires oder Alexandria aufzuwachen.

Die gemeinsame Begehrlosigkeit schafft Gemeinsamkeit

Ob sie nun weiße Sklavin im Harem des Sultans war oder Dirne im heimischen Bordell – eine Prostituierte war nur wider Willen in diesem Gewerbe, meinten die Moralreformfrauen. Diese Auffassung kam daher, daß ihre Geschlechtszusammengehörigkeit das *ganze* weibliche Geschlecht als Opfer der Männer sah. So, wie sie selber Opfer in der Ehe waren, waren die Prostituierten Opfer in den Bordellen. Das bedeutete, daß sie mit dem Gefühl, alle Frauen, auch sich selber, zu retten, für die Abschaffung der Prostitution kämpften.

Josephine Butler war die Führerin der englischen Ladies' National Association, die das Gesetz von 1864 abschaffen wollte, und sie schrieb in ihren Erinnerungen, daß sie aus folgendem Grund dafür gekämpft habe: »Die Tatsache, daß dieses neue Gesetz *direkt* und schändlich Würde und Freiheit der Frauen angriff, wurde gleichzeitig durch Gottes Vorsehung ein mächtiges Mittel. Unter begünstigten Frauen erweckte es nämlich ein tieferes Mitgefühl für ihre ärmeren und weniger glücklichen Schwestern, als bisher wohl je empfunden worden war. Es vereinte die Frauen unseres Landes – und nach und nach die der ganzen Welt –, weil ihnen ein doppeltes Unrecht zugefügt worden war, eine Kränkung des freien Bürgerrechtes und eine Kränkung des heiligen Rechtes der Weiblichkeit.« (Butler, S. 80)

Auch die Dänin Thora Esche sah die begünstigten und die gefallenen Frauen in einem Boot. 1877 wurde sie mit 27 Jahren Leiterin des Magdalenenheims der Inneren Mission – einer Umerziehungsanstalt für gefallene junge Frauen –, das sie im Geist der Liebe leiten wollte. Sie schrieb deshalb in ihren Erinnerungen: »Dort, wo unsere Mündel gefallen waren, hätten wir anderen Frauen, selbst die aus den reichsten und besten Häusern, auch liegen können, wenn Gott uns nicht davor bewahrt hätte.« (Esche, S. 88)

Die symbolische Einteilung in »wir anderen Frauen« und »die gefallenen« wurde beim weißen Sklavenhandel gänzlich getilgt, und hier konnte Gott nicht viele bewahren. Die Heldin Alma Bang im Roman *Die weiße Sklavin* (Den Hvide Slavinde) von Elisabeth Schøyen aus dem Jahre 1905 fand deshalb auch, das ihr widerfahrene Unrecht sei ein Unrecht wider das gesamte weibliche Geschlecht. Sie war ein ehrbares junges Mädchen aus Kopenhagen – das noch dazu Zahles Schule besucht hatte – und in die Welt gezogen, um sich eine Stellung als Gesellschafterin zu suchen. Statt dessen wurde sie in ein Londoner Bordell verschleppt und machte sich hier schreckliche Vorwürfe, weil sie nicht zu Hause geblieben war, wie ihre Mutter es ihr gesagt hatte, aber hier half keine liebe Mutter, denn sie wurde in den Harem des Sultans in Konstantinopel geschafft. Als sie eine Nacht allein mit ihrem Gebieter verbracht hatte, machte sie sich Gedanken über ihr Schicksal.

»Nicht sie allein war erniedrigt worden; es kam ihr vor, als sei die Demütigung, die sie erlitten hatte, eine Kränkung für ihr gesamtes Geschlecht. Und das Unrecht, dessen Opfer sie hier aufs neue geworden war, entzündete in ihr einen flammenden Haß auf das gesamte männliche Geschlecht, das die Wehrlosigkeit der Frau zu verbrecherischen Überfällen ausnützt – Haß auf diese ganze Gesellschaft, die diesem Unrecht zusieht oder davon weiß, ohne die Hand zur Verteidigung zu erheben, diese Gesellschaft, deren Gesetze von Männern erlassen werden.« (Schøyen, S. 281) Dieser Haß machte sie jedoch nicht zur glühenden Frauenrechtlerin, denn nach etlichen Widrigkeiten landete sie in einem Bordell in Österreich, wo sie alsbald an einer Geschlechtskrankheit starb.

Der eigentliche Grund dafür, daß Prostitution in den Augen dieser Frauen eine so große Kränkung war, lag darin, daß sie sie als Vergewaltigung der allen Frauen gemeinsamen Begehrlosigkeit sahen. Deshalb brachte die Gemeinschaft der Begehrlosigkeit sie dazu, sich zusammenzutun und sich für die selbstverständlichsten Retterinnen zu halten, da sie aufgrund ihrer Begehrlosigkeit die Doppelmoral klar durchschauen konnten. Thora Esche schrieb daher im Jahre 1884 in einem Brief an die Zeitschrift der Inneren Mission, das Prostitutionsgesetz sei unhaltbar, da es Prostitution in Wahrheit erlaube.

»Es ist meine Überzeugung, daß wir Frauen, die durch Gottes unbegreifliche Gnade vor solcher Versuchung und Sünde bewahrt worden sind, Hilfe leisten sollten, indem wir uns um eine Petition vereinen und Euch bitten, der klaren, bestimmten Stimme der Vernunft zu folgen, die fordert, daß Sünde als Sünde gestempelt wird.« (Esche, S. 238)

Auch in diesem dänischen Beitrag zur Sittlichkeitsfehde schien die begehrlose Gemeinschaft durch. Pauline Aggersborg war der Meinung, daß die natürliche Scham der normalen Frau die wichtigste Waffe in diesem Kampf sei. »Die Scham heischt nicht nur, daß die Frau in Gottes und in ihren eigenen Augen rein sei, sie mahnt sie auch dazu, über die sittliche Ehre ihres Geschlechts zu wachen. Dieser Instinkt, meine ich, bestimmt das Verhältnis der Frau zur Sittlichkeitsfrage; es erlegt ihr die Verpflichtung zur Keuschheit auf als Bedingung für Glück und Bestehen der Gesellschaft.« (Aggersborg, S. 107)

Die Frage, ob diese Scham – oder Begehrlosigkeit – angelernt oder naturgegeben war, war einer der Streitpunkte in dieser Debatte. Astrid Stampe Feddersen hielt sie für angelernt, obwohl sie historisch nicht versiert genug war, um zu wissen, daß es sich um ein ziemlich neues Phänomen handelte. Dennoch glaubte sie, die Begehrlosigkeit könne die Gesellschaft weiterbringen. »Erst wenn Frauen die Stärke, die in ihrer seit Jahrtausenden erlernten Herrschaft über ihre Triebe liegt, gebrauchen, wenn sie sich mitten in Kampf und Arbeit stellen und sich nicht vor den dunklen Seiten des Lebens fürchten – erst dann besteht die Hoffnung, daß bessere Zeiten anbrechen können.« (Stampe, S. 20–21)

Diese auf der Begehrlosigkeit beruhende Geschlechtsgemeinschaft führte dazu, daß die gemeinsame moralische Überlegenheit als Norm gesehen wurde, an der alle – sowohl die gefallenen Frauen als auch die unbezähmbaren Männer – bewertet werden sollten. »Wir Frauen«, die bewahrt worden waren, die eine Verpflichtung zur Keuschheit und die Herrschaft über die Triebe hatten, waren damit als die Besten ermittelt.

Elisabeth Grundtvig schrieb in ihrem Beitrag zur Sittlichkeitsdebatte, daß der Geschlechtstrieb durchaus nicht unwiderstehlich, sondern der Herrschaft der Vernunft und des Willens unterworfen sei. »Bisher hat das gesellschaftliche Bewußtsein das von der Frau und nicht vom Mann gefordert; das muß sich ändern. Der Mann muß werden wie die Frau.« (Grundtvig, S. 90) Warum er das mußte, erklärte sie mit der Behauptung, das Glück läge im bereits begonnenen Fortschritt. »Damit die Menschheit jedoch in dieser Richtung weiterschreiten kann, müssen die Männer den Frauen folgen; in diesem Punkte sind die Frauen nämlich am weitesten gekommen.« (Grundtvig, S. 91)

Frances Willard von der US-amerikanischen The Women's Christian Temperance Union teilte diesen Gedankengang und schrieb in ihren Erinnerungen, daß Alkohol und Tabak Frauen und Männer trennten, obwohl sie diese Mittel einst gemeinsam genossen hätten. »Aber die Entwicklung der Frau hat sie an ihnen vorbeigetragen; der Mann wird eines Tages dieselbe Stufe erklimmen.« (Willard, S. 64)

Gemeinsame Bevormundung

Die richtige Richtung und die hohe Stufe, nach denen alle anderen nach Meinung der Reformfrauen streben sollten, hatten nur die unselige Folge, daß ihre Arbeit durchaus zur Bevormundung ausarten konnte. Ihre Forderung, daß Männer wie Frauen werden sollten, kann als Ausdruck dafür gesehen werden, daß die Unterdrückten in ihrem eigenen Schicksal Trost suchten, wie es im Krieg der Geschlechter eben manchmal geschieht. Ihre geschlechtliche Gemeinschaft war jedoch so fest in der Biologie verankert, daß sie die Klassenunterschiede mit ihren Möglichkeiten und Normen übersahen.

Diese Bevormundung zeigte sich am deutlichsten im Kampf gegen die Prostitution, wo die Reformfrauen die Berechtigung ihrer Arbeit darin fanden, daß sie die Gefallenen für Opfer wie sich selber hielten. Aber damit nicht genug, sie unterstellten den Gefallenen auch den Wunsch, aufs neue wie die bürgerlichen Frauen zu werden, was vielleicht eher Wunschdenken als Verständnis zum Ausdruck brachte.

Diese Blindheit Frauen einer anderen Klasse gegenüber zeigt Thora Esche selbst – wenn auch unfreiwillig – in ihren Erinnerungen, als sie zur Illustration ihrer eigenen Unwissenheit in Sittlichkeitsfragen folgendes Beispiel erzählt. Eines Tages ging sie mit ihrer Mutter in der Stadt spazieren und sah dabei zwei junge Frauen, deren Kleidung und Benehmen so auffällig waren, daß sie ihre Mutter danach fragte, sich aber bloß den Verweis zuzog, sie solle still sein.

»Daß ich nicht nach diesen beiden Mädchen fragen durfte, die jung waren wie ich selber, versenkte ich tief in meinem Herzen und vergaß es nie. Ich fragte nicht weiter, ich dachte nicht darüber nach, was sie getan haben könnten, aber ich ahnte instinktiv, daß es etwas Schlimmes gewesen sein mußte und daß sie trotz ihrer lachenden Gesichter sehr unglücklich sein mußten. Ich dachte oft an sie, ich dachte, sie brauchten viel Liebe und würden dann sicher auch so gut werden, daß man über sie sprechen könnte.« (Esche, S. 34) In ihren Augen, und in denen der übrigen Reformfrauen, war es also das beste, so gut zu sein, daß man, also »wir anderen Frauen«, mit ihnen zu tun haben durfte.

Nun stand durchaus nicht fest, ob diese Frauen überhaupt ein Interesse daran hatten, mit ihr zu reden oder gut zu werden. Es kam deshalb vor, daß die Gefallenen sich gegen ihre Rettung wehrten oder sogar fanden, daß bei der Rettungsarbeit Frauen aus Fleisch und Blut in trockene Spielfiguren verwandelt wurden. Das läßt Ellen Duurloo ihre Hauptperson Else Beviere in ihrem Roman *Han skal herske over deg* (Er soll dein Herr sein) aus dem Jahre 1939 denken. Else hat um die Jahrhundertwende einige Jahre in der Besserungsanstalt Søtøfte verbracht, die von dem ekelhaft heiligen Fräulein Dora Tesch geleitet wurde. Vieles wies darauf hin, daß es sich um eine satirische Darstellung von Thora Esche handelte, und Else wurde im Roman denn auch von einer eisernen Hand gerettet, die sich liebevoll in einem Samthandschuh versteckte. Zum Schluß konnte sie das in Worte kleiden. »In diesen Jahren hatte sie sich so sehr an den Gedanken gewöhnt, daß sie nichts war und nichts bedeutete. Gott und Jesus – und Jesus und Gott – und natürlich die Fräulein und die

Schwestern waren etwas. Aber ein ›kleines Mädchen‹ – sie war nichts. Oder höchstens ein Objekt für Rettungsarbeit und Bekehrung.« (Duurloo, S. 260)

Wenn Ellen Duurloo Else sich selber als »kleines Mädchen« bezeichnen läßt, wird hiermit das Abhängigkeitsverhältnis zwischen Retterinnen und zu Rettenden angedeutet. Die Moralreformfrauen bestanden auf ihrem Recht, die Prostituierten als »Mütter« und »Schwestern« zu verteidigen, was nur teilweise eine Verlängerung ihrer traditionellen Rolle in der Familie als Erzieherinnen und Beschützerinnen war. Es war ebenso ein Aufruhr gegen die patriarchalische Bevormundung, da es den Müttern, nicht den Vätern das Recht gab, die geschlechtliche Verfügbarkeit der Töchter zu überwachen. Außerdem bedeutete es eine Herausforderung der patriarchalischen, frauenfeindlichen Moral, die einen sittlichen Fall für Frauen als einen niemals wiedergutzumachenden Zustand erscheinen ließ.

Das Motto »Einmal Hure, immer Hure« wurde geändert, einer gefallenen Frau mußte schleunigst geholfen werden, und darin kam der Glaube zum Ausdruck, daß Veränderung möglich war.

Aber diese Frauen waren nun einmal nicht miteinander verwandt, sie kamen aus verschiedenen Klassen, und deshalb entwickelte sich ein Herrschaftsverhältnis zwischen älteren bürgerlichen Frauen und jungen Frauen aus der Arbeiterklasse. Es war hierarchisch und überwachend, aber auch fürsorglich und beschützend. Dieses Verhältnis zeigte sich vor allem im Kampf um die Anhebung des geschlechtlichen Mindestalters für Mädchen, das lange bei zwölf Jahren lag, was zu einer ausgeprägten Kinderprostitution geführt hatte. Aufgrund der bürgerlichen Auffassung von Kindheit als Zustand der Unschuld wollten die Frauen diese Mädchen beschützen. Schließlich hatte Kindheit in ihrem Bewußtsein von der Familie als gefühlsmäßiger Rahmen um Liebe und Zärtlichkeit große symbolische Bedeutung.

Wenn die Reformatorinnen deshalb die Frage der Kinderprostitution aufgriffen, dann beruhte das auf einer Vorstellung von jungen Frauen, die aus ihrer eigenen bürgerlichen Erfahrung erwachsen war. Als Teile des Bürgertums hatten sie unbewußt die ökonomischen Strukturen akzeptiert, die ihnen selber Nutzen brachten. Diese Klassenordnung verhinderte jedoch, daß zwölfjährige Mädchen aus der Arbeiterklasse so beschützt lebten wie die jungen Mädchen des Bürgertums. Sie mußten arbeiten gehen und lernten zumeist, auf sich selber aufzupassen. Sicher konnten sie sich auch dagegen wehren, in ein Bordell verschleppt zu werden.

Die Reformatorinnen wollten ihre eigene Auffassung der unschuldigen, hilflosen jungen Frau durchsetzen, die Schutz brauchte. Sie wollten einer Klasse mit ganz anderen Bedingungen ihre eigene Norm für Anständigkeit aufzwingen. Das bürgerliche Mädchen lebte zwar beschützt, lebte aber auch unter Kontrolle, während das Mädchen der Arbeiterklasse ohne Kontrolle lebte, was sie sicher in Gefahr bringen konnte, ihr aber auch die Freiheit gab, so zu leben, wie sie wollte. Sie konnte sich anziehen, wie sie wollte, und sich nach Belieben auch von Prostitution ernähren. Diese Freiheit wollten die bürgerlichen Reformatorinnen überwachen; sie sahen ein Symptom und wollten es entfernen, wobei sie übersahen, in welchem Zusammenhang das Symptom entstanden war. Als sie das Geschlechtsleben dieser Mädchen mit feindlichen Augen sahen, trugen sie dazu bei, eine neue Gruppe von Verbrecherinnen zu bezeichnen: die jugendlichen Kriminellen.

Die bürgerliche Ideologie der wahren Weiblichkeit enthielt einen grundlegenden Widerspruch. Das beschützte Leben, das bürgerliche Mädchen und Frauen – ideell gesehen – leben sollten, war von der Arbeit der Unterschichtsfrauen und -mädchen abhängig, die mit ihrer Arbeit die materiellen Bedingungen für den Lebensstil der Mittelklassefrauen schufen. Statt diesen Widerspruch anzuerkennen und an seiner Veränderung zu arbeiten, richtete das Bürgertum sein schlechtes Gewissen auf die Prostitution, die im Vergleich mit der Arbeit der Dienstbotinnen ein verschwindend kleiner Erwerbszweig war. Eine Veränderung der Lage der Prostituierten bedeutete deshalb keine Herausforderung für das gesellschaftliche System.

Die Bestrebungen, die Kinderprostitution zu bekämpfen, zeigen, daß diese sozialen Reformatorinnen sich eher für symbolische und nicht für grundlegende soziale Veränderungen interessierten. Sie glaubten, die Kluft zwischen den Klassen mit moralischen Anliegen überbrücken zu können, aber diese Überzeugung erwies sich als unzureichend, um Verständnis oder Verbesserung der Lage der jungen Arbeiterklassefrauen erzielen zu können.

Doch auch für die älteren Prostituierten hatte der Kampf gegen die Prostitution arge Folgen. In England führte er ab 1890 zu einer systematischen Unterdrückung der Bordelle, was große Folgen für Struktur und Organisation der Prostitution hatte. Die Prostituierten wurden aus ihren Vierteln verjagt und mußten in anderen, unbekannten Stadtteilen Quartier suchen, lichtscheu ihrem heimlichen Gewerbe auf der Straße nachgehen. Abgeschnitten von stützender Gemeinschaft, mußten sie sich mit Zuhältern zusammentun, von denen sie gefühlsmäßige Sicherheit und Schutz vor der Polizei erwarteten. Die Prostitution war kein von Frauen geleitetes Geschäft mehr, mit der Bordellmutter als beschützender Arbeitgeberin, sondern geriet unter die Regie von Männern. Ausbeutung durch den Luden war das Entgelt für den Schutz. So wurde der gemeinsame Glaube der bürgerlichen Frauen an ein gemeinsames Schicksal für manche Frauen, die nicht in die Gemeinschaft gerettet werden konnten, zum Verderben.

Dieses Verderben zeigte sich deutlich in den Morden an fünf Prostituierten im Armenviertel East End in London, die dem niemals identifizierten »Jack the Ripper« zugeschrieben wurden und 1888 stattfanden. Die ermordeten Frauen waren allesamt arme »Stadtstreicherinnen«, die sich ab und zu von Prostitution ernährten. Nachdem die Reformbestrebungen ein Jahr zuvor die Schließung von 200 Bordellen in East London erwirkt hatten, waren die Prostituierten nun auf die Straße verwiesen.

Die meisten Ermordeten waren ältere Frauen, bei denen der Begriff »verführtes Kind« nicht so recht angebracht war. Die bislang so mitfühlenden Reformatorinnen gerieten deshalb in Panik und waren noch entsetzter, als ihnen die Morde beschrieben wurden. Alle Frauen waren mitten in der Nacht ermordet worden, zuerst erwürgt, dann wurde ihnen die Kehle durchgeschnitten, und schließlich hatte der Mörder ihre Geschlechtsorgane herausgerissen und um die Leichen herum verstreut.

Diese Morde – die in der ganzen Welt Entsetzen erregten – waren der greifbare Beweis dafür, daß Frauen Männern zum Opfer fielen. Und obwohl keine bürgerliche Frau natürlich nachts allein im East End herumlief, so wurden die Ermordeten doch zu Symbolen für die weibliche gemeinsame Opferrolle. Das Paradoxon lag darin, daß die Einstellung der Reformfrauen ihrer rettenden Tätigkeit gegenüber selbstverstärkend wirkte und ihnen damit zum Schaden gereichte. Sie wollten Frauen retten, weil sie Opfer waren, aber als sie nun die Prostituierten auf die Straße getrieben hatten, wurden sie noch viel mehr zu Opfern.

Ihre Kritik der Opferrolle war jedoch ziemlich nutzlos, da sie die Moral des Patriarchats und nicht dessen Bewußtsein kritisierten. Wenn sie die Freier der Prostituierten angriffen, sahen sie sie als nebelhaften Klumpen aus Männern – nicht als ihre eigenen Ehemänner oder Väter, wohlgemerkt. Die Rebellion gegen das Patriarchat wurde somit eher symbolisch als greifbar und wurde durch das Leben anderer Frauen, nicht durch ihr eigenes, geführt. Gleichzeitig wurden Männer als tieferstehende Individuen betrachtet, denen geholfen werden mußte, da aber just dieselben Männer die Macht in der Gesellschaft innehatten, war die Rebellion dieser Frauen nur ein Seufzen in der Finsternis, da sie sich nicht gegen das Patriarchat als Institution richtete.

Die Frauen akzeptierten die ihnen auferlegte Begehrlosigkeit und machten daraus eine Auffassung ihrer eigenen moralischen Überlegenheit. Das gab ihnen den Anstoß und die Triebkraft zu ihrem Moralkampf sowie Selbstvertrauen und den Glauben, das Richtige zu tun – nicht nur, weil sie ihr Recht wollten, sondern auch, weil *sie* recht hatten. Sie stellten die Männer als die Rettenswerten in den Mittelpunkt, und als sie erkennen mußten, daß die Frauen selber auch nicht makellos waren, begriffen sie nicht, daß sie selber sich auch ändern mußten. Deshalb drehte sich die ganze Sittlichkeitsdebatte um die Umerziehung der Männer. Frauen blieb – bewußt oder unbewußt – die Überlegung erspart, ob sie sich vielleicht selber ein paar Gedanken über weibliches Begehren machen sollten.

Sittlichkeitsbewußtsein und Frauenliebe

Mit dem Bewußtsein, daß Frauen die Opfer der gemeinen Männer waren, war es selbstverständlich, die Liebe zwischen Frauen als die wertvollste zu betrachten. Früher im Jahrhundert waren solche Beziehungen zwischen bürgerlichen Frauen geduldet worden, weil sie sich in den Grenzen der Weiblichkeit hielten. Die Übergangsfrauen mit ihrem Sittlichkeitsbewußtsein hielten sie nun für das Höchsterreichbare. Sicher setzte keine ihre Acht-

Freundinnen ließen sich gern vom Fotografen verewigen.

barkeit aufs Spiel und verwarf die Ehe, statt dessen zeigten sie andere Möglichkeiten auf.

Natalie Zahle hatte bereits angedeutet, daß der Lehrerinnenberuf mit seinen Möglichkeiten, einen Hausstand zu gründen, für die Frauen ihrer Zeit eine Lebensform darstellte. Elisabeth Grundtvig hatte in ihrem Beitrag zur Sittlichkeitsdebatte dasselbe Thema angeschnitten, als sie sagte, daß das Angebot der Männer, in lockeren Verbindungen als Alternative für die Sehnsüchte der Ledigen Befriedigung des Geschlechtstriebes zu finden, Steine statt Brot bedeutete. »Und wir brauchen diese Steine wirklich nicht anzunehmen, denn es gibt noch anderes Brot als das, was wir Liebe nennen. Die Arbeit.« (Grundtvig, S. 87) Sie war der Meinung, daß die ledige Frau in der Arbeit ganz ausgezeichnet ihre Befriedigung finden konnte, aber wie Natalie Zahle wollte sie nicht als Ehefeindin gelten.

»Sie dürfen mich nicht mißverstehen, ich verkenne die Bedeutung der Liebe durchaus nicht – ich halte eine lebenslange Liebesbeziehung, eine Ehe, für das Glücklichste und Gesündeste, seelisch und körperlich, für Männer wie für Frauen. Aber ich glaube, es gibt außer dieser einen noch andere Lebensformen, die glücklich und gesund sind.« (Grundtvig, S. 88)

Eine dieser anderen Lebensformen konnte zum Beispiel das Zusammenleben von zwei Frauen sein, und immer mehr Moralreformfrauen wiesen darauf hin. Frances Willard schrieb, die Tatsache, daß Frauen sich am Mann vorbeientwickelt hätten, führte dazu, daß sie Frauen liebten, da ihnen die Vereinigung ihrer gemeinsamen moralischen Überlegenheit befriedigender erschien. Sie selber heiratete nie, erzählte jedoch in ihren Erinnerungen, daß sie eine Frau geliebt hatte, die dann heiratete. »Andere zuneigungsvolle Verbindungen folgten, soviel weniger friedlich als Freundschaften, daß ich ihnen kaum diesen Namen geben kann. Die Gegenstände dieser Verbindungen waren gute Frauen – Gott sei gelobt! –, und unsere einzige Sorge war nicht, daß wir unverständig liebten, sondern zu gut.« (Willard, S. 641)

Auch Thora Esche fand ihre Befriedigung in der Vereinigung mit einer guten Frau. Es war einleuchtend, daß sie nur eine Beziehung zu einer Frau eingehen konnte, nachdem sie ihre ganzen Erinnerungen hindurch von den sündhaften Gelüsten der Männer gesprochen hatte. »Endlich, am 7. November 1883, schickte Gottes Gemeinde in Dänemark also, wie oben erwähnt, aus der

Gemeinde Horne die erste gläubige Frau, mit der ich ein langes segensreiches Leben gelebt habe. Treu, ausdauernd, mit niemals schwankender Liebe hat sie mir zur Seite gestanden, obwohl wir natürlich, wie bei allen menschlichen Beziehungen, Zeit brauchten, um einander kennenzulernen, Zeit, zu schätzen, was schätzenswert war, Zeit, kennenzulernen, was unbewußt von unserem natürlichen Menschen ausging und was wir gegenseitig ertragen und einander mit Freude vergeben mußten. Letzteres lernten wir im tiefsten Sinne des Wortes durch gemeinsames Gebet und offene Aussprache.« (Esche, S. 181)

Da sich die Übergangsfrauen nun die Überzeugung geschaffen hatten, daß das moralisch Anständigste aufgrund der gemeinsamen Begehrlosigkeit und hohen Moral die Liebe zu anderen Frauen sein mußte, gingen sie ruhig solche Beziehungen ein, die durch die selbstgeschaffene finanzielle Unabhängigkeit möglich geworden waren.

Verhalten

Während die bürgerlichen Frauen einander nur durch Familie und Geselligkeiten hatten treffen können, kamen die Übergangsfrauen durch ihre gemeinsame Arbeit zusammen. Da der Lehrerinnenberuf zum üblichsten Frauenberuf wurde und da immer mehr Mädchen Schulen besuchten, wurden die Mädchenschulen ein wichtiger Rahmen für die Liebe von Frauen zu Frauen. Überall wurde Liebe gehegt, zwischen Schülerinnen, Lehrerinnen und Schulleiterinnen, aber natürlich sollte sie sich immer in den Grenzen der Begehrlosigkeit abspielen.

Liebesvereinigung in der Mädchenschule

Die Nähe, die entstand, wenn sich so viele Frauen in einer gemeinsamen Sache zusammentaten, durfte jedoch nicht dazu führen, daß ein Verlangen nach Vereinigung entstand. Die mächtigen Frauen hatten dafür Sorge zu tragen, das heißt, die Schulleiterin ihren Lehrerinnen gegenüber und die wiederum gegenüber den Schülerinnen. Das Wohl und Wehe der Schule wurde als Zwischenglied eingesetzt, um das sich alle drei Gruppen versammeln konnten, denn ihre Vereinigung fand über den Umweg der Schularbeit statt.

Die Frauen lebten deshalb in einer Wechselwirkung von physischer Nähe und geistiger Distanz. Die Illusion, einander nah zu sein, weil sie sich im selben Gebäude aufhielten, wurde durch die Distanz der mächtigen Frauen gebrochen. Die neuen Schulleiterinnen hielten diese Distanz, indem sie Selbständigkeit und Pflichtgefühl von ihren Lehrerinnen und Schülerinnen forderten. Die Mädchen sollten dazu ausgebildet werden, als Staatsbürgerinnen ihren Unterhalt selber zu verdienen, weshalb sie lernen mußten, im Umgang mit anderen Menschen berufliche Anliegen und nicht persönliche Gefühle wichtig zu nehmen. Es wurde von ihnen erwartet, daß sie die Verantwortung für ihre Taten übernehmen konnten, und zur Vorbereitung auf die große Gesellschaft sollten sie Selbstbeherrschung lernen. Die mehr oder minder hysterischen Weinanfälle und Ohnmachten, die zu den erlaubten Gefühlsäußerungen der bürgerlichen Frauen gehört hatten, waren jedoch nur der Ausdruck des unbekannten stürmischen Meeres gewesen, das sie in sich trugen, kein Wissen um dieses Meer. Deshalb hatte Natalie Zahle in ihrem Ausbildungsmanifest das »stille Arbeiten der jungen Frau an der eigenen persönlichen Entwicklung« gefordert, was nicht nur die wahre Weiblichkeit, sondern auch das wahre Selbstverständnis bewahren sollte. (S. 55)

Die Forderung der Selbstbeherrschung zeigte sich darin, daß die Liebende der Geliebten keine Beweise ihrer Liebe geben durfte. Es war jedoch gestattet, das indirekter zu versuchen, eine Schülerin konnte z. B. einen Apfel oder ein anderes Liebespfand vor Stundenbeginn auf den Tisch der Lehrerin legen. In Internaten konnten die Liebenden in das leere Zimmer der Geliebten eindringen, ihr Bett machen, den Kachelofen anzünden, Süßigkeiten oder Blumen hinterlassen und damit ihre Anwesenheit durch ihre Abwesenheit spürbar machen. Auch in einer Ausbildungsstätte für Erwachsene wie The Presbyterian Hospital in New York kam es zu solchen Aufmerksamkeiten. Die gut dreißigjährige dänische Krankenpflegerin Charlotte Munck wurde zu Beginn des 20. Jahrhunderts dort ausgebildet. Gegen Ende ihres Aufenthaltes beschrieb sie in einem Brief an ihre Eltern das Leben in der Schule.

»Ich sehe nicht soviel von den neuen ›Probationers‹, weil ich Nachtdienst habe; aber wenn ich sie treffe, dann versuche ich, ihnen zu erzählen, was ich weiß, und ich gebe ihnen so viele gute Ratschläge wie möglich, und oft nicken sie mir freundlich zu. Ich weiß ja, wie dankbar ich in der ersten Zeit für Freundlichkeit war, und ich werde nie vergessen, daß ich selber den ersten Schritt auf der Leiter gemacht habe. Als ich neulich abends in mein Zimmer kam, lagen dort eine Banane und eine Apfelsine mit einer Karte von einer von ihnen.« (Koch, S. 31)

Die majestätische Distanz der mächtigen Frauen verstärkte die Forderung nach Selbstbeherrschung, da sie einerseits mit den Schülerinnen wie mit Gleichgestellten sprachen und sie andererseits auf Abstand hielten. Das zeigt sich deutlich in Henriette Skrams Erinnerungen an ihr Leben mit Natalie Zahle. Ihre Bekanntschaft begann schon im Jahre 1853, als die zwölfjährige Henriette in die neue Schule der 26jährigen Natalie Zahle aufgenommen wurde. Sie kam von der Danekvindeskole, die von Susette Dalgas in Grundtvigschem Geist mit einem Hauch von froher Mütterlichkeit geleitet wurde. Deshalb mißfiel ihr der Geist in Zahles Schule sehr. Natalie Zahle war eine Pionierin auch dadurch, daß sie bereits in den fünfziger Jahren ihre Schule in dem Geist leitete, der erst Jahrzehnte später in anderen Schulen üblich wurde.

Henriette stiftete deshalb zusammen mit ihren Kameradinnen aus der alten Schule einen Aufstand gegen Natalie Zahle an, und sie verachteten ihre neuen Kameradinnen, die für Zahle schwärmten. Sie hatten Susette zwar auch geliebt, aber eher wie eine Mutter oder eine liebe Verwandte, und sie war so zugänglich wie ein Familienmitglied, während Natalie Zahle ganz anders war.

»Kein Wunder, daß ihre bewundernde Liebe den Charakter der Schwärmerei annahm. Das wurde noch durch eine seltsame ›Unnahbarkeit‹ verstärkt, was vielleicht das richtige Wort ist, wenn es ohne einen Beigeschmack von Kälte oder Vornehmheit verstanden werden kann – die Frl. Zahles Person im täglichen Leben in jeder normalen Situation umgab.« (*Mit Liv*, S. 121)

Diese Unnahbarkeit spornte, zusammen mit der Forderung nach Verantwortung, die Schülerinnen dazu an, ihr Bestes zu geben. Henriette erzählt weiter, daß sie in ihrem Rebellionsversuch in einer Stunde behauptete, die Lehrerinnen an der anderen Schule seien viel besser gewesen. Eines Tages wurde sie von Frl. Zahle angehalten, die diese Bemerkung aufgriff. »Nicht um zu schimpfen oder um ihre Gekränktheit zu zeigen, sondern um mir auf die gleichmütigste und natürlichste Weise zu erklären, daß mein Urteil vielleicht ein bißchen übereilt gefällt worden war.« (*Mit Liv*, S. 125)

Daß Natalie Zahle Henriette wie eine Erwachsene behandelte, die für ihre Taten verantwortlich gemacht werden konnte, hatte die gewünschte Wirkung. »Ich kam mir überhaupt nicht ›heruntergeputzt‹ vor, eher beehrt, fühlte, daß sie meinem Verstand und meinem Gerechtigkeitssinn ein Vertrauen erwiesen hatte, das zu enttäuschen einfach schändlich gewesen wäre.« (*Mit Liv*, S. 125–126)

Deshalb gab Henriette sich auch alle Mühe, dieses Vertrauen zu rechtfertigen, aber sie entdeckte plötzlich, daß das Interesse, das Natalie Zahle ihr früher erwiesen hatte, verschwunden war, sie hatte das Gefühl, Luft für sie zu sein. »Also beschloß ich, ihre Aufmerksamkeit zu *erzwingen*. Ich glaube, ich darf sagen, daß

Henriette Skram ganz rechts in der zweiten Reihe von oben, neben ihr Natalie Zahle

mein ganzes Auftreten wirklich musterhaft wurde.«

Damit hatte Natalie genau das erreicht, was sie wollte, da die in Henriette neu erwachte Liebe sie zu einem bisher unbekannten Fleiß anspornte. Henriettes Verlangen nach einer Erwiderung wurde unterwegs in ernsthafte Studien umgesetzt, und damit hatte Natalie Zahle ein schwärmerisches Mädchen in eine tüchtige Schülerin verwandelt.

Diese Vorgehensweise war die Grundlage im Umgang der neuen Schulleiterinnen mit einem Verlangen nach Erwiderung. Auf diese Weise wurde die Forderung nach Begehrlosigkeit aufrechterhalten, ein fruchtbares Arbeitsklima und wißbegierige Schülerinnen waren eine weitere Folge. Die schwärmerische Schülerin wurde in eine Solidarität mit den Lehrerinnen und der Schule einbezogen. Die großen Mädchenschulen steckten noch in den Kinderschuhen, und ihr Erfolg war von einem loyalen Lehrkörper und der Loyalität des Lehrkörpers und der Schülerinnen abhängig.

Auch Komtesse Thusnelda Moltke verhielt sich bewußt wie Zahle, was Frl. Skouboe, eine Lehrerin an ihrer Schule, unmittelbar nach ihrem Tod im Jahr 1928 bei einer Gedenkfeier für sie zum Ausdruck brachte. »Sie hat einmal zu mir gesagt, daß man keine Angst haben sollte, wenn die Schülerinnen ein bißchen für einen schwärmten. Wenn sie das nicht übertrieben, könnte es dazu beitragen, daß ihnen die Arbeit lieb und damit leichter würde. Man sollte sie mit ›Samthandschuhen‹ leiten, damit sie schließlich ihre Liebe auf die Arbeit selber richteten.« (Røgind, S. 18–19)

Die mächtige Frau brauchte jedoch nicht immer solche Umwege zu machen, da ihre Distanz, vereint mit ihrer Autorität, und die Tatsache, daß sie ihre Schülerinnen als verantwortungsbewußte Menschen behandelte, ihnen das Gefühl gab, daß sie von *ihr* lernen sollten. Lis Jacobsen hat geschrieben, daß Natalie Zahle erst 1891 ihre Lehrerin wurde, daß sie sie aber schon früher oft in der Schule gesehen habe. »Wenn sie durch den Korridor kam, hatte die eine der anderen zugeflüstert: ›Da kommt Fräulein Zahle‹, und dann fühlte man sich als Untertanin im großen Zahleschen Reich. Mit königlicher Fernheit war sie mit uns verbunden.« (Jacobsen, S. 941)

Durch diese majestätische Distanz gelang es Natalie Zahle, ihren Schülerinnen ein Gefühl der Gemeinschaft zu vermitteln, auch wenn sie sich nur als Untertaninnen empfanden. »Als wir Frl. Zahle besser kennenlernten, mußte das Untertaninnengefühl einer glühenden Begeisterung weichen. Es war nicht die törichte Lehrerinnenanbetung kleiner Mädchen. Durchaus nicht. Wir waren Jünger, die verstehend zum Meister aufblicken. Wir erkannten sie als Meister an; und doch konnte man mit ihr sprechen wie mit seinesgleichen.« (Jacobsen, S. 942)

Natalie Zahle überschritt also ihre Distanz und behandelte ihre Schülerinnen wie Gleichgestellte, wurde aber dennoch durch ihre Autorität zum Meister, und damit war die Distanz wiederhergestellt. Die Schülerinnen – wie vor ihnen Henriette – gaben sich um so mehr Mühe, um sich des Vertrauens des Meisters würdig zu erweisen.

Die angestrebte Unnahbarkeit Natalie Zahles wurde gemildert, als sie jeder Klasse eine Lehrerin zuteilte, zu der sie ein vertrauliches Verhältnis entwickeln konnten, wie Frau N. Hertel bei der Gedenkfeier 1927 erzählte. »Man merkte immer wieder, daß Natalie Zahle aus der Schule gern eine Art Heim für uns machen wollte. Deshalb hatte jede Klasse ihre Klassenlehrerin, ihre Klassenmutter, ein Gedanke, den Natalie Zahle als erste in die Tat umgesetzt hat. Wir erinnern uns alle noch genau an unsere Klassenmütter, stellen Sie sich vor, wir haben sie geduzt und mußten sie beim Vornamen nennen. Es gab ein wunderbares Gefühl der Sicherheit, eine Klassenmutter zu haben, der man seine Freuden und Sorgen anvertrauen konnte, und zwischen Klassenmutter und Schülerin wurden oft Bindungen geknüpft, die das ganze Leben hindurch gehalten haben.« (Thejll, S. 98)

Aber auch das war ein pädagogischer Trick, und Henriette Skram hat geschrieben, daß eine Schülerin zwar eine Liebe zu ihrer Klassenmutter entwickelte, doch die war ja schließlich eine Vertreterin der Schule, und so umfaßte die Liebe zu ihr auch Schule und Pensum. »Ein erzieherisches Mittel von weitreichender Bedeutung, das Fräulein Zahle ebenfalls selbstverständlich erschien, war das große Interesse des Kindes für alles, was die Klassenlehrerin interessierte.« (Skram, 1913, I, S. 256)

Ihren Lehrerinnen gegenüber zeigte Natalie Zahle dasselbe Verhalten: majestätische Distanz und Appell an das Verantwortungsbewußtsein. Henriette Skram beschrieb, wie sie bei Kollegiumsbesprechungen den Lehrerinnen durch ihren bloßen Tonfall zu verstehen geben konnte, daß sie eine Schülerin falsch behandelt hatten, und wie die Lehrerin tiefgebeugt unter der Last ihrer eigenen Kleinheit die Konferenz verließ. »Aber in dieser Niederlage lag auch etwas Erhebendes. Von Fräulein Zahle besiegt zu werden war für ihre jungen Helferinnen dasselbe wie für die nordischen Helden, die im Kampf besiegt wurden – es geschah ja nur, damit wir wieder auferstehen und in Walhalla sitzen könnten.« (Skram, S. 259)

Ida Falbe-Hansen erkannte in ihr dieselbe majestätische Macht. »Sie war ein Häuptling, aber keine Tyrannennatur, die Freiheit, die sie ihren Mitarbeiterinnen gab, das Vertrauen, das sie ihnen erwies, erweckten großes Erstaunen bei den Jüngeren, die in den Dienst der Schule traten.« (Falbe-Hansen, S. 2–3)

Wenn Natalie Zahle in ihrem Autoritätsverhältnis zu Schülerinnen und Lehrerinnen diese Distanz beibehielt, so gestattete sie im Unterricht selber Zuneigung. Aber wie Henriette anklingen läßt, sollte den Schülerinnen der Lehrstoff dadurch nur noch lieber werden, denn sie verschenkte sich eigentlich nicht an ihre

Schülerinnen, sondern an ihre gemeinsame Arbeit. »Sie gab uns sich selber, gab uns, was ihre Seele mit Freude erfüllte, und gab uns das aus ihrer unmittelbaren Wärme und aus ihrer festen Überzeugung heraus, daß wir das liebgewinnen würden, was ihr selber so lieb war.« (Skram, 1913-2, S. 469)

Diese Zuneigung bedeutete auch, daß sie ihre Schülerinnen dadurch an sich band. Und Elisabeth Bondesen hat erzählt, was das für sie bedeutete. »Sie hat sich ja immer ganz gegeben, deshalb wurde das Band zwischen uns so stark, und deshalb konnte unsere Trauer über unsere Trennung von der Schule im Konfirmationsalter so groß werden; ein Leben war beendet, nicht nur ein Schulbesuch.« (Bondesen, S. 938–39)

Wenn sie den Unterricht zur Hingabe machte, vermittelte Natalie Zahle damit auch die Illusion, das Verlangen ihrer Schülerinnen nach einer Erwiderung zu erfüllen. Henriette Skram erzählt, daß Natalie Zahle mit ihrer tiefen, eigentümlichen Stimme so vorlesen konnte, daß jedes Wort lebendig wurde, und die Gesangbuchverse, die Kindern oft nebelhaft und unwirklich erscheinen, »wurden auf ihren Lippen so persönlich, so tröstend und erquickend, so ernst und mahnend, daß man das Gefühl hatte, man selber und sonst niemand sei angesprochen« (*Mit Liv*, S. 149). Auf diese Weise konnte jede einzelne Schülerin in der Klasse das Gefühl haben, daß Natalie Zahle zu ihr sprach, nicht zu den anderen. Und das befriedigte das Verlangen danach, die Bevorzugte zu sein, die im Herzen der Schulleiterin einen ganz besonderen Platz hatte.

Und doch kam es vor, daß Natalie Zahle Liebe wirklich erwiderte, was jedoch eine so große Übertretung des Gebotes der Begehrlosigkeit war, daß es eine Vereinigung fürs Leben mit sich führen mußte. Henriette Skram erzählt in ihren Erinnerungen, daß sie als Schülerin in den 1850er Jahren monatelang vergeblich versucht hatte, Natalie Zahles Aufmerksamkeit zu erregen. Schließlich suchte sie statt dessen eine Vereinigung durch ihre Klassenkameradin Anna, eine von Frl. Zahles Pflegetöchtern. Sie wurden »erklärte Freundinnen«, und als Anna die Freundschaft wirklich erwiderte, nahm Natalie Zahle Henriette deshalb eines Tages beiseite und bat sie, keine größere Freundschaft zu zeigen, als sie geben könnte.

»Da barst der letzte Ring meines Panzers, falls ein solcher überhaupt noch vorhanden war; ich warf mich Frl. Zahle um den Hals und rief: ›Ja, aber ich liebe doch Sie und Anna so über alle Maßen!‹ An Frl. Zahles Antwort kann ich mich nicht erinnern, aber sicher war ihre einzige Antwort eine warme Erwiderung meiner Umarmung. Von jenem Tag an wußten wir beide, daß wir einander gehörten; jede fühlte auf ihre Weise diese Gewißheit, die Frl. Zahle zwei Jahre später in einem Lied zum Ausdruck brachte, das sie am Ende des Schuljahres schrieb. Eine Strophe darin lautete:

Trennung durfte nie geschehen,
mußten treu gemeinsam gehen,
trafen uns in Lieb und Leid,
knüpften für die Ewigkeit
zwischen uns ein Band.

Die letzten Jahre meiner Schulzeit waren eitel Freude; ich war jetzt für das Beste, was mir gegeben wurde, empfänglich, vor allem für den Unterricht, der mir durch Frl. Zahles Dänischstunden zuteil wurde.« (*Mit Liv*, S. 129–30)

Henriettes Verlangen nach Erwiderung wurde also erfüllt, und sie erhielt die Gewißheit, daß sie und Natalie Zahle einander gehörten. Diese Gewißheit war jedoch nicht allen Schülerinnen beschert, und nicht alle Liebesbeziehungen zwischen Schülerinnen und Lehrerinnen fanden ein solches Happy-End. Das Ideal der Begehrlosigkeit war ja eine Sache, die Kunst, danach zu leben, etwas ganz anderes.

Schulmädchen verlangen nach Vereinigung

Margaret Fuller war um 1820 damit zufrieden gewesen, diese Liebe einfach nur zu hegen (s. o.), die Übergangsfrauen dagegen waren nicht so leicht zufriedenzustellen – die jungen wie die erwachsenen. Den Schulmädchen war zwar klar, daß der Unterricht durch die geliebte Lehrerin in sich bereits eine Vereinigung darstellte, manche wünschten sich aber dennoch den greifbareren Beweis einer Erwiderung. Ein solcher Fall war die Engländerin Dorothy Strachey Bussy, die 1882 das Internat Les Ruches außerhalb von Paris besuchte, das von der fünfzigjährigen Marie Souvestre geleitet wurde. Ihre Erlebnisse gab Dorothy in der

Erzählung »Olivia« 1949 unter dem Pseudonym Olivia heraus.

Ihre Erzählung läßt sie mit der Trennung enden, im Leben dagegen wurde ihr eine Erwiderung zuteil, da sie später Lehrerin an der Schule Allenswood wurde, die Marie Souvestre in England gründete. Hier traf 1899 aus den USA die fünfzehnjährige Eleanor Roosevelt ein, die in ihren Erinnerungen beschreibt, wie hingerissen sie von der nur knapp siebzigjährigen Schulleiterin war. Marie Souvestre war eine Leiterin der neuen Schule, das heißt, sie forderte von ihren Schülerinnen Verantwortungsgefühl und Leistungen und, wie Eleanor schreibt: »Sie hatte einen Adlerblick, der einem durch Mark und Bein ging und alles durchschaute.« (Roosevelt, S. 58)

Olivia begehrte, diesen faszinierenden Blick auf sich gerichtet zu spüren. Bald nach ihrer Ankunft erhielt sie einen besonderen Platz in der Aufmerksamkeit der Schulleiterin – Mademoiselle Julie – und durfte sie nach Paris in Theater und Museen begleiten. Auf dem Heimweg betrachtete Olivia Mademoiselle Julie, die mit geschlossenen Augen dasaß, bis sie sie endlich dazu bringen konnte, sie zu öffnen.

»... während ich sie betrachtete, schlug sie plötzlich die Augen auf und ertappte mich dabei. Ein paar Atemzüge lang hielt mich ihr Blick gefangen, und ich war zu sehr gebannt, um mich abzuwenden. Ihre Augen waren durchdringend, nicht unfreundlich, aber doch zutiefst einschüchternd. Sie prüfte mich.

›Komm‹, sagte sie schließlich, ›setz dich hierher zu mir.‹

Wahrscheinlich wollte sie mein lästiges Starren loswerden. Nachdem ich gehorcht hatte, legte sie für die Dauer eines Herzschlags ihre Hand auf die meine. Ich wollte gierig danach greifen, doch wehrte sie sanft ab und sank gleich wieder zurück – in ihren Winkel und in ihre Träumerei.« (S. 45)

Wie Natalie Zahle übernahm Mlle Julie die Verantwortung dafür, daß die Distanz gewahrt bliebe, und doch war Olivia mit dieser Distanz zufrieden, da sie auf diese Weise den Verlauf dieser Liebe lenken konnte. Mlle Julie stellte an sie ja nur Forderungen als Schülerin, nicht als Geliebte, und deshalb wurde Olivia zur Beherrscherin ihrer eigenen Liebe. Dennoch beneidete sie die Signorina, die italienische Lehrerin und Mlle Julies dienender Geist.

»Und dann hatte ich auch noch andere Hemmungen: Ich empfand eine Scheu vor dem Zu-nahe-Kommen. Es lockte mich

Marie Souvestre

nicht, Mlle Julie bei der Toilette behilflich zu sein, ihr das Haar zu bürsten, ihr die Schuhe anzuziehen; der Gedanke an gewisse Hilfeleistungen, die die Signorina glückselig auf sich nahm, machte mich schaudern.« (S. 60)

Wann immer Olivia sich Mademoiselle Julie näherte, hielt sie deshalb eine kleine Andacht, um sich auf die Überschreitung der Distanz einzustellen. »Ein paar Minuten stand ich vor der Türe, bevor ich sie öffnete. Wenn ich allein war, verharrte ich immer eine kleine Weile vor dieser Schranke, die sie von mir trennte. Fast schien es eine übermenschliche Anstrengung zu kosten, die Türe zu öffnen. Was mich hemmte, war keine Ängstlichkeit, eher eine fast religiöse Scheu. Zu ernst, zu gewichtig schien dieser Schritt, der plötzlich ihr Fern-Sein beenden sollte, als daß er ohne alle Vorbereitung hätte vorgenommen werden können. Alle Kraft, aller Mut waren vonnöten, um das Überwältigende zu tragen: Sie ist hinter dieser Türe; im nächsten Augenblick wird sich die Türe öffnen, und dann werde ich bei ihr sein.« (S. 61)

Aber eines Tages überschritt Olivia selber den Abstand, als sie in Mlle Julies Zimmer saß und las. »Ich war glücklich. Sie saß vor mir an ihrem Schreibtisch. Ich brauchte nur aufzublicken, um das schöne, ernste Gesicht zu betrachten, und auch ohne sie anzuschauen, fühlte ich ihre Nähe.« (S. 72) Diese physische Nähe ihrer Geliebten ließ Olivia die Selbstbeherrschung verlieren. »...Ohne Absicht, ohne Überlegung, wie von einer fremden, unwiderstehlichen Kraft getrieben, sprang ich auf und lief auf sie zu. Im nächsten Augenblick lag ich vor ihr auf den Knien und küßte ihre Hände und rief und schluchzte: ›Ich liebe Sie! Ich liebe Sie!‹« (S. 72)

Nachdem Olivia ihre Selbstverwirklichung erlebt hatte, die nur möglich war, weil sie ihre Selbstbeherrschung aufgab, wurde sie von Mißmut ergriffen. Ehe sie sich erklärt hatte – solange ihre Liebe also ein ungesagtes Geheimnis gewesen war –, hatte sie sich leicht und glücklich gefühlt, nun wurde sie aber von allen möglichen Phantasien darüber heimgesucht, wie sie Mlle Julie aus einer großen Gefahr retten oder so berühmt werden könnte, daß Mlle Julie stolz auf sie wäre. »Oft empfand ich diese ziellosen Triebe wie die Zuckungen eines unbestimmbaren und doch durchdringenden Schmerzes. Hätte ich bloß gewußt, was der bedeutete, oder wenigstens, wo er seinen Sitz hatte. Im Herzen? Im Kopf? Im Körper? Nein, es war wohl nichts weiter als ein quälend sehnsüchtiger Wunsch. Wonach? Manchmal dachte ich, es wäre das Verlangen, meine Liebe erwidert zu sehen.« (S. 75)

Hier erkannte Olivia also, daß ihr Begehren möglicherweise eine Erwiderung verlangte, und sie suchte nach Beweisen, als

Mlle Julie eines Abends in ihr Zimmer kam, nachdem sie in Paris gewesen war, und dem kleinen gierigen Ding Konfekt schenkte. »Gierig, ja, das war ich, aber nicht nach Süßigkeiten. Sie hatte mir ihre Hände überlassen, und ich bedeckte sie mit Küssen. ›Aber, aber, Olivia‹, sagte sie, ›du bist viel zu leidenschaftlich, mein Kind.‹ Ihre Lippen berührten meine Stirn, und schon war sie wieder fort.« (S. 76)

Immer, wenn Olivia ihre Selbstbeherrschung verlor und ihrer Leidenschaft freien Lauf ließ, wies Mlle Julie sie also unmerklich ab, und obwohl der Besuch an sich ja ein Beweis der Erwiderung war, war er nicht befriedigend genug. Eines Abends jedoch erhielt die Hoffnung bessere Nahrung, denn bei der alljährlichen Maskerade in der Schule sah Olivia, daß Mlle Julie einen langen, zögernden Kuß auf die nackte, samtweiße Schulter der Schulschönheit drückte. Als ihr Gesicht ihre Eifersucht verriet, flüsterte Mlle Julie, sie würde abends zu ihr kommen, woraufhin Olivia weich in den Knien wurde, ohne sich nach dem Grund zu fragen. »Ich wußte nur, daß hier, bald, in unmittelbarer Zukunft mir etwas bevorstand – eine wilde Freude, ein beklemmendes Wunder –, nach dem mein ganzes Wesen schrie.« (S. 80)

Dennoch war diese Vereinigung erschreckend, und deshalb wünschte Olivia, der Abend möge ewig dauern. »Jetzt hätte ich den Abend noch gerne um eine kleine Weile verlängert, stand mir doch nun etwas bevor, dem ich mit nicht weniger Schrecken als Sehnsucht entgegensah. Ich wußte, daß ich mich einem Abgrund näherte, in dem ich bald zitternd und hilflos versinken mußte. Sosehr ich auch versuchte, meine Gedanken davon abzuwenden – der Abgrund war da.« (S. 81–82)

Daß eine Erwiderung in den Angrund geführt hätte, war Mlle Julie offenbar selber klar, denn Olivia mußte die ganze Nacht wach liegen und auf ihre Schritte und ihr Seidenrascheln horchen, ehe sie im Morgengrauen endlich Schlaf fand. »Ich sollte später noch viele schlaflose Nächte erleben, schmerzlicher als diese eine – die mir im Rückblick als eine glückhafte erscheint. Denn nun weiß ich, daß mich Mlle Julie niemals so lieb gehabt hat wie eben in jener Nacht.« (S. 84) Ob das nun eine spätere Vernunftsübung war oder nicht, so hätte Mlle Julies Besuch sicher zu irgendeiner Vereinigung geführt – zu einer Befriedigung des geschlechtlichen Begehrens oder zu einer Erklärung darüber, daß die Gefühle erwidert wurden. Und wenn Olivia meinte, daß Mlle Julies Fernbleiben ein Zeichen ihrer Liebe sei, dann mußte sie erkannt haben, daß diese Vereinigung unabsehbare Folgen nach sich ziehen würde.

Daß Mlle Julie ihr Fernbleiben nicht als Abweisung gedacht hatte, machte sie Olivia am nächsten Tag klar. Sie sagte, sie hätte sie nicht enttäuschen wollen, versuche aber, das zu tun, »was für uns am besten ist, und fügte hinzu, daß sie mich sehr liebte« – mehr, als Olivia wohl klar wäre. »Ich war nicht mehr allein. Hatte sie nicht gesagt: ›für uns‹? Sie würde mich mitnehmen, auch mich emportragen auf ihre Höhen! Sie liebte mich mehr als – ah! unendlich mehr, als ich es verdiente.« (S. 87) Da sie beide zusammen im Wort ›uns‹ genannt worden waren, hatte Olivia die Gewißheit, mit Mlle Julie vereinigt zu sein, wenn auch nur in einem Wort.

Mit ihrer Behauptung, das Beste tun zu wollen, konnte Mlle Julie auch auf ihre Scheidungsverhandlungen angespielt haben, die sie mit der anderen Schulleiterin führte, mit der sie viele Jahre lang zusammengelebt hatte, und daß sie sich in dieser Situation nicht noch mehr Schwierigkeiten aufladen wollte. Das ließ sich jedoch nicht umgehen, und sie beschloß, die Schule zu verlassen. Vorher veranstaltete sie jedoch noch einen Vorleseabend für alle Schülerinnen und forderte Olivia auf, sich wie üblich neben sie zu setzen.

»Sie las für mich, für mich allein – ich wußte es. Niemand anderer verstand sie, nur ich. Und wieder überkam mich das beglückende Gefühl tiefster Zusammengehörigkeit, innigster Verbundenheit, wie sie weder Aussprache noch Liebkosung in diesem Ausmaße erzeugten. Ja, ich war bei ihr, ich stand für alle Zeiten an ihrer Seite auf jenem unendlich schönen, unendlich fernen Stern, der die warmen Strahlen von Güte, Liebe und Verzicht herabsendet auf unsere dunkle, kalte Erdenwelt.« (S. 85) Wie Natalie Zahles Schülerinnen hatte Olivia also das Gefühl, durch die vorgelesenen Worte mit ihrer geliebten Schulleiterin vereinigt zu werden (s. o.), und der Beweis der Erwiderung, den sie sich gewünscht hatte, war damit gegeben.

In ihren Abschiedsworten an Olivia ließ Mlle Julie jedoch erahnen, daß die Forderung der Begehrlosigkeit vielleicht doch zu hart gewesen war und daß es möglicherweise ein Vorteil gewesen wäre, auf die Selbstbeherrschung zu pfeifen. »›Mein ganzes Leben lang habe ich kämpfen müssen, aber ich habe immer gesiegt. Und ich war stolz auf meine Siege.‹ Und mit leiserer, weicher Stimme, fast war's nur mehr ein Flüstern: ›Vielleicht wäre es besser gewesen, wenn ich geschlagen worden wäre, ja, besser für uns alle und für mich weniger bitter.‹ Wieder entstand eine Pause, dann wandte sie sich um und betrachtete mich einen Augenblick. ›Du, Olivia‹, sagte sie, ›wirst wohl niemals zu den Siegern gehören, aber falls du unterliegst‹ – oh, wie sie mich bei diesen Worten ansah! –, ›wenn du unterlegen bist...‹ Unter ihrem heißen Blick stand mein Herz fast still, und das Blut strömte mir glühend in Stirn und Wangen. Sie brach plötzlich ab und fuhr sich mit der Hand über die Augen, als müßte sie ein peinigendes Bild verjagen. Als ich ihre Augen wieder sehen konnte, waren sie erloschen und leblos.« (S. 121)

Die Erwiderung, die Olivia sich wünschte, die sie aber nur bruchstückweise erhielt, wurde der US-Amerikanerin Carey Thomas dagegen ganz und gar zuteil. 1875 hatte sie mit 18 Jahren die Cornell-Universität bezogen, um Wissenschaftlerin zu werden, und hatte deshalb beschlossen, keine Zeit an liebevolle Freundschaften zu vergeuden. Aber bald hatte sich eine andere Studentin – Miss Hicks – in sie verliebt, und Carey Thomas versuchte, Studium und Liebe zu vereinen.

»Dann fanden wir ›Atalanta in Calydon‹ von Swinburne, und Miss Hicks kam in ihrem Kimono, wenn ich schon im Bett lag, und wir lasen laut und lernten verschiedene Dialoge auswendig. Eines Nachts lasen wir länger als sonst, und auf eine plötzliche Eingebung hin wandte ich mich ihr zu und fragte: ›Liebst du mich?‹ Sie fiel mir um den Hals und flüsterte: ›Ich liebe dich leidenschaftlich.‹ In dieser Nacht ging sie nicht auf ihr Zimmer, und wir redeten und redeten. Sie erzählte mir, sie habe gebetet, daß ich sie liebgewinnen sollte.« (Dobkin, S. 118)

Carey Thomas scheint jedoch nicht direkt nach Erwiderung getrachtet zu haben, es war wohl eher ihre indirekte Art zu zeigen, daß sie die Gefühle erwiderte, die Miss Hicks hegte, wie sie wußte. Diese Vereinigung brachte ihr kaum Freude, denn sie klagt in ihrem Tagebuch darüber, daß die mit Miss Hicks verbrachte Zeit ihren Studien fehlte. Die neuen Schulleiterinnen haben also offenbar gut daran getan, die Liebe zu ihrer eigenen Person auf die Schularbeit umzulenken, um dadurch die Schülerinnen zu bisher unbekanntem Fleiß anzuspornen.

Abgewiesenes Begehren

»Auch eine Liebesgeschichte« (Ogsaa en kärlighedshistorie) heißt eine Novelle, die das Begehren nach Erwiderung und die Enttäuschung angesichts der Zurückweisung schildert. Sie erschien 1890 im Buch *Vildsomme Veje* (Irrwege) der 21jährigen Vilhelmine Zahle. 1903 schrieb sie *Kvinden og Samfundet* (Die Frau und die Gesellschaft), einen Nekrolog über die Schauspielerin Agnes Nyrop, und ließ anklingen, daß diese die Geliebte in ihrer Jugendnovelle gewesen sei. Sie schrieb nämlich, daß sie sich noch erinnerte, als sei es erst gestern gewesen, daß sie Agnes Nyrop auf der Straße wiedersah und zu ihrer elfjährigen Tochter sagte: »Schau, Gertrud, da geht die erste Liebe deiner Mutter!«

Vilhelmine hatte mit 15 Jahren die 42jährige Agnes Nyrop im Theater bewundert und danach beschlossen, sie aufzusuchen. »Was ich wollte, hatte ich mir selber kaum klargemacht – ich wollte mit ihr *reden*, sie aus der Nähe *sehen*.« Dieses Begehren nach Nähe wurde erfüllt, da Agnes Nyrop bereit war, ihr Unterricht zu erteilen.

Nun kam Vilhelmines Wunsch, zur Bühne zu gehen, sozusagen wie bestellt, und er bot eine herrliche Gelegenheit, der Geliebten nahezukommen. Sie war jedoch nicht sonderlich für die Bühne geeignet und war sicher, daß die Unterrichtsstunden für Agnes Nyrop eine ebenso große Zumutung waren, »wie sie, in ihrer Nähe, für mich zum ästhetischen Genuß wurden. Ja, so schön war sie und so überlegen, daß sich eine junge, demütige Mädchenseele mit Behagen winzig klein fühlen konnte.« (Gjøl-Lorch, S. 2)

Dieses Behagen ließ sie ihre Heldin Martha Grüner jedoch nur zum Teil fühlen, deren Behagen größer gewesen wäre, wenn sie die Gewißheit einer Erwiderung gehabt hätte. Sie hatte mit 14 Jahren ihr Herz an die fünf Jahre ältere Edith Gerner verloren und »hatte keinen anderen Gedanken als Edith, keinen anderen Traum, ihr Lebensglück lag darin, in Ediths Augen zu schauen (...) Sie gab sich dieser Liebe ganz und gar hin.« (V. Zahle, S. 8)

Bald würde das Liebesglück zwar nicht in der Erwiderung der Liebe, aber doch immerhin in der Möglichkeit, sie zum Ausdruck zu bringen, liegen. »Es konnte auch vorkommen, daß sie in einem Ausbruch der Heftigkeit die Arme um ihren Hals legte

Agnes Nyrop

und ihr sagte, sie sei ›schön, schön – die Allerschönste auf der Welt‹! Aber dann verpaßte Edith ihr sofort eine kalte Dusche.« Diese Abweisung war zwar bildlich gemeint, zeigte aber, was Martha bei ihrem Fischen nach Erwiderung zu erwarten hatte.

Edith hielt Martha auf der gleichen Distanz wie die Lehrerinnen ihre Schülerinnen, was Marthas Gefühl nur noch vertiefte. »Und diese Kälte goß nur Öl in Marthas Liebesglut, sie umgab Edith wie einen heiligen Tempel, eine Göttin, und ihre Schwärmerei wurde nur noch dadurch vergrößert, daß sie auf drei Schritt Abstand gehalten wurde, es hob Edith noch höher über andere Sterbliche, daß man sich ihr nicht so frei wie allen anderen nähern konnte.« (S. 10)

Dennoch erkannte Martha langsam, wie ungerecht eine solche Beziehung war, und als sie ahnte, daß Edith ihr bald entgleiten und eine Ehe eingehen würde, begann sie, über ihre Verliebtheit nachzudenken. Wenn andere junge Mädchen von Männern träumten oder Pläne für ein selbständiges Leben schmiedeten, hatte sie nur von einer Frau geträumt. »Und das war ihr Glück gewesen – das war das Seltsamste, nichts auf der Welt erschien ihr als schöner als diese entschwundenen Jahre – sie hätte sie nicht missen mögen – was war sie bloß für ein Mädchen? War sie unnormal? War es eine Krankheit? Konnte sie vorübergehen? Und wenn sie vorüberging, was hatte ihr das Leben statt dessen zu bieten? Nichts konnte ihre Traumwelt so erfüllen und verschönern wie dieses Unvernünftige, Sinnlose.« (S. 20)

Wenn Vilhelmine Martha hier überlegen läßt, ob ihre Liebe unnormal oder krank ist, kann das daher kommen, daß ihre Leidenschaft so stark, so besitzergreifend war, daß sie das Ideal der Begehrlosigkeit bedrohte. Denn vielleicht begehrte Martha nicht nur die Versicherung, daß ihre Liebe erwidert wurde, vielleicht begehrte sie eine geschlechtliche Vereinigung, und *das* wäre in der Tat unnormal gewesen.

Martha erkannte deshalb plötzlich, daß ihre Beziehung niemals gleichberechtigt gewesen war und daß sie sich niemals hatte einbilden können, daß Edith überhaupt etwas erwiderte. »Edith hatte ihr doch nie gehört – sie war immer die Gebende in ihrer Beziehung gewesen, Edith hatte nur angenommen und, wenn sie in der richtigen Stimmung war, die Sonne ihrer Gnade über Marthas demütiger Anbetung leuchten lassen.« (S. 20)

Diese Beziehung, die darauf beruhte, daß die eine gab und die andere nahm, war in der Ehe, die Edith bald eingehen würde, nicht möglich. Martha war sich völlig darüber im klaren, daß für den Mann die Erwiderung wichtig war, während sie selber gelernt hatte, auf das Begehren nach einer Vereinigung zu verzichten und ihre Befriedigung darin zu finden, nur zu lieben – und zu geben. Deshalb sagte sie am Verlobungsabend zu Edith, daß »er deine volle Gegenliebe verlangt – das ist sein Glück. Für mich, die ich alles gegeben habe, was ich an Liebe besaß, war ein bißchen Freundschaft von dir genug.« (S. 22) Deshalb sagte sie auch zu Ediths Verlobtem, daß sie niemals ein Eigentumsrecht gehabt hätte, was sie jetzt übertragen könnte. »Was Edith Ihnen gibt, bekommen Sie, weil es Ihnen mit Recht zusteht, was ich bekam, gab sie mir aus Gnade.« (S. 24)

Da sie nun nichts mehr hoffen konnte, weil Edith geheiratet hatte und niemals ihre Gefühle erwidern würde, beschloß Martha zu sterben. Das schaffte sie allerdings nicht, statt dessen bekam sie eine langwierige Lungenentzündung, und als sie endlich wieder gesund war, war sie zugleich auch von ihrer Verliebtheit geheilt – und damit gleichgültig. Denn jetzt war ihr alles egal, und deshalb war Martha bereit, sich zu verheiraten, was Vilhelmine Zahle allerdings nicht als Glück darstellt. Die Tragödie lag darin, daß Martha einen Beweis der Erwiderung verlangte, und deshalb fand sie kein Glück im Geben – was sie früher immer beteuert hatte. Es war eben doch nicht genug, sich mit Wohlbehagen winzig klein zu fühlen.

Auch der Engländerin Edith Simcox reichte das nicht, als sie 1872 mit 27 Jahren die 53jährige Schriftstellerin Mary Ann Evans kennenlernte – besser bekannt unter ihrem männlichen Pseudonym George Eliot. Edith war unverheiratet, Mary Ann lebte in einer festen Beziehung mit einem Mann, und die Hoffnung auf eine ewige Vereinigung war damit von Anfang an nicht gegeben. Dennoch begehrte Edith etwas, nämlich die Erwiderung ihrer Liebe. Dieses Begehren schrumpfte immer mehr und war schließlich nur noch eine Hoffnung. Deshalb schrieb sie 1877 in ihr Tagebuch, daß sie die Tage zählte, »bis ich hoffen kann, sie wiederzusehen. Ich habe keine andere Hoffnung.« (McKenzie, S. 89)

Ein Jahr später hatte sie wie Martha Grüner erkannt, daß sie sich trotzdem mit der Beziehung, so, wie sie war, zufriedengeben konnte, und sie war froh über die Entdeckung, daß »es nicht eine Aufgabe ist, geliebt zu werden, sondern zu lieben – und das ist doch wirklich keine schlechte Aufgabe« (S. 92). Sie machte nun Mary Ann zu ihrem Vorbild und versuchte, so gut und tüchtig wie möglich zu werden.

Dennoch schlich sich das Begehren nach einer Erwiderung in ihre Gefühle und prägte ihr Zusammensein mit Mary Ann, was sie 1880 in ihr Tagebuch schrieb. »Ich küßte sie immer wieder und murmelte Liebesworte. Sie befahl mir, nicht zu übertreiben (...). Ich bat sie, mich zu küssen – und laßt eine bebende Liebhaberin das intensive Bewußtsein schildern, das bei der ersten geplanten Berührung der Lippen der Geliebten eintritt.« (S. 97) Weil das Begehren sinnlos war, wurde die Befriedigung – wenn sie dann endlich stattfand – ein allesverschlingendes Gefühl.

Edith hatte endlich die Gewißheit gewonnen, daß Mary Ann ihr keine Erwiderung geben konnte, und deshalb versuchte sie mit aller Kraft, ihr Begehren herunterzuspielen, damit es wenigstens keine Plage für Mary Ann wurde. In einem niemals abgesandten Brief schrieb sie deshalb im selben Jahr, daß es in ihren Gefühlen keine Änderung gegeben habe, »abgesehen von einem wachsenden Wunsch, keine belastenden Forderungen zu stellen und dich nicht mit der grenzenlosen, dankbaren Liebe zu quälen, die immer und ewig sein sein muß« (S. 109).

Mary Ann Evans' Tod Ende 1880 hat sicher einen Punkt hinter diese Hoffnung auf Erwiderung gesetzt, aber er war ein neuer Anstoß für die Madonnenverehrung, die Edith bereits betrieb. Als Tote wurde Mary Ann noch madonnenhafter, denn ihre Eigenschaften waren unsterblich und eingefroren, und Edith konnte sie ungestört verehren. Den Tag der Trauer begann sie deshalb mit einer Tagebucheintragung, daß das Leben ihres Herzens jetzt beendet sei, ermahnte sich danach jedoch zur Vernunft. »Das Leben der letzten Jahre ist meine Liebe zu ihr gewesen, warum sollte die Liebe sterben, weil die Hoffnungen, die sich damit verbunden hatten, tot sind?« (S. 101)

Einige Monate später muß sie jedoch erkennen, daß sie auf eine Erwiderung gehofft und daß der Tod diese nun unmöglich gemacht hatte. Sie schrieb deshalb, sie sei traurig, weil sie daran dachte, »daß wir vor der vollkommenen Vereinigung, nach der ich mich immer gesehnt hatte, getrennt wurden« (S. 98). Ob diese Vereinigung geistiger Natur – daß Mary Ann die Liebe erwiderte – oder geschlechtlicher Natur gewesen sein sollte, bleibt im ungewissen.

1882 schien sie durchaus Befriedigung in der Liebe gefunden zu haben, die sie gehegt hatte und immer noch hegte, denn Mary Ann war dadurch zur Madonna geworden, die nur eine unerreichbare Frau sein konnte. »Es ist seltsam, wie mein Herz – seit ich sie verloren habe – aufgehört hat, nach dem Glück der erwiderten Liebe zu hungern. Ich sehnte mich wild nach ihrer Liebe. Nun gelingt es mir immer besser, das Leben auf ›einem niedrigeren Erwartungsniveau‹ zu nehmen. (...) Ich habe meinen Herzenswunsch nie erfüllt bekommen: Ich habe nur dies – und es ist mir kostbarer als irgend etwas, was ich mir sonst vorstellen könnte – eine Liebe, die Tod und Veränderung nicht ändern oder unterdrücken konnten, ein süßes, unverändertes Bild meiner Geliebten, und in meiner Seele – die Süßigkeit der grenzenlosen Liebe zu ihr.« (S. 123)

1885 zog sie Bilanz über ihr Leben und war froh, daß das Leben nicht mehr unerträglich war, obwohl das halbe Glück sich außer Reichweite befand. Sie glaubte nun, eine harmonische und beruhigende Lebensform ohne Sehnsucht gefunden zu haben, philosophierte jedoch in symbolischer Sprache darüber, ob das die Entsagung wirklich wert war.

»Es scheint mir für die jungen Bären besser zu sein, ihre Honigwabe zu bekommen (und sich mit den Bienen anzulegen), statt an ihren Pfoten zu lutschen, bis sie gelernt haben, sich mit einem Käfig und den Rationen der Menagerie der zivilisierten Welt abzufinden. Doch ich – jetzt ein gezähmtes Tier, das nicht mehr in die Bäume klettert und die Lust auf Süßes verloren hat –, ich fühle mich doch einen Moment lang versucht, mir darüber Gedanken zu machen, ob die Wabe die Jagd und die Stiche wert war.« (S. 123)

Einerseits glaubt sie also, die Befriedigung des Begehrens sei vorzuziehen, andererseits findet sie, die Sehnsucht des Begehrens sei die Stiche nicht wert gewesen, nun, wo sie doch nicht befriedigt worden ist. Die Symbolsprache ist so vollendet, daß sie dadurch vielleicht ihre wirkliche Bedeutung verschleiern wollte. Vielleicht waren »Vereinigung« und »Wabe« Codewörter für eine geschlechtliche Vereinigung, und vielleicht hat sie ein Begehren empfunden, das ihr nach dem Idealbild der bürgerlichen Frau völlig fremd sein sollte.

Die Vereinigung in dienender Liebe

Die kryptische »Vereinigung«, die Edith Simcox begehrte, wurde jedoch anderen Frauen zuteil. Ob sie nun geschlechtlich war oder nicht, jedenfalls war ein Zusammenleben durch die finanzielle Selbständigkeit vieler Frauen möglich geworden. Das Begehren solcher Frauen muß deshalb notwendigerweise etwas anders aussehen, da es durch die Vereinigung befriedigt worden ist, und die Beispiele zeigen, wie sie mit befriedigtem Begehren umgingen. Die Tatsache, daß zwei Frauen sich vereinigten, mußte allerdings nicht unbedingt dazu führen, daß ihre Beziehung gleichberechtigt wurde. Manche Paarverhältnisse bauten auch auf Ungleichheit in Macht und Alter auf und führten zu einem Unterschied in der Autorität. Die mächtigen Frauen konnten ihre Lebensgefährtin wie eine Tochter – oder wie eine klassische Ehefrau – betrachten, und die weniger mächtigen konnten ihre Befriedigung darin finden, die dienende zu sein – wie die Signorina in ihrer Beziehung zu Mlle Julie (s. o.).

Letzteres wurde Henriette Skrams Schicksal, als sie mit ihrer geliebten Natalie Zahle zusammenlebte, und in ihren Erinnerungen schrieb sie, »es war nicht immer leicht, unter ihr zu dienen«, aber wenn es wirklich darauf ankam, dann war immer auf ihre Hilfe zu rechnen, »dann fühlte man ganz und gar, wie schön es war, unter einem ›großen Herrn‹ zu dienen« (*Mit Liv*, S. 115). Henriette fand ihre Befriedigung also im Dienen und setzte in ihren Erinnerungen später das Dienen mit der Liebe gleich, als sie Natalie Zahle als »große Frau, die ich geliebt und der ich mein Leben lang gedient habe« (S. 308) bezeichnet.

Nun könnte es so aussehen, als habe diese Dienerin in der Gesindekammer gewohnt, aber das ist durchaus nicht der Fall, denn Henriette schreibt auch, »daß ich Frl. Zahle so schätze, daß ich ihre Persönlichkeit so gut kenne, liegt an meinem engen Zusammenleben mit ihr« (S. 93). Daß es zwischen ihnen ein Machtgefälle gab – Zusammenleben oder nicht –, zeigt sich auch, als sie eine für Natalie Zahle schwierige Zeit schildert. Henriette hätte diese Zeit lieber verschwiegen, aber das war unmöglich, da sie ja schließlich eine wahrheitsgemäße Schilderung liefern will und »vermeiden, daß meine bewundernde Liebe mich dazu verleitet, eine ›Legende‹ um Frl. Zahle zu spinnen und sie mit einem Heiligenschein zu versehen« (S. 219).

Henriette wußte zwar, daß ihre Liebe erwidert wurde, wurde aber nicht zur ebenbürtigen Partnerin. Obwohl sie Natalie Zahles vertrauteste Mitarbeiterin war, stand sie in ihrem Schatten, und als sie den Titel »Oberleiterin« erbte, tat sie das als Nachfolgerin, nicht als Bahnbrecherin. Für sie lag die Befriedigung jedoch im Dienen, was eigentlich nur eine Fortsetzung ihres schulmädchenhaften Eifers war, tüchtig zu werden, um Natalie Zahle zu gefallen und sie zufriedenzustellen.

Natalie Zahle hat sich selber nicht zu ihrem Zusammenleben mit Henriette geäußert; in ihren Erinnerungen hat sie sie als Pflegetochter bezeichnet, was nur symbolisch gemeint sein kann, da sie nur 14 Jahre älter war. Über eine andere Pflegetochter – Hansine Gerdtzen – schrieb Natalie Zahle, sie sei gewesen wie »ein ›Kind des Hauses‹, und sie war eine hervorragende Helferin an meiner Schule und für mich persönlich, bereit, in schweren Zeiten alle Bürden mit mir zu teilen, und mit offenem Sinn für alles, in dem und für das ich lebte« (S. 84). Zwar benutzt Natalie Zahle das Verb »teilen« mit der Bedeutung der Gleichrangigkeit, aber dennoch sind es »meine« Schule und »wofür ich lebte«, was Hansine teilte.

Hansine und Henriette waren offenbar nicht die einzigen, die ihr Leben Natalie Zahle widmeten und für sie arbeiteten, denn in ihrer Rede bei der Einweihung der neuen Schule im Jahre 1877 richtete sie zum Schluß an eben diese Frauen das Wort. »Aber zuletzt danke ich euch, dem Kreis meiner engsten Mitarbeiterinnen, die in diesen langen Jahren, eine nach der anderen, in meiner Nähe Platz genommen haben und nun die Verantwortung mit mir teilen, die mich in schweren Zeiten nicht im Stich gelassen haben und die sich nicht von einer scheinbar freieren und unabhängigeren Tätigkeit verlocken lassen, sondern den Gedanken, dem Ziel treu geblieben sind, die ihr nach und nach mit mir getragen habt.« (S. 30–31) Hier zeichnet sich fast schon eine herkömmliche Rollenverteilung ab, bei der auf der einen Seite die mächtige, tatkräftige Person steht und auf der anderen die dienende, bescheidene, womit offenbar beide Seiten zufrieden waren.

Das scheint auch bei der Französin Nathalie Micas der Fall gewesen zu sein, wenn wir den Worten ihrer geliebten Rosa Bonheur Glauben schenken wollen. Rosa hatte schon früh beschlossen, Kunstmalerin zu werden, und Nathalie glitt selbstverständlich in die Rolle der Handlangerin, übertrug ihre Zeichnungen auf die Leinwand und leistete andere Dienste, denn, wie Rosa sagte: »Es war nicht ihr Ehrgeiz, meinesgleichen zu werden, was sie wollte, was diesem hingebungsvollen Herzen genug war, war, sich mir nützlich zu erweisen.« (Klumpke, S. 178)

Deshalb war Rosas Glück auch Nathalies Glück, und je mehr Erfolg Rosa mit ihrer Malkunst hatte, um so glücklicher wurde Nathalie. Deshalb fand sie in Rosas Erfolg ihre Befriedigung, vor allem, als diese 1845 auf einer angesehenen Kunstausstellung eine Goldmedaille errang. Rosa fand, ihre Freundschaft sei »an dem Tag begründet worden, als wir uns wirklich vollständig vereinigten und unzertrennlich wurden« (S. 182). Mit dieser Rollenverteilung lebten diese beiden Frauen zusammen bis zu Nathalies Tod im Jahre 1889, aber Rosa glaubte nicht, daß sie wirklich getrennt waren, denn »wenn der Tod uns auch geschieden hat, so werden unsere Seelen einander doch wiederfinden, hoffe ich« (S. 190).

Lange brauchte Rosa nicht auf dieser Erde zu verharren, bis sie die dreißig Jahre jüngere Malerin Anna Klumpke aus den USA kennenlernte, die zwar denselben Beruf hatte, sich aber doch augenblicklich auf einer niedrigeren Rangstufe niederließ. 1898 hielt Anna sich längere Zeit bei Rosa auf und sagte eines Tages zu ihr: »Ich kann die Bewunderung, die ich für Sie und für alles, was Sie geschaffen haben, nicht in Worte kleiden. Es ist eine Anbetung, der ich immer treu bleiben werde.« (S. 85) Später sagte sie, daß Rosa gut und liebevoll zu ihr gewesen sei, und »Sie lassen mich die geniale Malerin vergessen und nur die Frau lieben«, Rosa jedoch hatte die Anbetung satt und bat sie, die große Künstlerin zu vergessen und »mich um meiner selbst willen zu lieben« (S. 92).

Rosa gab also freiwillig die Erwiderung, auf die Anna nicht gehofft hatte, da sie Rosa ja zur Göttin erhoben hatte, und Gottheiten erwidern Liebe nur selten. Zu diesem Zeitpunkt war die 76jährige Rosa zwar von Kopf bis Fuß mit Lorbeeren bekränzt, aber das war ihr kein Trost, solange sie nicht in einer Liebesbeziehung zu einer Frau lebte. Sie mußte also von ihren olympischen Höhen heruntersteigen und bat, mit der strahlenden Zukunft hinter sich und mit dem Alter wie ein Klotz am Bein: »Anna, wollen Sie mit mir zusammenbleiben und mein Leben teilen?« (S. 101) Abermals wurde ein »mein« geteilt, und daß es

Rosa Bonheur stehend mit Nathalie Micas

sich hier um ein Machtgefälle handelte, zeigte sich, als Rosa genauer darlegte, was sie zu bieten hatte: »Ich will Ihren Pinsel leiten, und Sie dürfen meine Inspiration teilen.« (S. 102)

Aber auch Anna fand auf diese Weise ihre Befriedigung, denn als sie ihre Sprache wiedergefunden und ihr Ja-Wort gegeben hatte, schrieb sie in ihr Tagebuch, daß sie über diesen Antrag noch immer vor Bewegung zitterte. »Ich kann das unerwartete Glück, Rosa Bonheurs Freundin, Adoptivtochter geworden zu sein, noch gar nicht fassen.« (S. 102) Freundin und Tochter war für sie also dasselbe, und so bewahrte sie das Machtgefälle, das sie offenbar zufriedenstellte, während sie sich gleichzeitig mit der Geliebten vereinigte.

Ihre Vereinigung wurde noch dadurch unterstrichen, daß Rosa kurz vor ihrem Tod im Jahre 1899 erzählte, daß sie schon lange beschlossen habe, neben Nathalie begraben zu werden, aber da in dieser Gruft noch ein Platz frei war, fragte sie: »Würden Sie diesen wohl annehmen, liebe Anna, damit Sie mir auch im Tod immer nahe sind, und ich weiß, daß Nathalie nicht eifersüchtig sein wird.« (S. 360) In dieser Gruft wurde 1945 Anna Klumpkes Urne beigesetzt.

Schriftstellerinnen und ihre ebenbürtige Vereinigung

Die beiden englischen Dichterinnen Katherine Bradley und Edith Cooper waren nicht nur durch Verwandtschaft vereint, da Katherine Ediths 15 Jahre ältere Tante war, sie betonten diese Einheit auch noch dadurch, daß sie ihre Gedichte unter dem gemeinsamen Pseudonym Michael Field herausgaben. Damit wollten sie ihre Vereinigung nach innen stärken und nach außen hin dem Publikum ihre weibliche Identität verbergen. Und daran hatten sie wahrlich recht getan, denn ihre Gedichte wurden von den Kritikern in höchsten Tönen mit handfesten und maskulinen Adjektiven gepriesen. Als jedoch bekannt wurde, daß zwei Frauen sie geschrieben hatten, wurden ihre Gedichtsammlungen entweder übersehen oder mit verspielten femininen Adjektiven belegt.

Katherine und Edith begannen ihr gemeinsames Leben im Jahre 1878, und im Gedicht »Prologue«, 1893, schrieben sie, es sei im April gewesen, als »meine Geliebte und ich einander an den Händen nahmen und schworen vor der ganzen Welt, immer und ewig Dichter und Liebende zu sein« (Selection, S. 18).

Im Gedicht »A girl« aus demselben Jahr deuteten sie an, wie diese Zusammenarbeit aussah, und »unsere Seelen sind also vereint; ich lasse eine Seite zur Hälfte unbeschrieben, und die begonnene Arbeit wird zur Idee des Himmelreichs, wenn sie dazu kommt« (S. 44).

Ihre Zusammenarbeit vereinte sie stärker als andere eine Ehe, wovon sie sich bei einem Besuch bei Robert Browning selber überzeugen konnten. Er erzählte ihnen 1886, seine verstorbene Gattin Elizabeth Barrett-Browning habe immer seinen Vornamen vor ihren eigenen gesetzt, wenn sie Gedichte veröffentlichte, die sie selber geschrieben hatte. Das fand er sehr schön von ihr. Katherine und Edith fanden das nicht, und sie schrieben in ihr gemeinsames Tagebuch: »Diese beiden Dichter, Mann und Frau, schrieben allein, jeder schrieb, aber sie halfen oder inspirierten einander nicht in ihrer Arbeit: *Wir sind auf bessere Weise verheiratet.*« (Sturge Moore, S. 16)

Ihre Gedichte handelten oft von Liebe, und in der Sammlung »Long ago« (1889) zitierten sie einige der von Sapphos Werk bewahrten Fragmente und dichteten dann davon ausgehend weiter. Es ist bemerkenswert, daß sie ihre Dichtung auf der von Sappho aufbauen ließen, weil sie dadurch anklingen ließen, daß ihre Gedichte voller Frauenliebe von derselben Beschaffenheit waren.

1891 fuhren sie zusammen nach Deutschland, um Opern und Museen zu besuchen. Unterwegs erkrankte Edith jedoch an Scharlach, und nur mit Müh und Not konnten sie ein Krankenhaus finden, das sie zusammen aufnehmen wollte. Katherine gab nämlich vor, ebenfalls infiziert zu sein. Als Edith erwachte, schrieb sie in ihr Tagebuch, habe sie sich umgeschaut. »Dann erblicke ich unsere Betten – es sind Särge – wir liegen in erhöhtem Frieden beieinander.« (S. 54) Aber in ihrem Fieberwahn erschien Edith die Krankenschwester – the Mädchen – schrecklich häßlich, und sie glaubte, die Schwester wollte sie daran hindern, mit Katherine zusammenzusein, die ihr als »Göttin, verborgen hinter ihrem Haar – Venus« erschien. Und »doch kann ich sie nicht erreichen. Ich werde wild vor Lust und noch mehr vor Zorn auf das häßliche Mädchen.« (S. 56–57)

Weil sie sich so eng verbunden fühlten, wollten sie auch sichergehen, daß ihre Seelen einander nach dem Tode wieder begegnen würden, deshalb konvertierten sie 1907 zum Katholizismus, der die Wiedervereinigung der Seelen garantierte. Bald sollte sich diese Gewißheit als beruhigend erweisen, denn 1911 erkrankte die 49jährige Edith an Krebs. Da sie sich Klarheit wünschte, um weiter zusammen mit Katherine schreiben zu können, verzichtete sie auf Morphium. Die Krankheit vereinte sie noch mehr, vor allem, da sie jetzt sicher waren, daß diese Vereinigung über den Tod hinaus anhalten würde. »Zwischen uns ist das Paradies. Wenn wir auf ewig zusammen sind, werden unsere Seelen unter Gottes Segen mit unserer Liebe und unserer Kunst ineinander eindringen. Denn Gott versichert die unsterbliche Einheit von Geliebter und Geliebter, Loben und Gelobtwerden, und die Antwort der Gelobten trägt alles Glück in die Vereinigung mit der Geliebten-Dichterin.« (S. 324)

Den Blick auf die baldige himmlische Vereinigung gerichtet, schaute Edith 1913 voller Dankbarkeit auf ihre irdische Vereinigung zurück. »Wir haben das Band unserer Kunst, kostbar, kostbar. Wir hatten das Band der Verwandtschaft, hatten das herrliche Erlebnis des Wunderbaren, eingeführt durch den Geliebten Vater, wir hatten das Band des Lebens, vertieft im Laufe der Jahre, und nun haben wir das Band des Glaubens – anders als alle anderen – und den drohenden Tod.« (S. 326) Wenige Monate, nachdem sie das geschrieben hatte, starb Edith, und Katherine, die ebenfalls an Krebs erkrankt war, folgte ihr ein Jahr darauf nach. So wurden sie in gemeinsamer Krankheit und im Tod vollständig vereint.

Somerville und Ross waren ein irisches Schriftstellerinnenpaar, das sich ebenfalls in Liebe, Leben und Arbeit vereinigte. Auch sie waren verwandt, Kusinen nämlich, lernten sich aber dennoch erst 1886 kennen, als Edith Somerville 28 und Violet Martin Ross 24 war. In ihren Erinnerungen schrieb Edith, daß solche Begegnungen bei anderen jungen Leuten zur Ehe führen, »für Martin und mich tat sich ein anderer Weg auf, und die Blüte unser beider Leben begann, als wir uns kennenlernten« (Somerville, S. 125).

Die beiden Frauen lebten fast dreißig Jahre lang zusammen und waren so eng miteinander verbunden, daß Edith an ihre Familie schrieb, als Martin 1915 im Sterben lag: »Die Hälfte – die bessere Hälfte meines Lebens und meiner Seele ist weggerissen. Es gibt

Edith Somerville links und Violet Martin Ross

keine Worte und keine Tränen, die meine Trauer lindern könnten. Wenn ich Euch nicht alle hätte, dann wäre ich froh und dankbar, wenn ich ihr folgen könnte, damit wir immer zusammensein könnten.« (Collis, S. 172) Als Martin tot war, schrieb Edith wieder an ihre Familie, daß ihr Herz zerbrochen sei, obwohl sie auch ihre Familie liebte. »Es ist nur, daß sie ein Teil meiner selbst war, nur unsäglich viel höher und edler.« (S. 175)

Da Edith wirklich das Gefühl hatte, ihre bessere Hälfte sei gestorben, versuchte sie, in Verbindung mit Martin zu bleiben. Sie schrieb deshalb in ihr Tagebuch, daß sie Gott bat, Martin zu sagen, wie sehr sie sie geliebt habe, und sie bat um ein Gefühl von Martins Nähe. Schließlich bat sie Gott, »mich vor jeglicher Tat zu bewahren, die meine Vereinigung mit ihr, sowie dieses irdische Leben beendet ist, verhindern könnte« (S. 175). Bald jedoch nahm Edith die Sache selbst in die Hand und führte durch ein spiritistisches Medium lange Gespräche mit Martin.

Diese seelische Vereinigung garantierte auch, daß ihre Zusammenarbeit nicht aufhörte, denn in einem Essay aus dem Jahre

1946 berichtet Edith, daß sie und Martin bis 1915 zusammen geschrieben hätten, »als sie mich verlassen mußte und wir eine neue Schreibtechnik brauchten. Aber unsere Unterschrift ist doppelt, wie sie es immer gewesen ist, und ich sehe keinen Grund, sie zu ändern, und habe das auch jetzt nicht vor.« (Cummins, S. 185) Als Edith 1945 starb, wurde auch sie neben ihrer Geliebten begraben.

Andere Frauen dieser Zeit gingen mit ihrer Vereinigung anders um, wie zum Beispiel die Autorin Sarah Orne Jewett, die 1880 mit 31 Jahren die 15 Jahre ältere Annie Fields kennenlernte. Ein Jahr nach dieser Begegnung wurde Annie zur Witwe, und die beiden Frauen wohnten abwechselnd in ihrem Haus in Boston, in Sarahs Haus in einem Dorf in Maine und ab und zu auch getrennt. Oft nutzte Sarah die Trennung, um an ihren Büchern zu arbeiten, und obwohl sie ihre Liebe zu Annie zum Ausdruck brachte, war es doch wichtig für sie, selbständige Arbeit zu leisten. Wenn sie getrennt waren, wechselten sie häufig Briefe, und 1882 schrieb Sarah über ihre Sehnsucht und ihre Arbeit. »Hier sitze ich wieder an meinem Schreibtisch und schreibe einen ersten Brief an dich mit soviel Liebe und denke daran, daß ich zum ersten Mal seit sieben Monaten nicht erwacht bin, um deine liebe Stimme zu hören und dein liebes Gesicht zu sehen. Ich vermisse dich sehr, aber ich freue mich auf eine nicht zu lange Trennung, was ein Trost ist.« (Fields, S. 16–17)

Wenn die Wiedervereinigung noch auf sich warten ließ, schrieb Sarah über ihre Erlebnisse und konzentrierte sich darauf, was Annie Freude machen würde. In einem Brief aus dem Jahre 1884 berichtet sie über einen Spaziergang, den sie in der Natur unternommen hatte, und als sie sah, daß ihr Lieblingsbaum gefällt worden war, »dachte ich, daß auch du darüber traurig sein würdest«, und als sie einen Apfel fand, »lachte ich beim Gedanken, wie du dich auf den nächsten Bissen freuen würdest. Alles in allem war es ein schöner Tag, und ich wünschte, du wärst hier, denn es war ein Tag, den du geliebt hättest.« (S. 24–25)

Manchmal war sie davon überzeugt, daß sie dasselbe zur selben Zeit machten, wie eines Tages im Jahre 1889, als sie früh erwachte und in die Natur hinausging. »Warst du nicht auch sehr früh wach? Davon war ich überzeugt, und ich war ebenso sicher, daß andere Leute noch schliefen.« (S. 45) Immer wieder versuchte sie, Annie in ihre Erlebnisse einzubeziehen, nicht nur, indem sie sie erzählte, sondern auch, indem sie versprach, Annie bei ihrem nächsten Besuch dasselbe erleben zu lassen. Im Jahre 1890 machte sie einen Spaziergang durch einen Kiefernwald. »In meinem ganzen Leben bin ich noch in keinem so herrlichen Wald gewesen. Ich sehne mich danach, dich hinzuführen.« (S. 58) An einem anderen Tag hatte sie das alte Kirchensilber gesehen, »und eines Tages werde ich es dir zeigen« (S. 54).

Vor allem aber freute sie sich, wenn sie mit Annie gute Bücher teilen konnte, und nachdem sie einen bezaubernden Reisebericht gelesen hatte, schrieb sie: »Es ist genau unser Buch und unsere Art, die Dinge zu genießen, wenn wir im Freien sind, findest du nicht?« (S. 44) Als sie Homer gelesen hatte, hieß es, »ich sehne mich danach, ihn mit dir zu lesen« (S. 54). Als beide George Sands Briefe lasen, schrieb sie über einen davon, der an eine Frau gerichtet war: »Ich könnte nicht ertragen, wenn du ihn läsest, ohne daß ich daneben stünde und beobachtete, wie er dir gefällt« (S. 75), so, wie sie über eine andere Briefsammlung schrieb: »Ich freue mich darauf, daß du sie liest oder daß ich sie noch einmal mit dir zusammen lese.« (S. 77)

Je älter Annie wurde, desto größere Sorgen machte es Sarah, daß der Tod sie vielleicht bald voneinander trennen würde. 1908 war Annie 74 und so hinfällig, daß sie nicht mehr im Pavillon im Wald bei ihrem Haus Tee trinken konnte. Die junge Autorin Willa Cather besuchte damals die beiden Frauen und schrieb später in ihren Erinnerungen: »Miss Jewett und ich gingen in den Wald, und sie erzählte mir, daß sie es jetzt haßte, dorthin zu gehen, wo soviel verloren war, während das noch Vorhandene der Gewalt des Zufalls anheimgegeben war! Es sah aus, als könne ein starker Wind die durch viele Jahre hindurch so geliebte Freundin fortwehen.« (Cather, S. 73)

Obwohl Annie die Ältere von beiden war, lebte sie doch sechs Jahre länger als Sarah, die im Jahre 1909 starb.

Lehrerinnen und ihre ebenbürtige Vereinigung

Das schriftstellerische Talent galt nun allerdings als Gottesgabe, die nicht allen Frauen beschert war. Deshalb konnten nur die wenigsten Frauen auf ihren Einnahmen aus ihrer schriftstellerischen Tätigkeit ein selbständiges Leben gründen. Der Lehrerinnenberuf dagegen war ein Beruf, der beträchtlich mehr Frauen die Möglichkeit gab, mit einer geliebten Frau ein gemeinsames Leben aufzubauen. Oft waren beide Lehrerinnen, wenn auch nicht immer an derselben Schule, und so konnten sie eine vollständig ebenbürtige Zweierbeziehung entwickeln.

Das tat Augusta Frenger, die ohne Kummer miterlebt hatte, wie ihr langjähriger Verlobter sich davongemacht hatte. »Wie man aus dieser Episode verstehen wird, ging ich danach in meiner Schularbeit und in allem, was damit zusammenhing, immer mehr auf. Mein damaliger Verlobter hatte sich weder für die Schule noch für meine geliebte ›Schulspeisung der Kinder‹ interessiert. Wir beschlossen deshalb, uns zu trennen. Aber ich bewahre die freundliche Erinnerung an einen feinen und rechtschaffenen Menschen, wir waren bloß so unendlich verschieden in unseren Interessen...« (Fenger, S. 89)

Da sie keine Gemeinschaft miteinander finden konnten, wollte sie auch keine Vereinigung mit ihm. Deshalb war sie erfreut, als sie um 1880 im Alter von vierzig Jahren Marie Topsøe kennenlernte. »Bald wurden wir richtig gute Freundinnen (...) Sie interessierte sich genauso brennend für die Schule wie ich. Als ich sie kennenlernte, hatte sie bereits damit angefangen, ihre kleinen blassen Schülerinnen im Sommer aufs Land zu schikken.« (S. 89) Augusta hatte eine Frau gefunden, die sich so brennend für die Arbeit interessierte wie sie selber.

Zu diesem Zeitpunkt wohnte Augusta bei ihrer Familie, und Marie zog zu ihnen. Nach zwei Jahren aber wollten sie lieber allein leben. »Fräulein Marie Topsøe wurde meine Hausgenossin (...) Sie und ich bildeten ein kleines bescheidenes, aber glückliches Heim bis zu ihrem Tod, der in meinem ›Schmerzens Jahr‹ 1894 eintrat, wie ich später berichten werde. Wir richteten uns in größter Bescheidenheit ein – ein recht großes Wohnzimmer und eine kleine Schlafkammer in Rosenvænget.« (S. 93)

Aber Augusta konnte von Marie auch etwas lernen, da Marie ein frommer und religiöser Mensch war. »Der tägliche Umgang mit ihr öffnete meine Augen und mein Herz für die Herrlichkeiten des Christentums, und vor allem während ihrer Krankheit lernte ich, wieviel Glück und Segen im Glauben an Christus als unseren Erlöser und im Gebet – dem täglichen Gebet – zu Gott liegen.« (S. 113)

Maries Tod im Jahre 1894 war deshalb für Augusta mit tiefer

Trauer verbunden. Einige Jahre später jedoch lernte sie die Lehrerin Manicus Hansen kennen, die bei einer Überschwemmung in der Schule mit großer Geistesgegenwart auftrat. »Diese Kollegin lernte ich sehr schätzen. Wir schlossen Bekanntschaft und hatten schließlich viel miteinander zu tun, soviel, daß wir nach zwei Jahren zusammenzogen und seither, nun schon fast dreißig Jahre lang, ein gemeinsames Heim hatten.« (S. 149)

Augusta Fenger erlebte in ihrem Leben also zwei gleichwertige Beziehungen, während Natalie Zahle auf verschiedene Weise mit Frauen zusammenlebte. Wie gesagt, lebte sie mit ihren »Pflegetöchtern«, ob das nun hingebungsvolle Lehrerinnen an ihrer Schule waren oder nicht – aber sie hatte außerdem noch ein gemeinsames Leben mit Frauen, wie ich bereits beschrieben habe.

Auch sie hatte sich, wie Augusta, einmal an einen Mann gebunden, der sich im Jahre 1847 jedoch mit einer anderen Frau verlobt hatte. Damals war Natalie zwanzig, und später beschrieb sie in ihren Erinnerungen, wie schrecklich diese Nachricht für sie gewesen war. »Meine bereits erwachten Pläne und Ideen für die Schule halfen mir über diesen Schlag hinweg; und seither stand es für mich fest und habe ich niemals Zweifel daran gehegt, daß nur dieser eine Mann mich aus diesem Beruf, der nun die große Liebe meines Lebens geworden ist, hätte fortholen können.« (*Mit Liv*, S. 70–71)

Wir können hinzufügen, daß dieser Beruf ihr die Möglichkeit bot, eine andere Liebe anzunehmen, denn kurze Zeit später lernte sie Ulrikke Rosing kennen, eine der »reinsten, wahrhaftigsten und feinsten Frauen, die ich je getroffen habe«. Wie Marie Topsøe Augustas Augen für das Christentum öffnete, hielt Ulrikke es bei Natalie Zahle. »Sie gewann einen segensreichen Einfluß auf mein geistiges Leben. Es war Ulrikke, die mein religiöses Gefühl vertiefte, das eine Zeitlang von meinen patriotischen Gefühlen überlagert gewesen war; sie war es, die mir den Anstoß gab, mich in die Bibel zu vertiefen, sie brachte mich nach Vartov, zu Grundtvigs Verkündigung.« (S. 75)*

Zu diesem Zeitpunkt war Natalie noch nicht zur Herrscherin über ein ganzes Schulimperium aufgestiegen, sondern wohnte

* Nikolai Frederik Severin, Grundtvig, 1783–1872, versuchte die dänische Kirche im Geiste Luthers zu reformieren. Anm. d. Ü.

höchst spartanisch in Hummergade. Um die Mietkosten zu erleichtern – wie sie das ausdrückte –, zog Ulrikke zu ihr. »Jeden Mittag wartete ich voller Sehnsucht darauf, daß sie nach Hause kam.« Aber dieses Glück wurde durch Ulrikkes Krankheit gestört, die für Natalie völlig unerwartet eintraf, »denn ich hatte doch einst davon geträumt, ihr das Leben schön zu machen«. Ulrikke starb 1856 an Auszehrung, und »wie ich darüber hinweggekommen bin, weiß ich nicht«. Um ihre Trauer zu lindern, schrieb Natalie folgendes Gedicht:

Du warst mein Stern am dunklen Himmel,
eine Hoffnung in meiner Sorgen Gewimmel,
ein Lufthauch auf dem engen Weg des Lebens!
Du flogst davon und ließest zurück
nur mich und meine Erinnerung ans Glück,
denn das suche ich jetzt im Leben vergebens.

(S. 76)

Zwar beendete der Tod diese Vereinigung, Natalie fand jedoch ihr Glück in ihrem Zusammenleben mit anderen Frauen, denn um 1860 wurde Povline Govl »Frl. Zahles liebe Hausgenossin und Gehilfin in der Schule«, wie Henriette Skram schrieb. (S. 184) Als Povline krank wurde, brauchten die 50jährige Natalie und die Schule eine neue Hausmutter. 1879 zog deshalb Ingeborg Vinderen bei Natalie Zahle ein. Ihre erste Pflicht bestand darin, die Kranke zu pflegen, außerdem sollte sie den Geist der Mütterlichkeit in der ganzen Schule verbreiten. »Jede Pflicht, jedes Interesse, jede liebevolle Fürsorge für die, die Frl. Zahle nahestanden, nahm sie mit einer Treue und einer Innigkeit auf sich, die nicht hätten größer sein können, wenn alles ihr eigen gewesen wäre. Alle Freunde schätzten sie um Frl. Zahles willen, alle gewannen sie um ihrer selbst willen bald lieb.« (S. 222)

Wie jede andere frischgebackene Ehefrau mußte Ingeborg also zuerst das Zutrauen ihrer Schwiegerfamilie gewinnen, und als sie die Anforderungen erfüllen konnte, die an eine liebevolle und aufopfernde Gattin gestellt wurden, hatte sie die Prüfung bestanden. Ihre Liebe wurde für die Gesellschaftsaufbauerin Natalie Zahle, die zusammen mit Ingeborg weder Häuptling noch Objekt der Bewunderung ihrer Untergebenen sein wollte, zum warmen trauten Kaminfeuer.

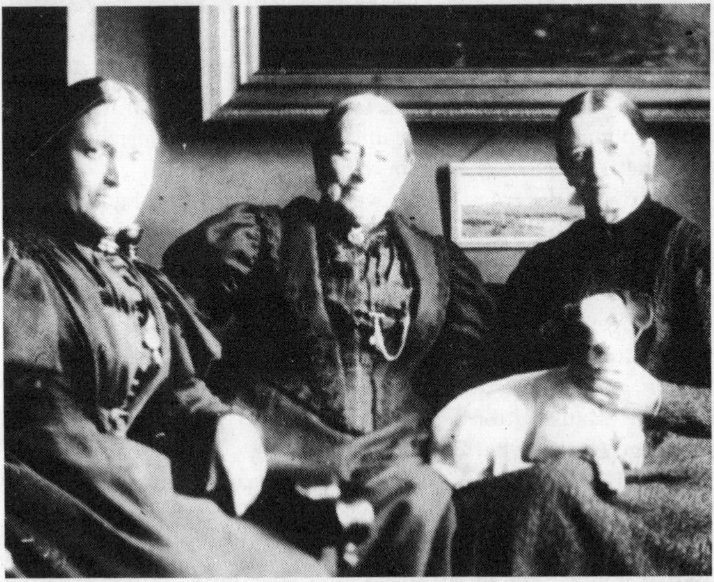

Natalie Zahle (in der Mitte) am Feierabend in ihrer Wohnung

Dies alles beschrieb Henriette Skram ohne eine Spur von Eifersucht, denn ihre Rolle war für immer dieselbe, wie sie Olivia Mlle Julie gegenüber gespielt hatte. Es war offenbar auch die Rolle, die ihr die größte Befriedigung vermittelte, und wie Olivia hätte sie vielleicht eine »seltsame Angst davor empfunden, *zu* nahe zu kommen«. Deshalb beneidete Olivia die Signorina, die Mlle Julie an allen Ecken und Enden bediente, auch nicht, und deshalb schätzte Henriette Ingeborg, die sich so liebevoll aller hausfraulichen Tätigkeiten annahm, die Henriette vielleicht dankend abgelehnt hätte.

Da Henriette ihre Befriedigung in der dienenden Liebe fand, konnte sie Natalie Zahles heimisches Leben auch so ruhig beschreiben. »Es war zum Beispiel rührend zu sehen, wie sie sich samstags bemühte, in der Schule so früh fertig zu sein, daß sie ihr Büro gegen 3 Uhr verlassen konnte. Dann eilte sie zu ihrem Sofaplatz im Wohnzimmer, wo Ingeborg Vinderen sie erwartete, wo Bob, der geliebte Terrier, sich zu ihren Füßen niederließ, wo die Stikkerei hervorgeholt wurde und die Nadel fleißig hin und her flog, oft begleitet vom Vorlesen I. Vinderens. Da saß sie dann, wie sie sagte, ›im Paradies‹.« (S. 299)

Diese Beschreibung eines Paars in Pantoffeln wirkt recht traditionell, die Hausmutter saß immer auf dem Sofa mit ihrer erquickenden Fürsorge parat, und die nach außen gerichtete Gesellschaftsaufbauerin kam hereingestürzt, um sich zu erholen. Der einzige althergebrachte weibliche Zug, den Natalie Zahle hier an den Tag legte, war, daß sie Kreuzstichstickereien anfertigte. Die Beschreibung sagt uns gleichzeitig, woher Natalie Zahle ihre Kraft nahm und wie wichtig dieses Paradies für sie als ein Ort gewesen sein muß, wo sie sich ausruhte und neue Energie tankte. Aber sie vermittelt uns auch das Bild, daß hinter allem eine Frau steht, auch hinter einer anderen Frau, und sie zeigt, daß die Hausmutter in einer weiblichen Paarbeziehung eine wichtige Aufgabe hatte.

Diese Aufgabe war allen, die diese Paarbeziehung kannten, bewußt, und als Zahles Schule 1927 den 100. Geburtstag ihrer Gründerin feierlich beging, beendete die Bischöfin Nielsen alle Reden damit, daß sie an die treue Hausmutter erinnerte. »Ich empfinde tiefe und innige Dankbarkeit für Frl. Zahle und ihre ganze Schule, und es gibt einen Namen, den ich heute erwähnen muß, denn es ist nicht nur das Fest der Schule, sondern auch das Fest Frl. Zahles. Es ist ihre treue Lebensgefährtin, die ihr zur Seite stand, und derer viele von uns, die wir hier versammelt sind, mit großer Liebe, Dankbarkeit und Freude gedenken: Ingeborg Vinderens Erinnerung sei gesegnet.« (Thejll, S. 106)

Komtesse Thusnelda Moltke – Nelly – war eine Frau, die wie Natalie Zahle ihre eigene Schule gründete. Anders als Natalie Zahle lebte sie jedoch nur mit einer einzigen Frau zusammen. Trotz ihrer hohen Herkunft hatte sie Lehrerin für die kleinen Menschen in der Gesellschaft werden wollen. Als 25jährige hatte sie deshalb bei Natalie Zahle ihre Ausbildung zur Volksschullehrerin angetreten. Nach dem Examen gründete sie, stark ermutigt von Natalie Zahle, ihre eigene Schule, die Mädchen aus ärmeren Familien aufnahm. Außerdem hielt sie ihre Verbindung zu Natalie Zahle aufrecht, indem sie an deren Schule und im Volksschullehrerinnenkurs unterrichtete.

Diesen Kurs besuchte 1872 die 30jährige Elise Bay, die nach einjähriger Ehe mit einem Pastor zur Witwe geworden war. Wie bei Augusta Fenger und Marie Topsøe oder bei Natalie Zahle und Ulrikke Rosing war der christliche Glaube ein wichtiger Bestandteil der Beziehung, wie Elises Biographin, Josepha Martensen, berichtet. »Nach und nach entwickelte sich zwischen den beiden eine freundschaftliche Beziehung. Das Fundament dieser Freundschaft war, wie bei den anderen starken persönlichen Beziehungen, die Frau Bay einging, in erster Linie der Glaube, der bei beiden so lebendig vorhanden war. Hand in Hand damit ging das gemeinsame Ideal: die christliche Schule.« (S. 55)

Sie hatten also gleich zwei Dinge beieinander gefunden, die sie vereinten, aber es dauerte doch noch einige Zeit, bis sie ihr eigentliches gemeinsames Leben begannen. 1877 zog Elise in Natalie Zahles neugebautes Schulgebäude in Nørrevold ein. Die Sommerferien verbrachte sie jedoch auf dem Landsitz, den Nelly Moltke mit ihrer Mutter bewohnte, und »hier draußen vertiefte sich natürlich die Beziehung zwischen den beiden Frauen«. Da die Mutter für die Hälfte des Jahres den Landsitz verließ, war es für Nelly unpraktisch, weiterhin zu Hause zu wohnen. »Frau Bays Haus wurde damit nach und nach für Komtesse Moltke zum zweiten Heim, als dieselbe nach den Sommerferien täglich die verschiedenen Schulen aufsuchen mußte. Oft übernachtete sie bei Frau Bay, es konnte auch vorkommen, daß sie längere Zeit dort wohnte. Es waren herrliche Zeiten für Elise Bay, wenn die Freundin kam, sie, die immer mehr zu dem Menschen wurde, den sie am meisten liebte.« (S. 66)

Josepha Martensen schrieb weiter, daß Elise gerne ein Kind angenommen hätte, und zusammen mit Nelly Moltke wandte sie sich an ein Kinderheim, wo sie einen Jungen fand, den sie sehr liebgewann. »Nicht nur dieses Ereignis brachte Freude und Lebensmut. Das lag auch und sicher vor allem daran, daß sie und Komtesse Moltke beschlossen hatten, alles miteinander zu teilen. Komtesse Moltke kam nicht mehr als Gast, der sie wieder verlassen würde, sondern das Haus war jetzt das Heim der einen so wie der anderen, und ein gemeinsames Leben zweier Menschen begann, die in allem Wesentlichen übereinstimmten, deren Temperament aber höchst unterschiedlich war, weshalb sie einander helfen und in Leben und Arbeit ergänzen konnten.« (S. 67–68)

Elise und Nelly teilten nicht nur den christlichen Glauben, sondern auch die gemeinsame Schule, die sie 1882 in Linnésgade gründeten. Elise unterrichtete in der Jungenschule, Nelly in der Mädchenschule. Ihre Wohnung lag im selben Gebäude, und ihre Vereinigung wurde noch dadurch verstärkt, daß sie zwei Waisenknaben adoptierten. Damit hatten sie den selbständigen Hausstand gegründet, zu dessen Vorkämpferin Natalie Zahle sich in ihrem Ausbildungsmanifest gemacht hatte. Sie schrieb deshalb 1910 in einer christlichen Tageszeitung einen Artikel, der u. a. die Bedeutung dieses Zusammenlebens für Nelly beschrieb: »Ihr Lebensglück fand sie in ihrem Zusammenleben mit der Witwe Elise Bay geb. Lund, deren reiche Begabung, große Lebhaftigkeit, Munterkeit, ja, deren oft sprudelnder Humor auf Komtesse Moltkes eigentümlichen Hang zu Zurückgezogenheit und Einsamkeit eine wohltätige Wirkung hatten. Sie haben einander in mannigfacher Weise zum Glück für Heim und Beruf ergänzt.« (N. Zahle)

Wie Natalie waren Elise und Nelly Schulleiterinnen, teilten jedoch, anders als Natalie, die Macht gleichmäßig unter sich. Weil sie einander ebenbürtig waren, wurden sie auch Natalies engste Freundinnen, da sie bei ihnen von ihrem Häuptlingsthron herabsteigen und auf gleichem Fuß mit ihnen verkehren konnte. Sie unterstützten sich bei der Arbeit, Natalie beherbergte einige Jahre lang ihre Schule. Außerdem fuhren sie in den Sommerferien oft gemeinsam ins Ausland. 1901 kauften Elise und Nelly die Villa Rosa in Vedbæk. Zwei Jahre später mietete Natalie eine schräg gegenübergelegene Villa. Ihr Sommerleben hat Josepha Martensen beschrieben.

»Draußen in Vedbæk sahen sich die beiden Bewohnerinnen von Villa Rosa und Fäulein Zahle sowie deren Freundin und Hausgenossin, Fräulein Ingeborg Vinderen, natürlich täglich, manchmal sogar mehrmals. Bereits morgens wurden Botschaften zwischen ihnen hin- und hergetragen, und regelmäßig versammelten sie sich an mehreren Nachmittagen der Woche zum Vorlesen, bald in der Villa Rosa, bald bei Fräulein Zahle. Sie lasen Bücher verschiedenster Art, hauptsächlich jedoch Schönliteratur, dänische und ausländische, ältere und moderne. Meistens las Komtesse Moltke vor, während Fräulein Zahle und Frau Bay so gespannt und interessiert zuhörten wie zwei ganz junge Mädchen – darin ähnelten sie einander: Ihre Empfänglichkeit war noch immer so frisch wie in ihrem ersten Frühling.« (Martensen, S. 162)

Vedbæk; Thusnelda Moltke stehend links, mit Schleife um den Hals, Natalie Zahle hinten in der Mitte, Henriette Skram außen rechts sitzend

Da Elise und Nelly sich dermaßen vereinigten, daß sie einander zum Atemzug wurden, mußte der Tod die Hinterbliebene ersticken. Elise starb 1916, und Frl. Skouboe, Lehrerin an ihrer Schule, bezeichnete Nellys letzte Jahre als »Jahre des Schmerzens, der Trauer und der Sehnsucht« (Røgind, S..20). Als Nelly 1928 starb, teilte das Jahrbuch der Schule mit, daß »Komtesse Moltkes Leichnam an der Seite ihrer geliebten Freundin, Frau Elise Bay, zur letzten Ruhe gebettet wurde« (S. 13). Die Vereinigung war wiederhergestellt.

Macht und Begehren

Alle diese Übergangsfrauen hatten die Möglichkeit, ihr Begehren nach einer Vereinigung zu befriedigen – manche vereinigten sich in Beziehungen mit einem Machtgefälle, andere in einer herkömmlichen Ehe. In den Beziehungen mit Machtgefälle waren es vor allem die weniger mächtigen Frauen, die sich über ihre Befriedigung geäußert haben. Es könnte fast so aussehen, als hätten sie als Motto für ihre Stellung Vilhelmine Zahles Worte über das Wohlbehagen der jungen demütigen Mädchenseele gesetzt, »die sich vor der wunderbar überlegenen Frau winzig fühlen kann«.

Die Frage ist daher, wie das möglich war; ob sie ihre Wirklichkeit tatsächlich so auffaßten oder ob sie eine Rolle spielten, weil diese Rolle ihnen Wohlbehagen vermittelte. Eine Frau wie Henriette Skram hat in ihren scharfsinnigen Schriften bewiesen, daß sie eine glänzende Pädagogin mit Weitsicht war, und offenbar war sie ja auch tüchtig genug, um zu Natalie Zahles Nachfolgerin gewählt zu werden. Trotzdem vermittelte sie in der Beschreibung ihrer Beziehung zu Natalie Zahle ausschließlich ein Bild von sich als demütiger Dienerin, was entweder angelernte Weiblichkeit zum Ausdruck bringen kann – oder Wohlbehagen.

Weder sie noch Anna Klumpke hatten offenbar die Möglichkeit einer Beziehung zu Männern erwogen, und es bleibt deshalb eine Frage, ob es für Frauen größere Ausbeute und größere Befriedigung bedeutete – und bedeutet –, sich Frauen zu unterwerfen und ihnen zu dienen, als dasselbe in der Beziehung zu einem Mann zu tun. Außerdem – oh, ein ketzerischer Gedanke –, ob es Züge in der Weiblichkeit gibt, die für Unterwerfung geeignet sind, ohne daß die Unterwerfung als solche erkannt wird.

Andere Frauen dagegen zogen die Süße der Macht vor; sie erkannten die hierarchische Klassengesellschaft, lebten aber darin und verliehen der Auffassung von Macht eine neue Bedeutung. Außerdem wurde das Machtgefühl durch die Rollen von Meister und Jünger versüßt, wie Lis Jacobsen beschrieben hat, und das war etwas anderes als das Herren-Sklaven-System des Patriarchats. Die Macht wurde zum Privileg, das hohe Forderungen stellte und mit Sorgfalt und Demut verwaltet – und abgegeben – werden mußte, im Gegensatz zur unterdrückerischen Macht im Patriarchat.

Natalie Zahle war dazu fähig, da sie den Mitarbeiterinnen, die in die Dienste ihrer Schule eintraten, eine Freiheit und ein Vertrauen schenkte, die diese geradezu verwunderten. Sie vereinte ihre äußere Macht mit den besten Seiten der herkömmlichen

Weiblichkeit; sie konnte für eine gute Sache Macht übernehmen und Unglaubliches leisten, sie konnte die Macht aber auch abgeben, wenn sie fand, daß andere Frauen würdig waren, sie zu teilen.

Obwohl sie ihr Schulimperium mit eigenen Mitteln aufgebaut hatte, wollte Natalie Zahle ihre Schule in eine eigenständige Institution umbilden. Das geschah 1885, und die Leitung bestand aus ihr selber als »Oberleiterin« und aus Frauen, die der Schule eng verbunden waren, wie Hansine Gerdtzen, Henriette Skram und Komtesse Moltke. Das einzige männliche Mitglied war ihr Verwandter, Anwalt beim Obersten Gericht, Fr. Zahle, der juristischen Beistand leisten sollte. Später wollte sie ihren Posten als Oberleiterin aufgeben und bat Henriette Skram, ihre Nachfolgerin zu werden. Erst 1900 zog sie sich offiziell zurück, unterrichtete jedoch noch mehrere Jahre.

Als die 67jährige Henriette 1908 lange krank war, fungierte die 81jährige Natalie als ihre Stellvertreterin, hütete sich aber davor, der Kranken das Zepter aus den Händen zu reißen. In ihrer Zahle-Biographie schreibt Henriette, daß Natalie sie im Krankenhaus besuchte und sie soweit wie möglich auf dem laufenden hielt. Als Henriette endlich wieder nach Hause kam, überreichte Natalie ihr ihre Tagebuchaufzeichnungen und ergänzte sie durch mündliche Erklärungen, damit Henriette rasch wieder in die tägliche Arbeit hineingleiten konnte, ohne die Folgen ihrer langen Abwesenheit allzusehr zu spüren.

Aber die Wahrheit muß ans Licht – wie Henriette Skram sagen würde –, und die Wahrheit war die, daß sich durchaus nicht alle Frauen als entzückte Untertanen am wohlsten fühlten. Eine dieser Frauen war Augusta Fenger, die im Seminar zwar eine hingebungsvolle und tüchtige Studentin gewesen war, die nun aber feststellte, daß es etwas ganz anderes war, Lehrerin in der Schule zu sein. Sie wohnte im Schulgebäude, und da Natalie Zahle von ihrem Schlafzimmer aus in ihre Fenster schauen konnte, machte sie ihr Vorwürfe, weil sie abends zu lange aufblieb. Augusta erwiderte, daß sie zwei Doktorarbeiten läse, die sie interessierten, eine über »moral insanity«, die andere über Magenkrebs. »Das gefiel ihr überhaupt nicht, und sie meinte, daß ich in ihren Diensten meine Zeit nicht mit solcher Lektüre verbringen dürfe. In dieser Hinsicht waren wir völlig unterschiedlicher Ansicht. Ich glaubte, in dieser Hinsicht meine Unabhängigkeit fordern zu müssen; aber man muß verstehen, daß sich unsere Beziehung lockerte.« (Fenger, S. 79)

Auch Nielsine Nielsen, Dänemarks erste Ärztin, bekam Probleme mit Natalie Zahle. Sie hatte einige Jahre in Kopenhagen und auf dem Lande als Privatlehrerin gearbeitet, hatte dann aber mit 23 Jahren beschlossen, Medizin zu studieren. Da Frauen damals keine Universitäten besuchen durften, mußte Nielsine allen Autoritäten die Türen einrennen, um Empfehlungsschreiben zu sammeln, und am zweiten Weihnachtstag war die Reihe an Fräulein Zahle gekommen.

»Zuerst ließ sie mich an die zwei Stunden in einem Vorzimmer oder Wohnzimmer warten, wo einige ältere Lehrerinnen mit strengen Mienen umherliefen und miteinander oder mit Besucherinnen sprachen. Ich hörte sie mehrmals und in verschiedenen Zusammenhängen von ›unseren eigenen‹ sprechen, immer lobend. Als ich endlich in das Nebenzimmer gelassen wurde, sah ich eine schlechtgelaunte, kleine Dame, die mich sehr streng empfing.« (Nielsen, S. 20)

Die anderen Lehrerinnen gaben Nielsine zu verstehen, daß sie bei ihnen nichts zu suchen hätte, und Natalie Zahle schien ebenfalls das ihre zu tun, um ihr den Mut zu nehmen. Zuerst sprach sie ziemlich herablassend mit ihr, als ihr jedoch klar wurde, daß Nielsine bei ihrem Wunsch von etlichen einflußreichen Männern unterstützt wurde, änderte sie ihr Benehmen völlig und wurde die Freundlichkeit selber, was Nielsine jedoch nicht beeindruckte. »Als ich die Treppen hinunterging, fühlte ich deutlich, daß ich nicht zu ›ihren eigenen‹ gehörte – und, mehr noch, ich war froh darüber.« (S. 21)

Diese beiden Aussagen bringen eher Machtkampf als Unterdrückung zum Ausdruck, und es ist vorstellbar, daß Augusta und Nielsine selber mächtige Frauen hätten sein können und sich deshalb in der Rolle der Bewunderin nicht zurechtfinden konnten. Natalie Zahle zog jedoch nicht ausschließlich den Umgang mit Frauen ohne äußerliche Macht vor, ihre Freundschaft mit Nelly und Elise zeigt ja, daß sie andere mächtige Frauen durchaus respektieren konnte. Die anderen Aussagen über ihren Umgang mit der Macht lassen vermuten, daß sie Macht ausüben und trotzdem die guten weiblichen Eigenschaften bewahren konnte. Die Frage ist also, ob Macht, die so oft als negativ angesehen wird, positiv werden kann, wenn sie weiblich wird, oder

Die mächtige Natalie Zahle mit ihrem gebieterischen Blick

ob die weiblichen Werte mächtig werden können.

Ebenso ist es eine Frage, was die Frauen in den Beziehungen mit Machtgefälle aneinander fanden und warum ihnen gerade das anziehend erschien. Vilhelmine Zahle fand ja ihr Wohlbehagen darin, winzig zu sein, weil Agnes Nyrop »schön« und »dermaßen überlegen« war; Olivia erlag Mlle Julies »durchdringendem Blick«, und unzählige dänische Schülerinnen und Lehrerinnen erlagen Natalie Zahles »Unnahbarkeit«. Alle diese Eigenschaften sind mächtig, aber warum wirken sie bei einer Frau anziehend und bei einem Mann unterdrückend? Die mächtigen Frauen ihrerseits haben nicht berichtet, was sie angezogen hat – die einzige ihrer drei Hausgenossinnen, die Natalie Zahle in ihren Erinnerungen erwähnte, war Ulrikke Rosing, eine der »reinsten, wahrhaftigsten und feinsten Frauen«. Das klingt sehr klassisch-weiblich, soll das also heißen, daß die mächtigen Frauen der süßen Weiblichkeit erliegen?

Ebenso stellt sich hier die Frage, warum manche Frauen die Süße der Macht vorzogen, andere jedoch die Wollust der Unterwerfung, und ob sie sich jemals einen Rollentausch hätten vorstellen können. Schließlich ist auch noch denkbar, daß das Machtgefälle nur nach außen hin so wirkte und daß die Dienenden in Wirklichkeit diejenigen waren, die – hinter verschlossenen Türen und zugeklappten Tagebüchern – zeigten, was Sache war.

Das war allerdings nicht der Fall in den Romanen, die Männer früher im Jahrhundert geschrieben hatten, wo solche Frauen als widerstrebende Opfer einer machtgeilen Frau dargestellt wurden. Macht wurde bei ihnen zu einer begehrlichen Scheußlichkeit, die ihre Befriedigung nur durch Gewalt und Besitzergreifung finden konnte. Macht wurde als etwas dargestellt, das Frauen nicht zukam, weshalb sie sich in verzerrter Form äußern und in besitzerischem Begehren verwurzelt sein mußte. Diese Auffassung konnte das Patriarchat als Schreckbild und als Beweis dafür verwenden, wie grausam Frauen wurden, wenn sie die Macht an sich rissen. Als Frauen jedoch endlich Anteil an der Macht gewannen, stellte sich heraus, daß das vielleicht besser war, als wenn Männer die Macht an sich rissen und sich dann daran anklammerten.

Diese Frauen gingen ihre Beziehungen in der Gewißheit ein, daß sie das bessere Teil erwählt hatten, da sie die Unsittlichkeit der Männer so heftig kritisiert und die vorbildliche Sittlichkeit der Frauen betont hatten. Deshalb hatten sie indirekt die Liebe ohne geschlechtliches Begehren zum höchsten Ziel erhoben. Ihr Sittlichkeitsbewußtsein rückte damit die Liebe unter Frauen ins allerbeste Licht. Gleichzeitig erkühnte sich aber keine von ihnen, die Ehe zwischen Frauen und Männern öffentlich zu verwerfen, sie wiesen nur die nächstbeste Möglichkeit auf, nach der sie selber lebten. Damit entzogen sie sich männlicher Kontrolle, was als Protest gegen das Patriarchat aufgefaßt werden kann. Da sie jedoch Frauen weiterhin als Opfer sahen und da sie sich damit begnügten, die männliche Moral zu kritisieren, nicht aber deren Macht und Frauenunterdrückung, können wir das nicht als Protest gelten lassen. Die eigene Moral zum erstrebenswerten Ideal zu erklären ist durchaus keine Protesthandlung.

Sowohl die Frauen, die mit ihren Geliebten vereinigt wurden, als auch die, die danach seufzten, brachten ihr Begehren zum Ausdruck. Und wenn Frauen wie Edith Gerner und Mary Ann Evans das auf sie gerichtete Begehren nicht nur abwiesen, weil sie es nicht erwidern *konnten*, sondern weil sie es nicht erwidern *wollten*, dann können wir sagen, daß manche Frauen damals nicht sehr redegewandt waren, denn sie ließen sich ja jahrelang den Hof machen. Vielleicht fanden manche Frauen auch eine Befriedigung darin, begehrt zu werden, ohne dabei das geringste Herzklopfen zu verspüren, und das wirkt ziemlich brutal.

Aber wie das Begehren auch ankam, auf jeden Fall wurde es in Übereinstimmung mit dem Weiblichkeitsideal gehegt, das Keuschheit, Scham, Gemütstiefe usw. forderte, und war deshalb wahrscheinlich nicht geschlechtlich. Das heißt jedoch nicht, daß die Liebe dieser Frauen gleichgültig war, wie sie in den Augen unserer Gegenwart vielleicht wirken könnte – denn sie hätten geschlechtliches Benehmen niemals zum Beweis für ihre Bedeutung genommen. Es wäre eine Verfälschung der Geschichte, diese Beziehungen für unbedeutend zu halten, nur weil sie offenbar kein Geschlechtsleben umfaßten.

Offenbar – ja, denn woher in aller Welt sollte der Beweis kommen? Unter den verheirateten bürgerlichen Frauen haben bekanntlich auch nur die wenigsten ihren Geschlechtsverkehr beschrieben, nur bieten ihre Geburten den Beweis dafür, daß ein solcher stattgefunden hat. Da die Liebe zwischen Frauen kein vergleichbares »Ergebnis« erbringt, fordert der Zweifel Aussagen über die geschlechtlichen Taten. Die nicht aufzutreiben sind, denn keine ehrbare Bürgersfrau mit Selbstachtung hätte so etwas beschrieben.

Dazu kommt, daß in der Auffassung der bürgerlichen Frauen die Männer das Geschlechtsleben repräsentierten, das in ihren Augen also aus einem durchgeführten Geschlechtsverkehr bestand, mit oder ohne Schwangerschaft als Folge. Unter Frauen war so etwas naturgemäß nicht möglich. Was immer sie vielleicht im Bett machten – es war für sie wahrscheinlich nichts Geschlechtliches, sondern ein Ausdruck ihrer Zuneigung. Rosa Bonheur hat mehrmals betont, daß in einer leidenschaftlichen Liebesbeziehung zwischen Frauen die Reinheit nicht aufs Spiel gesetzt würde. Meinte sie aber, daß das Geschlechtliche sie beschmutzt hätte?

Bei der vorliegenden Quellenlage können wir also nur raten, ob diese Frauen geschlechtliches Begehren hegten oder befriedigten. Daß Augusta Fenger von *einem* Schlafzimmer spricht, kann darauf hinweisen, daß sie und Marie Topsøe in einem Zimmer geschlafen haben. Damit ist es aber noch lange nicht selbstverständlich, daß sie auch in einem Bett schliefen, geschweige denn, daß sie einander im gemeinsamen Schlafzimmer berührt hätten. Sarah Orne Jewett schrieb an Annie Fields, nachdem sie in ihr Haus zurückgekehrt war, daß sie nun zum erstenmal seit sieben Monaten erwacht sei, ohne Annies liebe Stimme zu hören und ihr liebes Gesicht zu sehen (S. 9). Aber bedeutete das, daß sie erst beim Frühstück wach wurde, oder bedeutete es, daß sie nebeneinander schliefen, und wenn ja, was beweist das? Miss Hicks kletterte in Carey Thomas' Bett und las zusammen mit ihr Schauspiele. Eines Nachts fragte Carey Thomas, ob sie sie liebte, woraufhin Miss Hicks die Arme um sie schlang und antwortete, daß sie sie leidenschaftlich liebte. In dieser Nacht ging Miss Hicks nicht auf ihr Zimmer, aber Carey Thomas beteuert, sie hätten geredet und geredet. Sollen wir uns vorstellen, sie hätten etwas anderes gemacht, wo sie nun schon einmal im selben Bett lagen? Auch Komtesse Moltke übernachtete bei Elise Bay, nachdem die Gräfin in die Stadt zurückgekehrt war. Aber schlief sie im Gästezimmer oder im selben Bett wie Elise, und wenn ja, was beweist das?

Zu beweisen, daß diese Frauen ein Geschlechtsleben hatten, weil sie zusammen schliefen, ist unmöglich. Statt dessen können

Zwei Freundinnen beim Fotografen

wir feststellen, ob sie sich danach sehnten, ein geschlechtliches Begehren zu befriedigen. Mlle Julies Abschiedsworte an Olivia über die Süße der Hingabe können darauf hinweisen, ebenso ihr und Edith Simcox' Traum von der perfekten Vereinigung oder Edith Coopers Beschreibung ihres Fieberwahns, als sie vor Lust wild wurde. Worin aber sollten Hingabe und Vereinigung bestehen? Hätten sie unbedingt geschlechtlich sein müssen? Auch hier können wir nur spekulieren.

Wir können jedoch sehen, wie sie ihre Liebe physisch zum Ausdruck brachten, wenn es uns auch an Beispielen mangelt. Henriette Skram warf sich Natalie Zahle um den Hals, als sie als Kind ihren Kampf gegen die Schule aufgab, und Natalie erwiderte ihre Umarmung sehr warm. Olivia warf sich Mlle Julie um den Hals, die sie daraufhin küßte – allerdings nicht auf den Mund. Edith Simcox wurde widerstrebend gestattet, Mary Ann Evans zu küssen, Rosa Bonheur und Anna Klumpke umarmten sich oft, ebenso wie Carey Thomas und Miss Hicks. Aber ist das alles geschlechtlich? Sind es nicht nur zulässige Liebesbezeugungen, vor allem zulässig für Frauen, die ja als rein galten?

Keine dieser Frauen hat je das Wort »geschlechtliches Begehren« über ihre eigenen Gefühle verwendet, die einzige, die hoch und heilig beteuerte, daß sie *so etwas* jedenfalls nicht empfunden habe, war Thora Esche. Als ihr mit 27 Jahren die Stellung einer Leiterin des Magdalenenheims angeboten wurde, wurde sie plötzlich von Alpträumen heimgesucht, »denn nun erlaubte Gott plötzlich eine Nacht dem Teufel, mir im Schlaf diese aus dem Leben gegriffenen Ereignisse vorzuführen« (Esche, S. 69). Sie nahm an, daß Gott sie so auf ihre Eignung zu der Arbeit mit gefallenen Frauen prüfen wollte, und da sie diese Ereignisse »natürlich« nennt, scheint es sich um Geschlechtsverkehr zwischen Frauen und Männern gehandelt zu haben. Das war im Kampf um die moralische Reform natürlich höchst verwerflich, und Nacht um Nacht flehte sie Gott »auf Knien an, dieses Fremde, Entsetzliche von mir zu nehmen«. Nach 14 Nächten des Kampfes ging sie schließlich nach Nørrefælled und schlug Gott im tosenden Wind einen Pakt vor, wenn er sie erhören wollte.

»Und Gott hielt diesen Pakt. Wenige Menschen sind vielleicht 41 Jahre lang gezwungen gewesen, soviel Schmutziges zu hören und zu sehen wie ich, und durch Gottes schützende Gnade bin ich davon unberührt geblieben. – Nur einmal, im Sommer 1891, als Pella, die Hilfe für gefallene Frauen von über 25 Jahren, eingerichtet worden war und ich in sogenannten öffentlichen Häusern mit meiner Missionsarbeit beginnen mußte, versuchte der Schmutz nach unserem ersten Besuch in einem solchen Haus mich zu verfolgen. Ich blieb in Grønnegade stehen, und wortlos sprach ich in meinem Herzen ungefähr so: ›Vater im Himmel, du erinnerst dich an unsren Pakt, das hier darf nicht hinter mir herlaufen, ich muß frei sein, sonst kann ich nicht für dich arbeiten«, und Gott, der uns nähersteht als wir selber, ›so er jedermann Leben und Odem allenthalben gibt‹ (Apostelgeschichte) – hielt unseren Pakt und hat mich in allem, in dem ich umgehen mußte, bewahrt – frei von jeglichem erotischem Gefühl. Ich bin trotz all meiner Mängel und Fehler noch heute auf meine alten Tage in den Dreifaltigen Gott eingeweiht, dessen bewußtes Eigentum ich bin.« (S. 70–71)

Wenn Thora Esche 41 Jahre nach 1877, als sie Leiterin des Magdalenenheims wurde, im Jahre 1918, also in der modernen Zeit mit einer ganz anderen Geschlechtsmoral, behaupten kann, frei von jeglichem erotischem Gefühl zu sein, dann denkt sie zweifellos an das Gefühl, das nach allgemeiner Ansicht zwischen Frauen und Männern besteht. Was sie für die gläubige Frau empfunden hat, die Gottes Gemeinde ihr 1883 gesandt hatte, war also nicht auf *diese* Weise erotisch.

Womit nicht gesagt ist, daß keine dieser Übergangsfrauen jemals ein geschlechtliches Begehren zum Ausdruck gebracht hätte – oder ein erotisches Gefühl. Die deutlichste Aussage zu diesem Thema macht am Vorabend der modernen Zeit die 85jährige Natalie Zahle in einem Brief an Nelly Moltke. Alle Gefahr wird jedoch sofort abgewendet, da es sich um die Erzählung eines Traumes handelt. Im Traum tritt ein Engel auf, und da Engel die Inkarnation der Reinheit sind, müßte alles bestens stehen. Da Träume jedoch das Begehren des Unterbewußtseins darstellen, birgt dieser Traum vielleicht doch die Botschaft, daß auch die Übergangsfrauen Begehren hegten – und sei es bloß in ihren nächtlichen Träumen.

»Der Gruß, den ich Dir von meiner Mutter ausrichten sollte, war in einen seltsamen Traum verwickelt. Ich glaubte, wieder ganz jung und stark geworden zu sein – da sah ich eine strahlend schöne Frauengestalt, der ich unsere Arbeit, unsere Schulen zeigen sollte. Ich glaubte, wie eine Hindin von Etage zu Etage zu springen, alles zu erklären und mich darüber zu wundern, daß alles so groß und schön war. ›Die Schöne‹ war nicht immer dabei, zum Schluß stand sie jedoch wieder da, legte mir den Arm um die Taille, drückte einen festen Kuß auf meinen Mund, sah mich mit liebevollem Blick an und sagte: *›Dann komme ich wieder!‹* Sie verschwand, aber mir war, als habe ein Engel Gottes *seine Ankunft gemeldet* – und mich umgaben die süßesten Gesichter, unter anderem das meiner Mutter, und betrachteten mich mit unsäglicher Liebe.« (*Mit Liv*, S. 87–88)

Das Patriarchat

Die französischen Romanverfasser, die sich zu Beginn des Jahrhunderts ihre Gedanken über die Frauen gemacht hatten, die andere Frauen begehrten, hatten ihnen große Schönheit und Verlangen und Fähigkeit zur Besitzergreifung zugeschrieben, zum Ausgleich jedoch auch eine mangelnde Fähigkeit, das weibliche Begehren zu befriedigen. Außerdem hatten sie die begehrten Frauen als widerstrebende Opfer dargestellt, die sich im tiefsten Herzen nach einem Mann sehnten. Die zeitgenössischen Frauen hatten kein Verlangen nach Besitz gezeigt – eher im Gegenteil – und hatten nicht über die materiellen Möglichkeiten verfügt, sich zu vereinigen.

Die Übergangsfrauen besaßen die finanziellen Möglichkeiten, ihre Vereinigung zu verwirklichen. Gleichzeitig machten sie ihre Begehrlosigkeit zu einer Ideologie, nach der alle, Männer inbegriffen, leben sollten. Die Frauen der Wirklichkeit hatten damit bewiesen, daß sie sich der männlichen Überwachung entziehen konnten und daß sie stark genug waren, um mit den Männern in Dialog zu treten – oder ihnen Moralpredigten zu halten. Damit änderte sich auch die Auffassung der Männer von Frauen, die andere Frauen begehrten.

Begehren und Verderbtheit

Gegen Ende des 19. Jahrhunderts zerfiel ein Paar nicht mehr in eine begehrende schöne Teufelin und ein begehrtes schönes Opfer, da beide an ihrer Beziehung arbeiteten und inzwischen überhaupt Patina angesetzt hatten. Befriedigung des Begehrens galt als möglich, und eine Vereinigung war zur Selbstverständlichkeit geworden. Das befriedigte Begehren führte jedoch zu Verderbtheit, wohlgemerkt nur dann, wenn eine Frau es befriedigte.

Auf Patina, auf das verlebte Aussehen, hatte sich der französische Schriftsteller Alphonse Daudet eingeschossen, obwohl er sich an die alte Tradition hielt und die eine für besitzergreifender hielt als die andere. 1891 schrieb der Autor Edmond de Goncourt in sein Tagebuch, Daudet habe gesagt: »Ah! Die Tribaden kenne ich sehr gut, um ihre Gesichter scheint immer ein Dampf zu stehen – ich spreche nicht von den *aktiven*, sondern von denen, die verzehrt werden –, und sie haben immer eine feuchte Haut.« (Goncourt, S. 64)

Zu diesem Zeitpunkt äußerten sich nicht nur Frauen zur Sittlichkeitsfrage, da sie auch Männern am Herzen lag. Aber oft waren sie ganz anderer Ansicht als Frauen, was in ihren Ansichten über Prostituierte deutlich wurde. Die Frauen der Moralreform betrachteten sie vor allem als gefallene Schwestern, die ohne eigene Schuld verführt oder in dieses schändliche Gewerbe entführt worden waren. Männer dagegen konnten keine Verwandtschaft zwischen bürgerlichen und prostituierten Frauen erkennen und glaubten außerdem, daß die Prostituierten die *Männer* zur Unzucht verführten. Wer wessen Opfer war, darüber gab es offenbar geteilte Meinungen.

1882 schrieb Emile Zola einen Artikel mit dem Titel »La Fille au Théâtre«, der die Darstellung behandelte, die das Theater von leichtlebigen Frauen gab. Er distanzierte sich von der zuckersüßen Weise, in der dieses Thema bisher behandelt worden war, vor allem seit der beliebten »Kameliendame«, die 1848 als Roman von Alexandre Dumas Fils, 1852 als Theaterstück und 1853 als Oper von Giuseppe Verdi mit dem Titel *La Traviata* erschienen war. Zola erschien es als höchst verwerflich, daß die Heldin inmitten ihres sündhaften Lebens als aufopferungsvoller Engel und daß ihr Tod durch Schwindsucht als Martyrium dargestellt wurde.

Er war deshalb der Meinung, daß »es nun an der Zeit ist, die leichtlebigen Mädchen in den Schmutz zu drücken, um so tiefer, je mehr man sie erhöht hat« (Zola, 1882, S. 142). Wie auch die Reformfrauen sah er zwar, daß die Gesellschaft Prostituierte schuf, hielt sie aber deshalb durchaus nicht für unschuldig. »Sie zeigt sich fast immer als unbewußte Kraft. Wenn sie zerstört und zersetzt, dann nicht als Schurkin eines Melodrams, sondern als Keim der Verrottung, den die Gesellschaft selber gesetzt hat und keimen und wachsen läßt. Das Milieu schafft die Dirne, die später als Reflexhandlung die Gesellschaft verdirbt. Dort, und nirgends sonst, liegt das gesamte wissenschaftliche Problem der Prostitution.« (S. 146)

Unter diesem Gesichtspunkt hatte Zola seinen Roman *Nana* geschrieben, der als Fortsetzungsroman 1880 erschien. Und darin schuf er wahrlich kein Melodram, denn er schrieb in der Stilrichtung, die naturalistisch genannt wurde und das Leben schildern wollte, wie es war – mitsamt seinen Schattenseiten. Obwohl das Buch scheinbar kühl beobachtet, ist doch die Frage, ob Zola nicht genau das gesehen hat, was er sehen wollte, und daß er es mit den Augen sah, die am besten für das geeignet waren, was er zeigen wollte.

Die Titelfigur des Romans ist als die Hefe der Verderbnis dargestellt, als die Zola die Prostituierten betrachtete. Sie hatte den vornehmen Grafen Muffat in ihren Netzen gefangen. Eines Abends stand sie hingerissen vor dem Spiegel, während der Graf sie betrachtete und sich so seine Gedanken machte. »Das war es: In drei Monaten hatte sie sein Leben zerrüttet, er fühlte, daß er schon bis ins Mark verderbt war durch Schmutzigkeiten, die er nicht vermutet hätte. Jetzt war alles in ihm in Fäulnis begriffen. Einen Augenblick lang wurde er sich der Begleiterscheinungen des Bösen bewußt; er erblickte die von diesem Gärungsstoff herbeigeführte Auflösung: er vergiftet, seine Familie vernichtet – ein Stückchen Gesellschaft, das krachte und zusammenstürzte. Und da er die Augen nicht abzuwenden vermochte, sah er sie starr an und bemühte sich, sich mit Ekel vor ihrer Nacktheit anzufüllen. (...) Er dachte an seinen ehemaligen Abscheu vor dem Weib, an das Ungeheuer der Heiligen Schrift, das geil war und nach wildem Tier roch. Nana war ganz behaart; der Flaum einer Rothaarigen verwandelte ihren Leib in Samt, während in ihrem Kreuz und in ihren Stutenschenkeln, in den fleischigen, von tiefen Falten durchfurchten Schwellungen, die dem Geschlecht den sinnverwirrenden Schleier ihres Schattens verliehen, etwas Tierisches lag. Es war das goldene Tier, unbewußt wie eine Kraft, dessen Geruch allein die Welt verdarb. Muffat sah immer noch hin, so sehr geplagt und besessen, daß das Tier, wenn er die Lider geschlossen hatte, um nichts mehr zu sehen, auf dem Grund der Finsternis wieder auftauchte, größer geworden, schrecklich, seine Haltung übertreibend. Jetzt würde es dasein, vor seinen Augen, in seinem Fleisch, für immer.« (S. 276 bis 78)

Nana jedoch betrachtete sich weiterhin im Spiegel und liebäugelte mit ihrem Spiegelbild. »Ihr gieriger Mund atmete Begehren über sie.« Das erregte den Grafen dermaßen, daß er sich auf sie stürzte und sie zu Boden warf. »Er war sich seiner Schwachheit bewußt, er wußte genau, daß sie dumm, gemein und verlogen war, aber er begehrte sie dennoch, und wenn sie giftig gewesen wäre.« Diese Beschreibung verrät eigentlich mehr über Männer als über Frauen und veranschaulicht das Problem der Männer, Begehren und Liebe zu vereinen – oder in ihrem Begehren eine Schönheit zu entdecken.

Da Nana so verderbt war, hatte sie natürlich auch keine Skrupel, Beziehungen zu Frauen einzugehen. Als sie den Grafen Muffat satt hatte, nahm sie ihre frühere Arbeit als Straßendirne wieder auf. Dabei traf sie ihre hinreißende Kollegin Satin. Eines Abends lud Nana sie zum Essen ein, und Satin schlug das Restaurant »Chez Laure« vor – einen Treffpunkt der Prostituierten. Zola beschrieb diese Gäste höchst naturalistisch und veranschaulichte damit, daß Frauen, die sich von ihrem Verlangen nach Frauen leiten ließen, dadurch ein verderbtes Aussehen und Auftreten errangen.

»Es waren etwa hundert Kundinnen da, bunt durcheinandergemischt, wie sie gerade Platz fanden; die meisten gingen auf die Vierzig und waren ungeheuerlich vor lauter gemästetem Fleisch und lasterhafter Aufgedunsenheit, die die schlaffen Münder ertränkte; und inmitten dieser schwellenden Busen und Leiber tauchten ein paar hübsche, schlanke Mädchen auf von noch unschuldigem Aussehen unter der Unverschämtheit des Gehabes, Anfängerinnen, die von einer Kundin in einer Tanzkneipe aufgelesen und mit zu Laure gebracht worden waren, wo sich das Volk der dicken Weiber anrempelte, beim Duft ihrer Jugend in Aufregung versetzt, sie umringte, ihnen wie alte, unruhige Junggesellen den Hof machte und Leckerbissen für sie ausgab.« (S. 321)

»Zuerst hatte Nana Angst gehabt, alte Freundinnen zu treffen, die ihr dumme Fragen stellen könnten, aber sie beruhigte sich, sie bemerkte kein bekanntes Gesicht in dieser sehr gemischten Menge, wo sich verschossene Kleider und jämmerliche Hüte neben reichen Toiletten in der Brüderlichkeit derselben Perversionen zur Schau stellten.« (S. 322)

Als der Graf Muffat sie zurückhaben wollte – koste es, was es

Illustration zu Emile Zolas La femme de Paul, *in der Mitte die markante Frauenverführerin*

wolle –, nahm sie ihr Leben als ausgehaltene Geliebte wieder auf. Sie setzte jedoch auch ihre Beziehung zu Satin fort, und als der Graf eines Tages einen Schmähbrief erhielt, der dieses Verhältnis andeutete, zeigte er ihn empört Nana.

»Sie leugnete keineswegs.

Er fand empörte Worte.

Da zuckte sie die Achseln. Wo komme er denn her? Das geschehe überall, und sie nannte die Namen ihrer Freundinnen. Sie schwor, daß die Damen der Gesellschaft mitmachten. Kurzum, wenn man sie hörte, so war nichts alltäglicher und nichts selbstverständlicher. Was nicht wahr sei, sei nicht wahr! So habe er ja eben gesehen, wie sie sich bezüglich Vandeuvres und der Söhne Hugon entrüstet habe. Oh, er hätte recht gehabt, sie deswegen zu erwürgen. Aber wozu ihm etwas über eine unbedeutende Sache vorlügen? Und sie wiederholte ihren Satz: ›Sieh mal, was kann dir das schon ausmachen?‹ Dann brach sie, da die Szene weiterging, mit harter Stimme kurz ab. ›Übrigens, mein Lieber, wenn dir das nicht paßt, so ist es ja sehr einfach... Die Türen stehen offen... So! Man muß mich eben nehmen, wie ich bin.‹

Er senkte den Kopf. Im Grunde war er ja glücklich über die Schwüre der jungen Frau. Da sie ihre Macht sah, begann sie, keine Rücksicht mehr auf ihn zu nehmen. Und von da an wurde Satin offen im Haus auf den gleichen Fuß gestellt wie die Herren.« (S. 417) Hiermit wollte Zola zeigen, daß ein Laster sozusagen das andere nach sich zieht. Frauen zu lieben ist für ihn nur eine Folge davon, Männer zu verderben.

In seiner Novelle *La femme de Paul* aus dem Jahre 1881 führte Guy de Maupassant diese Botschaft weiter aus. Auch hier ist der edle Held – von nobler Herkunft – von einer sittenlosen Straßendirne besessen, von Madeleine, und abermals hat die Frau durch ihre geschlechtliche Macht den Mann zu ihrem Opfer gemacht. »Er war wie verschlungen von dieser Liebe, so, wie man von einem Hängemoor verschlungen wird. Mit seiner weichen, schwärmerischen Natur hatte er von einer idealen, erhöhten und aufopfernden Liebe geträumt, und dann hatte dieser Irrwisch von einer Frau, dumm wie alle Gören dieser Sorte, noch dazu haarsträubend dumm, mager, jähzornig und nicht einmal schön, ihn so vollständig fangen können, daß er von Kopf bis Fuß, mit Leib und Seele ihr gehörte. Er unterwarf sich dieser geheimnisvollen und allmächtigen weiblichen Zauberei, dieser unbekannten Kraft, dieser seltsamen Herrschaft, die kommt, niemand weiß, woher, vom Dämon des Fleisches, und die die vernünftigsten Männer zu Füßen irgendeiner Göre stürzen läßt, ohne daß irgendein Zug an ihr diese schicksalhafte und unwiderstehliche Macht erklären könnte.« (Maupassant, S. 315)

Grund zu dieser Selbsterforschung war Madeleines empörendes Betragen in einem volkstümlichen Amüsierlokal, La Grenouillère, das sie eines Sonntags gemeinsam besuchten. Hier standen sie mit einer Gruppe von Ludern und Taschendieben am Ufer der Seine, als eine Gruppe von Frauen plötzlich auftauchte, die direkt aus Chez Laure entsprungen sein könnte.

»Ein offenes Boot, überdacht von einem Zelt, das vier Frauen an Bord hatte, kam langsam den Fluß herabgefahren. Die rudernde Frau war klein, mager, fahl, angezogen wie ein Matrose, die Haare unter einem runden, glänzenden Hut verstaut. Ihr gegenüber lag eine füllige Blondine in Männerkleidung, einem weißen Flanellanzug, gemütlich hingeworfen, die Beine zu den Seiten der Rudernden auf die Ruderbank gestützt, eine Zigarre paffend; jeder Ruderschlag ließ ihren üppigen Busen und ihren dicken Bauch erbeben. Am hinteren Ende des Bootes,

unter dem Zelt, saßen zwei große, schlanke junge Mädchen, eine blond, die andere dunkel, umarmten einander und betrachteten ihre Begleiterinnen, ohne auch nur einmal den Blick abzuwenden.« (S. 308–9)

Nun brüllte die Menge am Ufer: ›Da kommt Lesbos‹, und winkte herzlich. »Dieses Volk, diese zusammengescharrten degenerierten Individuen, schienen ein Oberhaupt zu begrüßen, so, wie die Schwadronen ihre Kanonen abschießen, wenn das Admiralsschiff ihre Front passiert.« (S. 310) Damit stand fest, daß Frauen dieser Art in die Gosse gehörten – woher sie sicher auch stammten –, und wenn sie nicht von anderen anerkannt wurden, dann doch zumindest vom Bodensatz der Stadt.

Held Paul jedoch nahm durchaus nicht am anfeuernden Geschrei teil, sondern sagte wütend, sie sollten ertränkt werden, warauf Madeleine empört antwortete: »Was geht dich das an! Dürfen sie vielleicht nicht machen, was sie wollen, solange sie dir nichts schulden? Laß mich mit deiner Moral in Ruhe! Steck deine Nase in deine Angelegenheiten und nicht in die der anderen!« Als er ihr verbieten wollte, mit ihnen zu sprechen, antwortete sie nur mit einem Schulterzucken: »Hör mal, mein Kleiner, ich werde tun, wozu ich Lust habe, und wenn dir das nicht paßt, dann verziehst du dich lieber gleich.« (S. 311) Wie Nana hatte also auch sie die Frechheit, ihm den Laufpaß zu geben, was andeutete, daß keine von ihnen von Männern so besessen war wie die Männer von ihnen und daß sie diese Art von Beziehungen zwischen Frauen billigten.

Paul war natürlich entsetzt, als sich zu allem Überfluß auch noch herausstellte, daß Madeleine Pauline, die dicke Blondine, kannte. Er schöpfte deshalb Argwohn, als die beiden Frauen während des abendlichen Balls plötzlich verschwanden, und machte sich im Gebüsch auf die Suche nach ihnen.

»Ein leiser Schrei ertönte dicht neben ihm unter den Zweigen. Ein Schrei! Ein Schrei der Leidenschaft, wie er ihn in den zärtlichsten Stunden ihrer Leidenschaft schon so oft gehört hatte. Er schlich sich weiter vor, gegen seinen Willen, gewissermaßen völlig widerstandslos angezogen, ohne irgendein klares Bewußtsein; ... und er sah sie. Aah! Wenn diese andere Person doch wenigstens ein Mann gewesen wäre! Aber dies! Dies! Und er blieb empört und vernichtet stehen, als habe er plötzlich die verstümmelte Leiche eines geliebten Menschen entdeckt, ein Verbrechen wider die Natur, eine erniedrigende Schande!« (S. 331)

Diese Art Frauen war also nun so begehrlich geworden, daß sie sofortige Befriedigung suchte – und sei es in einem Busch –, ihr Anblick war jedoch in den Augen eines ehrsamen Mannes der Gipfel an Widerwärtigkeit. Seit das Blutbad im Boudoir einen großartigen Anblick geboten hatte, war also allerhand geschehen. Paul war denn auch so gebrochen von diesem Anblick, daß er sich im Fluß ertränkte. Als Madeleine ihre Erschreckenstränen getrocknet hatte, ging sie engumschlugen mit Pauline davon.

Der begehrende Unmensch

Nach diesen beiden Ausflügen in die Gosse kehrte der französische Roman mit dem Roman *Mephistophéla* von Catulle Mendès 1890 wieder zum Adelskalender zurück. Anders als die früheren Adeligen war die Baronesse Sophor d'Hermelinge jedoch nicht dramatisch und schön, sondern dramatisch und verderbt. Bereits zu Anfang wird sie als eine Frau dargestellt, die sich von ihrem Verlangen nach Frauen leiten läßt, was ihr ein verlebtes Aussehen eingetragen hat. »Bei hellichtem Tag ist ihr Gesicht blaß, mit runden Augen, stahlgrau und blutunterlaufen, ohne Wimpern und Augenbrauen (...) Ihre Gesichtszüge, die sich vor Angst offenbar zusammenziehen, bewahren die Verzerrtheit einer Grimasse in dem bleichen und toten Frieden, zu dem sie erstarrt sind; ihre gerade Haltung ist ein versteinertes Erschauern.« (Mendès, S. 2)

Die Baronesse fährt in ihrer Kutsche über die Champs-Elysées, und alle wissen, wer sie ist – und sind entsetzt. »Man sieht sich einem Ungeheuer gegenüber, das in seiner Ungeheuerlichkeit geradezu vollkommen ist. Sie ist ohne Schwäche im Bösen, ihre Sünde begeht niemals einen Fehler, sie ist tadellos, und das macht sie so entsetzlich. Denn die Frau, die sich unwiderruflich zum Manne macht, macht sich gleichzeitig zum Unmenschen. Unbeirrbar, hochmütig, eine bekannte Persönlichkeit, ist die Baronesse Sophor d'Hermelinge – in ihrer unheilschwangeren Unveränderlichkeit, in ihrer Bleichheit, wie ein halb durchlebter Tod – die fahle Herrscherin über ein makaberes Lesbos.« (S. 10) Für Mendès sind die Vermännlichung einer Frau und das Herrschen über Lesbos ein und dasselbe, und beides hat Unmenschlichkeit zur Folge.

Diese Unmenschlichkeit zeigt sich auch darin, wie sie Frauen begehrt, da ihre Fähigkeit, zu besitzen und zu befriedigen, sie gewalttätig gemacht hat. »Verdrießlich in ihren entsetzlichen Freuden, ist sie pervers und gefährlich und pervertiert ohne Zärtlichkeit, ohne Leidenschaft, ohne Charme; sie verführt die Frauen nicht, die sie aufgrund ihrer abscheulichen Norm verführen muß, sie besiegt sie, beugt sie mit despotischer Sicherheit, ihr Blick gebietet, das Schweigen ihres Mundes befiehlt, ihr kaltes Begehren ist wie ein Eispickel.« (S. 12–13) Dieses Begehren hielt Mendès für »von einer abscheulichen Norm« abgeleitet, und er machte sich nun daran, die ellenlange Geschichte dieses Ungeheuers zu erzählen.

Bereits in ihrer frühen Jugend war ihr Begehren unschön, was sich eines Tages zeigte, als sie die entblößte Brust ihrer unschuldig schlafenden Freundin betrachtete. »Sie begehrte sie mit dem Wahnwitz eines hungrigen Tieres. Das Ungeheuer, das immer in ihr wohnte, wollte hinaus und befriedigt werden.« (S. 138) Da Sophors Begehren ein Ungeheuer war, wurde sie auch selber zum Ungeheuer, und der Roman ist eine lange Wüstenwanderung durch ihre gewaltsamen Beziehungen zu Frauen.

Früher hatten die Autoren diese Frauen so dargestellt, als ob sie nur zufällig Geschmack an dieser unnatürlichen Wollust gefunden hätten. Mendès jedoch deutet an, was später zur sexualwissenschaftlichen Wahrheit ernannt werden sollte, daß manche Menschen nämlich so geboren sind. Als die erste Frau, mit der sie ein Verhältnis gehabt hatte, auf dem Totenbett bereute, was sie getan hatten, weil es verboten war, wurde Sophor in ihrer Selbstsicherheit erschüttert. Aber rasch gewann sie ihre Überzeugung, das Richtige zu tun, zurück und fragte sich, warum es denn eigentlich verboten war. »Gehört zum Begehren – egal, wie es aussieht – denn nicht auch das Recht, ihm zu folgen?« (S. 393) Dieses Recht rechtfertigte sie, als sie sich und alle ihre unbekannten Artgenossinnen verteidigte. »Wir sind Gottes Gläubiger. Seinen Gesetzen zu gehorchen ist kein Recht, sondern eine Pflicht. Es ist uns vorausbestimmt, nach unserer Bestimmung zu leben, und was verboten ist – wenn die Notwendigkeit des Verbrechens in uns lebt –, ist, *nicht* verbrecherisch zu sein.« (S. 394)

Mendès fand es aber trotzdem verbrecherisch, diesem Begehren zu folgen, denn Sophor wurde nicht bloß verderbt – sie wurde abscheulich. Nachdem sie sich in der Befriedigung ihres Begehrens gesuhlt hatte, entdeckte sie eines Tages plötzlich, daß dieses Leben sie langweilte. »Daß das Begehren in ihr gestorben war, wollte sie nicht zugeben, nein, nein und abermals nein! Sie versicherte leidenschaftlich einem unsichtbaren Widersacher, daß sie weiterhin ohne Unterlaß über die höhnenden Männer siegen und unersättlich die jungen Frauen erobern würde.« (S. 456) Es wurde damit angedeutet, daß es die Hälfte des Vergnügens ausmachte, daß sie auf diese Weise die Männer in den Schatten stellte und daß es schon eine Befriedigung an sich sei, sie zu verhöhnen. Manches wies darauf hin, daß Männer begannen, sich davor zu fürchten, daß Frauen sich ihrer Macht entziehen könnten, da die Frauen der Wirklichkeit sich selber ernähren konnten und die Frauen der Fiktion in bezug auf ihr Begehren offenbar auch selbstversorgerisch wurden.

Mendès wollte deshalb betonen, daß es der Frau schlecht ergeht, die sich von ihrem Begehren lenken läßt, denn als Sophor sich nicht mehr länger von der Befriedigung aufreizen lassen konnte, die auf einer häßlichen Verführung beruhte, ging sie zu grausamer Gewalt über. Sie suchte deshalb die elendesten Prostituierten auf und zwang sie, sich in Badewannen mit Glasscherben zu wälzen oder vom Speicher zu fallen, wobei sie Arme und Beine brachen. Aber das nutzte auch nichts, und am Ende des Romans windet sich Sophor als 33jähriger Vampir und Morphinistin in Krämpfen.

»Und so wird ihr ganzes Leben verlaufen«, wie Mendès vorausgesagt hat, als er mit einer Beschreibung ihres Aussehens im Alter sein Buch beendete. »Sie wird den verstörten Idioten ähneln, die mit der Hand unter dem Kinn in den Irrenanstalten sitzen, ein betrübliches Beispiel für Neurose oder Besessenheit; mit fettem und fahlem Gesicht unter flatternden grauen Strähnen wird sie vor Ekel über die besudelten Küsse vor sich hin sabbern.« (S. 567) Schlimmer konnte es kaum noch kommen. Das also war das verderbte Begehren in seiner scheußlichsten Form, ein abschreckend erhobener Zeigefinger, zur Warnung vor den möglichen Folgen des Begehrens.

Die aufopferungsvolle Gräfin

Einer anderen Adeligen, der Gräfin Geschwitz, die eine brennende und unerwiderte Liebe zur herzlosen Lulu hegte, ging es auch nicht besser. Beide Frauen traten in den beiden Stücken »Erdgeist« und »Die Büchse der Pandora« von Frank Wedekind (beide um 1890) auf. 1928 verfilmt von Pabst mit Louise Brooks als Lulu, 1937 mit Musik von Alban Berg als Oper uraufgeführt.

Lulu kann als die deutsche Antwort auf Carmen bezeichnet werden – und auf Nana, mit der sie einen verspielten lautmalerischen Vornamen gemeinsam hat. Sie zieht Männer auf dieselbe todbringende Weise an und stammt ebenfalls aus der Gosse. Als sehr junge Straßendirne wurde sie von Dr. Schön »gerettet«, dessen Uhr sie gerade zu stehlen versuchte. Er gab ihr schöne Kleider und eine gute Erziehung und verheiratete sie mit dem älteren Medizinalrat Dr. Goll, behielt sie aber weiterhin als Geliebte.

In der ersten Szene wird Lulus Porträt von einem jungen Maler gemalt, der sie selbstverständlich begehrt. Er macht ihr den Hof, und als Dr. Goll sie bei einer Umarmung erwischt, fällt er tot um. Nun heiratet Lulu den Maler, hat aber immer noch ein Verhältnis mit Dr. Schön. Der möchte damit Schluß machen, denn nun will er eine junge Frau aus der guten Gesellschaft heiraten. Das erzählt er Lulu, und ihre laute Diskussion holt den Maler herbei. Als Lulu das Zimmer verläßt, erzählt Dr. Schön dem gutgläubigen Maler, er müsse besser auf seine Frau aufpassen. Der Maler ist so entsetzt, als er die Wahrheit über Lulus Vergangenheit erfährt, daß er sich in aller Heimlichkeit die Kehle durchschneidet.

Lulu ist nun zum zweitenmal Witwe geworden und will Dr. Schön dazu bringen, seine Verlobung zu lösen und sie zu heiraten. Aber wie Graf Muffat glaubte, Nana habe sein Leben zerstört, so sagt auch Dr. Schön nach seiner Heirat mit Lulu: »Der reine Augiasstall. Das ist mein Lebensabend. Man soll mir einen Winkel zeigen, der noch rein ist. Die Pest im Haus. Der ärmste Tagelöhner hat ein saubereres Nest. Dreißig Jahre Arbeit, und das ist mein Familienkreis, der Kreis der Meinen...«

Nicht nur muß er mit ansehen, daß Lulu von diversen Männern und von der Gräfin Geschwitz umworben wird, er entdeckt zu seinem Entsetzen auch, daß sein eigener Sohn Alwa ihr eine Liebeserklärung macht. Nun versucht er, Lulu zum Selbstmord zu zwingen, indem er sagt: »Glaubst du, man läßt sich mißhandeln, wie du mich mißhandelst, und besinnt sich zwischen einer Galeerenschande und dem Verdienst, die Welt von dir zu befreien?« Aber Lulu ist genauso keß wie Nana und Madeleine und antwortet nur: »Wenn sich die Menschen um meinetwillen umgebracht haben, so setzt das meinen Wert nicht herab (...) Ich habe nie in der Welt etwas anderes scheinen wollen, als wofür man mich genommen hat, und man hat mich nie in der Welt für etwas anderes genommen, als ich bin.« Aber Schön zwingt Lulu in die Knie, drückt ihr den Revolver in die Hand, ist einen Moment unaufmerksam und wird von ihr erschossen.

Lulu wird verhaftet und kommt ins Gefängnis. Doch hier tritt die Gräfin Geschwitz mit wahrer aufopferungsvoller Liebe auf. Bisher hat sie nur zu Lulus Anbeterschar gehört, nun erhebt sie sich daraus durch einen Rettungsplan, bei dem sie ihre eigene Freiheit aufs Spiel setzt. Sie macht einen Schnellkurs in Krankenpflege und geht als Krankenpflegerin nach Hamburg, wo gerade eine Cholera-Epidemie herrscht. Bei der ersten Gelegenheit nimmt sie die Unterwäsche einer Patientin an sich, die soeben an der Seuche gestorben ist, und schickt sie Lulu ins Gefängnis. Nun erkranken beide, kommen ins selbe Krankenhaus, und die Gräfin versucht, Lulu so ähnlich zu sehen wie möglich. Als sie als gesund entlassen wird, besucht sie Lulu, geht als Dr. Schöns Mörderin ins Gefängnis, und Lulu flieht mit Alwa nach Paris.

Nach etwa zehn Jahren im Gefängnis kommt die Gräfin Geschwitz endlich frei und schließt sich den anderen in Paris an. Wenn sie jedoch auf eine kleine Aufmerksamkeit von Lulu gehofft hatte, dann sieht sie sich enttäuscht. Lulu geht ihr aus dem Weg und will nicht an alte Tage erinnert werden, obwohl die Gräfin versucht, die alte Beziehung wiederaufleben zu lassen. »Hast du die leidenschaftlichen Beteuerungen vergessen, durch die du mich, während wir zusammen im Krankenhaus lagen, dazu verführtest, daß ich mich für dich ins Gefängnis sperren ließ?« Das trägt ihr jedoch nur die brutale Abfuhr ein: »Wozu hast du mir denn vorher die Cholera angehängt? Ich habe während des Prozesses noch ganz andere Dinge beschworen, als was ich dir versprechen mußte. Mich schüttelt der Ekel bei dem Gedanken, daß das jemals Wirklichkeit werden sollte.«

Bei diesem Streit geht der Gräfin Geschwitz auf, daß Lulu ihr, trotz ihrer eigenen sklavischen Liebe, in noch höherem Grade als Gefangene erscheint: »Ich beneide dich nicht um deine Geschicklichkeit, die hilflosen Opfer, die dir durch unerforschliche Bestimmung überantwortet sind, zu martern. Ich kann dich überhaupt nicht beneiden. Ein Bedauern, wie ich es mit dir fühle, hat mir mein eigener Jammer noch nicht abgerungen. Ich fühle mich frei wie ein Gott bei dem Gedanken, welcher Kreaturen Sklavin du bist!« Hier bezieht sie sich auf einen Mann, der Lulu erpreßt, während Lulu vorgibt, ihn zu lieben. Und Lulu versucht der Gräfin klarzumachen, daß seine Liebe von viel höherer Qualität ist als die der Gräfin.

»Er liebt mich mit einer Aufrichtigkeit, gegen die deine abenteuerlichen Aufopferungen die reine Bettelei sind. Er gibt mir Beweise von Selbstverleugnung, die mir deine Zumutungen erst in ihrer ganzen Abscheulichkeit zeigen. Was gibt man nicht hin, wenn man Gelüste hat wie du! Du bist kein Mensch wie wir anderen. Für einen Mann war der vorhandene Stoff nicht ausreichend, und zum Weib hast du zuviel Hirn in den Schädel bekommen. Deshalb bist du verrückt! Wende dich mit deinen Gefühlen an Fräulein Bianette Gazil. Die ist gegen Bezahlung zu allem zu haben. Drück ihr 20 Franc in die Hand, dann gehört sie dir.« Mit dieser brutalen Rede verdeutlicht Lulu die klassische Auffassung, daß eine Frau, die eine andere Frau begehrt, keine biologisch normale Frau sein kann, sondern ein Zwischengeschlecht sein muß. Nun zeigt sie auch ihre Verachtung für die »Gelüste« der Gräfin, da sie ihr vorschlägt, sich deren Befriedigung zu kaufen.

Aber damit endet Lulus Brutalität noch nicht. In Paris hat sich das Netz um sie zusammengezogen, sie ist dabei, ihre Macht über die Männer zu verlieren, und verschiedene ihrer ehemaligen Anbeter tauchen auf, um sie zu erpressen. Sie verlangen Geld, sonst wollen sie sie der Polizei als Mörderin anzeigen, die sich ihrer Gefängnisstrafe entzogen hat. Um einen davon, einen Zirkusartisten, unschädlich zu machen, behauptet sie, die Gräfin würde ihm 20000 Franc geben, wenn er die Nacht mit ihr verbrächte. Dazu hat er zwar keine Lust – es wird angedeutet, daß solche Halbfrauen nicht der Geschmack der Männer sind –, aber als Lulu ihm versichert, daß er nur auf diese Weise zu Geld kommen könne, ist er widerstrebend bereit. Lulu hat ihm erklärt, daß die Gräfin vor Verlangen nach ihm außer sich sei, und nun muß sie der Gräfin klarmachen, daß der Artist ganz verrückt nach ihr ist. Wenn sie ihn jedoch abweist, wird er Lulu anzeigen.

Auch die Gräfin Geschwitz ist von diesem Arrangement nicht sonderlich angetan: »Du weißt, daß ich keinem Manne gehören kann; ich bin von meinem Verhängnis nicht dazu bestimmt (...) Er wird brutal werden wie ein Henkersknecht. Er wird sich für seine Enttäuschung rächen und mir die Schläfen einschlagen. Ich habe das schon erlebt. – Ist es nicht möglich, daß du mir diese schwerste Prüfung ersparst? (...) Du hast, um mich zu martern, das furchtbarste Verhängnis heraufbeschworen, das über mich Geächtete hereinbrechen kann.« Auf dieses herzzerreißende Flehen sagt Lulu jedoch nur: »Vielleicht kuriert dich die Begegnung.«

Ehe sie geht, läßt die Gräfin erkennen, wie sie ihr Schicksal auffaßt: »O Lulu, wenn es eine ewige Vergeltung gibt, dann möchte ich nicht für dich einstehen müssen. Ich kann mich nicht darein finden, daß kein Gott über uns wacht. Und doch wirst du wohl recht haben, daß es nichts damit ist. Denn womit habe ich unbedeutendes Wurm seinen Zorn gereizt, um nur Entsetzen zu erleben, wo die ganze lebendige Schöpfung vor Seligkeit die Besinnung verliert?« Lulu bestätigt sie, sieht aber in dieser anderen Lebensbahn auch etwas Positives: »Du hast dich nicht zu beklagen. Wenn du glücklich wirst, dann bist du hundert- und tausendmal glücklicher, als es einer von uns gewöhnlichen Sterblichen jemals wird.« Um die Gräfin anzuspornen, verspricht Lulu, daß sie ihr gehören will, sowie Geschwitz die Verabredung dieser Nacht erfüllt hat. Aber die Nacht ist noch nicht vorbei, da sind Lulu und Alwa schon geflohen.

In der letzten Szene geht es mit Lulu bergab. Sie ist in einer elenden Dachkammer in London gelandet und muß sich von Prostitution ernähren. In diesen Slum kommt die Gräfin Geschwitz, auch sie in Lumpen und Fetzen, denn sie hat im Laufe der Jahre ihr ganzes Vermögen für Lulu ausgegeben. Nun denkt sie über ihr Leben nach: »Ob es wohl einmal Menschen gegeben hat, die durch Liebe glücklich geworden sind? – Was ist denn ihr Glück anders, als daß sie besser schlafen und alles vergessen können? – Herr Gott, ich danke dir, daß du mich nicht geschaffen hast wie diese. – Ich bin nicht Mensch, mein Leib hat nichts Gemeines mit Menschenleibern. Habe ich eine Menschenseele?

– Zerquälte Menschen tragen ein kleines enges Herz in sich; ich aber weiß, daß es nicht mein Verdienst ist, wenn ich alles hingebe, alles opfere...«

Lulu bringt einen Kunden, die Gräfin sitzt versteckt hinter der Tür und betrachtet sie, während sie erwägt, sich zu erschießen. Als sie wieder allein ist, überlegt sie, sich lieber zu erhängen. Immer noch dreht sich alles um Lulu. »Wenn sie mich heute in meinem Blute liegen sieht, weint sie mir keine Träne nach. Ich war ihr immer nur das gefügige Werkzeug, das sich zu den schwierigsten Arbeiten gebrauchen ließ. Sie hat mich vom ersten Tage an aus tiefster Seele verabscheut. – Springe ich nicht lieber von der Towerbrücke hinunter? Was mag kälter sein, das Wasser oder ihr Herz? – Ich würde träumen, bis ich ertrunken bin (...) Wie oft träumte mir, daß sie mich küßt! Noch eine Minute nur, da klopft eine Eule ans Fenster, und ich erwache. – Lieber erhängen! – Nicht in die Themse; das Wasser ist zu rein für mich. (...) Laß mich einmal nur zu deinem Herzen sprechen, mein Engel! Aber du bist kalt! – Ich soll noch nicht fort! Ich soll vielleicht auch einmal glücklich gewesen sein (...) Mein angebeteter Engel! Mein Leib! Mein Stern! – Erbarm dich mein, erbarm dich mein, erbarm dich mein!«

Während sie hier auf den Knien liegt, tritt Lulu mit einem neuen Kunden ein; Jack – mit dem Beinamen »The Ripper«. Er zeigt auf die Gräfin Geschwitz und fragt, wer sie sei, und Lulu antwortet, es sei nur ihre kranke Schwester. Während sie mit Jack über den Preis feilscht, versucht die Gräfin, Jack aus dem Zimmer zu drängen. Lulu aber wird wütend und wirft sie zu Boden. Und als einziger im ganzen Stück hat Jack Verständnis für die Gräfin: »Das ist nicht deine Schwester! Sie ist in dich verliebt!«, und während er ihr den Kopf streichelt, sagt er: »Armes Tier!«

Lulu geht mit Jack nach nebenan, die Gräfin reißt sich zusammen und beschließt, nach Hause zu fahren. »Ich muß für Frauenrechte kämpfen, Jurisprudenz studieren.« Aber kaum hat sie diesen Entschluß gefaßt, als Jack Lulu ersticht, und als sie sich dazwischenwirft, wird sie selber erstochen. Als letztes sagt die Gräfin: »Lulu! – Mein Engel! – Laß dich noch einmal sehen! – Ich bin dir nah! Bleibe dir nah in Ewigkeit!« Und als sie plötzlich in sich zusammensinkt, ruft sie: »O verflucht!«, dann stirbt sie, und der Vorhang fällt.

Gräfin Geschwitz ähnelt in mancher Hinsicht der »Übergangsfrau«, ist selbständig und träumt davon, sich der Frauenbewegung anzuschließen. Ihre Liebe ist, wenn auch nicht selbstlos, so doch aufopfernd, und in ihrer Genügsamkeit läßt sie sich mit Edith Simcox vergleichen. Die einzige Intimität, die sie jemals mit Lulu erlebt, ist der Tausch der Unterwäsche. Sie ist die einzige romantische Person im ganzen Stück, wird deshalb am meisten getreten und betrogen, hat aber wohl auch als einzige eine wirkliche Leidenschaft, für die sie alles aufopfern würde. Daß Lulu ihre Gefühle nie erwidert, macht vielleicht nicht soviel aus, denn sie hat selber die Befriedigung erlebt, Liebe zu hegen.

Lulu dagegen ist die ewig gefährliche Frau. Sie ist alles und aller Gegensatz, unschuldig und erfahren, gerissen und naiv, hartgesotten und verletzlich, und jeder ihrer Liebhaber kann sie nach seinem eigenen Bilde modellieren. Sie nutzt die aus, die sie begehren, so, wie sie von ihnen ausgenutzt wird. Wenn sie zu Grunde gehen, dann auf eigene Verantwortung – sie haben dafür nur ihrer eigenen Gier zu danken. Aber in ihrer Nähe ließ sich auch große Seligkeit erleben, deutet einer ihrer früheren Anbeter im Stück an:

»Von einem Mädchen wie Sie betrogen zu werden muß noch zehnmal beglückender sein, als von jemand anders aufrichtig geliebt zu werden.«

Die Tribade ist genauso verderbt wie der Sodomit

Nana, Madeleine, Sophor und die Gräfin Geschwitz gehörten allesamt einer anderen Klasse an als die Übergangsfrauen und können uns deshalb vielleicht nicht viel über die Wirklichkeit der bürgerlichen Frauen erzählen. Statt dessen sagen sie einiges über die Wirklichkeitsauffassung der bürgerlichen Männer, was sich in der Verteidigungsschrift zeigt, die der schwedische Autor August Strindberg im Jahre 1887 begann. Hierin beschrieb er, wie Frauen Frauen begehren, und gab vor, die ganze Wahrheit zu schildern. Dagegen läßt sich einwenden, daß es diese Wahrheit gar nicht gibt, daß jedoch jeder Mensch seine eigene Auffassung seiner eigenen Wahrheit hat.

Dennoch hat Strindberg es sich vorgenommen, seine Auffas-

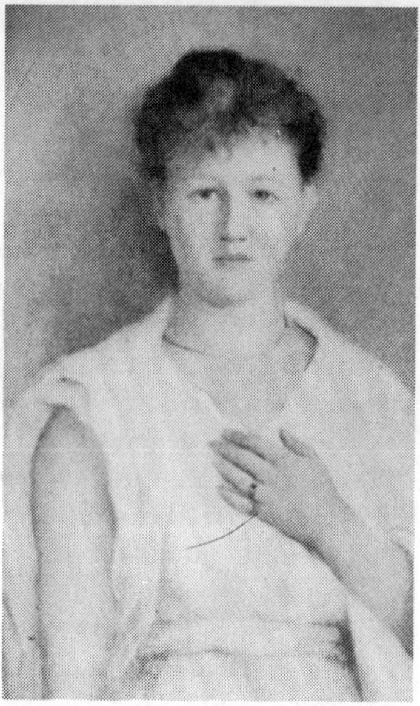

Sofie Holten (links) und Marie David (rechts)

sung seiner Ehe mit Siri von Essen darzustellen, deshalb schrieb er 1891 an einen Freund: »Es ist ein schreckliches Buch, aber es ist wahr! (= in Übereinstimmung mit wirklichen Verhältnissen!).« (Briefe, VIII, S. 188) Dieses Testament der Wahrheit schrieb er auf französisch und ließ es 1893 in deutscher Übersetzung unter dem Titel *Die Beichte eines Thoren* und in einer überarbeiteten französischen Fassung 1893 als *Le plaidoyer d'un fou* veröffentlichen. 1896 verkaufte er sein Originalmanuskript, das danach spurlos verschwand. Erst 1973 wurde es in Oslo gefunden und erstmalig in seiner ursprünglichen Form herausgegeben.

Strindberg wollte nicht nur über Siris Bankrott als Hausfrau und Mutter berichten, sondern auch über ihre schändliche Beziehung zu den beiden Däninnen Marie David und ihrer Freundin, der Malerin Sofie Holten, die sie 1885 kennengelernt hatten, als alle sich im französischen Künstlerdorf Grèz aufhielten. Bald hatte Strindberg jedoch das Gefühl, daß die Frauen ihn aus ihrer Gemeinschaft ausschlossen, und 1888 schrieb er an einen Freund, daß er sich ganz still verhielte, um zu verhindern, daß

Siris Freundin seine Rechte als Ehemann und Vater der Kinder übernahm. »Das gefällt mir nicht gerade. Die Vorstellung, aus meinem Heim verjagt zu werden und ein Konkubinat von Tribaden unterhalten zu müssen, gefällt mir nicht so recht.« (Briefe, VII, S. 48)

Solange die Gefahr noch nicht so drohend war, benutzte er also das alte griechische Wort für Frauen, die Frauen lieben. Je mehr er sich von Marie David bedroht fühlte, desto verderbter erschien sie ihm. Deshalb schrieb er 1891 an einen Freund: »Fräulein D. ist ein Bugger, ich habe einen sodomitischen Brief von ihr an Frau St. vernichtet.« (Briefe, VIII, S. 297) Seine Wortwahl ist bemerkenswert, da das englische und das schwedische Wort »bug(g)er« eben »Sodomit« bedeuten, ein Wort, das damals einen Mann bezeichnete, der sodomitische Handlungen durchführt, also mit anderen Männern Analverkehr betreibt. Marie Davids Verderbtheit zeigte sich also darin, daß ihr Begehren maskulinisiert wurde. Das deutete Strindberg auch in einem anderen Brief aus demselben Jahr an. »Übrigens kann sich Fräulein D. auf eine private Auspeitschung in der Polizeikammer gefaßt machen, wenn ein Dienstmädchen im Haus böse auf sie wird und klatscht. (Ein Mädchen ist bereits gegangen, weil ›sie nachts nicht ruhig schlafen konnte‹!)« (S. 386)

Nicht nur Marie Davids Begehren, sondern ihr ganzes Benehmen galten also als maskulin und verderbt. Nachdem Strindberg diese Gerüchte über sie in Umlauf gesetzt hatte, verklagte sie ihn wegen übler Nachrede. Daraufhin versuchte Strindberg eifrig, Zeugenaussagen über ihren schlechten Ruf zu sammeln, um in seiner Auffassung unterstützt zu werden. Deshalb schrieb er, immer noch 1891, an den Direktor des Kopenhagener Tivoli: »Ich kenne die Dame sehr gut als Bugger und als Trunkenbold, brauche aber einen zuverlässigen Beweis aus ihrem Geburtsort.« (S. 307) Frauen zu begehren und sich um Sinn und Verstand zu trinken kam für ihn auf dasselbe heraus, und in seiner Verteidigungsschrift wollte er nun gerade das verderbte Benehmen der Tribaden beschreiben.

Nachdem er Schweden verlassen und durch Europa gereist war, war Strindberg mit seiner Familie, wie oben bereits erwähnt, in Grèz angekommen, dessen Künstlerkolonie aus jungen skandinavischen Bauernbengeln bestand. »Und, schlimmer noch: aus Malerinnen, befreit von allen Vorurteilen, und so fanatische Anhängerinnen der hermaphroditischen Literatur, daß sie sich für dem Manne ebenbürtig halten. Und um ihr Geschlecht zu verbergen, haben sie sich alle äußerlichen Kennzeichen des Mannes zugelegt: Sie rauchen, betrinken sich, spielen Billard, verrichten auf der Straße hinter einem Tor ihre Notdurft, spucken ungeniert auf offener Straße und geben sich, ihrer eigenen Aussage nach, miteinander amourösen Spielen hin. Jetzt geht es zu weit. Um nicht allein sein zu müssen, schließe ich Bekanntschaft mit zwei derartigen Ungeheuern, die eine nennt sich Literatin, die andere Malerin.« (Strindberg, S. 218–19)

Die Literatin war die 20jährige Marie David, die Malerin die 27jährige Sofie Holten, die sich bald mit der 35jährigen Siri anfreundeten. Da Strindberg diese Freundschaft aber verdächtig fand, schrieb er an einen Freund und bat ihn, alles zu sagen. »Seine Antwort erklärte mir ehrlich, daß meine Frau nach der bestimmten Auffassung der Skandinavier gewissen abweichenden Formen der Liebe verfallen war und daß die beiden dänischen Frauen in Paris, wo sie die lesbischen Cafés frequentiert hatten, als Tribaden bekannt waren.« (S. 227) Marie und Sofie

Siri von Essen

sollten also ebenso wie Nana die homosexuelle Unterwelt kennen, die sich in den Großstädten langsam entwickelte, was ihr Abweichen nur noch klarer hervorhob.

Zu Strindbergs Glück bekamen die beiden Däninnen bald Ärger mit dem ganzen Dorf, da sie angeblich eine Dorfschönheit verführt hatten. Sie mußten deshalb abreisen, und aus lauter Erleichterung beschloß er, ein Abschiedsessen für sie zu veranstalten, bei dem Siri – die in diesem Bericht Maria genannt wird – ein herzzerreißendes Abschiedslied für Marie David vortrug, was Strindberg zutiefst rührte.

»Aber Sie hätten den Gegenstand dieser Liebe sehen sollen! Ein rothaariges Exemplar mit maskulinen Zügen, krummer Nase, Doppelkinn, gelben Augen, vom Alkohol aufgedunsenen Wangen, flacher Brust, verkrümmten Händen, das abscheulichste, unattraktivste Wesen, das man sich vorstellen könnte, nicht einmal ein Bauernknecht würde so eine haben wollen.

Als das Lied zu Ende ist, setzt Maria sich neben das Ungeheuer, das sich erhebt, den Mund weit aufreißt und sie küßt, das heißt, ihre Lippen in ihren riesigen Schlund saugt. Das ist jedenfalls fleischliche Liebe, sage ich mir, stoße mit der Rothaarigen an und trinke sie sternhagelvoll, so daß sie auf die Knie fällt, mich aus entsetzten Augen ansieht und ein idiotisches Lachen ausstößt, wobei sie sich an die Wand lehnt. Niemals habe ich etwas so Widerwärtiges in menschlicher Gestalt gesehen, und meine Ansichten über die Frauenemanzipation haben sich für alle Zukunft bestätigt.

Nach einem Skandal auf offener Straße, wo man die Malerin auf einem Stein sitzend fand, während sie sich erbrach und ein schreckliches Geheul ausstieß, ist das Fest vorbei, und einen Tag später sind die Freundinnen verschwunden.« (S. 229) Das war also eine wirklichkeitsgetreuere Ausgabe des verderbten Begehrens als das, von dem Sophor d'Hermelinge ergriffen wurde. Die Frage ist nur, ob Siri ihre Geliebte genauso beschrieben hätte.

Siri wollte es also den Tribaden nachtun, und als Gerüchte aufkamen, daß Marie und Sofie zurückkehren wollten, floh Strindberg mit seiner Familie in aller Hast in die Schweiz. Von hier aus ging er drei Wochen lang allein auf Reisen und entdeckte bei seiner Heimkehr, daß Siri – alias Maria – ihr Aussehen verändert hatte. Offenbar versuchte sie, anziehend zu wirken – aber nicht seinetwegen. »Durch fortgesetzte Nachforschungen spüre ich ein fremdes junges Mädchen auf, vierzehn Jahre alt, zu dem Maria eine warme Freundschaft entwickelt hat. Sie küssen einander, machen Spaziergänge, baden gemeinsam, und eine augenblickliche Flucht ist vonnöten.« (S. 232) Das weibliche Begehren war nun ebenfalls unbezähmbar und grenzenlos geworden, und selbst Minderjährige erschienen als Leckerbissen.

Aber Siri konnte offenbar auch vom Dienstmädchen nicht die Finger lassen, und Strindberg beschattete sie und sah durchs Schlüsselloch, daß Siri beiden Bier einschenkte. »Dann setzt sie sich dem Mädchen gegenüber, kriecht dicht an sie heran, und während sie hungrige Blicke auf den wohlentwickelten Busen des Mädchens wirft, zucken ihre Mundmuskeln wie bei einem Krippenbeißer, dessen Gier die Lippen zurückzwingt.« (S. 236)

Siri beschränkte sich mit ihrem ekelhaften Begehren jedoch nicht auf die häuslichen vier Wände, denn nachdem die Familie nach Deutschland umgezogen war, ließ sie sie bei einer Gesellschaft im Haus des Ortskommandanten zum Ausdruck kommen. »Gegen Mitternacht entdecke ich zu meinem unbeschreiblichen Entsetzen, daß Maria, halbbetrunken, mitten in der Schar junger Mädchen, die sie um sich versammelt hat, diese mit lüsternen Blicken verschlingt und sie mit aufgerissenem Schlund so küßt, wie an dem Abend, von dem ich früher schon berichtet habe, als sie lesbische Lieder sang.« (S. 242) Danach ging es mit ihrer Ehe bergab, und sie schlugen getrennte Wege ein – Siri allerdings Hand in Hand mit Marie David.

Die beiden Däninnen hatten in Strindbergs Augen nichts Anziehendes für Männer und waren außerdem Vollblut-Tribaden, darin lag *ihre* Verderbtheit. Siri dagegen hatte wie Nana und Madeleine außerdem die Fähigkeit, Männer zu verderben – daß auch sie Frauen begehrte, war nur die Folge *ihrer* Verderbtheit. Als Strindberg Siri 1875 kennenlernte, verglich er sie mit einem Engel, bis sie eines Tages, aus unerklärlichen Gründen, zum Gegenteil eines Engels wurde. In seiner Verteidigungsschrift schrieb er über diese Verwandlung: »Das Madonnenbild war gestürzt, die Frau hatte ihren Einzug genommen, treulos und mit ausgestreckten Krallen.« (S. 49)

Von nun an war Siri wie alle anderen Dirnen, die die Männer in ihre Netze lockten und darin zappeln ließen. Wenn Strindberg nun über Siri phantasierte, dann trat sie in Gestalt der Frau auf, die auch Graf Muffat und der edle Paul gefürchtet hatten. »Ich sah, wie sie sich abwärts bewegte, wie sie ihr blaues Kleid bis zur Wade hob, wie sie ihre kleinen, feinen Füße und ihren eleganten Spann entblößte, mich mit zweideutigen Blicken lockte, mich mit dem wollüstigen Lächeln begehrte, das ich gestern erstmals bei ihr entdeckt hatte. Und dieses Traumbild weckte mein Begehren, das seit drei Monaten unterdrückt gewesen war.« (S. 53)

Die Sittlichkeitsfehde

Da Männer Frauen und ihr Begehren so sahen, kann es uns auch nicht überraschen, daß Frauen versuchten, die Begehrlosigkeit zu idealisieren. Zwar hatten sie das Recht errungen, ihre Meinung zu sagen, zwar führten Frauen den Kampf um moralische Reform an, aber dadurch waren sie noch lange nicht zu Machthaberinnen geworden. Frauen waren immer noch Untertaninnen im Patriarchat und deshalb dem patriarchalen Bewußtsein unterworfen – solange Männer das weibliche Begehren nicht anerkennen wollten, ohne es für verderbt und gefährlich zu halten, war es klüger, dieses Begehren zurückzuhalten.

Deshalb waren die Däninnen in der Sittlichkeitsfehde durchaus keine jubelnden Anhängerinnen der Botschaft, die Georg Brandes und seine Gesinnungsgenossen vertraten. Brandes hatte 1885 geschrieben, daß es »keine große Kunst sei, Keuschheit zu fordern«, und daß die Triebe nun einmal vorhanden seien und in ihren natürlichen Grenzen gehalten werden sollten. »Aber wir sollten uns nicht einbilden, daß sie sich unterdrücken oder ausrotten lassen, ohne daß der Mensch einen Defekt davonträgt oder verblödet.« (Brandes, S. 20) Der hier erwähnte Mensch kann durchaus eine nette Umschreibung für das Wort Mann sein. In diesem Fall hätte Brandes das Ideal männlicher Selbstbeherrschung herausgefordert, die er nicht als Methode sah, Energie zu sparen, sondern als eine Vergeudung von Energie und Begabung.

Im Grunde jedoch vertrat Brandes die Ansicht, daß beide Geschlechter ihren Trieben freien Lauf lassen sollten, daß sich Frauen also auch gestatten sollten, Begehren zu empfinden. »Die Askese, die im Moment von der großen Mehrheit der unverheirateten Frauen höheren Standes geübt wird, ist ein Un-

Die Frau als Symbol, verfolgt von einer Männerhorde

glück, eine naturwidrige Angelegenheit, ein Opfer, das so oft einem wertlosen Vorurteil gebracht wird. Das Triebleben ist und bleibt der Nährboden für die Blüte der Phantasie und Schönheit und für stinkende Gewächse. Werden geistige Vorteile bisweilen zu teuer durch ein Opfer von Reinheit und Unschuld erkauft, so kann die wirkliche Reinheit nicht minder als die nur scheinbare zu teuer erkauft werden, wenn sie verzehrendes Vermissen, Unfruchtbarkeit und die Beschränktheit der erstickten Sehnsüchte mit sich bringt.«

Brandes greift bereits hier den Gedanken der »Gefahr der Verdrängung« auf, der erst im modernen Leben zur täglichen Kost werden sollte. Aber die Frauen beteuerten während der Sittlichkeitsfehde, daß sie durchaus nicht unter der Beschränktheit der Askese litten, da in der Begehrlosigkeit großes Glück und tiefe Zufriedenheit zu finden seien. Sie waren jedoch nicht nur aus moralischen Gründen Gegnerinnen der freien Liebe, sie waren sich auch darüber im klaren, welche Folgen ein solches Leben für sie selber haben würde. Geschlechtskrankheiten waren verbreitet und schwer zu heilen, und da Verhütungsmittel so gut wie unbekannt waren, hätten die Frauen, die sich in freie Abenteuer stürzten, sehr leicht als ledige Mütter daraus hervorgehen können – und das bedeutete, als gefallene Frau und als Ausgestoßene –, in den meisten Fällen ohne die Möglichkeit, sich und das Kind zu ernähren. Die sogenannte freie Liebe konnte nur zu den Bedingungen der Männer geübt werden – mit den bislang ehrbaren Bürgersfrauen als Verliererinnen.

Brandes hatte zwar nicht das Begehren unter Frauen gemeint, aber, wie Zola, Maupassant und Strindberg gezeigt haben, bedeutete es ohnehin, daß eine Frau die Männer verdarb, wenn sie Begehren zeigte. In der Phantasie der Männer waren Frauen begehrlich, deshalb hatten die Männer das Recht, sie zu begehren, die Frauen hatten sozusagen ihre eigene Vergewaltigung herausgefordert. Da sie sich dieser Folgen bewußt waren, forderten die Reformfrauen Keuschheit von den Männern.

Die Frage ist jedoch, ob sich die begehrlosen frauenliebenden Frauen des Bürgertums mit den verderbten, begehrenden Frauen der lesbischen Subkultur überhaupt vergleichen ließen, ob sie nicht eher in getrennten Welten lebten. Doch selbst wenn das ihrer Ansicht nach der Fall war, so sollte die neu aufgetauchte Sexualwissenschaft sie alsbald in denselben Topf werfen.

Der moralische Kampf, den die Frauen führten, war ein Ausdruck des Sittlichkeitsbewußtseins, das Ende des 19. Jahrhunderts entstand. Dieses Bewußtsein zeigte sich nicht nur im Kampf um eine reinere Sittlichkeit, sondern auch in der Arbeit für eine breitere Aufklärung in sittlichen Fragen. Diese Aufklärung befaßte sich nicht nur mit den sogenannten natürlichen Beziehungen zwischen Männern und Frauen, sondern darüber hinaus mit dem, was Henriette Skram 1904 als »die geschlechtlichen Verhältnisse auch in ihren perversen Formen« bezeichnete (s. o.). Eine ganz neue Sexualwissenschaft erblickte das Licht der Welt, und es ergab sich die paradoxe Situation, daß das Sittlichkeitsbewußtsein der Frauen die Schmutzigkeit der Männer entlarvt und damit indirekt die begehrlose Frauenliebe zum Ideal erhoben hatte, während dasselbe Sittlichkeitsbewußtsein dazu führte, daß die Sexualwissenschaft gewissen Frauen ein Verlangen nach Frauen zuschrieb – was alsdann als Abweichung definiert wurde.

Als die französischen Romanciers das weibliche Verlangen nach Frauen beschrieben hatten, hatten sie ihm Brutalität oder Verderbtheit zugeschrieben. Die Sexualwissenschaftler untersuchten das Begehren sachlicher und versuchten, nicht zu moralisieren. Sie wollten statt dessen definieren und einordnen, das Normale vom Unnormalen trennen. Das Normale wurde der Begriff, der nun den Namen »Heterosexualität« erhielt, unnormal war alles andere. Sexuelle Beziehungen zwischen Personen unterschiedlichen Geschlechts, bei denen Schmerzen im Spiel waren, wurden »Sadismus« und »Masochismus« genannt. Auch eine Beziehung, die einen wichtigen Gegenstand brauchte und die »Fetischismus« getauft wurde, galt jetzt als unnormal. Später wurden unzählige andere unnormale Lüste definiert; zum Beispiel der »Exhibitionismus«, die Lust, sein entblößtes Geschlechtsorgan zu zeigen; der »Voyeurismus«, die Lust, Geschlechtsverkehr durch das Schlüsselloch zu beobachten; »Pyromanie«, die Lust, Feuer zu sehen und anzulegen; »Nekrophilie«, die Lust auf Geschlechtsverkehr mit Leichen, und »Urolagni« und »Koprolagni«, die Lust, Urin und Stuhl in den Geschlechtsverkehr einzubeziehen. Das Wort »Sodomie«, das früher Analverkehr zwischen Männern bezeichnet hatte, bedeutete nur noch

Geschlechtsverkehr mit Tieren und wurde später durch die klinische Bezeichnung »Zoophilie« ersetzt, während »Pädophilie« die klinische Bezeichnung für die Lust des Kinderschänders wurde.

Die Abweichung von der Normalität jedoch, die bei der Sexualwissenschaft das größte Interesse erweckte, war der Begriff »Homosexualität«, das direkte Gegenteil der Heterosexualität. Dieser Begriff wurde dahingehend definiert, daß der Geschlechtstrieb bei dieser Abweichung sich ausschließlich auf Personen des eigenen Geschlechts richtete – also konträr war. Die Einführung dieses Begriffes war ein wesentlicher Unterschied zu der früheren Ansicht, daß das Begehren rein zufällig aufflackere: Meistens richtete das Begehren sich auf Personen des anderen Geschlechts, konnte aber auch dem eigenen Geschlecht gelten, wenn sich die Gelegenheit bot. Die Zufälligkeit des Begehrens wurde nun vollständig ausgerottet, es mußte entweder das eine oder das andere sein – entweder heterosexuell oder homosexuell.

Damit entstand der homosexuelle Mensch, und die Frage ist, ob die Sexualwissenschaft ihn erfunden oder nur definiert hat. Wenn Zola, Maupassant und Strindberg mit ihrer Behauptung recht hatten, daß es im Paris der 1880er Jahre eine Subkultur der Tribaden gab, kann es in unmittelbarer Verbindung mit der Erfindung dieses Begriffes entstanden sein. Aber der Fall kann auch umgekehrt gelegen haben, vielleicht fanden sich die Menschen, deren Begehren sich auf das eigene Geschlecht richtete, zusammen und fingen an, die Einseitigkeit ihres Begehrens als etwas Besonderes anzusehen. Die Sexualwissenschaftler können von diesen Menschen gehört und sie erklärt haben. Schließlich versuchte die Sexualwissenschaft nicht nur, um das Unnormale vom Normalen zu scheiden, alles geschlechtliche Verhalten zu definieren. Sie hatte auch ein menschenfreundliches Ziel, nämlich, ein naturwidriges Verhalten zu erklären und damit zu entschuldigen.

Dieses Ziel galt jedoch vor allem Männern, die mit anderen Männern geschlechtlich verkehrten, da diese die Strafgesetze übertraten. In Dänemark verkündete der § 177 im Strafgesetzbuch von 1866, daß »widernatürlicher Umgang mit Zuchthaus bestraft wird«, was jedoch nur Männer betraf. Als widernatürlicher Umgang galt nämlich Analverkehr mit Frauen, Männern oder Tieren. Wie Carl Goos in *Den danske Strafferet* (Das dänische Strafrecht) von 1895 schreibt, »könnten unzüchtige Beziehungen zwischen Frauen nur als Unzucht bezeichnet werden, nicht als widernatürliches Verhalten, und deshalb nicht strafbar sein.« (Goos, S. 547–48) Nicht nur im dänischen Strafrecht, sondern auch in den meisten anderen westlichen Ländern war weibliches Begehren von Frauen also legal – denn es war undenkbar. Männer dagegen, die Sodomie betrieben, wurden bestraft, was Ende des 19. Jahrhunderts zu einigen Skandalen mit unmenschlicher Verfolgung führte. Darunter hatte unter anderem der dänische Schriftsteller Herman Bang zu leiden.

Nachdem die Sexualwissenschaft nun den Begriff Homosexualität eingeführt hatte, konnten die Männer, die von diesem Begriff erfaßt wurden, als strafunfähig gelten. Schließlich betrieben sie ihren unnatürlichen Verkehr nicht aus moralischer Schwäche, sondern weil ihr Geschlechtstrieb so beschaffen war. Damit war jedoch nicht gesagt, daß jegliches sodomitische Benehmen in homosexueller Ausrichtung wurzelte. Deshalb betonte Dr. med. Christian Geill 1893 in einer medizinischen Fachzeitschrift, daß das konträre Sexualempfinden als Perversion zu betrachten sei, Sodomie aus Vergnügungslust dagegen als Perversität. »Man kann nicht scharf genug betonen, daß ein gewaltiger Unterschied besteht zwischen Individuen, die an sexueller Perversion leiden und die Opfer ihres absolut krankhaften Zustandes sind, für den sie jedoch keinerlei Verantwortung tragen, und zwischen den sexueller Perversität hingegebenen Individuen, deren geschlechtliche Exzesse nicht krankheitsbedingt sind, sondern der Depravation entstammen.« (Geill, S. 456) In Dänemark wurden die sogenannten »echten homosexuellen Männer« erst 1933 für straffrei erklärt, da das neue Strafgesetz freiwillige sexuelle Beziehungen zwischen erwachsenen gleichgeschlechtlichen Partnern nicht mehr für strafbar erklärte.

Die menschliche Neuschöpfung der Sexualwissenschaft hatte jedoch auch den Nachteil, daß das Begehren nicht nur festgeschrieben, sondern auch als Abweichung bezeichnet wurde, wenn es in die falsche Richtung ging. Damit wurde der homosexuelle Mensch zum neuen Abweichler, in dem die normale Heterosexuellen ihre eigene Normalität spiegeln konnten. Je unnormaler die Homosexuellen wurden, desto normaler wurden die Heterosexuellen. Die Normalen sollten zwar Mitleid mit diesen armen unnormalen Abweichern empfinden, aber denen sollte auch endlich klar sein, daß sie Abweicher waren und nicht so wie »wir anderen«. Das Begehren wurde nun zum großen Trennfaktor der Menschheit, das normale Begehren gehörte »uns« und das unnormale »diesen Menschen«. Die Männer, die früher einen Hang zu ihrem eigenen Geschlecht gehabt hatten, waren als etwas unschön betrachtet worden, ansonsten aber nicht als unterschiedlich von allen anderen. Jetzt dagegen bildeten sie einen ganz besonders abnormen Teil der Menschheit – zusammen mit ihren Leidensgenossinnen.

Die vermännlichte homosexuelle Frau

Der Begriff der Homosexualität war zwar vor allem im Hinblick auf Männer erfunden worden, galt dann aber auch für Frauen. Zwei per Geschlecht getrennte Welten des 19. Jahrhunderts wurden in der Homosexualität zusammengebracht, und die Gleichrangigkeit, um die Frauen in der Frauenbewegung kämpften, wurde ihnen in der Sexualwissenschaft ohne Zögern als Mitgliedern des homosexuellen Volkes zuteil. Auch als homosexuelle Frauen jedoch wurden sie den homosexuellen Männern untergeordnet, da die Sexualforscher ihnen nur geringes Interesse widmeten. Dieses Desinteresse begründeten sie damit, daß der Verkehr unter Frauen nicht strafbar und damit nicht mitleiderweckend sei und daß sie außerdem offenbar nicht so zahlreich seien wie die homosexuellen Männer.

Und doch war der erste diagnostizierte homosexuelle Mensch eine Frau. Als erster homosexueller klinischer Fall wurde Fräulein N., die 1864 in der Abteilung für Geisteskranke eingewiesen wurde, von ihrem behandelnden Arzt Professor Carl Westphal beschrieben. Seine Entdeckungen veröffentlichte er im Jahre 1869. Daraus ging hervor, daß »N. seit ihrem 8. Lebensjahr an einer Art Wahn leidet, Frauen zu lieben, mit ihnen Onanie betreiben oder mindestens sich ihnen durch Küsse und Scherze zu nähern. (...) Bei ihrem Verkehr mit Frauen hat sie auch schon Samenabgänge erlebt.« (Göricke, S. 272) Bemerkenswert ist hierbei, daß das Begehren, das Frauen nicht empfinden sollten, zu »Wahn« wurde, wenn es sich auf andere Frauen richtete. Wir können uns jedoch vorstellen, daß das, was ihr und Westphal als

Asta Nielsen im Film Jugend und Tollheit, *1912*

etwas so Maskulines wie eine Ejakulation erschien, nichts anderes als ein weiblicher Orgasmus war.

Aber Fräulein N. war auch noch in anderer Hinsicht maskulin, denn »als Kind spielte sie am liebsten mit Knaben und verkleidete sich mit Knabenkleidern« (S. 273), ebenso »äußerte sie, daß sie sich immer als Mann fühlte und gerne einer wäre« (S. 275). Diese beiden Merkmale wurden später als Beweise dafür verwendet, daß Homosexualität angeboren war. Obwohl Fräulein N. Leiden als die neue konträre sexuelle Ausrichtung diagnostiziert wurde – also Homosexualität –, wurde sie außerdem für geistesgestört befunden, und die allerersten ärztlichen Fachleute betrachteten Homosexualität als eine Form von Geisteskrankheit.

Abgesehen vom deutschen Fräulein N., hatten die Ärzte nur wenig Material, um die homosexuellen Frauen zu beschreiben. Aus Mangel an Besserem griffen sie vielleicht deshalb mit Kußhand zu den französischen Romanen. Christian Geill schrieb, daß die verschiedenen sexuellen Abweichungen und vor allem die Homosexualität an Männern untersucht worden seien. »Der Grund ist einleuchtend.« Mehr ließ sich darüber nicht sagen, und Geill fuhr fort: »Jedoch wissen wir von nicht wenigen Fällen von angeborener konträrer sexueller Ausrichtung, und in der Belletristik spielt die weibliche Perversion eine dominierende Rolle. (Vgl. z. B. Catulle Mendès: Mephistophélia, und Adolphe Belot: Mademoiselle Giraud, ma femme).« (Geill, S. 474)

Auch der englische Forscher Havelock Ellis schrieb 1897 in seinem Buch *Sexual Inversion*, daß die Homosexualität unter Frauen ein Lieblingsthema der Romanciers gewesen sei, und er erwähnte hier Werke von Balzac, Gautier, Belot, Zola, Maupassant und Mendès. (Ellis, S. 78) Ebenso stand in der 13. Ausgabe der *Psychopathia Sexualis* des österreichischen Psychiaters Richard von Krafft-Ebing, die lesbische Liebe sei oft in den Romanen von Balzac, Gautier und Belot behandelt worden. »Die Heldinnen dieser (lesbischen) Romane erscheinen der geliebten Person des eigenen Geschlechtes gegenüber in Character und Rolle des Mannes, und ihre Liebe ist eine sehr brünstige.« (Krafft-Ebing, 1907, S. 294)

Es wäre zwar historisch nicht korrekt, diese Fiktionsfrauen als homosexuell zu bezeichnen, da diese Werke verfaßt wurden, als dieser Begriff noch gar nicht erfunden war, aber dennoch scheinen diese Werke der wissenschaftlichen Schaffung der homosexuellen Frau zugrunde gelegen zu haben. Außerdem hatten die französischen Romane das weibliche Begehren nach Frauen für Sünde und Laster befunden – während es in der Sexualwissenschaft zur Abnormität wurde – also zu einer Abweichung vom Normalen. Die Zehn Gebote waren nicht mehr der Maßstab, diese Rolle übernahm die Normalität.

Die homosexuelle Frau wurde also aus demselben Stoff geschnitten wie der homosexuelle Mann – oder »Urning« –, allerdings aus dem Stück Stoff, das bei der Schaffung des Mannes übriggeblieben war. Er sollte sich nach Ansicht dieser Forscher als Frau fühlen, weshalb die homosexuelle Frau genau das Gegenteil empfinden mußte, was Krafft-Ebing in der ersten Ausgabe seiner *Psychopathia Sexualis* 1866 beschrieb.

»Beim weiberliebenden Weibe sind die Verhältnisse mutatis mutandis dieselben. Das weiberliebende Weib fühlt sich geschlechtlich als Mann; es gefällt sich in Kundgebungen von Muth, männlicher Gesinnung, denn diese Eigenschaften machen dem Weibe den Mann begehrenswerth. Der weibliche Urning liebt es deshalb, Haar und Zuschnitt der Kleidung männlich zu tragen, und seine höchste Lust wäre und ist es, gelegentlich in männlicher Kleidung zu erscheinen. Es hat nur Neigung für männliche Beschäftigung, Spiele und Vergnügen. Seine Ideale sind durch Geist- und Thatkraft bedeutende weibliche Persönlichkeiten, sein Interesse im Theater und Cirkus erwecken nur weibliche Künstler, gleichwie in Kunstsammlungen nur weibliche Statuen und Bilder seinen ästhetischen Sinn und seine Sinnlichkeit erwecken.« (Krafft-Ebing, S. 61)

Im selben Zeitraum hatten die französischen Romanciers die vermännlichte Frau beschrieben, die bei Zola im Restaurant Chez Laure auftrat, bei Maupassant als Kanuruderin, während Strindberg Marie David und Sofie Holten als Trunkenbolde und Schürzenjäger beschrieben hatte. Die Frage ist also, ob die vermännlichte homosexuelle Frau eine Erfindung ist oder ein Begriff, der diesen Frauen gut in den Kram paßte – ist sie also die Angst des Mannes vor der emanzipierten Frau oder der Traum der emanzipierten Frau von sich selber?

Jedenfalls wurde sie aus der möglicherweise existierenden lesbischen Subkultur in die Wissenschaft eingebracht, und als typisch für sie galt, wie Krafft-Ebing schrieb, daß sie sich als Mann fühlte und das immer getan hätte. Deshalb äußerte Geill, daß sich das schon in der Kindheit zeigte, wenn die Jungen gerne Handarbeiten machten. »Die Mädchen dagegen wollen nicht still bei ihrer Näherei sitzen, mögen nicht mit Puppen spielen, sondern an Knabenspielen teilnehmen.« (Geill, S. 475)

Diese geschlechtliche Verwirrung zeigte sich auch auf seelischem Gebiet, wenn die Homosexuellen heranwuchsen, wenn der Mann ängstlich wurde und immer noch für Handarbeiten schwärmte. »Die konträrsexuelle Frau dagegen kann Geschmack an emanzipiertem Benehmen und emanzipierter Kleidung finden, kann rauchen und trinken und absolute Unlust an weiblicher Arbeit zeigen.« (S. 476) Diese Beschreibung paßte ausgezeichnet auf Marie Dorval und ihre Gesinnungsgenossinnen aus den Romanen, aber es ist auch hier wieder die Frage, ob die Ärzte dasselbe sahen wie die Schriftsteller oder ob sie ihre eigenen Alpträume beschrieben.

Das homosexuelle Begehren

Aber um eine Frau als homosexuell zu bezeichnen, mußte man ihr nicht nur unweibliches Benehmen nachweisen können – sie mußte auch ein unweibliches Begehren zeigen. Die Definition eines homosexuellen Menschen verlangte ja einen verdrehten Geschlechtstrieb, wodurch die Richtung des Begehrens einen Menschen homosexuell machte. Der medizinischen Wissenschaft zufolge aber verfügten Frauen über überhaupt kein Begehren, und diese Gewißheit war inzwischen von einer naturwissenschaftlichen Wahrheit zu einem kulturellen und moralischen Ideal erhoben worden. Jetzt war die homosexuelle Frau erfunden, und die Wissenschaft mußte nur noch ihr Begehren oder ihren »Wahn«, wie Westphal das 1866 genannt hatte, dazu erfinden.

Charme und Verführungskunst der homosexuellen Frau wurden deshalb als höchst unweiblich beschrieben, was allerdings auch eine gewisse Dynamik erzeugte. Das zeigt sich an der Beschreibung, die Dr. med. Knud Pontoppidan in seiner klinischen Vorlesung »Perverse Sexualität«, die 1891 veröffentlicht wurde, zum Besten gab. Auch er schrieb, daß Homosexualität sich im Fühlen und im Denken zeigt, so daß man bei den männlichen Homosexuellen Sentimentalität, »bei den weiblichen dagegen eine auffällige Männlichkeit nachweisen kann, eine Entschiedenheit in Wesen und Auftreten, die den Sieg über das Frauenherz davonträgt« (Pontoppidan, S. 510). Dieses Herz sollte jedoch in normalen Frauen schlagen, da zwei männliche Frauen aneinander nichts Anziehendes finden können, und er beschrieb, wie diese Paarbildung aussehen würde.

»In seiner rudimentäreren Form tritt dieser Zustand zweifellos weitaus häufiger auf, als man meint. Sie kennen sicher alle Beispiele für diese Art von unnatürlicher Beziehung zwischen Menschen desselben Geschlechts, Verbindungen, bei denen niemals die Rede von perversem Actus gewesen ist, die jedoch durch so warme Gefühle zusammengehalten werden, daß wir mit Bestimmtheit perverse Sexualität als Grundlage annehmen müssen. (Vgl. V. Zahle, *Vildsomme Veje*).« Die Liebesbeziehungen, die in der Auffassung der bürgerlichen Frauen so vorbildlich waren, weil sie das geschlechtliche Begehren hinunterspielten, wurden nun unter dem Homosexualitätsbegriff einsortiert und sollten auf perverser Sexualität beruhen – ob diese Sexualität nun zum Ausdruck gebracht wurde oder nicht.

Pontoppidan forderte danach seine Zuhörer auf, ihre Erinnerung zu durchforsten und an die alten Kavaliere zu denken, die immer schöne junge Männer um sich versammelten. »Oder gibt es in Ihrem Umgangskreis nicht die eine oder andere Dame mit gewissem vermännlichtem Äußeren, die immer eine Freundin hat, die sie vollständig in Anspruch nimmt; wissen Sie nicht mehr, wie diese Freundinnen sie ihrerseits absorbieren und wie das zu ganzen Dramen der Eifersucht und der Verzweiflung führt, wann immer der Gegenstand ihrer Zuneigung wechselt?« (S. 511) Das Romanpaar war damit in einer homosexuellen Ausgabe wieder vereinigt, eine war ein bißchen vermännlicht und begehrend, die andere war weiblich und normal.

Auch der gynäkologische Oberarzt Professor Dr. med. Franz Howitz hatte 1982 entdeckt, daß Frauen ein Begehren haben konnten. Als Verfasser der *Beiträge zu einer Gesundheitslehre für Frauen* wollte er den heranwachsenden Frauengenerationen eine Gefahr schildern, nämlich das Zusammenleben in den Schulen. »Das gilt auch für die unpassend zahlreichen Liebkosungen, Küsse usw. unter Mädchen; sie können Gefühle hervorrufen, und tun es auch, die unselige Kongestionen erwecken. Sie sind ja auch völlig unnötig und entbehrlich für den Erhalt einer Freundschaft, und ich glaube, die Umgebung täte gut daran, diese Liebkosungen zu verhindern, zumindest in ihrer übertriebenen Form. Ihren Höhepunkt findet die so allgemein verbreitete innige Beziehung unter Mädchen in einer Art Liebesbeziehung, und sie werden zueinander eingeladen und verbringen die Nacht gemeinsam. Neben einer gewissen Lächerlichkeit liegt in diesen Beziehungen der Keim von etwas in vieler Hinsicht Schlechtem und Schädlichem«. (Howitz, S. 24) Howitz nannte diese Beziehungen zwar nicht konträr oder homosexuell, auffällig ist jedoch, daß auch er etwas Gefährliches in den Beziehungen sah, die Frauen selber als ideal betrachteten. Seiner Meinung nach konnten solche Liebkosungen unselige »Kongestionen« erwekken, also eine starke Blutzuströmung in ein Organ, und von welchem Organ die Rede ist, müssen wir uns selber denken.

Unter den Gelehrten waren jedoch die Ansichten geteilt, wie weit der homosexuelle Mensch überhaupt sein Begehren befriedigen ließ. Da viele die homosexuellen Männer für verweiblicht hielten, fiel es ihnen schwer, sie sich als sexuell aktiv vorzustellen. Außerdem glaubten viele Ärzte, daß die homosexuellen Männer unter ihrer Abweichung litten und sich bemühten, sich an die Gesetze zu halten. Die Homosexuellen wurden nämlich nicht nur als Abweichler stigmatisiert, sondern auch als edel und gut zu Märtyrern ernannt – ihrer Abweichung zum Trotz. Deshalb führten Ärzte die Annahme an, daß die homosexuellen Männer überhaupt kein Interesse an Analverkehr hätten, sondern oft enthaltsam lebten oder onanierten oder für gegenseitiges Onanieren dankbar wären.

Bei Frauen sollte es genauso sein, jedoch konnte ihr Begehren – wenn es denn wirklich befriedigt wurde – gewaltsame Folgen haben, wie Geill beschrieb. »Die konträrsexuelle Frau sucht wie der Mann in Ermangelung eines anderen ihre sexuelle Befriedigung in der Automasturbation, aber sie sieht, wenn möglich, in der Regel die Befriedigung in Küssen und Liebkosungen des geliebten Gegenstandes – was sie leichter erreichen kann, da dieser oft nichts vom Grund dieser Zärtlichkeit ahnt –, seltener wohl durch das Berühren der Genitalien der anderen, durch gegenseitiges Masturbieren oder durch eigentlichen Amor lesbicus. Dieses Verhalten kann zu einer Art manueller Vergewaltigung mit Verletzung der Genitalien führen.« (Geill, S. 495)

Die Professoren der Medizin und der Jura, die 1907 beim siebten Jahrestreffen der dänischen Juristischen Vereinigung sprachen, übergingen, der neuen Tradition getreu, die homosexuellen Frauen, da sie vom Strafrecht nicht betroffen waren. Der einzige, der nicht diese Ansicht vertrat, war Dr. med. Edvard Ehlers, der behauptete, sie seien besonders zahlreich, und die verehrten Zuhörer könnten sie an ihrem vermännlichten Äußeren erkennen und müßten gesehen haben, daß sie in der jüngsten Frauenbewegung eine hervorragende Rolle spielten.

»Aber was Ihnen vielleicht nicht aufgefallen ist, ist, daß wir innerhalb der weiblichen Homosexualität vor dem Phänomen stehen, daß nur sehr wenige heterosexuelle Frauen auf die Dauer der Verführungslust und Verführungskunst dieser Frauen widerstehen können, die noch stärker ist als die männliche. Es geht zwar etwas friedlicher zu; sie suchen ihre Opfer nicht in Straßen und Gassen, sie schleichen sich in Gestalt einer Freundin an sie heran. Einige suchen ihre Opfer auch im Gefängnis oder Arrest auf, gewinnen ihre Freundschaft, und wenn sie so weit gekommen sind, machen sie aus ihrem Opfer eine homosexuelle Geliebte.« (Forhandl., S. 46) Die homosexuelle Frau konnte also ihr maskulines Begehren unter süßer Weiblichkeit verstecken, was als besonders gefährlich galt.

Diese Annahme fand jedoch keinen Widerhall, als Dr. med. Alexander Friedenreich der Frauenbewegung zu Hilfe kam. »Ich glaube zwar, daß man auf dieser Seite die meisten homosexuellen Frauen finden wird, aber ich glaube auch, daß man den Vorkämpferinnen der Frauenrechte bitteres Unrecht täte, wenn man sie allesamt für homosexuell hielte.« (S. 49)

Danach mußte Ehlers zu Kreuze kriechen und segnete schließlich die homosexuellen Frauen. »In bezug auf die Fragen der Frauenbewegung hoffe ich nicht, daß einer meiner Zuhörer meine Aussagen dahingehend verstanden hat, daß ich die Frauenfrage verdächtigen will. Ganz im Gegenteil, ich bin ein begeisterter Bewunderer der Frauenbewegung. Aber so, wie der Kampf geführt worden ist, konnten die homosexuellen Frauen nicht daraus ferngehalten werden, da die Frauen es sich nicht leisten konnten, die Unterstützung einiger ihrer besten Köpfe abzulehnen, und ich habe nur gesagt, daß wir einzelne dieser homosexuellen Frauen mit den Vatermördern in erster Reihe im Kampf für diese Sache gesehen haben.« (S. 52)

Die Professoren bei dieser Jahresversammlung wollten diskutieren, ob der § 177 revidiert werden sollte, um freiwilligen Geschlechtsverkehr zwischen erwachsenen homosexuellen Männern für straffrei zu erklären. Die meisten Teilnehmer waren dafür, während andere Autoritäten im Lande eine andere Ansicht vertraten. Einer davon war der Jurist I. W. Wilcke, der in einer juristischen Zeitschrift 1908 vor den Gefahren der homosexuellen Verführung oder Propaganda warnte, obwohl auch er die Frauen schnell abhakte.

»Homosexualität unter Frauen ist für das Denken eines gesunden Menschen sicher nicht anziehend. Aber teilweise findet solcher Verkehr wohl zumeist ›faute de mieux‹ und nicht ›con amore‹ statt, teilweise ist hier nicht die Rede von wirklichem Geschlechtsverkehr, da wir aufgrund des gesamten weiblichen Naturells nicht annehmen können, daß es hier Spielraum für besonders aktive Propaganda in Gassen oder Straßen gibt, wie sie dem aktiveren Geschlechtstrieb des Mannes naheligen.« (Wilcke, S. 363–64) Dagegen meinte er, daß Männer aus Lust, das heißt con amore, homosexuell wären, Frauen jedoch aus Mangel an Besserem = faute de mieux. Mit anderen Worten, Frauen haben kein Begehren, sondern schließen sich zusammen, weil sie nichts Besseres finden können, Männer also.

Aber wenn Wilcke meinte, daß Männer aus Lust miteinander verkehrten, dann behielt er die alte Annahme bei, daß Sodomie ein Ausdruck von verderbtem Geschmack und deshalb moralisch verwerflich sei, sich jedoch durch Strafandrohung verhindern ließe. Diesem ziemlich veralteten Standpunkt stand die menschenfreundlichere und fortschrittsgerichtetere Auffassung der Ärzte gegenüber, die Homosexualität als angeborene Abnormität ansahen, die unabwendbar war und deshalb nicht bestraft werden durfte.

Bekämpfung der Homosexualität

Die Autoritäten konnten sich in der Frage, wie weit Homosexualität angeboren war, nicht einigen; sie kämpften den Streit in ihren Fachzeitschriften aus, und bald begann das sittliche Gewissen der Bevölkerung sich zu rühren. 1910 führte das in Dänemark zur Herausgabe des Pamphlets »Soll das natürliche Laster, dem klaren Wort des Gesetzes zum Trotz, in Dänemark erlaubt sein?« Darin wurde die um sich greifende homosexuelle Subkultur als etwas völlig Haarsträubendes beschrieben. Unter anderem sollte es eine Kneipe für Minderjährige geben, und die anonymen Verfasser des Pamphlets hatten sich erkühnt, dieser einen Besuch abzustatten. Zwar hatten sie sich offenbar nicht gerade willkommen gefühlt, denn »jeder Fremde, der nicht zu diesem Kreis zu gehören scheint, wird von den Stammgästen scharf beäugt«. Dennoch war der kühle Empfang den Besuch wert gewesen, denn jetzt bekamen die Verfasser etwas zu sehen.

»Nicht genug nämlich, daß junge Burschen Getränke in sich hineingießen, viele der Besucher legen ganz offen so üble Gewohnheiten an den Tag, daß man an den schweinischen Neigungen dieser Besucher nicht mehr zweifeln kann.« (S. 6)

Zuverlässigen Kreisen zufolge sollten solche Kneipen vor allem in Deutschland verbreitet sein, weshalb die Verfasser sich jetzt in Großbuchstaben an die Leser wandten. »Aber nun stellt sich die Frage, ob sich das dänische Volk damit abfinden will, daß sein verfassungsmäßiges Mitbestimmungsrecht beiseite geschoben wird und daß dieses unnatürliche, aus dem Ausland eingeführte Laster frei und straflos versuchen darf, die Jugend des Landes zu verderben, nicht zuletzt die Jugend, die die Wehrpflicht in die Kasernen ruft.« (S. 9) Das Widerliche wurde also zu etwas Undänischem erklärt, aber diese Frage zeigt auch, daß das Sittlichkeitsbewußtsein nun forderte, die neu aufgetauchte und neu entdeckte Abweichung zu bekämpfen, also nachdrücklich strafgerichtlich zu verfolgen.

Da diese Frage sich ausschließlich um Männer drehte oder vielleicht so schmutzig war, daß nicht einmal hartgesottene Reformfrauen daran ihre reinen Hände besudeln wollten, wurde dieser Kampf nur von Männern geführt. Das zeigt sich an einer Bürgerversammlung, die 1911 im Konzertpalais abgehalten wurde. Die Redner waren männliche Autoritäten aus verschiedenen Fächern. Der Arzt Emanuel Fraenkel bekämpfte die Theorie, Homosexualität sei angeboren, was er bereits in seinem Buch *Die Homosexuellen*, 1908, zum Ausdruck gebracht hatte. Der bereits erwähnte Jurist Wilcke, ein Propst und ein Anwalt waren die übrigen Redner. Schließlich dankte der Lehensgraf von Holstein-Holsteinborg den vier Rednern und erklärte, eine Petition sei bei der Regierung eingereicht worden, »die an die

7000 Männer aus verschiedenen mehr oder weniger wichtigen Stellungen in unserem Volk unterschrieben« (S. 35) hätten.

Die Reden dieser Veranstaltung wurden in der Broschüre »Die Schande unseres Volkes« veröffentlicht und das erfolgreiche Ergebnis im Vorwort beschrieben. »Der Zorn, der sich bei der Veranstaltung das Wort verschaffte, darüber, daß das dänische Volk dabei ist, in sodomitischen Sünden zu verfaulen, wird weit über die Grenzen der Hauptstadt hinaus Widerhall finden.« (S. 3) Auffallend ist, daß hier die Bezeichnung »sodomitisch« benutzt wurde, nicht »homosexuell«, was darauf hinweist, daß die dänische Bevölkerung auf die Geschichte von der angeborenen Abweichung, die ärztliche Hilfe brauchte, nicht ansprang. Auffällig ist weiterhin, daß nur Männer diese Petition unterschrieben hatten, was daran liegen kann, daß Frauen nicht gefragt worden waren oder mit dieser Angelegenheit nichts zu tun haben sollten. Frauen hatten zwar kein Stimmrecht, weshalb ihre Unterschriften nicht viel wert waren, aber das hatte sie nicht daran gehindert, sie unter den Protest gegen das Prostitutionsgesetz von 1874 zu setzen. Wir können deshalb nur feststellen, daß Frauen ihre Aufmerksamkeit auf den weißen Sklavenhandel richteten, während sich Männer in wichtigen Stellungen der sodomitischen Sünden annahmen, und daß so jedes Geschlecht für die Bewahrung der eigenen Sittlichkeit sorgte.

Die homosexuelle Subkultur entsteht

Während die medizinische Wissenschaft die Homosexuellen entdeckte und definierte und die Bevölkerung feststellte, was die Ärzte entdeckt hatten, und es daraufhin bekämpfte, entdeckten die Homosexuellen sich und einander. In Dänemark schrieb 1892 ein besonders gelehrter Mann einen Artikel zum Thema »Das konträre Sexualgefühl. Fragmente zur Aufklärung«.

Dieser Artikel war eine Antwort auf die klinische Vorlesung, die Knud Pontoppidan ein Jahr zuvor veröffentlicht hatte, und sie erschien unter dem Pseudonym »Tandem«. Die Zeitschrift sah sich genötigt, diese Veröffentlichung, mit deren Inhalt die Redaktion nicht übereinstimmte, zu begründen. »Wir waren der Ansicht, hier von unserem Grundsatz, nur signierte Artikel zu veröffentlichen, abzugehen, da der Artikel, einer gewissen Einseitigkeit zum Trotz, unserer Ansicht nach einem ernsthaften Bestreben entspringt, eine in unserer Literatur nur selten behandelte Psychopathie darzustellen, und da sie einen wichtigen Einblick in die eigene Auffassung der Conträrsexuellen über ihre Verhältnisse und ihr ganzes Seelenleben vermittelt.« (Tandem, S. 222) Zum erstenmal nahm in Dänemark ein Homosexueller den Dialog mit der Wissenschaft auf, woraus jedoch keine längerwährende Zusammenarbeit entsprang. Weiterhin wurden in den kommenden Jahren in Dänemark Homosexuelle von Normalen erklärt. In Deutschland wurde diese Grenze dagegen von dem homosexuellen Arzt Magnus Hirschfeld aufgehoben. 1897 gründete er das Wissenschaftlich-Humanitäre Komitee, von 1899 an gab dieses Komitee das *Jahrbuch für sexuelle Zwischenstufen* heraus. Durch seine Arbeit wollte das Komitee die Annahme verbreiten, zu der die Medizin inzwischen gekommen war, daß Homosexualität angeboren sei und deshalb nicht bestraft werden dürfe. Ihre Arbeit richtete sich also an die Gesetzgeber, während das Komitee gleichzeitig darzustellen versuchte, daß die Homosexuellen ausgezeichnete Menschen waren, oft geradezu *hervorragende* Menschen sogar.

Diese Ansicht wurde in einem kleinen Roman vertreten, den Aimée Duc 1901 unter dem Titel *Sind es Frauen? Roman über das dritte Geschlecht* veröffentlichte, der vor allem die Diskussionen einer Gruppe Frauen aus verschiedenen Ländern schildert, die alle an der Universität von Genf studierten.

»Gewiß«, sagte jetzt Gräfin Kinzey vornehm ruhig, »gewiß, wir müssen versuchen, uns in der Öffentlichkeit durchzuringen, anerkannt und nicht übersehen zu werden! Der größte Teil des Volkes und der Gebildeten hat keine Ahnung von unserer Existenz, von unserem Menschenrecht. Und doch tragen wir an dem allen selbst die Schuld! Wir treten nicht genug für uns ein, wir verfechten nicht unsere Thesen, wir geben uns nicht frei zu erkennen als Menschen, die weder Weib noch Mann sind. Wir müssen zu jeder Zeit eintreten für uns selbst, wir müssen uns immer und immer wieder behaupten und nicht zurückdrängen lassen als Kranke oder auf eine künstliche Pose stellen lassen als gnädigst anerkannte, besonders begabte Frauen, sondern wir müssen zeigen, daß wir Vertreter einer Mischung, eine Menschenspezies sind, die ein Recht auf Berücksichtigung hat, zeigt sie sich doch ausnahmslos als Intelligenz-Elite.« (Duc, S. 20)

Diese selbstsichere Einstellung gab den Frauen jener Zeit die Möglichkeit, die frisch entdeckte homosexuelle Identität zu übernehmen und entsprechend zu leben. Wem immer die Ehre zufallen mag, diesen Begriff erfunden zu haben, so bot er doch die Möglichkeit einer Artgenossenschaft, einer Identität und eines sexuellen Verlangens. Eine Identität als Homosexuelle zu erhalten war ziemlich neu, da die bürgerliche Frau, die Liebe zu Frauen empfunden hatte, diese Liebe nur als wünschenswerten Teil ihrer Frauenrolle und als Ideal vor dem Hintergrund der Beziehungen zu Männern gesehen hatte. Nun dagegen hatte sie die Möglichkeit, sich selber beim Namen zu nennen und ihre Liebe als etwas zu betrachten, für das sie geboren war und das sie mit Fug und Recht ausschließlich auf Frauen richtete.

Mit dieser Identität erhielt sie die Möglichkeit, Bekanntschaften mit ihren Artgenossinnen zu schließen, und auch das war etwas ziemlich Neues. Die bürgerlichen Frauen hatten scheinbar eine geschlechtliche Gemeinschaft mit allen Frauen empfunden, was natürlich wesentlich umfassender gewesen war, aber nun hatte die homosexuelle Frau die Möglichkeit, sich mit den Frauen zu vereinigen, die genauso empfanden wie sie. Endlich wurden ihr ein Begehren und die Möglichkeit, dieses zu befriedigen, zugebilligt. Ein Begehren wie das, das Edith Simcox unter solchen Qualen unterdrückt hatte, durfte nun an die Oberfläche kommen. Diese drei Gaben brachten den Homosexuellen zunächst Selbstbewußtsein – wie Aimée Duc gezeigt hat –, hatten aber den Nachteil, daß sie ihnen auch das Stigma der Abweichung eintrugen. Die begehrlose Frauen-Liebe fiel also vom Piedestal des Bürgertums in die Gosse der Perversion – und das dann noch mit dem Gütestempel der medizinischen Wissenschaft!

Aber es besteht die Frage, ob sich die bewußt begehrlosen Frauen überhaupt betroffen fühlten. Obwohl Knud Pontoppidan Vilhelmine Zahles Novelle in dieselbe Schublade einordnete wie homosexuelle Beziehungen, wissen wir nicht, ob sie ihm da zustimmte. Natürlich läßt sie ihre Heldin Martha Grüner überlegen, ob ihre Gefühle normal seien, aber das kann ja einfach daran liegen, daß das Weiblichkeitsideal jegliches Begehren als unnormal abgestempelt hatte. Es ist fast unvorstellbar, daß eine so junge Frau im Jahre 1890 von der Entdeckung des homosexuellen Menschen gehört haben könnte, die zu diesem Zeitpunkt nur in der geschlossenen Gesellschaft der Ärzte diskutiert wurde. Außerdem begann die dänische Gesellschaft erst nach der Jahrhundertwende, sich mit diesem Thema, vor allem in bezug auf Männer, zu beschäftigen. Schließlich ist unvorstellbar, daß sie im Jahre 1903 so munter und zufrieden über ihre Liebe zu Agnes Nyrop berichtet hätte, noch dazu in der Zeitschrift der Frauenbewegung, wenn sie sie für pervers gehalten hätte. Henriette Skram hatte im Jahre 1904 offenbar von geschlechtlichen Beziehungen, »sogar in ihren perversen Formen«, gehört (Skram, 1904, S. 53), was sie aber offenbar nicht persönlich genommen hatte, da sie zehn Jahre später offen und leidenschaftlich über ihre Liebe zu Natalie Zahle schrieb.

Da das homosexuelle Begehren nach Ansicht Westphals 1867 eine Art Tollwut gewesen war und nach Geill im Jahre 1893 zu Vergewaltigungsversuchen ausarten konnte, war ja klar, daß das Verlangen, das unter anderem Edith Simcox empfand, nicht als homosexuell bezeichnet werden kann. Die Frage ist jedoch, ob dieser Unterschied im Begehren daher stammt, daß die Sexualwissenschaft es einer ganz anderen Klasse von Frauen zuschrieb, oder daher, daß die Sexualwissenschaftler ihr eigenes Begehren beschrieben, so daß ganz einfach keine lebendige Frau sich in der Beschreibung wiedererkennen und zustimmend nikken konnte.

Das Begehren ist natürlich nur ein Beweis für eine homosexuelle Orientierung, ein anderer war, daß sich die homosexuelle Frau als Mann fühlte, was sich angeblich bereits in der frühen Kindheit zeigte. Aber obwohl viele Ärzte dies für einen äußerst schlagenden Beweis hielten, haben einige Frauen dennoch solche Verhältnisse in ihren Erinnerungen geschildert, die erschienen, nachdem die Sexualwissenschaft zum Volkseigentum geworden war.

So beschrieb Natalie Zahle kurz vor ihrem Tod im Jahre 1913, daß sie sich in ihrer Jugend um 1830 durchaus nicht als braves Mädchen benommen hatte. »Ich wäre so gern ein Knabe gewesen«, was ihr aber nicht beschert worden war, im Gegensatz zu ihrem Bruder, »der so glücklich darüber war, daß er ein Knabe war, und ich beneidete ihn heiß«. Da sie gern ein Knabe sein wollte, hatte sie sich natürlich auch mit Knabenspielen amüsiert.

Nachdenklich stimmt, daß die kriegführenden Länder gleich zu Anfang der modernen Zeit die maskulinen Seiten der Frauen ansprachen. Auf diesem Rekrutierungsplakat sagt die Frau in feschem Matrosenanzug: »Ach, ich wär so gern ein Mann, dann würde ich mich zur Marine melden«, und darunter steht: »Sei ein Mann und tu's«, was zahllose Frauen dann auch taten.

»Meine Neigungen gingen nicht in weibliche Richtung; Puppen, Puppenkleider und Nähen machten mir keine Freude. Draußen herumzustrolchen dagegen, im Freien zu spielen, in Garten und Feld mitzuhelfen!« Sie spielte ziemlich keß mit ihrem älteren Bruder. »Beim Spielen nannten wir uns Herr Christiansen und Herr Fredriksen, und ich übernahm immer die burschikosesten Rollen in unseren Spielen, auch wenn andere Kameraden mitspielten. (...) Nicht selten zog ich die abgelegten Sachen meines Bruders und die Mütze meines Vaters an, und ich weiß noch, wie stolz ich war, als ein Freund unseres Nachbarn Thalbitzer nebenbei erwähnte, daß er die beiden Söhne meines Vaters gesehen hatte, als er gekommen war.« (*Mit Liv*, S. 28–29)

Augusta Fenger berichtet in ihren Memoiren, die sie 1927 begonnen hatte, ähnliches. Sie schrieb darin, daß sie über ihre Kindheit um 1840 vor allem erzählen konnte, daß sie lieber ein Junge gewesen wäre als ein Mädchen, und daß sie gesagt haben soll: »Nächsten Sommer werde ich ganz bestimmt ein Knabe.« (Fenger, S. 6) Wie Natalie zog sie Jungenspiele vor, denn »ich muß leider zugeben, daß ich keinen besonderen Sinn für weibliche Beschäftigungen hatte, mit Puppen zu spielen verachtete ich« (S. 11).

Diese beiden kleinen Däninnen waren offenbar genauso keß wie George Sand, die entdeckt hatte, daß die einzige Alternative zur klassischen Frauenrolle die Männerrolle war. Hätten jedoch die beiden Memoirenschreiberinnen nicht nur Knabenspiele vorgezogen, sondern auch noch ihre Liebe auf Frauen gerichtet, dann wäre alsbald in Flammenschrift die Diagnose HOMOSEXUELL erschienen. Was jedoch nicht der Fall war, und ihre Bekannten betrachteten sie allem Anschein nach auch nicht als homosexuell. Es ist also zweifelhaft, ob die bürgerlichen Frauen, die nach der Entdeckung des neuen Begriffes wie bisher weiterlebten, sich davon überhaupt betroffen oder gar stigmatisiert fühlten – und schon gar nicht betrachteten sie sich selber als Mitglieder der homosexuellen Artgenossenschaft.

Wenn Zola und Strindberg mit der Behauptung recht hatten, daß es in Paris Cafés für Tribaden gab, so heißt das noch lange nicht, daß Natalie Zahle sie bei ihren Besuchen in Paris auch besucht hätte. Diese Cafés waren vielleicht so eng mit der Gosse assoziiert, daß sie niemals einen Fuß hineingesetzt hätte, und vielleicht waren sie auch nur ganz normale Konditoreien, die

Zwei Krankenschwestern auf ihrem Zimmer im Krankenhaus

wirklich nur ein Mann für ein Tribadencafé halten konnte. Wir wissen deshalb immer noch nicht, ob das, was in Männeraugen als verderbt galt, den Frauen vielleicht nur als ganz normale Geselligkeit erschien. Da Natalie Zahle eine bürgerliche Frau war, die ihre Ehrbarkeit sehr wichtig nahm, hätte sie natürlich niemals ein Tribadencafé besucht, das schließlich als Inbegriff des Lasters und als Aufenthaltsort der Proletarierinnen galt.

Augusta Fengers Erinnerungen wurden erst 1932 herausgegeben, und darin beschreibt sie froh und munter ihre Liebe zu Marie Topsøe und zu Manicus Hansen. Als Komtesse Thusnelda 1928 starb, stand im Jahrbuch ihrer Schule, daß sie an der Seite ihrer geliebten Freundin Frau Elise Bay zur letzten Ruhe gebettet worden war. Im selben Jahr erzählte die Lehrerin Frl. Skouboe ganz unbefangen im Verband der christlichen Schuljugend, daß es gar nicht schlimm sei, wenn sich die Schülerinnen in ihre Lehrerin verliebten, solange die Liebe auf die Schularbeit umgeleitet werden könne. Es war im Jahre 1927, als die Bischöfin Nielsen Ingeborg Vinderen, Natalie Zahles Hausgenossin, segnete und als Martha Steinthal von der romantischen Beziehung erzählte, die die Lehrerinnen an Fräulein Zahle gebunden hatte – und beides wurde zu allem Überfluß während der Feier zu Natalie Zahles 100. Geburtstag vorgetragen. Im Jahre 1920 schließlich erschienen die Erinnerungen, in denen Thora Esche von der gläubigen Frau berichtete, die Gottes Gemeinde ihr gesandt hatte.

Nun ist 1928 in der lesbischen Geschichte kein zufälliges Jahr, da in diesem Jahr Radclyffe Hall in England ihren umstrittenen Roman *Quell der Einsamkeit* herausgab, eine Verteidigung der homosexuellen Frauen, die ihr einen Prozeß eintrug. Und im selben Jahr und im selben Land veröffentlichte Virginia Woolf ihren märchenhaften Roman *Orlando*, gewidmet dem Vorbild des Buches, der geliebten Vita Sackville-West.

Was in England über lesbische Frauen gesagt wurde und wie die Verhältnisse in anderen Ländern waren, sind natürlich zwei verschiedene Paar Schuhe, aber Dänemark konnte ja schließlich nicht im Dornröschenschlaf ruhen, während sich der Rest der westlichen Welt in Homosexualität suhlte. Deshalb ist es denkbar, daß die scheinbar begehrlosen Liebesbeziehungen zwischen Frauen ganz einfach nicht als homosexuell galten. Thusnelda Moltke und all die anderen Frauen lebten weiterhin in ihrer bürgerlichen Ehrsamkeit und konnten deshalb einfach nicht mit einer Abnormität wie dem homosexuellen Menschen verwechselt werden. Möglicherweise hatten weder diese Frauen noch ihre Umgebung jemals die Idee, daß sie diesen Vergleich anstellen könnten. Wenn sie in der modernen Zeit überhaupt irgendwie bezeichnet wurden, dann als alte Jungfern und Mauerblümchen, da nun die Beziehungen zwischen Frauen und Männern als das höchste der Gefühle galten – wer nicht hinein ins Warme kam, mußte also bedauernswert und fade sein.

Die Übergangsfrauen haben zweifellos auch dann noch an ihrem Ideal festgehalten, als sie schon längst von den modernen Frauen abgelöst worden waren. Obwohl die Welt aus den Nähten ging, kamen sie nicht im Traum auf die Idee, sich als abnorm oder gar als Angehörige einer weltumfassenden homosexuellen Subkultur zu sehen. Die Einführung dieses Begriffes mit dazugehörigem Verlangen, mit Identität und Artgenossenschaft, samt der darauffolgenden Stigmatisierung, ist vermutlich nur für die modernen Frauen von Bedeutung gewesen, die nach der Jahrhundertwende erwachsen wurden.

Die moderne Frau
1915–1970

Bewußtsein

Während das Begehren den Übergangsfrauen, solange sie homosexuell waren, bereits um 1890 zugeschrieben worden war, wurde es erst nach der Jahrhundertwende zum Eigentum der heterosexuellen Frauen. Zu den zahllosen Änderungen in Normen und Verhalten brachte die neue Zeit es auch mit sich, daß bei den sogenannten normalen Frauen der Geschlechtstrieb entdeckt wurde. Die englische Wissenschaftlerin Marie Stopes schrieb in ihrem Buch *Married Love* (1918), daß noch immer die allgemeine Ansicht davon ausginge, daß anständige Frauen keinen Geschlechtstrieb besäßen und daß ein eventuell vorhandener erworben sei.

»Dennoch steht fest, daß unser ganzes Erziehungssystem, dem junge Mädchen unterworfen werden, vor allem darauf hin arbeitet, sie in Unwissenheit über die wesentlichsten Tatsachen des Lebens zu halten. Die allgemeine Auffassung, daß der Geschlechts- und Fortpflanzungsinstinkt ein niederer und beschämender Trieb ist, und die gesellschaftlichen Verhältnisse, die die Frau dazu zwingen, sich dem Willen des Mannes zu unterwerfen, um nicht nur die Annehmlichkeiten, sondern sogar die Notwendigkeiten des Lebens zu erreichen – hemmen den natürlichen Geschlechtstrieb der Frau und verbergen und verzerren das, was davon übrigbleibt.« (Stopes, S. 57–58) Stopes glaubte also, daß Frauen einen *natürlichen* Geschlechtstrieb besaßen, der durch die gesellschaftliche Moral unterdrückt worden sei. Die naturwissenschaftliche Annahme des 19. Jahrhunderts, daß Frauen von Natur aus kein Begehren besäßen, war damit widerlegt.

Das Begehren ist ein Geschenk

Marie Stopes hatte dieses Begehren natürlich nicht eigenhändig entdeckt, sie war nur eine der Vermittlerinnen dieser neuen Entdeckung. Das Begehren war ein Geschenk, das auch Frauen selber verwalten durften, und die Auffassung des 19. Jahrhunderts von Frauen als passiven, begehrlosen Samenbehältern wurde nun durch die Vorstellung von Frauen als Herrscherinnen über ihr eigenes Sexualleben ersetzt. Daraus ergab sich, daß sie auch die Anzahl ihrer Geburten selber entscheiden sollten, da viele Frauen keinen Grund mehr dazu sahen, sich eine Schwangerschaft nach der anderen aufzwingen zu lassen, und da der Erste Weltkrieg ihnen vor Augen geführt hatte, daß Kinder doch nur zu Kanonenfutter wurden.

Margaret Sanger aus den USA war die erste bedeutende Verkünderin dieser Botschaft, die sie in ihrem Buch *Woman and the new Race* (1920) erklärte. Darin führte sie den Gedanken der Emanzipationsbewegung weiter, daß Frauen ihr Schicksal selber in die Hand nehmen mußten und nichts vom Mann erwarten durften, so, wie sie auch den Gedanken der Moralreform weiterführte, daß die weiblichen Werte einen guten Einfluß auf die Gesellschaft hatten.

»Frauen neigen noch zu sehr dazu, in die Fußstapfen des Mannes zu treten, so zu denken wie er – in Politik, Industrie, Kunst, Moral und Religion. Aber die Frau braucht nicht die Arbeit des Mannes zu übernehmen, er mag seine Aufgaben selber erfüllen, das hat er immer getan. Ihre Aufgabe liegt nicht darin, den männlichen Geist zu bereichern, sondern den spezifisch weiblichen zum Ausdruck zu bringen; es ist nicht ihre Aufgabe, eine von Männern geschaffene Welt zu bewahren, sondern eine Welt zu schaffen, in der die fehlenden weiblichen Elemente ihren Platz finden. Die Frau muß für das in ihr Ehrfurcht hegen, was darum kämpft, zum Ausdruck gebracht zu werden. Sie muß den Dogmen, die die Männer erlassen haben, kritisch gegenübertreten – steht denn überhaupt fest, daß sie zu ihrem Wohl sind und nicht nur ausschließlich zu seinem?« (Sanger, S. 53)

Deshalb vertrat Margaret Sanger die Ansicht, daß Frauen die Geburtenkontrolle zu ihrer Sache machen sollten, da sie schließlich die Verantwortung für die kommende Generation trugen. »Es ist unbestreitbar die Berufung der Frau, die Welt zu gebären. Doch ebenso ist es ihre Berufung, neue Moralbegriffe und größere Übersicht über das Wohl des Ganzen zu gebären. Die Frau unserer Zeit wird den eigentlichen und einzig wirklichen Frieden finden, die Herrschaft über ihre Produktion. Sie wandert allein durch das Schattenreich des Todes, wenn sie ein Kind zur Welt bringt, und niemand darf sie dazu zwingen. Deshalb ist Geburtenkontrolle die Sache der Frauen. Je eher sie sie zu ihrem alleinigen Wissen und ihrer alleinigen Pflicht macht, um so eher wird die Welt so aussehen, daß ihre Kinder darin leben können.« (S. 155) Bald gründeten sich Bewegungen zur sexuellen Reform mit einem anderen Ziel als die moralische Reform des letzten Jahrhunderts, da der Kampf für freiwillige Mutterschaft mit dem Kampf für ein befriedigendes Geschlechtsleben verknüpft wurde, wobei Fortpflanzung und Begehren voneinander getrennt wurden.

Die moderne Frau erhielt nicht nur Verhütungsmittel und Sexualaufklärung, die ihr das Begehren versüßten – sie hatte nun auch die Möglichkeit, es in alle Ewigkeit zu verlängern. Die besondere Lebensphase der Frauen – das Klimakterium – wurde definiert, und es entschuldigte ihr seltsames Benehmen und holte sie auch aus den Reihen der alten Frauen. Bereits 1910 hatte die 38jährige Karin Michaëlis den Roman *Den farlige Alder* (Das gefährliche Alter) geschrieben, der gerade diesen entscheidenden Zeitpunkt im Leben einer Frau behandelte. Er wurde in unzählige Sprachen übersetzt, der Titel wurde zum Begriff, und in ihren Erinnerungen beschreibt sie, welches Erstaunen ihr Buch erweckte.

»Es ist komisch und unbegreiflich, aber wahr, daß damals nicht nur unwissende Laien, sondern auch der hochgebildete Ärztestand in seiner Allgemeinheit – im In- wie auch im Ausland – der Ansicht waren, die allerdings nur selten laut geäußert wurde, daß eine Frau, die ihre Menses hinter sich hatte, dadurch auch jeglichen Glücksempfindens im Zusammenleben mit einem Mann beraubt sei. In unzähligen, ansonsten gut geschriebenen Büchern verkündeten Ärzte das als unumstößliche Wahrheit. Diese Ansicht hielt sich noch jahrelang, bis der Grundgedanke in meinem Buch endlich Wurzeln schlug und akzeptiert wurde.« (Michaëlis, 1950, S. 21)

Die Entdeckung des Klimakteriums führte dazu, daß Frauen im gefährlichen Alter auf größeres Verständnis trafen, es bedeutete jedoch auch, daß sie nun nicht nur das Recht, sondern auch die Pflicht hatten, ihr Begehren noch jahrelang am Leben zu erhalten, da der Geschlechtstrieb ja nicht von der Produktion der Eierstöcke abhängig war. So schrieb Maxine Davis aus den USA in *Facts about the menopause* 1951, daß die eheliche Gemeinschaft getrost fortgesetzt werden könnte.

»Es gab wirklich eine Zeit, an die sich viele von uns noch erinnern können, wo es von einer Frau verlangt wurde, daß sie sich

Die dänische Schauspielerin Anna Larssen sitzt hier rittlings auf ihrem Pferd.

die Liebe ihres Mannes nicht mehr wünschte, und in der die Menopause eine gute Entschuldigung dafür bot, eine freudlose Beschäftigung einzustellen. Dabei können die Jahre nach der Menopause die glücklichsten des ganzen Ehelebens werden. Die Freude am Zusammensein mit dem Mann wird nie mehr, wie es so oft vorher der Fall gewesen war, durch die Angst vor einer unerwünschten Schwangerschaft oder weil man sich so sehr ein Kind wünscht, daß man Angst vor einer neuen Enttäuschung hat, getrübt werden. Man liebt ganz einfach aus Freude an der Liebe. Man wird spontan und befreit.« (Davis, 1952, S. 61)

Die moderne Frau erhielt also alles in allem eine ganz neue Frauenrolle, die auf Sexualität und Selbständigkeit beruhte, ganz anders als die Frauenrolle des 19. Jahrhunderts, die Asexualität und Unselbständigkeit forderte. Zu dieser Rolle gehörte auch, daß Frauen im Prinzip zum gesamten Arbeitsmarkt Zugang fanden und auf diese Weise finanzielle Selbständigkeit und Ebenbürtigkeit mit Männern erlangen konnten. Im Prinzip, wohlgemerkt, denn oft wurden Frauen schlechter bezahlt als ihre Kollegen und hatten außerdem immer noch die Verantwortung für Haushalt und Kindererziehung.

Die erwerbstätige Frau bekam also eine Doppelarbeit zum Mindestlohn; und wenn sie sich auch eine Stellung als Bürochefin in einem Ministerium erkämpft hatte, so war sie doch immer noch für das Wohl und Wehe der Familie zuständig. Das vegetierende Leben am Kamin war nun durch das anstrengende Leben an Schreibmaschine und Putzeimer ersetzt worden. Wo im 19. Jahrhundert die Hausarbeit die einzig natürliche Arbeit der verheirateten Frau gewesen war, dominierte jetzt die Erwerbstätigkeit, worauf sich diverse Hausfrauenverbände gründeten, um das Ansehen ihrer Arbeit zu heben.

Die moderne Frau stand damit in einem Rollenkonflikt. Zwar wetteiferten Frauen jetzt mit Männern um die Arbeit, aber sie sollten auch nicht zu unweiblich werden. Es galt immer noch als passender Anblick, wenn Frauen aus blanken, leeren Augen vor sich hin starrten, während Männer ihnen Haushaltspläne und den Vertrag von Versailles erklärten, oder wenn die Frauen mit dem Hammer den Finger trafen und nicht den Nagel. Die Karrierefrauen steckten also in dem Dilemma, daß sie zwar umschwärmt wurden, wenn sie zu reizend waren, daß sie damit aber ihre Karriere ruinierten, und wenn sie sich auf maskuline Weise nach oben kämpften, wurden sie als unweiblich abgetan.

Die sexuelle Selbständigkeit der Frauen zeigte sich auch in der Kleidung. Bereits 1918 schrieb Emma Gad in ihrem Benimmbuch *Takt og tone* (Takt und Ton), »die Reitkleidung für Damen hat in den letzten Jahren eine vollständige Veränderung erfahren, da fast alle Damen nun rittlings im Sattel sitzen« (Gad, S. 181). Die gespreizten Beine lösten also die zusammengepreßten Schenkel unter den langen Röcken ab und symbolisierten auf ihre Weise das neue Recht der Frauen, Sexualwesen zu sein.

Nach 1920 revolutionierte sich die gesamte weibliche Kleidung, und zum erstenmal seit 2000 Jahren waren die Beine der Frauen zu sehen. Wo die Röcke bei den modischen Veränderungen früherer Zeiten die Knöchel auf und ab gewandert waren, rutschten sie nun hoch bis zum Knie. Gleichzeitig wurden die weiblichen Formen weggezaubert, und das Ideal wurde die schlanke, geschmeidige, durchtrainierte, aber flachbrüstige Figur. Außerdem wurden die Haare – der schönste Schmuck der Frau – zur kurzen Pagenfrisur abgeschnitten. Auf diese Weise bekamen Frauen Ähnlichkeit mit femininen Knaben, und die moderne Frau mit diesem Aussehen wurde denn auch mit dem Spitznamen »La garçonne« belegt – die Knäbin.

Wüstenhingabe

Dieser moderne knabenhafte Frauentyp war die Heldin des Romans *The Sheik* von Edith M. Hull (1919), der in unzählige Sprachen übersetzt wurde. Sie war nicht nur Symbol der modernen Frau, sondern noch dazu ein klares Identifikationsmodell für die Frauen, die in der modernen Zeit ihre Befriedigung in einer selbstgeschaffenen Traumwelt suchten. Wüstenromantik wurde modern, da sie von einem Ort fern von der hektischen Welt mit ihren Autos und Telefonen und Staubsaugern erzählte, wo Frauen noch nicht für alles mögliche die Verantwortung übernehmen mußten, sondern begehrt wurden, einfach nur, weil sie Frauen waren. Außerdem wurde der wunderbare Sheik – verkörpert durch den Damenhelden Rudolph Valentino in der Verfilmung aus dem Jahre 1921 – zum exotischen heißblütigen Erlöser all dessen, was im Beruf unterdrückt werden mußte.

Während es 1905 für Alma Bang im Roman *Die weiße Sklavin* noch eine Schande gewesen war, im Harem des Sultans zu landen, wurde diese Schande nun zu einer Sehnsucht der Heldin, der Leserinnen und des Kinopublikums. Die flennende Alma, die nur wünschte, sie wäre dem Rat ihrer Mutter gefolgt und zu Hause geblieben, wurde in *Sheik* durch die kühne Lady Diana Mayo ersetzt – die Jagdgöttin der römischen Mythologie hatte bei dieser Namengebung Patin gestanden –, die in Knabenkleidung die Sahara bereiste. Sie wurde jedoch alsbald von einem großen, starken Scheich eingeholt und gefangengenommen, der ihr im Galopp mit flatterndem weißem Burnus nachgesetzt war und sie mit seinen funkelnden Steinkohlenaugen hypnotisierte. Er warf sie wie einen Kartoffelsack über sein Pferd, obwohl sie natürlich Widerstand leistete.

»›Lieg still, kleine Närrin!‹ fauchte er plötzlich und zwang sie mit brutalen Händen abermals, Ruhe zu geben, bis sie still dalag und sich fragte, ob er in ihrem armen Körper auch nur eine einzige Rippe ungebrochen lassen würde, bis aller Widerstand erstickt war und sie, um Atem ringend, der Kraft nachgab, die ihrer so hoch, hoch überlegen war.« (Hull, S. 49)

Dieses »Lie still, you little fool«, das im Stummfilm auf der Leinwand aufleuchtete, ist die Pointe in dieser Geschichte. Die moderne Frau war zwar mutig, aber der Scheich in Valentinos aufregender Darstellung war doch »hoch, hoch überlegen«. Wo »die weiße Sklavin« Angst und Schrecken erregen sollte, wollte der Scheich seliges Erschauern hervorrufen, was auch dadurch betont wird, daß jetzt *er* die Hauptperson ist. Die erste Hälfte des Romans handelte immerhin von Lady Dianas Widerstand, und das sollte aufreizend wirken, da sie doch eine hilflose Gefangene im Lager des Scheichs war. Aber plötzlich stellte sie fest, daß sie ihn liebte, und die zweite Hälfte beschreibt, wie sie das erkannte, aber es ihm zu verheimlichen versuchte, weil sie Angst hatte, er könnte ihrer überdrüssig werden.

»Nun erst wußte sie, was es bedeutete, zu leben, denn nun erst wußte sie, daß sie das Herz besaß, an dessen Existenz sie damals schon gezweifelt hatte und das nun heiß klopfend ihr rotes Blut lebenspendend durch ihre Adern fließen ließ, das heiß und leidenschaftlich gewaltig in einer Leidenschaft pochte, die sie zu verzehren drohte. Langsam ließ sie ihren Blick über das Lager gleiten, nahm alles auf, was sie sah, mit einem zärtlichen, langsamen Blick. Alles war ja fest und unlöslich mit diesem Mann verknüpft, der alles beherrschte. Sie war so stolz auf ihn, stolz auf seine einzigartige, rein physische Stärke, stolz auf die Art, in der er seine wilden, unruhigen Männer lenkte – sie war stolz auf ihn mit dem ganzen Stolz der primitiven Frau auf den Herrscher, der seine Männer mit Peitsche und Knute regiert.« (S. 151–52)

Aber nicht nur ihre Leidenschaft war zum Leben erweckt worden, sondern auch die Weiblichkeit, die bei der Erziehung, die ihr Bruder ihr hatte zuteil werden lassen, verdrängt worden war und die sie selbst durch ihre Männerkleidung verborgen hatte, fand nun in der Gefangenschaft eine neue Blüte. »Sie war ja nicht wie andere Frauen. Als die Liebe endlich zu ihr kam, als sie sich endlich gab, gab sie sich ganz, und all die weiblichen Instinkte, die unter Aubreys Erziehung unterdrückt und in ihrer Entwicklung gehemmt worden waren, waren im Kontakt mit der lebenden, stark männlichen Persönlichkeit des Scheichs und seiner fordernden Herrschernatur aus ihrem Versteck gelockt worden.« (S. 160–61)

Für Lady Diana bedeutete die Bekanntschaft mit ihrer Lei-

Rudolph Valentino als Scheich Ahmed Ben Hassan und Agnes Ayres als Lady Diana im Film The Sheik *aus dem Jahre 1921*

denschaft und Weiblichkeit dasselbe wie die Bekanntschaft mit dem Leben überhaupt, und ihr früher so freies Leben war ihr jetzt restlos gleichgültig. »Erst hier in der Wüste bei Ahmed Ben Hassan war sie zum Leben erweckt worden. Hier hatte sie gelernt, was das Leben wirklich bedeutete, als sie zu seinem Glück und seiner Qual erweckt worden war.« (S. 224)

Deshalb wäre das Leben ohne den Scheich auch ziemlich sinnlos, und als er endlich beschloß, sie freizugeben, flehte sie ihn an, in der Wüste bleiben zu dürfen, weil sie ihn liebte. »Ich fürchte mich nicht vor der Einsamkeit hier draußen in der Wüste – es ist die Einsamkeit draußen in der Welt – weit weg von deiner Umarmung – die mir angst macht. (...) Ich habe nie gelebt, nie gewußt, was das Leben war, ehe du es mich hier in der Wüste gelehrt hast.« (S. 238–39)

Bis ganz zum Schluß war unklar, wie es ausgehen würde, aber am Ende fielen sie sich dann doch um den Hals. Sowohl als Roman als auch als Film wurde der *Sheik* zum vollendeten Tagtraum für die moderne Frau, während er dem modernen Mann nur kraftlose Arme und Minderwertigkeitsprobleme bescherte. Schließlich war es nicht jedem gegeben, im modernen Leben als sonnverbrannter Scheich auf feurigem Roß aufzutreten. Aber für die Frauen war es sehr leicht, sich an Lady Dianas Stelle zu sehen und sich vorzustellen, welche Seligkeit darin läge, die ganze frischgewonnene Freiheit aufzugeben und in den starken, gebieterischen Armen des Scheichs zum ewig Weiblichen vorzudringen. Es war also gar nicht so leicht, das Begehren zu befriedigen, aber im *Traum* vom Zwang wurde es zur vollständigen Hingabe.

Der *Sheik* wurde damit zu einer modernen Phantasie zum Thema »Der Widerspenstigen Zähmung«, das Hingabe und Weiblichkeit als Dinge darstellte, die eine Frau trotz allem reifen ließen. Genommen zu werden war also kein Opfer mehr, sondern eine Wiedergeburt, und ein Mann, der eine Frau nahm, war kein Ungeheuer mehr, sondern ein Traumheld – solange er aussah wie Valentino, wohlgemerkt. Der *Sheik* ist auch ein Symbol für die moderne Zeit, da Frau und Mann ganz allein sind. Wo Alma in *Die weiße Sklavin* mit einer Familie und der stärkenden Frauengemeinschaft in Bordell und Harem versehen war, ist Diana allein mit ihrem Helden zusammen, und deshalb wurde die Geschichte auch zu einer Reklame für das isolierte heterosexuelle Glück.

Die moderne Moralreform

Da den Frauen nun ein Geschlechtstrieb zuerkannt worden war, hatte es keinen Sinn mehr, das Triebleben überhaupt zu bekämpfen, und deshalb arbeiteten die Bewegungen für die Sexualreform dafür, das Triebleben so angenehm und befriedigend wie möglich zu gestalten. Die Bestrebungen der modernen Moralreform richteten sich also nicht mehr auf das gesamte männliche Geschlecht, sondern nur auf eine bestimmte Gruppe – die Sittlichkeitsverbrecher.

Nach 1920 versuchte zum Beispiel der Dänische Frauenverband, Einfluß auf die Ausformung des neuen Strafgesetzes zu nehmen, vor allem auf die Paragraphen, die das Geschlechtsleben behandelten. Wie die Moralreformgruppen des 19. Jahrhunderts forderte auch der Dänische Frauenverband den Schutz des Gesetzes für Frauen, was einerseits bedeutete, daß nicht die Prostituierten allein bestraft wurden, sondern daß auch ihre Freier vom Gesetz betroffen wären. Andererseits wollten sie Frauen und Kinder vor Sittlichkeitsverbrechern schützen, was sie in einer Petition betonten, die 106000 Frauen und Männer unterschrieben und die 1921 dem Justizminister überreicht wurde.

In dieser Petition schrieb der Dänische Frauenverband, daß Vergewaltiger daran gehindert werden müßten, ihre Verbrechen zu wiederholen, und daß die Strafen für unzüchtigen Umgang mit Kindern – mit Knaben wie mit Mädchen – erhöht werden müßten. Schließlich wurde gefordert, daß »sexuell abnorme Individuen, die die erwähnten Verbrechen begangen haben, unter ärztlicher Aufsicht isoliert werden sollen, solange keine Heilung zu erhoffen ist, so daß unheilbar abnorme Individuen zeitlebens eingesperrt werden« (Lading, S. 331).

Was unter »sexuell abnormen Individuen« zu verstehen war, waren die Männer, die der Volksmund als »Kinderschänder« bezeichnete, Männer also, die sich an Kindern vergriffen. Das bezog sich auch auf homosexuelle Männer mit pädophilen Neigungen. Und obwohl der Dänische Frauenverband die Homosexualität nicht einfach so verurteilen wollte – und die weibliche Homosexualität gar nicht erst erwähnte –, war es Verdienst oder Schuld, je nach Standpunkt, des Dänischen Frauenverbandes, daß diese Männer ein besonderes Gesetz erhielten.

In der Legislative wurde diskutiert, ob es kein Verfahren gäbe, das die Öffentlichkeit weniger kostete als lebenslängliche Sicherheitsverwahrung, und vielen erschien Kastration als die beste Lösung. Diese Behandlung, der ein Hauch von orientalischer Barbarei angehangen hatte, wurde nun zum Heilmittel desinfiziert und vom Dänischen Frauenverband empfohlen. Die Vorsitzende des Verbandes, Julie Arenholt, schrieb in der Mitgliederzeitschrift des Verbandes im Jahre 1923, daß die Petition auch dazu führen sollte, daß »die Frage der Kastration in der Kommission aufgegriffen würde, da wir der Ansicht waren, daß diese Frage nicht länger aus den Erörterungen herausgehalten werden dürfe« (Arenholt, S. 159).

Diese Ansicht teilten natürlich nicht alle Frauen, aber die treibende Kraft hinter der Petition, Ellen Bang, verteidigte 1924 diesen Standpunkt in der Mitgliederzeitschrift. »*Die Rücksicht auf den Verbrecher ist weniger wichtig als die Rücksicht auf das Op-*

fer. Kastration darf niemals als Strafe angewendet werden, sondern nur als Heilmethode. Ich kann die Kastration nur als *Barmherzigkeit* einem Verbrecher gegenüber sehen, wenn das Triebleben nicht beherrscht werden kann. In meinen Augen ist es viel schlimmer, einen solchen Verbrecher einzusperren und sein Leben lang leiden zu lassen, als ihn endgültig an neuen Verbrechen zu hindern.« (Bang, S. 227)

Noch immer lag also das Triebleben der Männer – nun in seiner gesetzeswidrigen Ausgabe – den Reformfrauen am Herzen, und der Dänische Frauenverband fühlte sich mit Recht stolz, als 1929 ein eigenes Sterilisationsgesetz erlassen wurde, das die Anzahl der Sittlichkeitsverbrechen senken sollte. 1935 wurde das »Zweite dänische Gesetz über Sterilisation und Kastration« angenommen, und in § 4 hieß es unter anderem: »Wenn der Schuldige eine Frau ist, dann muß bei der Entscheidung besonders bedacht werden, daß der Eingriff bei Frauen von eingreifenderem und gefährlicherem Charakter ist.« (Sand, S. 294)

In einem Kommentar zu diesem Paragraphen wurde erwähnt, daß er sich auf Nymphomaninnen, Homosexuelle, Geisteskranke oder Schwachsinnige beziehen konnte, und damit wurde die Frauen liebende Frau erstmals unter dieser Bezeichnung, Seite an Seite mit sozial abweichenden Frauen, ins dänische Strafgesetz aufgenommen. Die Frauen, die die alten Werte aufrechterhalten wollten, trugen damit unfreiwillig dazu bei, diese Liebe zu stigmatisieren und zu kriminalisieren, was ein witziges Paradoxon ist; schließlich hatten die Reformfrauen des 19. Jahrhunderts, gerade weil sie Begehrlosigkeit forderten, die Liebe zwischen Frauen propagiert. Das zugebilligte Begehren hatte also auch den Preis, daß es strafbar sein konnte, wenn es allzu abweichend war.

Die Forderungen des Begehrens

Das Begehren zu verwalten war überhaupt schwierig, egal, ob es sich nun auf Frauen oder auf Männer richtete. Es zu empfinden und über dessen Lebensrecht zu jubeln war eins, etwas anderes jedoch der Versuch, nicht darin zu ertrinken. Die Selbstbeherrschung, die im 19. Jahrhundert dafür gesorgt hatte, daß Frauen nicht vom Begehren, das sie nicht zu hegen hatten, umgeworfen wurden, wurde nun vom Ideal der Selbstentfaltung abgelöst. Selbstbeherrschung wurde jetzt mit Verdrängung gleichgesetzt, was allerlei Ungemach mit sich führen sollte, und nun galt es als gesund und natürlich, dem Geschlechtstrieb zu folgen – wenn auch pure Nymphomanie keinen guten Ruf genoß. Nun verlor das Begehren seine Mystik und wurde sehr prosaisch mit dem Selbsterhaltungstrieb gleichgesetzt; Sex war nun genauso gesund – und banal – wie Essen und Trinken und Schlaf, was ihm natürlich eine Frische gab, die er im 19. Jahrhundert nicht gehabt hatte.

Es war jedoch für die moderne Frau nicht so leicht, die Grenze zwischen Begehren und Ertrinken zu finden, da sie das Begehren ja gerade erst kennenlernte. Es konnte deshalb beunruhigend und gefährlich wirken, was die 31jährige Hulda Lütken in einem Gedicht aus dem Jahre 1927 zum Ausdruck bringt, dessen erste zwei Strophen folgendermaßen lauten:

Ich dürste niemals nach Wein,
aber nach deinen Lippen,
obwohl sie mir einen Trunk spenden,
der tötet.

In meiner Seele habe ich
düstere Mächte.
Ich bin die Sklavin eines Sinnes,
den ich verachte.
(Lütken, S. 27)

Aus diesem Gedicht geht zwar nicht hervor, ob »deine Lippen« einer Frau oder einem Mann gehören, aber das kann im Grunde auch egal sein. Wichtig ist, wie stark das Begehren wirken konnte, wenn es zum Ausdruck gebracht wurde.

Für die heterosexuellen Frauen hatte das Recht des Begehrens immerhin den Nachteil, daß es oft zu den Bedingungen der Männer ausgelebt wurde. Verhütungsmittel gaben den Frauen sexuelle Freiheit und den Männern sexuelle Rechte. Da die moderne Frau das Recht auf einen Geschlechtstrieb erhielt, bekam sie auch die Pflicht, ihn zu befriedigen, und sogar in den Wechseljahren konnte – und sollte – sie »spontan und befreit« sein, wie Maxine Davis schrieb.

Die Begehrlosigkeit hatte Selbstbeherrschung gefordert, was Ehrbarkeit mit sich brachte. Begehren dagegen mußte erfüllt werden, und das war modern. Es war moderner, modern zu sein als ehrbar, und die bisher hochgepriesenen weiblichen Eigenschaften – Keuschheit und Scham – waren nun nur noch altmodische Prüderie. Frauen waren sexuell zugänglich geworden, und wo sie sich früher nicht einmal fragen mußten, ob sie Begehren empfänden – denn das taten sie natürlich nicht –, hatten sie nun nicht die Zeit, sich zu überlegen, ob sie denn *gerade jetzt* Begehren verspürten.

Diese Zugänglichkeit wurde von den Emanzipationsforderungen der Frauen nur verstärkt, die nun auch die Normen beeinflußten, wodurch die Ritterlichkeit der Männer langsam verschwand, was Emma Gad in ihrem Benimmbuch erwähnte. »Zum Glück geht der Brauch zurück, daß die Herren die Damen nach Hause begleiten müssen, da diese in der Regel so unabhängig sind, daß sie selber zurechtkommen. Normalerweise endet die Begleitung an der Elektrischen oder einer freien Autodroschke.« (Gad, S. 118)

Aber die Frauen waren auch so selbständig geworden, daß sie, ohne Mißbilligung zu riskieren, allein mit Männern bleiben konnten. Anstandsdamen waren nicht mehr nötig, da die Unschuld nicht mehr der kostbarste Schmuck einer Frau war, und die Techtelmechtel der beiden Geschlechter brauchten nicht mehr im Wohnzimmer unter den Augen der ganzen Familie stattzufinden. Nun konnten sie in den neuen Einrichtungen isolierte Zweisamkeit finden: den Kinos mit der trennenden Dunkelheit und den Schmusesesseln, den Telefonen, die augenblickliche Verbindung ermöglichten, und den Autos mit den leicht anrüchigen Rücksitzen.

Allerdings sollten solche Treffen und eine verlorene Unschuld doch keine sichtbaren Ergebnisse erbringen, denn eine ledige Mutter wurde noch immer nicht gern gesehen. Sicher wurde sie nicht mehr wie im 19. Jahrhundert als gefallene Frau betrachtet, die auf ewig verloren war – eine H. C. Andersensche Putzfrau, von der es hieß, »sie habe sich nicht vorgesehen« – statt dessen hieß es nun, »sie sei ins Unglück geraten«.

Das war jedoch wieder eine Klassenfrage, da das Proletariat sich niemals besser benahm, als von ihm erwartet wurde, während ledige Frauen aus dem Bürgertum sich unbedingt vor sol-

Schauspielerin Jean Harlow in schmachtender Positur

chen unseligen Folgen hüten mußten. Wenn ihnen das nicht gelang, dann galten sie als Opfer eines betrügerischen Verführers, und ihr Fehltritt wurde normalerweise entschuldigt und in »diskreter Unterbringung« aus dem Wege geräumt.

Viele Frauen aus beiden Klassen aber – verheiratete und ledige – nahmen die Sache in die eigenen Hände und gingen zu Engelmacherinnen, um ihre Schwangerschaft beenden zu lassen. Für viele hatte das den Tod oder Unfruchtbarkeit zur Folge. Diese beunruhigend hohe Anzahl von Todesfällen führte dazu, daß die Regierung in Dänemark eine Kommission einsetzte, die feststellen wollte, ob von Ärzten durchgeführte Abtreibungen erlaubt werden und ob der Staat medizinische Aufklärungsarbeit unterstützen oder in die Wege leiten sollte, um ungewünschte Schwangerschaften möglichst zu vermeiden. Die Mehrheit der Schwangerschaftskommission schlug die Freigabe der Abtreibung nach der sozialen Indikation vor, das Parlament nahm 1937 jedoch nur ein eingeschränktes Gesetz an, das Abtreibung aus medizinischen, eugenischen und ethischen Gründen zuließ. Zum Ausgleich wurde die bis dato private »Mutterhygiene« 1938 verstaatlicht, und viele ledige Mütter konnten hier finanzielle und moralische Unterstützung finden.

Daß eine ledige Mutter aber weiterhin den Kopf senken und ihr Unglück beweinen sollte, erlebte Inger Merete Nordentoft. Sie bekam mit 43 Jahren, 1946, ein Kind, und das einzige Problem war, daß sie unverheiratet war, sich nicht verheiraten und den Namen des Vaters auch nicht nennen wollte und ebensowenig bereit war, ihre Stellung als Schulinspektorin aufzugeben. Sie konnte sich und ihr Kind selber versorgen, sie würde der Gesellschaft nicht auf der Tasche liegen, und dennoch sträubten sich der Gesellschaft die Haare.

Bei ihr hatte süßliches Mitleid keinen Zweck, sie war keine sinnliche Närrin, die ins Unglück geraten war, sondern eine erwachsene Frau, die ein Kind gewählt hatte und nicht einen Mann. Damit forderte sie nicht nur die Wichtigkeit von Männern als etwas anderes als Zuchttiere heraus, sondern auch die Segnungen des Ehestandes. Das ganze Land geriet in Aufruhr und diskutierte über ihren Kopf hinweg, ob sie eine Dirne war, die die Jugend durch das Beispiel ihrer laxen Moral ins Verderben leitete, oder eine vernünftige Frau, die den Tatsachen ins Auge blickte. Ihr Fall wurde soviel besprochen, daß er vielleicht auch dem Roman *Ene mod mange* (Allein gegen viele) zugrunde lag, den Karen Bjerresø eben im Jahre 1946 veröffentlichte. In diesem Roman kämpft die 30jährige ledige Zahnärztin Birgit Wading für das Recht, ein Kind zu bekommen, ohne als Zugabe einen Mann nehmen zu müssen, und Karen Bjerresø zeigte, welcher heuchlerischen Verdammung sie daraufhin ausgesetzt war.

Der Wunsch, Mutter zu werden, wurde also nur den verheirateten Frauen zugebilligt, während die ledigen, die sich an die Entdeckung ihres Geschlechtstriebes machten, noch ein anderes Risiko eingingen – nämlich, daß ihre erwachten Sinne nicht von der männlichen Liebe versüßt wurden. Was Georg Brandes gefordert hatte, nämlich, daß Frauen ihren Trieben freien Lauf lassen sollten, geschah, und was Elisabeth Grundtvig & Co. gefürchtet hatten, nämlich, daß es zum Schaden der Frauen sein würde, geschah auch. Die Männer hatten jetzt Zugang zu Geliebten aus ihrer eigenen Klasse, weswegen sie aber nicht notwendigerweise größere Achtung für die Frau empfanden, die sie begehrten. Im Roman *Drømmen om i gaar* (Der Traum von gestern) aus dem Jahre 1939 läßt Aase Hansen ihre Person Elisabeth der Ich-Erzählerin des Buches anvertrauen, daß sie sich dem Frauenverführer hingegeben hat, der ihre Sinne angesprochen hatte:

»Natürlich habe ich mich ab und zu gefragt: Wie wird das alles enden? Aber ich war von ihm besessen, mehr, als du heute verstehen kannst. Er hatte mich als Frau geweckt, er hatte mich gelehrt zu lieben, er hatte mich mit allen sinnlichen Bindungen an sich gekettet, die Frauen so schwer brechen können. Er lehrte mich meine eigene weibliche Macht kennen. Ich entdeckte, daß ich in einem Reich die Königin war. Er hatte nie verhehlt, daß die Liebe viele Reiche und viele Königinnen kennt. Aber das klingt nur wie der Refrain eines halbvergessenen Liedes, wenn du von deiner eigenen jungen Königinnenwürde erfüllt bist.« (Hansen, S. 149)

Um ihre Königinnenwürde so lange wie möglich bewahren zu können, versuchte Elisabeth so zu werden, wie ihr Liebhaber sie sich wünschte. Ein Teil seines Charmes lag in dem modernen Zynismus, der forderte, das Leben mit aller Kraft zu leben, ohne zurück oder nach vorne zu schauen. »Nun, ich gab mir also Mühe, groß und frei genug zu werden, um im Jetzt zu leben. Ich wollte meine Tauglichkeit unter Beweis stellen. Er war, wie gesagt, sehr fasziniert von mir, wollte sehen, wie ich zu dem wurde, was er wollte: eine nimmermüde Geliebte, etwas spöttisch, etwas kühl und klug und im nächsten Augenblick zitternd und heiß, heftig und zärtlich. Aber es kamen Zeiten, wenn Asche auf mich regnete, wenn mich Angst und Ruhelosigkeit überkamen. Meiner blinden Verliebtheit zum Trotz erkannte ich, daß in seinen Augen keine wahre Zärtlichkeit lag, ich ahnte, daß er mir jederzeit den Rücken kehren könnte. Und dann? schrie es in mir. Und die Antwort auf diese Frage war, daß ich den Kopf in den Nacken warf und mir selber sagte, daß ich es ihm schon zeigen würde, daß er nicht der einzige Mann auf der Welt war. Aber in dieser Antwort lag dennoch keine Beruhigung.« (S. 150)

Die Kehrseite der Medaille des befreiten Begehrens war also, daß Frauen nach wie vor Sex und Liebe miteinander gleichsetzten – und daß sie dabei die Liebe höher ansiedelten. Und wenn die Männer, mit denen sie ihr Sexualleben teilten, keine Liebe empfanden, wurde das Begehren zu einer wahren Plage, obwohl es sie – wie Lady Diana und Elisabeth – immerhin als Frauen erweckte.

Die Begehrlosigkeit wird zur Krankheit

Von den Kälteschauern abgesehen, die Elisabeth in dieser Beziehung empfand, war sie doch erotisch geweckt worden, und das war mehr, als die meisten anderen Frauen von sich behaupten konnten. Denn obwohl den Frauen der Geschlechtstrieb zugeteilt wurde, erhielten sie nicht automatisch auch den Orgasmus. Der Fortschritt lag darin, daß Frauen das Recht auf ein Sexualleben hatten und dieses Begehren auch befriedigen durften. Was sich jedoch nicht als ganz so leicht erwies, da schließlich nicht alle Männer über dieselben Fähigkeiten wie Elisabeths Liebhaber oder der Scheich verfügten.

Unzählige Sexualaufklärungsbücher erblickten deshalb das Licht der Welt, in denen den Ehemännern beigebracht werden sollte, wie sie ihren Gattinnen einen Orgasmus bescheren konnten. Während in der geschlechtlich getrennten Welt des 19. Jahrhunderts diese Trennung auch im Ehebett bestanden hatte, wo der Mann nahm, was ihm mit Fug und Recht zustand, während die Frau die Augen schloß und an England dachte, wie Königin Viktoria gesagt hatte, wurde der eheliche Geschlechtsverkehr im 20. Jahrhundert zu einer Zusammenarbeit der beiden Beteiligten. Der Mann sollte deshalb Rücksicht üben und nicht nur seinen eigenen Genuß zum Ziel haben. Es wurde seine Pflicht, für die Befriedigung seiner Frau zu sorgen. Unter den Ratgebern herrschte aber Uneinigkeit in der Frage, ob Frauen nur durch die rhythmischen Stöße, die der Penis in der Vagina ausführte, einen Orgasmus bekommen konnten, oder ob sie durch Stimulation der Klitoris zusätzliche Hilfe brauchten, und das alles machte das Geschlechtsleben zu einer Frage der Technik.

Egal, wie der Orgasmus herbeigeführt wurde, er war nun entschieden zum neuen Geschenk an die Frauen geworden, wurde allerdings auch bald zu einer neuen Plage. Denn kaum war das Begehren erfunden, da wurde die Begehrlosigkeit unter der klinischen Diagnose »FRIGIDITÄT« ins Krankenbett gesteckt. Dieselben Aufklärungsbücher, die die Herbeiführung des Orgasmus beschrieben, enthielten allesamt ein Kapitel über sein Fehlen, und Diagramme zeigten, wie der Orgasmus der Frau sich unter der eher zum Himmel strebenden Kurve des Mannes einherschlängelte.

Frigidität wurde nun zur neuen großen Frauenkrankheit, und sie verbreitete sich wie eine Epidemie. Der Begriff wurde gebraucht, wenn Frauen beim Gedanken an Geschlechtsverkehr Ekelgefühle empfanden oder wenn sie niemals Lust dazu gehabt hatten oder – was am häufigsten vorkam – wenn sie Lust hatten und sexuell erregt wurden, jedoch keinen Orgasmus bekamen. Der Geschlechtstrieb, der gerade erst zum gemeinsamen Besitz geworden war, wurde bald zum trennenden Moment zwischen den Geschlechtern, da das Ziel des weiblichen Begehrens ja der Orgasmus sein sollte, und wenn er sich nicht zeigte, wurde Katastrophenalarm geschlagen. Die Männlichkeit eines Mannes zeigte sich nicht mehr in seiner Potenz, sondern in seiner Fingerfertigkeit, und wenn seine Frau oder seine Geliebte nicht befriedigt wurde, kam das für ihn einer Bankrotterklärung gleich. Hatte er sich jedoch an die Vorschriften der Bücher gehalten, war es nicht mehr seine Verantwortung, und der Fehler lag nicht in seiner Ungeschicklichkeit, sondern in der Frigidität seiner Gattin. Da die Männer nun das Recht hatten zu erwarten, daß eine Frau im Bett – mit Elisabeths Worten – »zitternd und heiß, heftig und zärtlich« und im Klimakterium – mit Maxine Davis' Worten – »spontan und befreit« war, ärgerten sie sich über begehrlose Frauen, und die frigide Ehefrau bot ihnen eine Entschuldigung zum Fremdgehen.

Das Paradoxe war außerdem, daß die neue Weiblichkeit begehrende – und orgastische – Frauen forderte, während die alte Weiblichkeit begehrlose Frauen vorgeschrieben hatte. Das führte dazu, daß eine frigide Frau nun als unweiblich galt, und Seelenärzte verschiedener Richtungen sahen die Ursprünge der Frigidität in Unreife und Angst vor Männern und Sex. Alles belegte nur, daß sie unnormal und deshalb keine richtige Frau war.

Genau diese Ansicht ließ Nina Holst ihre Hauptperson in ihrem Roman *Sanne, hvorfor lyver du?* (Sanne, warum lügst du?) aus dem Jahre 1944 vertreten. Aber der Verlag nahm die Schlußfolgerung schon vorweg und diagnostizierte das Leiden auf der Rückseite des Buches. »Es geht hier um den Kampf der frigiden Frau um ihr natürliches Glück zusammen mit einem Mann, bis sie endlich erkennt, daß ihre Fähigkeiten an diesem entscheidenden Punkt versagen. Das Buch versucht, Handlungen zu zeigen, zu erklären und zu entschuldigen, die, von außen gesehen, oberflächlich und leichtsinnig wirken können, die im Grunde jedoch die Suche einer verzweifelten Seele oder, besser gesagt, eines verzweifelten Körpers nach Befriedigung des Triebes, der in ihm wohnt, darstellen.«

Sanne Moe war zu Beginn des Buches eine ganz normale 12jährige, die nur in ihrer eigenen Traumwelt Befriedigung fand. Als ein aus Afrika heimgekehrter Arzt sich in der Nachbarschaft niederließ, war sie begeistert von ihm, und als er sie eines Tages einlud, seine Meerschweinchen zu bewundern, folgte sie ihm neugierig und in der Erwartung, daß etwas Spannendes geschehen würde. Er streichelte zuerst ihre Arme, dann ihre Beine, und sie lag nur still da und ließ sich liebkosen, bis sie sagte: »In mir ist eine Art Wärme, eine schwere Wärme. Und sie läuft wie etwas Herrliches durch mich. Aber das Schwere bleibt hier... wie ein heißer Tropfen, der fallen soll... aber nicht will.« (Holst, S. 24) So formulierte das Kind sexuelle Erregung, der kein Orgasmus folgte, und so würde Sanne es in Zukunft immer wieder erleben.

Der Arzt schämte sich schrecklich und näherte sich Sanne nie wieder, während sich zwischen beiden eine warme Freundschaft entwickelte. Eines Tages, als Sanne 17 war, hatte Ditlev – so heißt der Arzt – sie ins Theater eingeladen, und als sie in ihren besten Kleidern in sein Haus kam, fragte sie, ob sie nicht lieber zu Hause bleiben könnten. Sie brachte das Gespräch auf den Tag vor vielen Jahren und die Meerschweinchen und sagte: »Diesen Tag habe ich nie vergessen. Es war so wunderbar. Jeden Abend, wenn ich ins Bett gehe, sehne ich mich nur danach, davon wieder träumen zu können... Dunkelheit und Stille, deine Hände, die mich liebkosen... und die Gefühle, die du in mir geweckt hast. Ich habe versucht, mich von jungen Männern küssen zu lassen... nur um zu sehen, ob ich dasselbe noch einmal empfinden könnte. Aber das kann ich nicht. Es ist nur widerlich. Und das kommt daher, weil ich seit damals nur dir gehört habe... nur dir. Wenn du das verstehen kannst.« (S. 53)

Danach fragte sie, ob er sie heiraten wollte, wenn sie 18 wäre, und er gestand verzweifelt, daß er durch eine Tropenkrankheit impotent geworden war, weswegen eine Ehe nicht in Frage kommen könnte. »Aber Ditlev«, flüsterte sie. »Wenn du mich doch trotzdem glücklich machen kannst... als Frau, meine ich. Nur anders.« (S. 54–55). Das tat er dann auch an diesem Abend, wenn ich das Buch richtig verstanden habe, aber bald darauf starb er, und Sanne war vor Kummer wie versteinert.

Als sie einige Jahre später heiraten wollte, führte sie in ihrer Phantasie immer noch Gespräche mit Ditlev, und nach ihrer entsetzlichen Hochzeitsnacht hörte sie ihn sagen, daß ihr Mann sicher bald lernen würde, auch an ihr Glück zu denken. »Werde ich dann auch befriedigt werden, Ditlev ... so wie andere Frauen? Wie du es mit mir gemacht hast? Oder wird er nur meine Sinne erhitzen und sonst nichts?« (S. 94)

So sah es aus, denn Sanne schien sich mit einem sehr virilen Mann verheiratet zu haben – der offenbar noch niemals ein Sexualaufklärungsbuch geöffnet hatte. Das Bemerkenswerte ist ja, daß der Scheich durch sein brutales Auftreten Lady Diana und das ganze weibliche Publikum zum Schmelzen gebracht hatte. Aber er war schließlich nur eine Traumfigur, die wie andere sexuelle Phantasien zum rechten Zeitpunkt macht, was ihr aufgetragen ist, während die brutalen Männer in den realistischen Erzählungen die Frauen nur zu Eis erstarren ließen. So ging es nämlich Sanne, für die der Geschlechtsverkehr zur Plage wurde, weil sie keinen Orgasmus hatte, und das wiederum führte zu Selbstvorwürfen.

»›Ach, du bist böse‹, lachte er leise und zwang ihren Kopf nach hinten, damit er ihren Mund küssen konnte. Und Sanne wußte, daß sie preisgegeben war. Wenn er sie wollte, dann nahm er sie. Sie hatte ihn noch nie abgewiesen. Es war, als müsse sie einen Defekt vor ihm verbergen ... als schämte sie sich in tiefster Seele, weil sie in seinen Armen nie die Befriedigung, die Auflösung empfunden hatte, die das Wesen aller wahren Leidenschaft ist. Weich und nachgiebig lag sie bei ihm. Und danach spürte sie nur Ekel. Und Furcht vor dem langen Leben, das vor ihr lag. Sie konnte neben ihm liegen, als ob sie schliefe. Ab und zu hörte sie, daß er sich auf den Ellbogen stützte und sich über sie beugte. Sie spürte sein Gesicht über ihrem, und sie holte so leicht und natürlich Atem wie möglich, obwohl ihr Herz in der Brust flatterte wie ein gefangener Vogel. Nicht schon wieder, nicht schon wieder, flehten ihre erschreckten Gedanken. Und sowie er schlief, stieg sie vorsichtig aus dem Bett. Ins Badezimmer schlich sie. Fast lautlos wusch sie sich am ganzen Körper, als könnte sie mit Wasser das grausam würgende Gefühl von Ekel und Unreinheit abwaschen. Wenn Kjeld erwachte, lag sie entweder in ihrem eigenen Bett oder auf dem Sofa in seinem Zimmer.« (S. 114)

Später verließ sie ihren Mann und lernte bei einer Kur einen Arzt kennen, zu dem sie eine Beziehung einging. Bald erkannte Frank jedoch, daß nicht alles so war, wie es sein sollte, und behutsam begann er, nach ihrer Vergangenheit zu fragen, was sie jedoch nicht beantworten wollte – denn sie liebte ihn doch und wollte ihn nicht verlieren. »Und wenn sie die Wahrheit über sich selber erzählte, würde sie damit bestimmt ihr Glück zerstören. Jetzt machte sie ihn ganz glücklich! War das denn nicht genug? Warum sollte sie gezwungen werden, ihm zu erzählen, daß sie als Frau niemals auf dieselbe Weise glücklich werden konnte. Aber sie liebte ihn doch so sehr ... sie empfand Begehren ... Sehnsucht nach ihm ... das schwindelnde Glück, seine Wärme in sich zu fühlen. Und das war genug für sie! Sie brauchte nicht mehr.« (S. 159)

Bald jedoch kehrte der alte Ekel wieder zurück, und eines Nachts versuchte Frank, dieses Gefühl zu untersuchen, aber sie weigerte sich, darüber zu reden. »Einen Moment lang suchte ihre Hand nach seiner ... sie wollte ihm alles anvertrauen. Ihm von der ewigen Sehnsucht in ihrem Schoß erzählen, von ihrem wahnsinnigen Drang nach Auflösung ... und ihrer Ohnmacht seiner physischen Liebe gegenüber. Statt dessen empfand sie nur die Angst davor, daß der Abscheu sie überwältigen konnte... und nun, in der Nacht, den zwingenden Drang nach kaltem Wasser... nach einem frischen kühlen Bett... und nach Einsamkeit. Aber ihre Hand wich zurück. Sie wagte nicht, es ihm zu sagen. Sie wollte ihn nicht verlieren, ehe es unbedingt nötig war, denn sie liebte ihn ja so. In stummer Verzweiflung schrie es in ihr: Mach mich natürlich ... mach mich zu einer richtigen Frau... laß ihn mich ganz, ganz glücklich machen!« (S. 172)

Eine richtige Frau war nun also eine orgastische Frau, und das wollte auch Sanne werden, koste es, was es wolle, was sie auch aussprach, als sie eines Tages in Italien in einem Straßencafé saßen. »Zwei Damen gingen vorbei, und Sanne und Frank folgten ihnen mit ihren Blicken. Die eine war schmächtig und äußerst feminin angezogen. Die andere groß und kräftig und in Kleidung und Bewegungen etwas männlich. Die junge, schmächtige Frau klammerte sich an ihren Arm und schaute anbetungsvoll und aufmerksam zu ihr hoch. Frank wandte mit einer Grimasse das Gesicht ab. Er verachtete diese Beziehungen nicht, nahm aber von allem, was außerhalb des Normalen lag, entschieden Abstand, da seine eigene Natur so gesund war. Sanne blickte den beiden Frauen immer noch hinterher. Sie stemmte die Ellbogen auf den Tisch und stützte ihr Kinn mit den Händen. Ihre Nasenlöcher waren nervös aufgebläht, und sie sagte mit einem ganz eigenen bitteren Tonfall: ›Eigentlich müßte man ja alles probieren... auch ein solches Leben. Die beiden Frauen sind miteinander vielleicht vollkommen glücklich.‹« (S. 178)

Wie der edle und feine Paul bei Maupassant im Jahre 1881 verabscheute Frank also »so etwas«. Auch Sanne erlebte das homosexuelle Geschlechtsleben nie selber, und der Roman endet damit, daß sie sich auch von Frank trennte, weil er ihr vorgeschlagen hatte, wegen ihrer Frigidität zum Arzt zu gehen. »Durch seine Worte schien er aus ihrer Liebe einen mechanischen Prozeß zu machen, der mit wissenschaftlichen, sinnreichen Apparaten und Kuren für den Rest ihres Lebens gesichert werden sollte. Und die ganze Zeit, während er sprach, wußte sie, daß es hoffnungslos war. Mit jedem Wort, das er sagte, entfernte er sich weiter von ihr. Sie hätte nicht erklären können, warum... sie wußte nur, daß es so war.« (S. 183)

So ging es offenbar vielen Frauen, und deshalb wurde die Frigidität zur neuen Verantwortung der Frauen, die sich selber klarmachen mußten, daß etwas nicht stimmte und behandelt werden mußte. In *The Sexual Responsibility of Woman* aus dem Jahre 1956 schrieb Maxine Davis sehr verständnisvoll und einfühlsam über die Probleme der frigiden Frau, aber auch über ihre Verantwortung. »Es wäre ungerecht, von der Frau zu erwarten, daß der Mann die ganze Last trägt. Sie entdeckt als erste, daß der Verkehr ihr keine Freude bringt. Sie wollte ihm sagen, was sie mag und was sie nicht mag, und selber auf der Grundlage ihrer Gefühle und Bedürfnisse aktiv mitmachen. Rhythmisches Zusammenziehen der Muskeln im Beckenboden kann sehr stark zur Aufhebung der Frigidität beitragen.« (Davis, 1958, S. 160)

Es war also gar nicht so einfach, das Begehren zu verwalten. Für die Männer wurde der Verkehr nun zur harten technischen Arbeit, und gleichzeitig war das Sexualleben für die Frauen zur ganz großen Leistungsprobe geworden. Weil es eine Schande war, frigide zu sein, und weil es zur eigenen Verantwortung – und Schuld – der Frauen gemacht wurde, konnten die Frauen aus ihrer gemeinsamen Frigidität kein Gefühl der Gemeinsamkeit gewinnen, während die Frauen des 19. Jahrhunderts angesichts ihrer gemeinsamen Begehrlosigkeit kollektiven Stolz empfunden hatten.

Das allgemeine Begehren spaltet die Frauengemeinschaft

Frigidität war also peinlich, und die moderne Frau galt von Natur aus als begehrend. Verhütungsmittel sicherten sie fast völlig vor unerwünschten Schwangerschaften, und sie konnte auch in späteren Jahren ihr Begehren pflegen. Dazu kam die Forderung, das Begehren auf Männer zu richten, und alles zusammen vernichtete die alte Frauengemeinschaft und machte Frauen zu Rivalinnen.

Im 19. Jahrhundert konnte eine Frau zwar bei dem Gedanken zittern, welche der Schwestern der Freier wohl wählen würde, nun aber mußte sie sich besorgt fragen, welche Frau ihr ihren Mann nehmen würde. Nichts war mehr heilig, nicht einmal die Ehe, die im Handumdrehen geschieden war. Wo die Frau des 19. Jahrhunderts – je nach Temperament – erleichtert aufgeatmet oder geseufzt hatte, wenn ihr Mann ins Bordell ging, hatte sie doch sicher sein können, daß er nicht zu ihren Freundinnen gehen würde. Und wie die Frauen, die für die Abschaffung der Prostitution arbeiteten, wußten, waren die Prostituierten gefallene, verführte Schwestern – so wie sie selber. Die gemeinsame Begehrlosigkeit hatte dazu geführt, daß eine Frau die beste Freundin der anderen war, während das allgemeine Begehren eine Frau zur Feindin der anderen machte.

In der modernen Zeit war der Klassenunterschied zwischen anständigen und unanständigen Frauen verschwunden, und jede nahm, was sie wollte – und was die andere hatte. Die ledige oder geschiedene Frau hatte nur wenig Respekt vor dem Eigentumsrecht, da im Prinzip alle Männer ihr Eigentum waren, und die verheiratete Frau konnte sich rächen, indem sie sich weigerte, alleinstehende Frauen in ihr Heim einzuladen. Die Ehemänner taten das Ihre, um die Frauen gegeneinander auszuspielen, indem sie ihren willigen Geliebten gegenüber ihre Ehefrauen als frigide Langweilerinnen bezeichneten.

Ellen Duurloo läßt in ihrem Roman *Lukke den runde ring* (Den runden Ring schließen) aus dem Jahre 1951 ihre Heldin Helle Deleuran genau das erleben. Im Ersten Weltkrieg hatte Helle ihren Mann verlassen, um Journalistin zu werden, und hatte ausgerechnet mit dem Anwalt, der ihre Scheidung in die Wege geleitet hatte und natürlich verheiratet war, ein Verhältnis angefangen.

»Ich glaubte voll und ganz an die uralte, für mich aber ganz neue Geschichte von der Frau, die ›ihn nicht verstand‹. An die Geschichte von der Frau, die ›ihn zu Tode langweilte‹, die ›kalt wie ein Fisch‹ war und die seine berechtigten Forderungen einfach nicht befriedigen konnte. Die er aber andererseits nur höchst ungern verletzen wollte … Lug und Trug … Aber damals war mir das nicht klar, ich bildete mir allen Ernstes ein, daß ich glücklich war. Auf irgendeine Weise war ich das natürlich auch, denn ich fühlte mich glücklich in der Illusion, daß er mich liebte – und mich mehr liebte als die Frau, mit der er verheiratet war – und die er am liebsten los wäre, wenn das möglich wäre, was die Umstände ihm aber nicht erlaubten.« (Duurloo, S. 78)

Helle war also davon überzeugt, daß sie eine gute Tat beginge, wenn sie das Leben eines Mannes versüßte, der sich mit einer öden Frau herumquälen mußte, für die er keinerlei Loyalität empfand. »Ich hatte seine Frau noch nie gesehen, aber ich hatte mir ein gewisses Bild von ihr gemacht – und zwar nach seinen seltenen Beschreibungen von ihr. Sie mußte eine unendlich langweilige und triste und zarte Frau sein, grau, farblos und ein bißchen dumm, jedenfalls ziemlich uninteressant.« (Duurloo, S. 79)

Bald jedoch sollte Helle die geheimnisvolle Gattin zu sehen bekommen – wenn sie sie zuerst auch gar nicht bemerkte –, als sie auf einem großen Fest zufällig ihren Liebhaber traf und ihn ziemlich familiär begrüßte. Aber er erstarrte, sagte »Sie« und stellte ihr seine Frau vor. »Und dann *sah* ich die Dame an seiner Seite. Eine große, schöne Dame, sehr gut gekleidet – nein, eine elegante Dame, die ein wenig verwirrt aussah. Sie begriff wohl nicht, daß ich ihren ehrwürdigen Ehemann so vertraulich angesprochen hatte, aber ich sah auch, daß sie nicht nur schön war, sondern auch vor Gesundheit strahlte und intelligent und lebhaft aussah.« (S. 79)

Darüber wurde Helle so wütend, daß sie auf raffiniert rätselhafte Weise ihr Verhältnis zum Ehemann entlarvte, und obwohl sie sich an ihm rächen wollte, konnte sie sich nicht damit abfinden, daß sie gleichzeitig die unschuldige Frau verletzte. »Es war gemein – und mehr noch, es war unverschämt, aber in diesem Moment war mir alles andere egal, und ich wollte nur diese Frau verletzen und ihn, der mir plötzlich verhaßt war, demütigen. Ich wollte mich für seine Lügen rächen, und zwar hart rächen. So kam es mir wenigstens in diesem Moment vor. War *das* seine schwächliche, langweilige, kalte, uninteressante Frau, diese strahlende und offenbar besonders lebhafte Dame?« (S. 80) Diese Art Peinlichkeiten wurden in jenen Jahren zur täglichen Kost, da Gattinnen und Geliebte derselben Klasse angehörten und in denselben Kreisen verkehrten.

Aber nicht nur die erwachsenen Frauen standen einander nun fremd gegenüber, Müttern und Töchtern erging es nicht anders. Im 19. Jahrhundert änderten Norm und Verhalten sich so langsam, daß es den beiden Generationen nicht schwerfiel, eine gemeinsame Wellenlänge zu finden, und außerdem half ihnen das Familienideal, das Liebe zwischen Eltern und Kindern forderte. In der modernen Zeit änderten Normen und Verhalten sich so schnell, daß jede Generation wirklich in ihrem eigenen Zeitalter verwurzelt war. Außerdem fielen die beiden neuen weiblichen

Ein Paar aus den zwanziger Jahren in Ballkleidung

Zustände – Pubertät und Wechseljahre – unglücklicherweise für Mütter und Töchter auf denselben Zeitpunkt. Dazu kam, daß der Jugend nun geraten wurde, sich von den Müttern loszureißen – das galt nunmehr als Zeichen von Reife –, was insgesamt zu einer gewissen Feindseligkeit zwischen den beiden Frauengenerationen führte.

Modern und emanzipiert war es, sich einen Mann zuzulegen und nicht mit den anderen Mauerblümchen Däumchen zu drehen. Die Frauenbewegung galt als altmodisch, das Stimmrecht war in einigen Ländern erkämpft worden, in anderen nicht, aber es war jedenfalls nichts, was die moderne Frau interessierte. Frauenrechtlerinnen rochen ein wenig zu stark nach alten Jungfern, Lavendelsäckchen, flachen Schuhen und Zigarren und waren deshalb kein Vorbild – und schon gar keine Verbündeten.

Heterosexualität, Homosexualität und Gemeinschaft der Mädchen

Die moderne Gesellschaft wurde heterosexualisiert – um nicht zu sagen, *zwangs*-heterosexualisiert. Das zuerkannte Begehren mußte sich auf Männer richten, sonst galt es als Abweichung, und nachdem das abweichende Begehren das Licht der Welt erblickt hatte, wurde das Zusammensein von Frauen nicht nur als »Mangel an Besserem« betrachtet, wie es der Jurist Wilcke schon 1908 getan hatte, sondern als Brutstätte schwüler Homosexualität.

Der Fortschritt forderte, daß die nach Geschlechtern getrennte begehrlose Gesellschaft des vergangenen Jahrhunderts – die nun als borniert bezeichnet wurde – durch zwischenmenschliches Zusammensein ersetzt werden sollte – was nun gesund und natürlich genannt wurde. In den nach Geschlechtern getrennten Institutionen hatte sich zuviel eingesperrte und abweichende Sexualität entwickeln können, und deshalb wurden Koedukationsschulen mit großer Bravour und kameradschaftlichem Zusammensein eingeführt.

Dieselben populären Sexualaufklärungen, die Stimulation, Orgasmus, Frigidität, Wechseljahre und Pubertät erklärten, informierten die Bevölkerung auch über Abweichungen von der normalen Sexualität. Die wichtigste und meistbesprochene Abweichung war Homosexualität, über die nun alle Leute erfuhren, während dieses Wissen Ende des 19. Jahrhunderts den Ärzten vorbehalten gewesen war. Nun waren nur noch die verdüstertsten Seelen im ganzen Lande sich darüber im unklaren, daß es diese Abweichung gab, obwohl sie meistens seltsamen Menschen zugeschrieben wurde, die irgendwo am Horizont herumschwebten und nichts mit den Lesern zu tun hatten. Sie verdienten natürlich Verständnis und Mitleid, aber sie wurden zu einer gesonderten Pariakaste. Daraufhin bemühte der normale Teil der Bevölkerung sich natürlich, ein Verhalten zu vermeiden, das sie als Homosexuelle stempeln könnte.

Ein Bestandteil der Frauenliebe des 19. Jahrhunderts jedoch lebte bei bester Gesundheit weiter – obwohl er nun natürlich andere Ausdrucksweisen finden mußte. Und zwar die Begeisterung junger Mädchen für ältere, bewundernswerte Frauen – denn Schulmädchen verliebten sich noch immer in ihre Lehrerinnen und hatten ihre weiblichen Bühnenidole. Während sie diese Verliebtheiten im 19. Jahrhundert jedoch nach dem Ideal der Selbstbeherrschung und aus der Entfernung gepflegt hatten, wollten sie ihr nun einen modernen Ausdruck geben, schließlich war Selbstverwirklichung jetzt zugelassen. Sie begehrten also, ihre Verliebtheit laut und deutlich zu zeigen, wodurch der Lärm der Anbetung zum Beweis für die Stärke der Bewunderung wurde.

Eine der aufregenden Bühnenkünstlerinnen, die die jungen Mädchen anzog, war Geraldine Farrar, eine Sängerin an der Metropolitan Opera in New York. Als sie 1922 mit vierzig Jahren ihre Abschiedsvorstellung gab, blieb kein Mädchenauge trokken. Die Amerikanerin Grace Moore – damals eine 21jährige angehende Opernsängerin – war an diesem Abend anwesend und beschrieb später in ihren Erinnerungen mit ziemlicher Verachtung, wie die jungen Mädchen ihre Verliebtheit zum Ausdruck brachten. »Die Geraldine-Mädchen waren die kümmerlichste Versammlung, die man sich überhaupt vorstellen konnte. Geraldine Farrar war ihre Abgöttin gewesen. Sie hatten ihre Kleidung, ihre Ausdrucksform und ihre Manieren kopiert, und das hatte ihrem Leben Farbe und Inhalt gegeben. Jetzt schluchzten sie offen und hemmungslos, ihre Augen wurden rot, ihre Nasen dick, weil ihr geliebtes und angebetetes Vorbild nicht mehr tonangebend war.« (Moore, S. 99)

Eine andere Bühnenkünstlerin, die ebenfalls die jungen Mädchen in Trance versetzte, war die Schauspielerin Tallulah Bankhead. Sie kam 1923 mit 21 Jahren nach London, und in den folgenden Jahren wurde sie immer wieder von ihren Anbeterinnen belagert. Sie hatten die Tradition geschaffen, sich bereits am Tag, bevor der Kartenverkauf für eine Premiere begann, anzustellen, und die Menge der Stunden, die sie warten mußten, galt als Gradmesser ihrer Begeisterung. Wenn diese jungen Mädchen endlich in der Vorstellung saßen, brachten sie ihre Bewunderung nicht durch diskrete Applaussalven zum Ausdruck, ihr Beifall näherte sich orkanartigem Brausen. Danach stellten sie sich an den Bühnenausgang in der Hoffnung, einen Blick auf Tallulah werfen zu können, und wie sich einige Frauen vor Valentinos Wagen geworfen hatten, warfen sich die Begeistertsten vor Tallulahs grünen Bentley.

Die Art, in der diese jungen Mädchen ihre Anbetung auslebten, lag also der Selbstbeherrschung der Schulmädchen des 19. Jahrhunderts unendlich fern. Zum Ausgleich deckte sie sich völlig mit der Bewunderung ihrer Zeitgenossinnen für männliche Idole. Hier jedoch war das Idol eine Frau, und das Phänomen der Tallulah-Mädchen galt als großes Rätsel. Tallulah selber schrieb in ihren Erinnerungen: »Das Delirium meiner Anhängerinnen löste bei den Rezensenten eine Psychoanalyse-Epidemie aus.« (Bankhead, S. 111)

Alle zerbrachen sich den Kopf, um eine Ursache zu finden, die die auffällige Anbetung der jungen Mädchen erklären und damit entschuldigen konnte, denn sie roch doch ein bißchen nach Homosexualität. Tallulah selber war auch ratlos: »Sicher konnten sie nicht alle eine frustrierte Kindheit gehabt haben. Wenn sie sich beruhigt hatten, wirkten sie wie normale, gesunde Mädchen. Bei meinem Anblick wirkten sie wie verhext. Warum?« (S. 111) Sie glaubte selber, es liege daran, daß sie in ihren Rollen die emanzipierte Frau der modernen Zeit darstellte und deshalb nachahmenswert erschien, und das wirkt ja durchaus plausibel.

Aber Tallulah Bankhead war auch außerhalb des Theaters emanzipiert; sie rauchte wie ein Schlot, soff wie ein Loch, fluchte wie ein Bierkutscher, riß mit heiserer, tiefer Stimme gewagte Witze, sah aus wie eine Femme fatale und wickelte die Männer um den kleinen Finger. Aber sie hatte durchaus auch

Interesse an Frauen und lernte die englische lesbische Welt kennen, so, wie sie sich später im Leben gern über ihre sexuellen Beziehungen zu Frauen verbreitete (Dickson, S. 104, Gill, S. 36–37). Daß sie deshalb auch auf die jungen Mädchen sexuell anziehend wirken konnte, war eine Möglichkeit, die sie nicht in Druck zu geben wagte.

Die Anziehungskraft dieser beiden Bühnenkünstlerinnen auf junge Mädchen kann sexuellen Charakter gehabt haben. Auch Geraldine Farrar hatte etwas Doppeldeutiges. Als Hugo von Hoffmannsthal 1909 das Libretto der Oper »Der Rosenkavalier«, zu der Richard Strauss die Musik komponiert hatte, begann, schrieb er, er habe eine Rolle geschaffen für ein »als Mann verkleidetes graziöses Mädchen à la Geraldine Farrar« (Strauß, S. 47). Das war die Hosenrolle Octavian, seither die Verkörperung der doppeldeutigen Sexualität auf den Brettern, die die Welt bedeuten.

Diese leidenschaftliche Anbetung, wie homosexuell sie sich auch ausnehmen mochte, hatte allerdings einen sehr modernen Anstrich, während isolierte Freundinnenschaften etwas mottenzerfressen anmuteten. Die moderne Frau zog unbedingt eine Beziehung zu Männern vor, was die 19jährige Elsa in dem Buch *Vi er Ungdommen. Dansk ungdom forteller om sig selv* (Wir sind die Jugend. Dänische Jugendliche erzählen über sich selber) zum Ausdruck brachte. Dieses Buch besteht aus einer Sammlung von Interviews, die Kate Fleuron 1943 herausgab. Es wurde zum Skandal, da die Gefragten einige moralisch untragbare Ansichten vertraten, obwohl Elsas Bemerkungen zweifellos dem Zeitgeist voll entsprachen. Sie erzählte, daß sie verlobt war, die Haushaltsschule besuchte und ihre Mitschülerinnen etwas verachtete.

»Sie interessieren sich nur für Männer und Kleider, ich habe sie fast nie von etwas anderem sprechen hören. Außerdem ist es typisch, daß es ihnen nicht gefällt, daß ich in der Schule keine beste Freundin habe. Sie haben mir ganz offen gesagt, das sei unnatürlich, man brauche eine, mit der man alles teile und mit der man durchs Leben spaziere. Eine kam eines Tages auf der Straße auf mich zu und legte mir den Arm um die Taille. Danke, sagte ich, aber ich kann gut allein gehen! Sie kicherte geradezu über mich: ›Du mußt eine langweilige Frau für deinen Freund sein‹, sagte sie, und dann erklärte ich ihr, daß es nun mal sein

Privileg ist, mir den Arm um die Taille zu legen, und daß ich das unter Freundinnen nicht leiden kann. – Aber an so einem Ort, wo viele Mädchen zusammen wohnen, gibt es ziemlich viel Geknutsche. Ich habe schon öfter gesehen, daß zwei sich in den Stunden geküßt haben – wir anderen wurden natürlich wütend und sagten, sie sollten sofort aufhören. Ihnen ist wohl kaum klar, wie unangenehm ihr Benehmen auf andere Menschen wirkt.« (Fleuron, S. 184–85)

Elsa wollte also nicht Zeugin dieses offenkundigen, aller Wahrscheinlichkeit nach jedoch unschuldigen Begehrens werden. Küsse unter Freundinnen hatten nicht nur einen homosexuellen Beigeschmack bekommen, sie wirkten in dieser modernen, heterosexualisierten Zeit auch altmodisch und kamen deshalb vor allem in den Bereichen vor, die nicht mit der Zeit gegangen waren. Für diese Frauen hatten Beziehungen unter Freundinnen natürlich nichts mit Begehren oder Homosexualität zu tun, sie zogen die Frauengemeinschaft einfach den lockereren Verbindungen mit Männern vor, die so modern geworden waren. Das zeigt sich in der Aussage der 19jährigen Inger Marie, die von Gerhard Rasmussen zusammen mit anderen jungen Leuten von YMCA und YWCA interviewt wurde. Ihre Interviews wurden 1944 in dem Buch *Vi er ogsaa ungdommen* (Wir sind auch die Jugend) veröffentlicht, einer Art Erwiderung auf Kate Fleurons Buch aus dem Vorjahr, die beweisen sollte, daß nicht die gesamte dänische Jugend so verdorben war.

Inger Marie sagte denn auch das genaue Gegenteil der gleichaltrigen Elsa, als sie gefragt wurde, ob die Beziehungen zu jungen Männern für die Mädchen, die sie kannte, eine große Rolle spielten. »Ja, ich glaube schon, daß sie für die meisten jungen Mädchen sehr wichtig sind, und das ist sicher natürlich, solange es in einem gewissen Rahmen bleibt. Allerdings schäme ich mich auch oft für meine Mitschwestern, wenn ich sehe, wieviel es ihnen bedeutet, daß junge Männer in der Nähe sind. Es ist natürlich schön, wenn junge Männer und junge Mädchen Kameraden sein können, aber junge Mädchen können auch untereinander sehr viel Spaß haben. Zum Beispiel in einem Internat. Da gibt es richtige Kameradschaft.« (Rasmussen, S. 145–46)

Bisher war es immer so gewesen – und so war es auch noch –, daß Frauen heiraten sollten, während Freundschaften unter unverheirateten jungen Mädchen gern gesehen waren, obwohl die nun, wie Inger Marie sagte, auf Kameradschaft aufbauten und nicht auf sentimentaler Schwärmerei. Viele der Romane für junge Mädchen, die damals herauskamen, enthielten auch Beschreibungen von Mädchenfreundschaften, die als treu, hilfreich und – kameradschaftlich dargestellt wurden. Bei manchen wies schon der Titel darauf hin, daß das Buch von diesem Thema handelte: »Die muntere Gesellschaft«, »Kriegskameradinnen«, »Sieben Mädchen nehmen die Sache in die Hand« oder »Zwei Freundinnen«.

Skolepiger (Schulmädchen) von Valborg Dahl ist eines der wenigen Mädchenbücher aus dieser Zeit, die eine Schwärmerei unter Mädchen beschreiben. Hier wurde die arme Karen von der hochmütigen Adelheid und ihren Freundinnen in der feinen privaten Mädchenschule verspottet – wo sie einen Freiplatz bekommen hat, ihrer guten Leistungen wegen. Eines Tages fragte Ellen, der Liebling der Klasse, ob sie nach der Schule mit ihr nach Hause kommen wollte. »Karen lächelte strahlend unter Tränen und bedankte sich bei Ellen, denn wenn es in der Schule eine gab, für die alle schwärmten, dann war das die schöne, lebhafte Ellen.«

Danach sagte Ellen, sie wollte die Lehrerin fragen, ob sie nicht nebeneinander sitzen könnten. »›Ach, Ellen, das ist mein größter Wunsch!‹ rief Karen und wurde vor Freude flammend rot. ›Komisch, was ihr plötzlich für dicke Freundinnen seid‹, sagte Adelheid spöttisch. ›Wir werden noch viel dickere Freundinnen, das kannst du mir glauben‹, gab Ellen zurück. Und so kam es auch. Von diesem Tag an waren Karen und Ellen unzertrennlich – ach, es war ein wunderbarer und unvergeßlicher Tag für Karen. Erst durfte sie Ingers Platz neben Ellen einnehmen und danach – der Heimweg von der Schule, wo sie über die Maßen stolz mit Ellen Arm in Arm ging.«

»Jeden Tag lernten sie zusammen; beide waren gute Schülerinnen und lernten leicht, aber Ellen war unstetig und hatte oft Anfälle von Faulheit, nun steckte Karen sie mit ihrem Fleiß und ihrer Gründlichkeit an, und beide bekamen ausgezeichnete Zeugnisse. Der Arzt und seine Frau merkten bald, welchen guten Einfluß die stille und bescheidene kleine Karen auf Ellen hatte, und sie gestatteten es deshalb gern, daß die beiden Mädchen immer zusammen waren.«

»Karen war unbeschreiblich glücklich; es gab wirklich nichts, was Ellen von ihr verlangte, was sie nicht freudig getan hätte; wenn ihr das überhaupt möglich war. Sie schrieb für Ellen Vokabeln auf, spitzte ihre Bleistifte und hielt ihre Sachen in Ordnung, sowohl in der Schule als auch zu Hause, und Ellen nahm ihre Anbetung entgegen und beschützte sie im Gegenzug in der Schule vor allen Angriffen.« (Dahl, S. 14–16)

Diese drei Abschnitte zeigen, daß Mädchenfreundschaften vor allem in den Bereichen blühten, die diese zwangsheterosexualisierte Gesellschaft immer noch für Frauen reserviert hatte, wie Haushaltsschulen, Internate und Mädchenschulen. Obwohl Dänemark so modern war, daß bereits sehr früh Koedukationsschulen eingeführt wurden, hatten andere Länder noch viele Jahre später getrennte Schulen. Meine in Frankreich geborene Mutter Irène zum Beispiel hat nur Mädchenschulen besucht, und deshalb habe ich sie gebeten, einige Erinnerungen an die Zeit aufzuschreiben, als sie in einem reinen Frauenuniversum in der Stadt Brive in Südfrankreich lebte. Sie wurde 1923 in Montmartre in Paris geboren und zog mit zwölf Jahren mit ihren Eltern nach Brive.

Die Verhältnisse in Brive waren ganz anders als in Paris, denn Brive war eine konservative Stadt, hielt die alten Werte hoch und trennte die Geschlechter. Als das Jungengymnasium sanierungsreif geworden war, wurde ein neuer, großer Bau errichtet, in den die Knaben umzogen. Da die neue Schule aber zu groß war, wurden die Eltern gefragt, ob die Mädchen dasselbe Gymnasium besuchen dürften. Das durften sie natürlich nicht, und deshalb wurden sie in das alte, von Ratten nur so wimmelnde Gebäude verlegt, als die Jungen auszogen.

Irène sagt, daß sich in Brive nur »les filles mauvaises«, die unartigen, unmoralischen Mädchen, vom Mädchengymnasium auf dem Heimweg mit Jungen vom Jungengymnasium trafen. Die Gruppe von Mädchen, zu der sie selber gehörte, also »les filles respectables«, legte zuviel Wert auf ihren guten Ruf, um sich mit Jungen sehen zu lassen. Das führte dann dazu, daß sie sich Männern gegenüber gehemmt und unbeholfen vorkam, als sie mit zwanzig Jahren endlich anfing, mit ihnen kameradschaftlich zu verkehren.

Die Mädchen in diesem Universum wußten noch nicht, daß es den Begriff Homosexualität gab, und deshalb dachten sie gar nicht daran, diesen Begriff auf sich anzuwenden und an ihren

Titelbild eines dänischen Jungmädchenromans von 1936

Freundschaften etwas suspekt zu finden. Sie küßten einander zur Begrüßung und zum Abschied auf die Wange, aber das ist in südlichen Ländern so üblich. Darüber hinaus hatten sie keine physische Intimität, und ihre Freundschaften waren ein natürlicher Teil der eingeschlechtlichen Jugendkultur der Stadt.

1939, als Irène 16 war, formte sich zwischen ihr und einigen Mitschülerinnen eine feste Gruppe heraus, und kurz nach Ausbruch des Zweiten Weltkrieges organisierten sie als Reaktion darauf selber ihre Unterhaltungen. »Wir machten Fußwanderungen auf dem Lande, und ab 1941 unternahmen wir auch Radtouren. Wir machten ganztägige Ausflüge und picknickten in der Natur, jede brachte etwas zu essen mit, und wir hatten viel Spaß. Jacqueline C., die eine Klosterschule besucht hatte, brachte uns das Tanzen bei. Bei den beiden Schwestern Josette und Janine – die viel Platz hatten und wo wir niemanden störten – hatten wir unsere Tanzklubtreffen, natürlich ohne Jungen. Als wir eines Tages in der Stadt waren, begann es zu regnen, und wir suchten Schutz im Eingang des Hauses, wo unsere Biologielehrerin wohnte. Um uns die Zeit zu vertreiben, tanzten wir miteinander ›La Java‹. Im Schuljahr 1942/43 wohnte ich in einem Mädchengymnasium in Toulouse, es war das traurigste Jahr des Krieges, und unsere einzige Unterhaltung abends, nach den Schulaufgaben, bestand darin, miteinander in einem großen verstaubten Saal zu tanzen, wo wir uns im Takt zu einer langsamen Melodie wie ›Heute abend bin ich mit meinem Kummer allein‹ bewegten.«

Im Internat schliefen die Schülerinnen in Schlafsälen, außerhalb der Schule kam es jedoch vor, daß Irène und ihre Freundinnen die Tradition des 19. Jahrhunderts weiterführten und im selben Bett schliefen. Im Schuljahr 1943/44 war sie zwanzig Jahre alt und begann an der Universität von Toulouse, hatte aber weiterhin Kontakt zu ihren alten Freundinnen, die andere Ausbildungen machten. Eine davon war Jacqueline V., die zusammen mit einigen jungen Frauen in einer kleinen Wohnung wohnte. Sie wurden Irènes neue Freundinnengruppe, und sie gingen zusammen ins Theater und ins Kino.

»In ihrer Wohnung aßen wir mit Begeisterung scheußliches Essen. Sie wohnten im Zentrum von Toulouse, und ich wohnte etwas weiter weg in einem Zimmer in der Straße, wo das Hauptquartier der Gestapo lag. Abends nach Hause zu gehen war also

Irene links mit ihren beiden Schwestern Josette und Janine

ziemlich unangenehm. Einmal, als wir später als sonst aus dem Theater kamen, war schon Sperrstunde, und deshalb boten sie mir an, bei ihnen auf dem Boden zu schlafen. Später zog ich nach Brive zurück, studierte aber weiterhin in Toulouse, und Anfang Juni 1944, unmittelbar vor D-Day, hatte ich morgens früh ein Examen in der Stadt. Deshalb übernachtete ich vorher bei Jacqueline, und ich schlief in einem Doppelbett zwischen den vier anderen, und wir quatschten und lachten die ganze Nacht.«

Nach der Befreiung von Paris im August 1944 setzte Irène ihr Studium an der Sorbonne fort. Hier lernte sie Denise kennen, mit der sie ein Jahr später im Quartier Latin zusammenzog. Dort wohnten sie, bis meine Mutter 1947 meinen Vater heiratete und nach Dänemark ging. Irène hat immer noch Kontakt zu ihren Freundinnen von vor vierzig Jahren, und Denise ist sogar meine Patentante.

Auf meine eindringlichen Fragen, ob die Freundinnengruppe den Begriff Homosexualität gekannt hätte, hat meine Mutter ihre Erinnerung durchkämmt. Sie weiß noch, daß sie erst mit zwanzig Jahren erfahren hat, daß Homosexualität auch unter Frauen vorkommen kann, wobei sie und ihre Freundinnen sich aber vor allem fragten, wie Frauen sexuell aktiv würden. Nicht einmal in ihren wildesten Phantasien hätten sie diesen Begriff in Verbindung mit ihrer Freundschaft gebracht, denn der – soweit ihnen bewußt war – fehlte jegliches Begehren.

Scheinbar gab es jedoch nicht nur Freundschaften, die sich keiner Begier bewußt waren, denn die dänische Ärztin Dida Dederding schrieb in ihrem 1941 erschienenen Buch *Sundhetslære for unge Kvinder* (Gesundheitslehre für junge Frauen): »Wenn das Triebleben erwacht, hat es oft eine solche Stärke, daß es den jungen Leuten schwerfällt, es sofort unter Kontrolle zu bringen. Man kann in diesen Jahren auch erleben, daß junge Menschen sich vom selben Geschlecht erotisch angezogen fühlen. Das beginnt in der Regel damit, daß das junge, unerfahrene Mädchen von einer älteren Freundin über Onanie belehrt wird und mit Hilfe der älteren Freundin geschlechtliche Lust empfindet. Nicht selten haben junge Frauen mit meiner Hilfe versucht, aus einer solchen ›Freundinnenbeziehung‹ herauszukommen. Meistens ist das auch nicht schwer, da die Ältere das junge Mädchen und damit die Macht über es aufgibt, wenn sie erkennt, daß die Beziehung entdeckt worden ist.« (Dederding, S. 20–21) Wie

Elsa bei Kate Fleuron fand Dr. Dederding Zärtlichkeiten unter Freundinnen also suspekt. Und wir müssen erkennen, daß das Paar aus den französischen Romanen vom Anfang des 19. Jahrhunderts mit seiner unangenehmen Machtverteilung wiederauferstanden war.

Die begehrenden jungen Frauen hatten jedoch bald keine Stigmatisierung mehr zu fürchten, denn um 1940 wurde ein Unterschied zwischen homosexueller Orientierung und homosexuellem Handeln eingeführt. Die Wissenschaft hatte das zwar schon Ende des 19. Jahrhunderts gemacht, als sie die homosexuelle Orientierung als eine entschuldbare Perversität und die homosexuelle Handlung als verwerfliche Perversität bezeichnet hatte. Aber nachdem Kinsey 1948 seine Untersuchungen über das Sexualverhalten der Männer in den USA veröffentlicht hatte, stellte sich heraus, daß 37 Prozent der Befragten einen Orgasmus mit einem anderen Mann erlebt hatten, während sich nur vier Prozent für homosexuell hielten.

Die weite Verbreitung von homosexuellem Verhalten ohne entsprechende homosexuelle Orientierung bedeutete, daß es nicht länger möglich war, die Ursachen für die Homosexualität eines Menschen in seinem verkorksten Seelenleben zu suchen. Denn dann wäre ja fast die Hälfte der Bevölkerung verkorkst gewesen – und wenn das der Fall war, dann stimmte vielleicht eher etwas nicht mit der Norm, nach der beschlossen wurde, wer verkorkst war und wer nicht. Außerdem stellte sich heraus, daß unnormales Verhalten so verbreitet war, daß es fast als normal bezeichnet werden mußte, und daß die Stigmatisierung des Unnormalen die Leute offenbar nicht davon abhielt, sich an unnormalen Handlungen zu beteiligen. Die Wirklichkeit hatte das Ideal überholt, und vor allem die sexuellen Freundschaften zwischen jungen Leuten profitierten davon, da sie aus der unklaren Gefühlslage dieses Alters heraus erklärt wurden – der Geschlechtstrieb der jungen Leute hatte ganz einfach noch nicht den richtigen Weg gefunden.

In den Aufklärungsbüchern und ihren Kapiteln zum Thema Homosexualität wurde deshalb festgestellt, daß solche Beziehungen unter jungen Leuten ganz natürlich waren und nicht mit Homosexualität zu tun hatten. Die Tatsache, daß wir solche Erklärungen aber trotzdem im Kapitel über Homosexualität fanden, wies darauf hin, daß solche Freundschaften bisher als mehr oder minder homosexuell angesehen worden waren. Das war nun nicht mehr der Fall, und die jungen Leute durften ihr Begehren mit einer Person desselben Geschlechtes entdecken und ausüben. Das hatte jedoch auch zur Folge, daß die scharfe Verurteilung von milder Nachsicht abgelöst wurde und daß diese Freundschaften nun als »Mangel an Besserem« galten und ein wenig auf derselben Stufe standen wie Frigidität; Resultat also von Unreife und Angst vor dem anderen Geschlecht. Das zeigt sich auch in dem beruhigenden Abschnitt, den die Ärztin Birte Høeg Brask 1954 in ihrem *Lægebog for Kvinder* (Arztbuch für Frauen) im Kapitel über die Pubertät schreibt.

»Homosexualität. Pubertätsfreundschaft zwischen zwei Personen des selben Geschlechts kann oft von intimem Charakter mit sexueller Betonung sein. Bisweilen kann sie sich zu sexuellen Beziehungen mit gegenseitiger Masturbation entwickeln. Das muß nicht bedeuten, daß die Freundinnen homosexuell sind oder sein werden, sondern kann einfach daran liegen, daß es noch zu gefährlich oder zu schwierig ist, sich den Jungen zu nähern; es ist mit anderen Worten eine vorübergehende Phase in der sexuellen Entwicklung. Solche Verhältnisse entstehen vor allem dann, wenn die beiden Geschlechter streng voneinander getrennt werden, zum Beispiel in Internaten. Echte Homosexualität hat jedoch Ursachen, die weit in die Kindheit zurückreichen.« (Brask, S. 281)

Die Beruhigungen ärztlicher Autorität wurden mit der besten Absicht gegeben, da die Ärzte verhindern wollten, daß Eltern und Lehrer etwas Ungefährliches verboten, sie trugen aber gleichzeitig dazu bei, daß diese Freundschaften für unschädlich und damit für unwichtig befunden wurden. Die Freundschaft, die im 19. Jahrhundert im Vergleich zur Ehe eine Oase der Gemeinsamkeit gewesen war, war in moderner Zeit den jungen Menschen vorbehalten und wurde als vorübergehende Phase in ihrem Marsch in die erwachsene Welt betrachtet. Die, die diese Phase nie überwanden, sondern homosexuell wurden, konnten nur als leicht kindisch betrachtet werden. Aber indem diese Freundschaften als vorübergehende Phase eingestuft wurden, wurden sie nicht mehr ernst genommen. Was für Jugendliche die erste beunruhigende, allesumwerfende Begegnung mit Liebe und Begehren war, wurde von den Eltern – auf Rat der Fachleute – nur geduldet und als notwendiges Übel abgeschrieben.

Trotzdem hatten einige Eltern immer noch nicht von der Ungefährlichkeit solcher Freundschaften gehört, und dann war es die Aufgabe der Jugendlichen, sie über die Ansichten der Ärzte aufzuklären. Durch diesen Akt der Selbstverteidigung verringerten und verrieten sie gleichzeitig ihre Liebe, was Germaine Greer in ihrem Buch *Der weibliche Eunuch* darstellt. Sie berichtet über ein Erlebnis aus ihrer eigenen Jugend im Australien der fünfziger Jahre. »Ich erinnere mich an eine Szene mit meiner Mutter, als sie einen Brief entdeckte, den ich meiner Angebeteten in der Schule geschrieben hatte, einem Mädchen, das mich mit Beethoven bekannt machte und seine Sonaten in einem schäbigen Raum für mich spielte, in den wir uns in jedem freien Moment zurückzogen. (...) Meine Mutter schrie, ich wäre unnatürlich; um ihren Redefluß zu dämmen, wiederholte ich, was ich in der Sonntagsbeilage gelesen hatte, daß es sich um eine vorübergehende homosexuelle Phase in der Pubertät handelte und daß ich damit fertig wäre. Diesen verlogenen, feigen Verrat an meiner Geliebten und mir selber büßte ich noch wochenlang. Welche Vergebung kann es dafür geben?« (Greer, S. 100)

Begehren und bewundernde Liebe aus der Entfernung

Eine Frage war allerdings, wie dieses mehr oder weniger erlaubte Begehren von jungen modernen Mädchen verwaltet wurde, eine ganz andere Frage war, wie die erwachsenen Frauen selber damit umgingen. Sie waren ja mit der Vorstellung vollgestopft worden, daß der Geschlechtstrieb auf Männer gerichtet zu sein hatte, daß alles andere eine Abweichung wäre. Doch es gab selbst in der modernen Zeit noch Frauen, deren Begehren nicht durch einen Mann befriedigt worden war. Das war der Fall bei Gertrud Jensenius, der Ich-Erzählerin in Gertrud Jensens 1957 erschienenen Buch *Alting er en overgang – sagde ræven* (Alles ist ein Übergang – sagte der Fuchs).

Auf der Rückseite des Buches verkündet der Verlag, daß das Buch von einer ledigen, selbständigen Frau handelt, die als Lehrerin arbeitet. »Die Wechseljahre stürzen ihre Welt wie eine physische und psychische Revolution um, und Gefühle und Forderungen, die sie bisher unterdrückt oder nicht gekannt hat, melden sich unerbittlich.« Wie »Sanne, warum lügst du« von 1944 wurde auch dieses Buch als Roman vermarktet, der eines der beiden neuen Leiden der modernen Frau behandelt – Frigidität bei Sanne, die Wechseljahre bei Gertrud. Aber wie der Verlag auch schreibt, mußte Gertrud so entsetzlich viel durchleiden, »und erst nach einigen Jahren der verzweifelten Suche trifft sie die erlösende Weisheit bei zwei Frauen, die die Wechseljahre schon eine Weile hinter sich gelassen haben. Sie helfen ihr bei ihren Schwierigkeiten, und sie findet neue Freude am Leben.«

Das ist eine schöne Art, die Verliebtheit einer Frau in den Wechseljahren in eine andere Frau zu umschreiben, denn Gertrud erlebte nicht nur, daß sich das Begehren in spätem Alter zeigte, sondern daß es wie bei den anderen unzurechenbaren Frauen – denen in der Pubertät – im Winde flatterte und sich nicht richtig entscheiden konnte, wo es zur Ruhe kommen sollte. Gertrud hatte in religiösen Kreisen verkehrt, was erklären kann, daß sie sich nicht mit dem modernen Begehren beschäftigt hatte. Als sie etwa vierzig war, blickte sie auf ihr Leben zurück.

»Und was hatte das Leben denn *mir* gegeben? Hatte ich denn überhaupt richtig gelebt? Um das Beste war ich betrogen worden. (...) Meine Gedanken begannen wie nie zuvor, um das zu kreisen, wovon ich gehört – und gelesen hatte und von dem ich soviel wußte, das ich aber nie probiert hatte: den physischen Verkehr zwischen Mann und Frau. – Nicht ein einziges Mal hatte ich das versucht. Was doch so wunderbar sein sollte. Das Leben in höchster Potenz. – Sollte ich denn nun alt werden – und verwelkt – und sterben, ohne gelebt zu haben?« (Jensen, S. 36)

Leben war für sie also zum Synonym von Begehren geworden, und diese Gedanken erweckten ihr Begehren. Sie onanierte zum erstenmal in ihrem Leben, was ihr zwar Vergnügen brachte, aber auch Anlaß zu quälenden Schuldgefühlen gab, weil sie sich nicht beherrschen konnte. Sie versuchte ohne Erfolg, mit ihrem Pastor über das Problem zu sprechen, und sie rief endlich Gott um Hilfe an – genau wie Thora Esche das an die hundert Jahre früher getan hatte.

»Eines Abends wartete ich auf einen Bus. Ich stand wie immer da und zerbrach mir den Kopf. Ich konnte ja fast an nichts anderes denken. Es goß wie aus Kannen, das weiß ich noch. Es war mir egal. – Plötzlich wurde ich verzweifelt: Hör mal, Gott, sagte ich – so kann das nicht weitergehen. Jetzt *mußt* du mir helfen – sonst werde ich wahnsinnig. Und ich glaubte Gott sagen zu hören: ›Ja,

Frauen in der Pause bei einer Veranstaltung des Dänischen Frauenbundes

ich werde dir helfen.‹ Ach, was war ich froh!« (S. 70–71)

Gertrud war sich darüber im klaren, daß das, woran sie unablässig dachte, der physische Verkehr mit einem Mann war, denn das hatte die gesamte heterosexuelle Propaganda ihr beigebracht. Deshalb plante sie eine Verliebtheit in einen Witwer, aber als er sich mit einer anderen verheiratete, ehe er »das« mit ihr gemacht hatte, gab sie es auf, die Männer noch weiter zu erforschen. Statt dessen machte sie in den Ferien einen Kurs für Frauen und fühlte sich augenblicklich wohl dabei. »Und nach zwei Tagen glaubte ich, daß ich sicher nicht zufällig hierhergeführt worden war. Gott mußte dafür gesorgt haben. Ausnahmsweise hatte Gott sich etwas ganz und gar Gutes ausgedacht. Und ich hatte vorher nicht das geringste geahnt.« (S. 123) Gott hatte also veranlaßt, daß Gertrud der Liebe begegnete, und da Gott die Finger im Spiel gehabt hatte, war dieses Gefühl vertrauenerweckender.

»Hör mal, was ist los mit dir? fragte ich mich selber. Hast du dich auf deine alten Tage noch verliebt? Und dann nicht einmal in einen Mann, sondern in eine *Frau*. Wie damals, als du zur Schule gingst und für deine Klassenlehrerin schwärmtest. Ich war ein wenig nachdenklich. War das nicht unnatürlich – und lächerlich –, so vor Gefühlen überzuschäumen wie eine 15jährige? Wo ich doch 45 war. Aber andererseits: Es war so wunderbar, verliebt zu sein. Also lebte ich doch noch. Also war ich noch nicht alt und verwelkt.« (S. 124)

Ob sie ihre Verliebtheit zu einer Frau oder einem Mann nährte, war Gertrud eigentlich egal, wenn sie nur den Rausch empfand und fühlte, daß ihr Leben noch nicht vorbei war. Ihre Bedenken gingen nicht dahin, daß sie Angst davor hatte, homosexuell zu sein, sie fürchtete, sich wie ein Kind zu benehmen. Wie der Verlagstext auf der Rückseite schon gezeigt hat, war ihre Verliebtheit zulässig, weil sie sich wie die pubertären Mädchen in einem unzurechnungsfähigen Zustand befand. In der modernen Zeit waren also die Frauen in der Pubertät und in den Wechseljahren wahnwitzig genug – oder hemmungslos genug? –, die Gefühle zu akzeptieren, die im 19. Jahrhundert das gesamte weibliche Geschlecht gekannt hatte.

Gertruds Verliebtheit richtete sich allerdings nicht auf ebenbürtige Kameradinnen, sondern auf die Kursleiterin, Frau Caritas Hummel, eine Witwe. Diese bewundernde Liebe auf Distanz war in der modernen Zeit Schulmädchen und Idolverehrerinnen vorbehalten gewesen, aber Gertrud paßte sich dieser Rolle ganz hervorragend an und starrte in ihrem 45. Jahr bewundernd ihre Lehrerin an. »Ich hatte Bleistift und Notizbuch auf dem Tisch bereitliegen. Und wenn sie etwas richtig Gutes sagte, schrieb ich es schnell auf. Ansonsten sah ich sie die ganze Zeit an. Ich versuchte, ihre Blicke zu fangen und ihr gewissermaßen zu telegrafieren, daß ich zuhörte – und begriff – und mich über alles freute, was sie sagte.« (S. 125)

Wie Olivia und Henriette Skram und Edith Simcox und all die anderen aus dem 19. Jahrhundert begehrte Gertrud, ihre Liebe in Hoffnung auf Erwiderung zu zeigen. Am letzten Kursabend folgte sie deshalb Frau Hummel, die einen Spaziergang machte. »Nachher wußte ich nicht mehr so recht, wie es passiert war. Ich wußte nur noch, daß ich auf der Landstraße stand und meine Arme um sie gelegt hatte. Was hatte sie doch für eine schlanke Taille, dachte ich. – Drück nicht so, sagte sie freundlich. Du bist so stark. – Ich *fühlte* so viel. Ich konnte fast kein Wort herausbringen. Es ist schön – daß ich dich wiedersehe – in Kopenhagen – stotterte ich. – Ich durfte sie bis an ihre Tür bringen. Schlaf jetzt gut die letzte Nacht, sagte sie und winkte mit der Hand.« (S. 128)

Da Gertrud so viel *gefühlt* hatte, hatte sie die Sprache verloren und konnte den Wunsch ihres Begehrens nicht mehr ausdrükken, aber es war ja deutlich, daß sie auf eine Vereinigung hoffte, selbst wenn diese nur seelisch wäre. Und ihr Eifer wurde belohnt, denn Frau Hummel war bereit, ein einziges Mal bei Gertrud zu übernachten – wenn auch nicht im selben Bett –, was aber auch egal war, da Gertrud nur ihre Nähe begehrte. »Es war nicht zu fassen, daß sie wirklich die Nacht hier verbringen würde, bei mir, in meiner Wohnung. Daß sie hier erwachen würde – und aufstehen – und sich waschen – und Kaffee trinken – in meinem Wohnzimmer – und zusammen und allein mit mir.« (S. 136)

Diese Verliebtheit war eine unsägliche Freude für Gertrud, aber selbst in ihrer unmodernen Welt erhob die Sexualwissenschaft ihr häßliches Haupt. Um 1950 mußte man reichlich zurückgeblieben sein, um noch nicht von Homosexualität gehört zu haben, und obwohl Gertrud vor allem in religiösen Kreisen verkehrte, war sie doch ausgebildete Lehrerin und wußte genau, daß es diesen Begriff gab. Die frühere Trennung zwischen ihrer eigenen geistigen Liebe und den Schrecken der Aufklärungsbücher wurde aufgehoben, und sie schrieb in ihrer Not an die Ärztin Dr. Rasmussen – die andere postklimakterische Frau, die auf der Rückseite des Buches erwähnt ist – und berichtete von ihren Verliebtheiten, die sich nur sehr selten auf Männer gerichtet hatten.

»Ansonsten, fuhr ich in meinem Brief fort – habe ich mich meistens in Frauen verliebt. Frauen, die älter waren als ich und die ich bewunderte. Von meiner Klassenlehrerin in der Mittelschule bis zu Frau Hummel heute. Sie tauchten in meiner Erinnerung auf – eine lange Reihe – eine nach der anderen: meine Klavierlehrerin, Frau Clausen in Jütland, Mrs. Fry in England, Frau Gerner in Österreich und viele andere. War es verkehrt, sich so in Frauen zu verlieben? War es unnatürlich? War es im Grunde eine Form von Homosexualität? Ich hatte mir über diese Frage so oft den Kopf zerbrochen. Hatte mich vor mir selber gefürchtet. Davor, ich könnte nicht normal sein. Nun mußte ich Dr. Rasmussen fragen, die sich in diesen Dingen so gut auskannte. –

Ich *konnte* doch nicht aufhören, Caritas Hummel so schrecklich gern zu haben. Sie war so gut zu mir gewesen. Aber lag in meinen Gefühlen etwas Ungesundes?« (S. 156)

Eine solche Liebesgeschichte nimmt sich in der modernen Zeit etwas kindisch aus, während sie im 19. Jahrhundert für viele unverheiratete Lehrerinnen typisch gewesen wäre. Auf diese Weise war Getrud so etwas wie ein Anachronismus. Da sie jedoch in einer Zeit lebte, in der der Begriff Homosexualität bekannt war, war sie auch bereit, sich als Abweichlerin stempeln zu lassen, da sie sich ihre Verliebtheit nicht aus dem Kopf schlagen konnte. Aber sich selber als Homosexuelle zu begreifen wäre für Gertrud keine Katastrophe gewesen, da sie sich nicht nach einer Begegnung mit ihresgleichen sehnte, sondern damit zufrieden war, sich in Frauen aus der anständigen Welt zu verlieben. Sie fürchtete kein zur homosexuellen Subkultur verdammtes, sondern ein zur Begehrlosigkeit verdammtes Leben.

»In letzter Zeit hatte ich mir viele Gedanken über meine Beziehung zu Frau Hummel, Caritas, gemacht. Liebte ich sie zu sehr? Lag in meinen Gefühlen für sie etwas Ungesundes? Quälte ich sie mit meiner Liebe? (...) Als ich zuletzt mit Frau Hummel zusammengewesen war, hatte ich nachher das Gefühl, irgend etwas hätte nicht gestimmt. Ich war nicht so glücklich und so ›satt‹ wie sonst, wenn sie mich besucht hatte. Ich ärgerte mich darüber, daß ich unserem Zusammensein nicht genug abgewonnen hatte. Was ich ihr hätte sagen sollen, fiel mir erst nachher ein. – Sie war doch immer liebevoll und fürsorglich. Aber hielt sie mich nicht dennoch ein bißchen auf Distanz? – Durfte ich denn nichts für sie sein? Wo sie für mich doch soviel gewesen war.« (S. 159)

Daß Gertrud sich nicht »satt« fühlte, kann daran liegen, daß ihre Begegnungen mit Frau Hummel sie nicht mehr befriedigten, da sie mehr begehrte, ob das nun eine sexuelle Vereinigung oder ein Beweis der Erwiderung war. Aber Frau Hummel hielt Distanz, genau wie die mächtigen Schulleiterinnen des 19. Jahrhunderts, und diese Distanz hinderte Gertrud daran, sich ebenbürtig zu fühlen. Deshalb war sie dazu verdammt, die Befriedigung ihrer Liebe in dieser Liebe selber zu finden.

Kurz darauf erklärte Gertrud Frau Hummel ihre Liebe, ohne jedoch auf die erhoffte Gegenliebe zu stoßen. Frau Hummel stellte klar, daß sie ihre Gefühle nicht auf dieselbe Weise erwidern könnte, und in Zukunft versuchte Gertrud sich am Balancegang zwischen Begehren und Abweisung und korrespondierte weiterhin mit Frau Hummel, um auf diese Weise eine Erwiderung zu bekommen. »Ich sammelte ihre Briefe in einer Schublade. Ich bewahrte alles von ihr auf, auch die Umschläge. Die Schublade war schon halb voll. Der letzte Brief von ihr lag immer auf meinem Tisch. Manchmal benutzte ich ihn auch als Lesezeichen im Buch, das ich gerade las. – Wenn ich dann unerwartet meinen Namen und meine Adresse in ihrer Handschrift sah, dann bekam ich gewissermaßen ein Gefühl der Wärme.« (S. 173) Und das blieb Gertruds einzige Befriedigung. Am Ende des Buches hatte sie in ihrer Beziehung zu Frau Hummel das Gleichgewicht zwischen Begehren und Unerreichbarkeit gefunden. Aber viel konnte darauf hinweisen, daß es eine Lösung »mangels Besserem« war, die nächstbeste, und daß Gertruds eigentliches Begehren eine Erwiderung oder am liebsten eine physische Vereinigung wünschte.

Die moderne Frau, Frauenliebe und Begehren

Was Gertrud nie erlebte, wurde jedoch anderen modernen Frauen zuteil, deren sexuelles Begehren von Frauen und Männern befriedigt wurde. Dennoch gab es einen Qualitätsunterschied zwischen diesen beiden Befriedigungen, denn das um sich greifende heterosexualisierende Bewußtsein forderte, daß sich der Geschlechtstrieb auf Männer richtete, und erklärte die Ausrichtung auf Frauen für lächerlich. Andererseits war das Geschlechtliche ja nicht der einzige Bestandteil der Liebe, und wie Elisabeth in Aase Hansens Roman bereits angedeutet hatte, war es nicht immer ganz leicht, sexuelles Begehren und Durst nach Liebe von Männern befriedigen zu lassen.

Im 19. Jahrhundert wußte jeder Idiot, daß Frauen und Männer unter dem Wort Liebe etwas Unterschiedliches verstanden. Im 20. Jahrhundert existierte dieser Unterschied zwar noch, wurde aber so geschickt getarnt, daß Frauen ihn erst spät entdeckten und dann überrascht und enttäuscht waren.

Das zeigte sich an einem Erlebnis, das Liane de Pougy in ihrem Tagebuch beschrieb. Sie hatte sich in ihren jungen Jahren als Kurtisane in Paris über Wasser gehalten, bis sie sich im Alter von

41 Jahren 1910 mit einem polnischen Fürsten verheiratete. Obwohl sie eine Vorliebe für Männer hatte, konnte sie 1899 den Annäherungsversuchen der eingeschworenen Frauenliebhaberin Natalie Clifford Barney nicht widerstehen, und sie gingen eine Liebesbeziehung ein, die zwei Jahre anhielt und die Liane in ihrem Roman *Idylle Saphique* beschrieben hat. 1922 nahm sie die Bekanntschaft mit Natalie wieder auf, die damals 46 war, und es brannte lichterloh zwischen ihnen. »Sie preist meinen Körper bis zur Taille. Das ist alles, was ich mir herzugeben gestatte. Der Rest gehört Georges und darf von niemandem sonst berührt werden. Der Rest – das wäre eine zu große Sünde. Und dieser Rest hat sich außerdem an Georges gewöhnt und pocht nur für ihn.« (Pougy, S. 176)

Als wahre moderne heterosexuelle Frau hatte Liane sich also darauf eingestellt, nur von einem Mann sexuell befriedigt werden zu können. Drei Monate nach dieser Tagebucheintragung jedoch konnte der moderne Mann seinen Hut nehmen, denn bei Natalie hatte Liane Befriedigung und Vereinigung von sexuellem und seelischem Begehren gefunden. »Ich habe gerade einen schönen Brief von Natalie bekommen. Wir lieben uns tief; sie hat mich immer intellektuell angesprochen. Unsere Seelen haben sich mit Zärtlichkeit verstehen und vereinigen können. Die Handlungen unserer Körper folgen den Sehnsüchten unserer Seelen. Darin liegt nichts Häßliches, nichts Brutales, nichts Schmutziges. Ich liebe es, mich an sie zu schmiegen, in ihren Armen zu liegen, von ihren Gedanken, die in kurzen, lebhaften Sätzen verdampfen, in den Schlaf gewiegt zu werden. Meine Natalie, sie ist ein Geschenk des Himmels. Georges ist ein stillstehendes Wesen, schwammig, ohne Kräfte, ungesund; Natalie ist ein leichter Sonnenstrahl, der alles auf ihrem Weg vergoldet.« (S. 183)

Zur selben Erkenntnis kam die amerikanische Journalistin Dorothy Thompson, als sie 1932 mit 39 Jahren die 44jährige Christa Winsloe wiedersah – die Autorin eines Schauspiels, das unter dem Titel *Mädchen in Uniform* verfilmt wurde und das von der Verliebtheit einer Internatsschülerin in ihre Lehrerin handelte. Diese Begegnung ließ Dorothy an frühere sexuelle Beziehungen zu Frauen denken, aber als moderne Frau distanzierte auch sie sich in ihrem Tagebuch davon und bekannte mit gewissem Bedauern, daß sie sich damals nicht nur mit Küssen zufriedengegeben hatte.

Liane de Pougy links und Natalie Clifford Barney

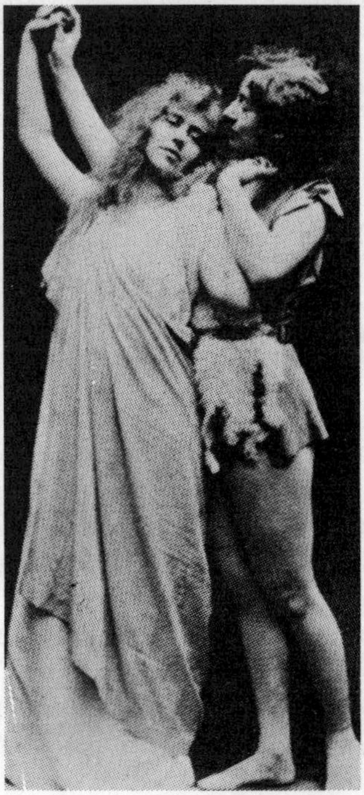

»Das hätte ich wirklich bleibenlassen sollen. Das andere war so eine Perversion, eine Perversion der Liebe zu einem Mann. Man liebt Männer anders, und der Höhepunkt der Liebe zu einem Mann ist sehr leicht für mich. Diese Formen von sapphischer Liebe waren dasselbe, wie mit einem... impotenten Mann zu lieben, von ihm geliebt zu werden. Man bekommt es satt. Es hat etwas Kraftloses, ja, fast etwas Lächerliches. Eine Frau zu lieben ist auf irgendeine Art lächerlich. Es ist nicht das Richtige für mich. Ich bin doch heterosexuell. Sogar nach der sehr einfachen freudianischen Definition, die die Sache nach dem Ort der orgiastischen Gefühle entscheidet. Wie bei Gretchen im Faust pulsiert die *Gebärmutter* – nichts anderes. Dieses ganze Petting versetzt mir keine tiefen Stöße ins Herz.« (Sheean, S. 175)

Hier führt Dorothy die Diskussion über den Sitz des Orgasmus weiter – Vagina oder Klitoris? Diese Diskussion tauchte in regelmäßigen Abständen auf, und die Fürsprecher des vaginalen Orgasmus meinten oft, daß der klitorale Orgasmus auf Unreife hinweise. Außerdem griff Dorothy zur modernen Definition einer normalen Sexualität, indem sie sich als heterosexuell bezeichnete, und weil sie das war, konnte sie überhaupt keine sexuelle Befriedigung bei Frauen finden.

Obwohl Dorothy tiefe Stöße vorzog, ließ Christa sie jedoch nicht ganz kalt. Zusammen mit ihr empfand sie die Freude der Seelengemeinschaft, die auch Liane entdeckt hatte. »Dennoch hatte ich sofort dieses seltsame, weiche Gefühl... sonderbar... zu Hause zu sein und zu ruhen; eine einhüllende Wärme und Süßigkeit, wie ein schläfriges Bad. Ihr nah zu sein, sie zu berühren, wenn ich vorbeiging. Sie hat eine sehr schlichte, unbewußte Art, dir die Unterseite des Arms zu küssen – ich sage, ›sie hat eine Art‹, und dabei hat sie es erst einmal gemacht. ›Geh nicht‹, hätte ich gern gesagt.« (S. 175/76)

Da die Gesellschaft so stark sexualisiert worden war, war die im 19. Jahrhundert gestattete begehrlose Leidenschaft nun unter erwachsenen Frauen verdächtig geworden. Sie konnten es sich deshalb kaum erlauben, Leidenschaft zu hegen, ohne daß sie selber oder die Umgebung sie für homosexuell hielten. Dennoch sollte auch die moderne Frau immer noch eine größere gefühlsmäßige Verwandtschaft mit Frauen empfinden, und wer sich nicht von Kindesbeinen an für homosexuell gehalten hatte, war nun mehr oder minder bereit, diese stigmatisierte Identität auf sich zu nehmen, wenn es sich nicht ändern ließ.

Das tun zum Beispiel die Personen in Margrethe Spies' 1950 erschienenen Roman *Vi nærmer oss die fyrre* (Wir gehen auf die Vierzig zu). Nach den obligatorischen schlechten Beziehungen zu Männern war Ulla Berg, die Ende Dreißig war, plötzlich einer Frau begegnet, von der sie begeistert war. Ihrer Jugendfreundin Birgit Lange erzählte sie, die Begegnung habe stattgefunden, als sie in der schönen norwegischen Natur stand und malte. Plötzlich tauchte eine fesselnde Frau auf. »Anfangs dachte ich überhaupt nichts, ließ mich nur von ihrer Schönheit berauschen, wie ich mich von der Natur hatte berauschen lassen. Für mich war beides dasselbe.« (Spies, S. 188)

Andere sahen das anders, und als Ulla mit Barbara nach Kopenhagen fuhr und anfing, sich mit ihr zu zeigen, teilte einer ihrer Kollegen ihr mit, es sei nicht dasselbe, eine Frau oder die Natur zu lieben. Ulla war wütend über seine Andeutung und versetzte ihm eine Ohrfeige, woraufhin er mit törichten Entschuldigungen kam. »Das half nichts. Ich hatte das Gefühl, er habe mir einen Eimer Kot über dem Kopf ausgeleert.« (S. 191) Der Koteimer ist natürlich ein Bild für die Beschuldigung, eine richtige Homosexuelle zu sein, was sie durchaus nicht sein wollte.

»Häßliche Zerrbilder von geschminkten Männern, die mit den Hüften wackelten, gingen mir durch den Kopf. Homosexualität war für mich immer ein widerliches Wort gewesen, das ich mit den Menschen verband, die absolut damit protzen wollten, daß sie anders waren, aus Angst, in der Menge zu ertrinken. War ich selber so? Ich hatte die Karikaturen dieser Menschen gehaßt, nicht, weil sie so lebten, denn das ging mich ja nichts an, sondern weil sie unschön waren. Ich hatte mich manchmal gefragt, warum sie sich so benahmen. Wenn sie unglücklich waren, wenn sie nicht für ein normales Leben geschaffen waren und versuchten, sich damit zu trösten, was das Leben ihnen geben konnte, warum dann diese Äußerlichkeit? Ist ein großes Gefühl nicht heilig? Das habe ich immer geglaubt – schon allein, weil es so selten vorkommt.« (S. 191)

Das Auffällige an diesen Gedanken ist, daß Ulla sofort ein Bild von homosexuellen Männern vor sich hat, als ihr der Koteimer über den Kopf gekippt wurde. Frauen zu lieben war zu Homosexualität geworden, was eigentlich Männern vorbehalten war, und damit war die Liebe zu Frauen unsichtbar gemacht worden. Ulla beantwortete ihre Frage nicht selber, ob sie zu dieser Gruppe von Abweichenden gehörte, sondern gestattete sich, ihre Liebe zu Barbara langsam zu entwickeln. Sie beendete deshalb ihren Bericht mit der Erklärung, daß sie sie nicht sexuell begehrte, sondern Liebe wollte, und die konnte gerade eine Frau ihr wegen ihrer psychischen Gemeinsamkeiten geben. Und doch ließ Margrethe Spies sie auch sagen, daß es vielleicht aus »Mangel an Besserem« war, aufgrund ihrer schlechten Erfahrungen mit Männern und der sich daraus ergebenden Einsamkeit.

»Birgit, antworte mir ehrlich, glaubst du, es ist etwas falsch daran, wenn ein anderer Mensch das Beste und Zärtlichste in dir anspricht? Macht es denn etwas, wenn dieser Mensch dasselbe Geschlecht hat wie du? Ich kann Einsamkeit und Verlassenheit nicht ertragen – sie haben alle Impulse der Jahre verbraucht, als ich die Einsamkeit gesucht habe. Der Fluch von uns Frauen ist wohl gerade unser Drang zu geben, jemandem etwas zu sein.

Männer werden von unserer ganzen Zärtlichkeit erstickt. Als du dich über den fehlenden Mut warm geredet hast, habe ich gedacht: Sie meint mich. Ich hatte Angst, meine Gefühle offen zuzugeben. Und warum? Weder sie noch ich sind sensationslüsterne Menschen, die unbedingt etwas Neues ausprobieren wollen. Wir sind einsam und möchten vor allem zusammensein, fühlen uns von einer psychischen Gemeinschaft angezogen. Birgit, es ist wie eine Erlösung. Ich habe den Mut, es dir zu erzählen, daß dieser Mensch mir unendlich teuer ist. Sie ist zart, und ich kann ihr mit meiner robusten Gesundheit helfen. Sie ist unpraktisch, und Kleinigkeiten hindern sie daran, frei zu arbeiten. Wir können zusammen reisen, alles sehen, wonach wir beide uns sehnen, und alles wäre doppelt stark, weil wir danach nicht jede für sich auf einem Hotelzimmer sitzen müssen und von der Einsamkeit erdrückt werden, die keine von uns ertragen kann. Birgit, ich bin glücklich!« (S. 192–93)

Die Begegnung mit der homosexuellen Verführerin

Unter jungen Leuten war sexuelles Begehren nun zugelassen, und manche heterosexuellen Frauen hatten festgestellt, daß sie – ob homosexuell oder nicht – ein Begehren nach anderen Frauen empfanden, das eher liebevoll als sexuell war. Aber die gängige Auffassung von homosexuellen Frauen war, daß sie übermäßig begehrten und kein Mittel scheuten, um sich anderer Frauen zu bemächtigen.

Diese Auffassung finden wir im Bericht der Ärztin Kirsten Auken. Sie hatte in den Jahren von 1944 bis 1947 Informationen über das sexuelle Wissen und Verhalten von 315 Frauen gesammelt. Ihre Ergebnisse veröffentlichte sie 1953 als Dissertation. Die befragten Frauen waren zwischen 20 und 35 und sollten in der achten Frage des Fragebogens alle peinlichen Erlebnisse auf einmal darstellen, nämlich Onanie, Homosexualität, Prostitution, Geschlechtskrankheiten usw. Homosexualität in diesen Schandwinkel zu stellen führte möglicherweise dazu, daß die Gewährsfrauen negativ antworteten, und tatsächlich bekam Kirsten Auken nur wenige Berichte. Nur 17 Frauen gaben an, entsprechende Erlebnisse gehabt zu haben, eine hielt sich selber für homosexuell, zwei hatten sich von anderen Frauen angezo-

Freundinnenpaar mit ausgeprägter Rollenverteilung – jedenfalls, was ihre Kleidung angeht

gen gefühlt, ohne etwas daraus zu machen, und die restlichen 14 waren nachdrücklich abweisend gewesen.

In ihrer Darstellung der Antworten brachte Kirsten Auken zum Ausdruck, daß sich die begehrenden Frauen wahrlich nicht zurückhielten, daß die heterosexuellen Frauen aber auch klarstellten, daß *so etwas* für sie nicht in Frage kam. Eine Hausgehilfin war von ihrer Kollegin in der Nachbarvilla eingeladen worden. »Diese hatte sie umarmt und sie aufgefordert, sich aufs Sofa zu legen. Sie selber wollte sich dann dazulegen. Die Gewährsfrau war sehr schockiert und hat den Besuch nie wiederholt.« Eine andere hatte im Theater eine Frau getroffen, die sie zu sich nach Hause einlud und begann, »ihre Beine zu streicheln. Sie schimpfte und verließ die Wohnung.« Eine vierte war von einer Arbeitskollegin aufgefordert worden, zu ihr zu ziehen, da zwei Frauen einander genausosehr lieben können wie ein Mann und eine Frau. »Sie war zutiefst überrascht und erklärte empört, daß davon keine Rede sein könnte. Später fiel ihr ein, daß diese Freundin sie immer hatte messen wollen, als sie zusammen einen Nähkurs besuchten.« Eine siebte hatte bei einer Gesellschaft eine Frau kennengelernt, »die sich neben sie auf das Sofa setzte und begann, sie anzufassen, weshalb sie zur Seite rücken mußte. Später erfuhr sie, daß die Frau dafür bekannt war, daß sie ›so‹ war.« Eine zwölfte hatte eine seltsame Freundin zu Besuch gehabt. »Als sie sich bückte, um irgend etwas aufzuheben, sprang die Freundin auf sie und rutschte ihren Rücken auf und nieder. Sie verpaßte der Freundin eine ›schallende Ohrfeige‹. Danach weinte die Freundin, weil sie ›so‹ war.« (Auken, S. 333–35) Ob Kirsten Auken ihren Gewährsfrauen diese abweisenden Antworten nun in den Mund gelegt hat oder nicht, so war doch klar wie dicke Tinte, daß sie die Haltung zum Ausdruck brachte, daß »man« einen weiten Bogen um das Begehren von Frauen machen sollte, falls »man« selber eine Frau war.

Dieselbe Meinung vertraten etliche Romanautorinnen, und in der gesamten westlichen Welt beschrieben moderne – und scheinbar heterosexuelle – Frauen in ihren Büchern dieses Begehren mit deutlicher Ablehnung. Meta Nedergaard läßt ihre Heldin Kirsten Bruun im 1942 erschienenen *Thi Adam dannedes først* (Denn Adam wurde zuerst geschaffen), eine gesunde junge Frau sein, die wie Kirsten Aukens Gewährsfrauen über »so etwas« die Nase rümpft. Dennoch brauchte sie etliche Seiten, um zu begreifen, daß die Annäherungsversuche ihrer Pensionswitwe ein sexuelles Begehren zum Ausdruck brachten. »Manchmal merkte sie, daß Frau Tarp sie forschend ansah, und einmal, nachdem sie sich angestarrt gefühlt hatte, hatte sie plötzlich aufgeschaut und war einem innigen warmen, unruhigen Blick der dunklen, verschleierten Augen begegnet.« (Nedergaard, S. 46)

Bald begnügte Frau Tarp sich nicht mehr mit den warmen Blicken, sondern suchte physische Nähe. »Sie legte liebkosend ihre Hand auf Kirstens und sah sie eindringlich an. Kirsten fühlte sich unangenehm berührt. Frau Tarps Hand glitt leicht über ihren Arm.« (S. 49) Nach diesem Besuch läßt die Autorin ihre Heldin einige Überlegungen anstellen.

»Ihre dunklen Augen waren ihr unangenehm, und warum wollte sie sie immer anfassen? Na, das war wohl eine Gewohnheit, sie hatte bei Gesprächen mit anderen oft dasselbe gemacht. Gut, sie legte nicht den Arm um sie und küßte sie jeden Morgen, wie sie das machte, wenn sie sich von Frl. Jønsson und Frl. Kvist verabschiedete. Sie war offenbar ein ausgeprägter Gefühlsmensch und brauchte diesen Auslauf, wenn sie einen Menschen mochte. Es war vielleicht nur natürlich; es brauchte doch nicht seltsam zu sein, nur weil sie es sich nicht vorstellen konnte, jemals so überströmend zu sein.« (S. 50)

Aber natürlich stellte sich heraus, daß es alles andere war als natürlich, denn Frau Tarp kam auf die Idee, Kirsten einen Pullover zu stricken, und brauchte ihre Brustweite. »Sie zog ein Metermaß aus der Tasche und rollte es aus, ließ es dann plötzlich fallen und schlang beide Arme um Kirstens Hals. ›Sie ahnen ja nicht, wie sehr ich Sie mag, Frl. Bruun. Sagen Sie mir, daß Sie mich auch ein bißchen mögen; ich wäre so froh, wenn wir beide richtig gute Freundinnen sein könnten.‹ Sie küßte Kirsten auf die Wange. ›Küssen Sie mich einmal.‹ – ›Sind Sie noch gescheit!‹ konnte Kirsten endlich stottern, während sie protestierend die Hände auf die Schultern der anderen legte. ›Vielleicht ist es üblich, daß Sie nach und nach mit ihren Pensionärinnen so intim werden; aber ich möchte mir so etwas doch verbitten.« (S. 74).

Nach diesem Erlebnis fiel bei der Heldin endlich das Zehn-Öre-Stück; sie mußte sich mit einem vernünftigen Menschen aussprechen und erzählte alles einer Frau, die sie respektierte. »Frl. Nielsen schwieg eine Weile. Sie erinnerte sich deutlich an ihre eigene Überraschung und Verärgerung, als sie einmal unter ihren Kolleginnen im Krankenhaus, wo sie als Krankenschwester arbeitet, etwas Ähnliches erlebt hatte. ›Muß man Frau Tarp in diesem Punkt für abnorm halten?‹ fragte Kirsten. ›Das ist sie vielleicht, auf jeden Fall müssen wir sie als unnormal bezeichnen, denn die, die wir normalerweise für normale Menschen halten, würden sich niemals so benehmen. Aber es braucht nicht angeboren zu sein, es ist vielleicht nur ein Versuch, einen Ersatz für das zu finden, was ihr fehlt, wo sie doch nicht verheiratet ist und auch sonst nichts mit Männern zu tun hat.‹« (S. 81)

Hier saß also Frl. Nielsen und philosophierte über die Erklärung der Ursachen, um die sich gleichzeitig auch die Medizin bemühte, nämlich die Frage, ob Homosexualität eine angeborene Abweichung oder eine erworbene Neurose sei. Die moderne Zeit hatte ja zwischengeschlechtliche Kontakte auf das hohe Piedestal gestellt, das im 19. Jahrhundert die nach Geschlechtern getrennte Welt gehabt hatte, wodurch das Zusammensein von Frauen als zweitbestes mit schicksalhaften Folgen angesehen wurde. Frl. Nielsen beendete ihren kleinen Vortrag dann auch mit der Erklärung, »das Schlimmste ist, daß diese – wollen wir sagen – Abnormitäten jungen Menschen schaden, die unerwartet an einem solchen Ort auskommen« (S. 82).

Das passierte zum Beispiel Mariluise von Allgau in dem 1939 erschienenen Roman *Afsporet* (Entgleist) von Clara Hammerich, die in einer Pension ihrem Untergang in der Gestalt der vermännlichten Jonna Hergel begegnete. »Der Gedanke an Mariluise verfolgte Jonna Hergel Tag und Nacht. Sie griff in dieser Zeit häufiger zum Morphium, um ihre Sehnsucht zu betäuben und weil sie im Morphiumrausch die Seligkeit erlebte, die ihr vorläufig verweigert war. Sie umspann Mariluise mit immer neuen feinen Fäden und saß wie die Spinne mitten im Netz und wartete.« (Hammerich, S. 118) Bei der Seligkeit, die Jonna erlebte, kann es sich natürlich nur um die Befriedigung des sexuellen Begehrens handeln; sie hatte also nicht nur einen abweichenden Geschlechtstrieb, sondern auch ein abweichendes Sozialverhalten, da sie Morphinistin war. Weil ihr Begehren so mächtig war, gelang es ihr auch, Mariluise zu verführen und sie zu ihrer selbstauslöschenden, hingebungsvollen Geliebten zu machen. Sie zogen unter ärmlichen Verhältnissen zusammen und nahmen nun beide Morphium, aber Mariluise war glücklich und las oft, was Jonna in ihr gemeinsames Tagebuch geschrieben hatte.

»Schon, als du noch mit deinen Eltern in der Pension wohntest, wußte ich, der Tag würde kommen, an dem du dich mir widerstandslos hingeben würdest. Aber ich ahnte nicht, wie schwer mir das Warten fallen würde. (...) Ich war wie ein Jagdhund, der die Witterung der weißen Hirschkuh genommen hat und die Spur nicht aus dem Auge läßt. Jungfrau im Hirschfell, überallhin bin ich dir gefolgt. (...) Jungfrau im Hirschfell, weißt du noch, wie der starke, ausdauernde Jagdhund dich einholte? Als er sich in deiner weißen Kehle verbiß und sich dein angstvoller Blick in erwachende Lust verwandelte?« (S. 176–77)

Hierin wurde die Botschaft der französischen Romane noch einmal wiederholt, daß es unbedingt zu einer Bezitzergreifung führen muß, wenn eine Frau eine andere begehrt. Aber es muß auch zu moralischer Verderbnis führen, denn eines Tages wurden die Frauen mit einem gefälschten Rezept erwischt und getrennt ins Gefängnis geworfen. Mariluise willigte in einen Entzug ein, in der Hoffnung auf eine bessere gemeinsame Zukunft, während Jonna sich beirren ließ und bald mit der Tochter eines Zigarettenverkäufers durchbrannte. Als Mariluise dies erfuhr, fing sie wieder an, Morphium zu nehmen, und Clara Hammerich ließ durchblicken, daß es mit ihr jetzt nur noch bergab ginge. Nachdenklich stimmt, daß dieser Roman von einer Liebe handelt, die wie *Der Sheik* mit einer Eroberung beginnt, aber während Lady Diana ihre Weiblichkeit – und damit ihr Glück – in den Armen des flotten Scheichs fand, fand Mariluise nur ihren Untergang in ihrer Hingabe an die häßliche Frauenliebende.

Allerdings wurde die lesbische Verführerin nicht immer so eindeutig beschrieben. In Mary McCarthys Roman *Die Clique* aus dem Jahre 1963 trat Elinor Eastlake auf, genannt Lakey, die sich als lesbisch entpuppte. Sie war blendend schön, elegant, intelligent, wissentschaftlich interessiert, Antifaschistin, unergründlich – kurz gesagt, alles, was oben auf der Hitliste steht, und als Candice Bergen Lakey im Film darstellte, wurde sie auf die schönste Weise bildlich verkörpert.

Die Clique beschreibt das Leben von acht Frauen aus den USA, die sich auf einem Frauencollege – Vassar – zu Beginn der 1930er Jahre kennengelernt hatten. Lakey war der selbstverständliche Mittelpunkt und eigentlich die geheimnisvolle Hauptperson des Buches, die, obwohl sie erst ganz zuletzt in der Handlung auftritt, in den Erinnerungen ihrer Freundinnen immer vertreten ist. Kurz vor Ausbruch des Zweiten Weltkrieges teilte Lakey ihren früheren Kommilitoninnen mit, daß sie aus Europa zurückkehren würde, wo sie sich seit dem Examen aufgehalten hatte.

Alle erschienen nun im Hafen, um auf ihre bewunderte Freundin zu warten, und »sie fürchteten, Lakey könnte ihnen über den Kopf gewachsen sein. Es stand fest, daß sie sie für provinziell halten würde.« Das tat sie zwar nicht, aber sie fühlten sich selber so, als sie zusahen, wie ihre zahllosen Koffer im Zoll geöffnet wurden und ein elegantes Kleidungsstück nach dem anderen offenbarten, was die Frauen »unbeholfen an Essenszeit, Zwiemilchernährung, Waschen und Windeln denken ließ«.

Lakey war also so geworden, wie die moderne Frau sein sollte – selbständig und elegant –, während die anderen trotz ihrer Universitätsausbildung in Hausfrauenarbeit versumpft waren. Aber Lakey war noch moderner geworden, denn sie stellte der Clique eine »kleine, untersetzte ausländische Dame vor, die sie begleitet hatte«. Es war Baronesse Maria d'Estienne, geboren in Deutschland, aber ehemals verheiratet mit einem französischen Baron, die die Clique im ersten Moment für eine zufällige Reisebekanntschaft hielt.

»Hin und wieder trat sie auf Lakey zu, und die Freundinnen konnten hören, daß sie sie mit rollendem R ›Darling‹ nannte. Kay begriff es als erste. Lakey war Lesbierin geworden. Diese Frau war ihr Mann. Langsam dämmerte es der Clique. Darum war Lakey so lange im Ausland geblieben. Im Ausland war man toleranter gegen Lesbierinnen, und Lakeys Familie in Lake Forrest brauchte nichts davon zu erfahren. Es war ein furchtbarer Moment.« (S. 345)

Die Clique war sich also nicht nur als provinzielle Hausfrauen vorgekommen, als sie Lakey wiedersahen, sondern sie fühlten sich jetzt auch aufdringlich und überflüssig, vor allem, als die Baronesse sagte, daß Lakey einen stillen Ort auf dem Lande finden wollte. »Die Mädchen begriffen, was sie damit sagen wollte. Lakey wollte mit der Baronesse allein sein, ohne von Nachbarn oder alten Freundinnen gestört zu werden. Zumindest wollte die Baronesse das.« Das war nähmlich die große Frage, die ihre Gemüter nun erhitzen würde, wer hatte wen verführt? Sie fragten sich auch, ob Lakey vielleicht schon auf dem College lesbisch gewesen war, und als ein Ehemann eines Cliquenmitgliedes sie später fragte, ob sie immer schon lesbisch gewesen sei, bestätigte sie das. Aber man konnte es ihr nicht ansehen, denn sie war femininer denn je, während die Baronesse sich unweiblich kleidete.

»Es war erstaunlich, aber innerhalb eines Monats hatten sich die Mädchen völlig daran gewöhnt, Lakey-und-Maria zum Essen einzuladen, als handele es sich um ein normales Paar. Als Lakey und Maria schließlich ein großes Haus außerhalb von Greenwich mieteten, waren Polly und Jim, Kay und Helena bei ihnen zu Gast.

Trotzdem war sich die ganze Clique darüber einig, daß das, was mit Lakey geschehen war, eine Tragödie sei. Sie bemühten sich, nicht daran zu denken, was Lakey und Maria im Bett trieben. Nur Kay behauptete gelassen, sie könne sich ihre Umarmungen durchaus vorstellen. Sie mochten Maria als Mensch; aber hätte sie doch nur einen Fischschwanz gehabt wie eine Seejungfrau! Und auch Lakey, die mit ihren großen grünen Augen und der weißen Haut tatsächlich einer Seejungfrau glich.« (S. 347–48)

Die Frauen in der Clique, die sich über diese Beziehung den Kopf zerbrachen, sahen zunächst nur das nette Paar, das sie zum Essen einladen konnten, dann eine starke Räuberin, die eine schöne Gefangene in ein schreckliches Schloß eingesperrt hatte. Gleichzetig ahnten sie jedoch, daß das nicht die ganze Wahrheit war und vieleicht eine andere hier die Begehrende war, als sie annahmen. »Wie, wenn Lakey, die unergründliche, kluge Lakey, die arme Maria, die nicht sehr helle war, zu ihrer Gefangenen und Sklavin gemächt hätte? Daß es möglich war, die Beziehung wie ein Stundenglas umzudrehen, war es, was die Mädchen so verwirrte. In der nämlichen Weise verwirrte sie der Gedanke, wer von den beiden der Mann sei und wer die Frau. Offensichtlich war Maria, in ihrem Pyjama, der Mann und Lakey, in ihren spitzenbesetzten Batistnachthemden, ihrem langen offenen Haar, die Frau; aber das konnte auch nur Tarnung sein.« (S. 348)

Die Übergangsfrau entdeckt das Begehren

Es war nun modern, Begehren zu empfinden, aber es mußte sich auf Männer richten – auf Frauen gerichtetes Begehren galt als Abweichung. Und die Frauen, die andere Frauen begehrten, galten entweder als gehemmt und unglücklich, weil sie keinen

Mann bekommen konnten, oder als vermännlicht, mit dem fordernden Begehren der Männer – nur eine überirdische Frau wie Lakey konnte wunderbar und lesbisch sein. Wie dieses Begehren aber auch aufgefaßt wurde, jedenfalls war es bekannt und beschrieben, und nach und nach wußte jedes Kind, wie es sich zeigte und was für ein Gefühl es war.

Das führte dazu, daß Frauen Worte fanden, um es zu beschreiben, und Frauen, die Ende des 19. Jahrhunderts aufgewachsen und bis in die moderne Zeit überlebt hatten, entdeckten nun, daß das Begehren vielleicht nicht in dieser Zeit *entstanden*, sondern nur *definiert* worden war. Wenn sie in der modernen Zeit ihre Erinnerungen an das 19. Jahrhundert aufschrieben, als Frauen als begehrlos gegolten hatten, dann erinnerten sie sich an die zarten Lebenszeichen des Begehrens aus jenen Jahren.

Die französische Schriftstellerin Lucie Delarue-Mardrus beschreibt in ihren Erinnerungen aus dem Jahre 1938 ausschließlich, wie ihre Sinne geweckt wurden, als sie mit zwanzig Jahren 1894, den ersten leidenschaftlichen Kuß von einer Frau erhielt. Sie machte mit ein paar Freundinnen einen Abendspaziergang und hatte eine junge Frau untergehakt, die einen gewissen Eindruck auf sie gemacht hatte. Als sie unter einigen großen Bäumen waren, beugte sich die junge Frau zu Lucie hinüber, ohne ihre Schritte zu verlangsamen. »Ich dachte, sie wollte mir etwas zuflüstern. Ich streckte meinen Kopf vor und erhielt einen Kuß auf den Mund, der mich so tief erschütterte, daß ich einen Schrei unterdrücken mußte.« Die Frau ging weiter, als ob nichts geschehen wäre, aber für Lucie hatte sich alles verändert. »Zitternd, entflammt hätte ich mein Leben für noch einen solchen Kuß gegeben.« Den bekam sie allerdings nicht, denn die Frau ließ ihren Arm los und begann ein Gespräch mit anderen Freundinnen. »Am nächsten Tag war ich mit ihr allein, und auf meinen Lippen lag das zitternde Begehren ihrer Lippen, aber ich wagte nicht, mich ihr zu nähern. Von der Lust verzehrt, mit ihr zu reden, um ihr zu erzählen, was sie mit mir gemacht hatte, sah ich sie mit einer Miene an, von der ich wußte, daß sie idiotisch war.« (Delarue-Mardrus, S. 86) Aber die Frau verließ sie ohne einen weiteren Kuß.

Wenige Jahre danach begeisterte sich Lucie für eine ältere strahlende Frau, und ihre Verliebtheit ähnelte den übrigen bewundernden Verliebtheiten auf Distanz des 19. Jahrhunderts.

Eines Tages jedoch wurde die Entfernung aufgehoben, und zwischen ihnen entstand eine gefährliche Intensität, die sie nun beschreiben konnte. Lucie saß da, starrte sie hingerissen an und sagte schließlich, daß sie Angst davor hatte, sie zu sehr zu lieben. Worauf die Frau antwortete, daß es nie zuviel sein könne. »Aber sie kam nicht weiter, denn ich umarmte sie, und sie legte ihren Mund auf meinen. Ich hatte keine Zeit, ihren Kuß zu kosten. Sie hatte ihren Kopf bereits zurückgezogen. Aber dann warf sie mir aus nächster Nähe einen Blick aus ihren halbgeschlossenen Augen zu – einen strengen, harten, gebieterischen Blick –, wie ein Basilisk. Sie hielt meinen Kopf zwischen ihren Händen mit einem Griff wie ein Raubtier, wie ich es bei keinem anderen Menschen je erlebt habe. So saßen wir atemlos und unbeweglich einen Augenblick da, der so lang war wie ein Leben. Und solange die Verzauberung anhielt, ließen ihre Augen mich nicht los. Dann aber richtete sie sich mit einem blassen, verzerrten Gesicht auf, und ihre Hände schoben mich sanft weg.« (S. 106) Dieser Bericht zeigt, daß die Entfernung ab und zu mit beunruhigenden Folgen für beide Beteiligte überschritten wurde. Obwohl Lucie das Wort Begehren nicht verwendet, ist doch deutlich, daß ihre Erregung sexuellen Charakter hat und sich vielleicht als die »Kongestionen« diagnostizieren läßt, vor denen Howitz im Jahre 1892 warnte. Die Amerikanerin Mary Casal dagegen drückte sich in ihren Erinnerungen aus dem Jahre 1930 klarer aus. Darin erzählte sie, daß sie sich als junges Mädchen um 1880 zu einer Lehrerin hingezogen fühlte und daß diese Flutwelle sie eines Tages überkam, als sie neben der Lehrerin stand und in ihren Fingern den Pulsschlag sah.

»Ich begriff damals nicht, daß sie sich wahrscheinlich von mir sexuell angezogen fühlte und daß mir ein so seltsames Bindeglied wie die Adern ihrer Finger das mitteilte. Ich war fasziniert. Ich wurde oft in ihr Klassenzimmer gerufen, und wenn ich abgehört worden war, begann sie, mich zu liebkosen und an sich zu ziehen. Ich war hingerissen, lag lange in ihren Armen und genoß ihre Küsse in höchstem Grad.« (Casal, S. 68) Das war in den USA, aber es ist nicht undenkbar, daß das, was Mary sexuelle Anziehung nennt, auch anderswo zwischen Lehrerinnen und Schülerinnen stattgefunden hat, was die zeitgenössischen Schilderungen der unschuldigen Umarmungen in ein anderes Licht rückt.

Mabel Dodge Luhan ist eine andere Frau aus den USA, die in ihren Erinnerungen aus dem Jahre 1932 recht deutlich ihr Verlangen nach Frauenbrüsten schildert. Als Kind versucht sie, die Brüste des Stubenmädchens zu liebkosen, mit 14 Jahren hatte sie eine Freundin, deren Brüste sie so oft wie möglich streichelte. 1893 war sie im Theater, um »Antonius und Kleopatra« zu sehen, und auch hier erweckten die Brüste ihr Interesse.

»Das ganze Interesse des Stückes lag für mich in den großen Blondinenbrüsten der schmachtenden Königin: Sie waren rund, und zwischen ihnen klaffte ein tiefer Abgrund. Die Geschichte des Schauspiels wand sich für mich um den Spalt zwischen den beiden vollen Brüsten. Ich identifizierte mich mit Antonius und zitterte, wenn er die reife blonde Frau an sich zog, so daß ihr Busen gegen seine goldgesäumte Tunika gepreßt wurde.« (Luhan, S. 231–32)

(Als Kuriosum kann ich erwähnen, daß das Exemplar von Mabels Erinnerungen, das ich in der Königlichen Bibliothek ausgeliehen habe – und das der Frauen-Lesegesellschaft gehört hat –, den Bleistiftvermerk »puh!« neben der Beschreibung der Berührung der Freundinnenbrust trägt. Wann dieses puh! geschrieben wurde, ob von einer Frau oder einem Mann, läßt sich nicht sagen, aber es zeigt deutlich, das dieses Benehmen seit 1893 nicht gern gesehen wird.)

Die Deutsche Hannah Tillich erzählt in ihren Erinnerungen aus dem Jahre 1973, daß sie mit 15 Jahren von einer jungen Frau in die Geheimnisse des Sexuallebens eingeführt wurde und diese ihr nicht von Ei und Samenzelle erzählte, sondern sie auch lehrte, den Mund »und die salzigen Tiefen ihres innersten Schoßes zu küssen«. Kurz vor dem Ersten Weltkrieg lernte Hannah bei Freunden eine Frau kennen, die sich zu ihren Füßen niederließ, und während die anderen laut Gedichte vortrugen, liebkoste Hannah ihre Lippen und steckte ihre Finger in ihren Mund. Wenige Tage später kam diese Frau zu Besuch, und Hannah zog sie auf ihr Zimmer.

»Schweigend warf ich mich über sie und küßte wild ihren Mund, während ich meine Geschlechtsteile auf ihre preßte, und durch unsere bekleideten Körper erlebte ich die ganze orgiastische Ekstase, die ich überhaupt je empfunden habe. Ich war dadurch, daß ich die Männerrolle übernommen hatte, zum Orgasmus durchgebrochen. Sie ging, ohne ein Wort mit mir gewechselt zu haben. Sie war wunderbar. Sie hatte die braunen Augen eines Rehs.« (S. 72–73)

Das also waren die entscheidenden Indizien der modernen Frau: Die begehrlose Liebe war vielleicht doch nicht ganz so begehrlos, als die richtigen Worte erfunden waren. Diese vier Frauen schildern ihre Erlebnisse alle mit Selbstverständlichkeit, aber wir müssen auch feststellen, daß nicht alle homosexuelle Identität angenommen haben. Alle heirateten, Mabel gleich viermal, und hatten darüber hinaus zahllose Liebesbeziehungen zu Männern, während Lucie später mit einer Frau zusammenlebte und Mary die homosexuelle Identität annahm, als sie ihr bekannt wurde. Diese Beschreibungen sind deshalb keine Beweise für ein Verhalten bei Frauen, das später als »in Wirklichkeit« homosexuell erkannnt wurde, sondern eher ein Beweis dafür, daß das, was nun mit dem Begriff »sexuelles Begehren« belegt wurde, möglicherweise schon im 19. Jahrhundert existiert hat, nur ohne Namen und ohne Bewußtsein.

Die Übergangsfrau rümpft die Nase

Das Bewußtsein des Begehrens war Frauen nun zugeschrieben worden, allerdings zusammen mit dem Bewußtsein seiner Brandmarkung, wenn das Begehren sich auf Frauen richtete. So, wie die moderne Frau sexuelle Beziehungen zu Frauen als »Mangel an Besserem« und Ausdruck für Verdrängung und Komplexe ansah, so sollte auch die Übergangsfrau ihre früheren Verhältnisse sehen. Obwohl sie sich aller Wahrscheinlichkeit nach in Übereinstimmung mit der Frauenkultur abgespielt und deshalb als wertvoll gegolten hatten, wurden sie nun mit den modernen Maßstäben gemessen.

Das zeigt sich in den Erinnerungen, die Karen Stampe Bendix 1960 herausgegeben hat, in denen sie ihren Aufenthalt in Th. Langs Mädchenschule beschreibt, die von Theodora Lang und Anna Höltzermann geleitet wurde. Karen war 15 Jahre alt und wurde von ihrer Bettnachbarin über die Geheimnisse des Lebens aufgeklärt. »Sie öffnete unsere Augen und Ohren für einen ganz neuen Begriff: die Verliebtheit unter Frauen, noch dazu an diesem Ort, der in den beiden kommenden Jahren unser Heim sein sollte. Eigentlich glaube ich nicht, daß es zu handgreiflichen Manifestationen abweichender Erotik gekommen ist, aber die Luft war mit einer alles andere als gesunden Spannung geladen, die uns beim Lernen störte und unsere Gedanken höchst unglücklich ablenkte.« (Bendix, S. 44)

Die abweichende Erotik war natürlich das, was später Homosexualität genannt und für ungesund, weil unnatürlich, befunden wurde. Karen glaubte zwar, daß die Begehrlosigkeit aufrechterhalten wurde, deutete jedoch an, daß diese Spannung vielleicht in unbefriedigtem Begehren gründete. Auffällig ist auch, daß das, was Henriette Skram für Natalie Zahle empfand – und was sie selber nicht Erotik nannte, obwohl es das vielleicht war –, sie zum Fleiß anspornte, während Karen – die es als Erotik erkannt hatte – es für störend hielt.

Die Schulleiterin war nämlich furchterregend, aber ihre »intime Freundin und Mitleiterin« war bezaubernd und bezauberte eine Schülerin nach der anderen, auch Karen. »Später im Leben habe ich mich immer wieder gefragt, wie sich eine reife, geistig entwickelte Frau auf einem verantwortungsvollen Posten solche sprunghaften Verliebtheiten leisten konnte, ganz zu schweigen von ihrem plötzlichen Verebben. Schon damals hatte ich das Gefühl, daß dieses Spiel, das hier mit unseren jungen und wehrlosen Gemütern getrieben wurde, indem wir zu Spielbällen einer Laune gemacht wurden, für uns genauso zerstörerisch war, als wenn sie bewußt versucht hätte, unsere Sexualität zu wecken und nicht nur eine unkörperliche, in Wahrheit unschuldige Schwärmerei, deren Verlauf alles andere als unschädlich war.« (S. 45) Daß Karen glaubte, diese Beziehungen könnten schädliche Folgen haben, kann daran liegen, daß sie sie selber begehrte und um ihre Befriedigung betrogen wurde.

Für andere Übergangsfrauen war ein solches Begehren nur ekelhaft und lächerlich, da sie das Gebot der modernen Zeit verinnerlicht hatten, ihr Begehren nur auf Männer zu richten, was das Modernste und Natürlichste war. Von einer Frau begehrt zu werden bedeutete eine Kränkung für Normalität und Anziehungskraft auf Männer, was die Frauen auch erkannten, wenn sie zurückblickten. Das wird deutlich in den Erinnerungen, die Agnes Henningsen 1955 schrieb und in denen sie erzählte, daß sie um 1915 in dem Verlag, der ihre Bücher herausgab, eine junge Frau kennenlernte, die sie danach besuchte und die erzählte, daß sie zu dem Verlagsdirektor eine sadomasochistische Beziehung habe. Agnes wurde bei diesen Bekenntnissen schlecht, und sie bat sie, »ein nettes und ordentliches Mädchen zu sein, das einen netten Tag verbringen will«. Das sagte Agnes, um die andere zu beruhigen und sie schmerzlos loszuwerden, aber – zu Agnes' Pech – die andere verstand das ganz anders.

»Dann gab sie mir eine ganz schreckliche Antwort! Nichts wollte sie lieber, als nett zu mir zu sein. Sie hatte die Männer so satt, daß sie sich nun eine Freundin wünschte, der sie Dienste erweisen konnte, zum Beispiel ins reine schreiben, alle möglichen Dienste. Sie hatte mich schon immer bewundert, und seit ich so nett im Büro mit ihr geredet hatte, hatte sie mich geliebt. ›Prost!‹ erwiderte ich in dem falschen Ton. Aber das Glas zitterte in meiner Hand. Ich hatte vor heißen Frauenfreundschaften mehr Angst als vor allem anderen. Und als ich sie zur Tür brachte, gelobte ich mir, sie niemals mehr hereinzulassen.« (Henningsen, S. 59)

Als berühmte Männerliebhaberin hielt sie »heiße Frauenfreundschaften« nicht nur für eine Abweichung, sondern auch für einen Prestigeverlust, während das Mädchen darin eine sichere Gemeinschaft fern von sadistischen Männern sah. Aber Agnes war fest entschlossen, abweisend zu sein, obwohl sie irgendwo doch gerührt war.

»Am nächsten Tag, als es schellte, öffnete ich die Tür einen Spaltbreit. In dem kleinen Spalt sah ich, wieviel größer und stärker sie war als ich, und fauchte: ›Ich habe keine Zeit.‹ Sie flehte mich an, mir nur ein paar Worte sagen zu dürfen, sonst habe sie keine Ruhe. Ich wiederholte in noch strengerem Ton, daß ich keine Zeit hätte. Sie wickelte Rosen aus dem Papier und hielt sie mir hin. Aber ich wollte gerade die Tür zuschlagen und zerquetschte die Rosen. Sollte ich denn nie vom Anblick dieses sanften betrübten Mädchengesichtes und der langstieligen Rosen befreit werden, für die die junge Büroangestellte so viel Geld bezahlt hatte?« (S. 59)

Die Frauen vom Ende des 19. Jahrhunderts wußten also, daß Lieben und Begehren von Frauen inzwischen als Homosexualität stigmatisiert wurde. Wenn sie über die Vergangenheit schrieben, bemühten sich deshalb einige unter ihnen, sich selber reinzuwaschen und andere anzuschwärzen. Aber auch ihre Zeitgenossinnen griffen in ihren zahllosen Biographien zur Seifenlauge, und bisher übersehene männliche Freier wurden aus der Vergessenheit gezogen, um unter Beweis zu stellen, daß diese Frauen nicht unnormal gewesen wären, während die bisher offene Liebe unter Frauen unter den Scheffel gestellt wurde.

Das zeigte sich in der Biographie, die Karin Smirnoff 1925 über ihre Mutter Siri von Essen herausgab. Darin erwähnt sie Marie David, die alle Strindberg-Kinder sehr liebten, aber Karin konnte schließlich der Anschuldigung, die August Strindberg in *Plaidoyer d'un fou* gegen sie erhoben hatte, nicht ganz ausweichen. Karin meinte allerdings, die Anschuldigung sei völlig haltlos gewesen, aber Marie habe sich anders benommen als die meisten Frauen um 1880, habe sich mit Naturwissenschaften befaßt, sei Freidenkerin gewesen und überhaupt recht selbständig.

»Sie war also, rein äußerlich betrachtet, keine ›weibliche‹ Frau, aber sie war sowenig Tribade, daß eine unglückliche Liebe zu einem jungen Dänen sie für ihr Leben gezeichnet hatte, weshalb sie kein Interesse mehr für andere Männer aufbringen konnte.« (Smirnoff, S. 166)

Ihrer Freundin Sofie Holten ging es offenbar genauso, wenn wir den Erinnerungen glauben dürfen, die die Malerin Elise Konstantin-Hanse 1935 veröffentlichte. Darin erzählt sie unter anderem von ihrem Aufenthalt im Paris der 1880er Jahre und ihrer Begegnung mit Sofie – und August Strindberg. »Er schien ein guter Freund von ihr zu sein, später aber wandte er sich mit haßerfüllten und unwahren Beschuldigungen gegen sie.« (Konstantin-Hanse, S. 55) Wenn hier dieselben Beschuldigungen gemeint sind wie die, die er per Brief aller Welt vortrug, dann hat er sie also als Tribade bezeichnet.

Elise hielt das für völlig aus der Luft gegriffen, obwohl sie in ihren Erinnerungen von Sofies Freundschaft zu Marie berichtet, indirekt jedoch einen Beweis dafür anführt, daß Sofie keine Tribade sein konnte. »Sie hätte oft heiraten können – sie hatte wohl so viele Anträge bekommen, wie sie Finger an den Händen hatte, ja, ich weiß nicht genau, wie viele, aber daß sie die Auswahl hatte, steht fest. Aber sie glaubte nicht, daß sie für die Ehe geeignet war. Sie hatte keine Lust, ihre Freiheit gegen eine bürgerliche gesicherte Stellung einzutauschen (diese Worte habe ich von ihr selber gehört!). Das Zigeunerleben gefiel ihr besser. Und außerdem war sie ehrgeizig. Sie hoffte, es als Künstlerin zu etwas zu bringen.« (S. 56–57) Das eine braucht das andere jedoch nicht auszuschließen, und obwohl eine ehrgeizige Frau den Männern aus dem Weg ging, konnte sie doch sehr wohl Frauen geliebt haben.

Die Übergangsfrau, die in der modernen Zeit zurückblickte, gab sich also Mühe, die Frauenliebe herunterzuspielen. Die war in diesem Zeitraum auch wirklich in Verruf gekommen: Sie konnte der letzte Strohhalm oder Trost frigider Frauen und der Trost der Einsamen sein, konnte jedoch auch gefährlich und besitzergreifend auftreten. Wie sie auch war, die moderne Frau wußte sie jedenfalls nicht zu schätzen.

Verhalten

Die Frauen die in der modernen Zeit ihr Begehren nach Frauen ausleben wollten, mußten homosexuelle Identität annehmen. Allgemein wurde das Begehren unter Frauen nun für eine Notlösung gehalten, da die Männer nun für die Frauen die einzig akzeptierten Objekte der Begierde waren. Wenn Frauen nicht wagten, ihr Begehren auf Männer zu richten, sah man die Ursache dafür darin, daß sie sich vor Männern oder vor Sex fürchteten. Aber wenn eine Frau es nicht nur unterließ, ihr Begehren auf Männer zu richten, sondern es zielbewußt Frauen zuwandte, dann war sie eben homosexuell.

Unterdrückung

Die homosexuelle Identität anzunehmen war ein erster Schritt, denn es bedeutete ja, die Identität der Abweichlerin anzunehmen. Homosexuelles Begehren, ob es nun Männern oder Frauen gehörte, galt als allesverzehrend, anspruchsvoll und grenzenlos, und da Homosexuelle über ihr Begehren identifiziert wurden, war diese Haltung ein Teil des Reisegepäcks der Abweichenden. Außerdem war das Wissen über Homosexualität so verbreitet, daß die Alarmglocke ging, wenn zwei Menschen desselben Geschlechtes einander nur tief in die Augen blickten, und sie selber machten sich Gedanken darüber, ob sie nun als homosexuell bezeichnet werden müßten wie Gertrud in *Alles ist ein Übergang, sagte der Fuchs.* Oder die Identität wurde ihnen wie ein Koteimer über den Kopf gestellt, wie es Ulla in *Wir nähern uns den Vierzig* widerfuhr.

Da Homosexualität nicht gerade wohlangesehen war, unterdrückten zahllose Frauen entweder ihr Begehren vollständig oder sperrten es nachdrücklich in ihren vier Wänden ein. Da Liebesbeziehungen zwischen Personen gleichen Geschlechts nun stigmatisiert wurden, haben viele unverheiratete Frauen, die zusammenlebten, zweifellos Angst davor gehabt, als Homosexuelle bezeichnet zu werden, auch wenn sie überhaupt kein Begehren zum Ausdruck brachten.

Die Frauen dagegen, die mehr oder weniger widerstrebend die

homosexuelle Identität annahmen, wußten, was ihnen bevorstand. Sie hatten die Aussicht auf ein Leben der Unterdrückung als Abweichlerinnen und ein Leben in kultureller Isolation in einer zwangsheterosexualisierten Gesellschaft. Die wenigsten homosexuellen Frauen hatten deshalb Lust, ihre Abweichung in alle Himmelsrichtungen auszuposaunen, sondern verhielten sich so still wie Diana Frederics aus den USA und ihre Geliebte.

»Wir wollten ein normales Leben führen und zusammen glücklich sein. Wir baten niemanden um irgend etwas. Wir schadeten niemandem. Wir waren reif, frei und unserer völlig sicher. Dann aber meldeten sich die sozialen Forderungen. Wir hatten uns über die konventionelle Moral hinweggesetzt. Wir hatten keine kirchlichen oder staatlichen Papiere unterschrieben, wir waren in der Gesellschaft vogelfrei. Unsere Beziehung mußte geheimgehalten werden, wir konnten unsere Freude nicht mit Familie oder Freunden teilen, wir konnten nur andeuten, daß wir einander gern mochten. Wir mußten uns an Heuchelei und Verschleierung gewöhnen, es war erniedrigend und demütigend. Wir mußten uns gegen die unschuldigen Bemerkungen der ahnungslosen Bekannten verhärten, die mit leichter Verachtung über Homosexualität sprachen.« (Frederics, S. 69)

Ein solches Leben ist später in den USA als »closet life« bezeichnet worden, also als Leben im Schrank. Diese verborgenen Leben wurden in jenen Jahren von unzähligen Frauen geführt, die vor sich selber und vor ihrer Geliebten ihre Homosexualität zugaben – vor anderen jedoch nicht. Das heißt, daß sie in Wirklichkeit ein schizophrenes Leben führten und versuchten, als das zu gelten, was sie nicht waren, nähmlich als heterosexuell. In der Praxis bedeutet das, daß sie Verehrer erfanden, von denen sie Familie und Arbeitskollegen erzählen konnten, oder daß sie sich sogar von Männern umschwärmen ließen, um alle Verdächtigungen abzulenken. Außerdem zeigten sie sich niemals öffentlich zusammen, und wenn sich das nicht umgehen ließ, dann stellten sie sich als unverheiratete Frauen dar, die aus praktischen Gründen zusammenwohnten. Ihr gemeinsames Heim wurde so eingerichtet, daß zufälligen Gästen kein Verdacht über die Art ihrer Beziehung kommen konnte, sie richteten zwei Schlafzimmer ein, obwohl sie nur eins benutzten. Solche Paarbeziehungen konnten ganz isoliert existieren, konnten aber auch in ein verstecktes Freundschaftsnetzwerk mit anderen homosexuellen

Frauen und Männern eingehen, die ebenfalls »im Schrank« lebten.

Manche homosexuellen Frauen gingen sogar Ehen mit Männern ein, wodurch sie sich jeglichem Verdacht entzogen. Das war zum Beispiel der Fall bei der englischen Schriftstellerin Vita Sackville-West. Sie gehörte dem englischen Adel an und heiratete 1913 mit 21 Jahren den Diplomaten Harold Nicolson, der sich später als homosexuell entpuppte. Aber das wußte Vita nicht, genausowenig wie sie wußte, daß sie selber auch homosexuell war, und 1960 warf sie ihm vor, daß er ihr nichts über diesen klinischen Begriff erzählt hatte.

»Als wir heirateten, warst du älter als ich und viel aufgeklärter. Ich war sehr jung und sehr unschuldig, ich wußte nichts über Homosexualität. Ich wußte nicht einmal, daß es so etwas gab, weder zwischen Männern noch zwischen Frauen. Du hättest es mir sagen sollen. Du hättest mich warnen sollen. Du hättest mir über dich selber erzählen und mich warnen müssen, weil mir wahrscheinlich etwas Ähnliches passieren würde. Das hätte uns viel Ärger und viele Mißverständnisse erspart. Aber ich wußte es einfach nicht.« (Nicolson, S. 132)

Die Lehre der Sexualwissenschaft war 1913 also noch nicht bis zu ihr vorgedrungen, aber bald sollte sie diese und die darauffolgende Unterdrückung kennenlernen. Deshalb wurde die Ehe ein Alibi der Reinheit, das ihr die Illusion gab, wenigstens in einem Punkt normal zu sein. Nach den Flitterwochen und den Geburten ihrer beiden Söhne 1914 und 1917 blieb ihre Ehe a-sexuell, obwohl sie von einer tiefen Liebe getragen war. Die beiden schienen jedoch die Auffassungen des 19. Jahrhunderts auf den Kopf gestellt zu haben, die die Liebe zwischen Frauen für rein und die Liebe zwischen Frauen und Männern für unrein gehalten hatte. Denn Vita hatte schon vor ihrer Ehe eine Beziehung zu einer Frau – Rosamund Grosvenor – gehabt, und 1918 ging sie ein Verhältnis mit Violet Keppel Trefusis ein, über das sie 1920 nur ungern in ihr heimliches Tagebuch schrieb:

»Treue ist für mich offenbar unmöglich, damals wie heute. Ich kann mich nur damit verteidigen, daß ich meine Liebschaften in zwei Bereiche aufteile: Harold ist das Feste, Pflanzenhafte und *Beste*, in meiner Liebe zu Harold hat es immer nur absolute Reinheit gegeben, so, wie in seiner Natur auch immer nur eine absolut klare Reinheit gelegen hat. Und auf der anderen Seite steht meine pervertierte Natur, die Rosamund tyrannisiert und schließlich ohne das geringste Herzeleid verworfen hat und die nun hilflos an Violet gekettet ist.« (S. 40)

Dieses Tagebuch hatte sie begonnen, um ihre stürmische Beziehung zu Violet darzustellen, und vieles kann darauf hinweisen, daß sie beim Schreiben eine mögliche Veröffentlichung irgendwann in der Zukunft vor Augen hatte. »Ich glaube, man wird sich für das Seelenleben von Leuten wie mir interessieren, und ich glaube, man wird einsehen, daß es mehr Menschen meiner Art gibt, als man unter dem jetzigen heuchlerischen System zugeben will. Ich sage nicht, daß man nicht wie heute solche Personen und ihre Beziehungen beklgen wird; aber ich glaube, ihr großes Übergewicht und der Geist der Aufrichtigkeit, der hoffentlich zusammen mit dem Fortschritt auf der Welt wachsen wird, werden dazu führen, daß man sie anerkennt, und sei es nur als unumgängliches Übel.« (S. 103)

Zeit ihres Lebens sah Vita diese Ära der Toleranz nicht gekommen, und obwohl sie zahllose Beziehungen zu Frauen einging, schien sie dabei Diskretion für selbstverständlich gehalten zu haben. 1931 lebte sie auf dem Lande, während Harold die ganze Woche über in der Stadt arbeitete und nur das Wochenende bei ihr verbrachte. Vor seiner Ankunft sollte Vitas aktuelle Freundin – Evelyn Irons – mit dem vorherigen Zug abfahren, was sie idiotisch fand. »Da er und Vita sich geeinigt hatten, daß sie ihre Freundinnen und er seine Knaben haben durfte, konnte ich die Notwendigkeit dieser ganzen Heimlichtuerei nicht einsehen. Aber Vita war fest entschlossen, unser Verhältnis zu vertuschen.« (Glendinning, S. 240–41)

So redete Vita sich also ein, daß sie in den Augen der Welt als ehrsame Gattin galt, während sie trotzdem nicht im Mauseloch lebte und sich durch die Angst der Brandmarkung nicht ihr Begehren nach Frauen verderben ließ. Sie war bereit, von Virginia Woolf 1928 als Orlando unsterblich gemacht zu werden – was jedoch eher eine Huldigung ihrer androgynen Qualitäten als ihrer Homosexualität war. Trotz dieses Versteckspiels mit der Ehrsamkeit schien sie in London doch als Frauenliebende bekannt zu sein, denn kurze Zeit, nachdem Virginia sie kennengelernt und ehe sich irgendeine Intimität zwischen ihnen entwikkelt hatte, schrieb Virginia 1923 in ihr Tagebuch: »Vita ist eine unverkennbare Sapphistin.« (Bell, II, S. 235)

Das war offenbar ein offenes Geheimnis, und als ein Kreis von bekannten englischen kulturellen Persönlichkeiten im August 1928 Unterschriften für *The Well of Loneliness* (dt. *Quell der Einsamkeit)* sammelte, das von einem Prozeß bedroht war, wurde Vita nicht zum Unterschreiben aufgefordert. Die Initiatoren wollten Meinungsfreiheit verteidigen, nicht die Homosexualität, und wie Virginia an Vita schrieb, wollten sie deren Unterschrift nicht haben, »denn *deine* Neigungen sind zu gut bekannt« (Nicolson, III, S. 520).

The Well of Loneliness wurde aus sittlichen Gründen verfolgt, da die Autorin des Buches, die 42jährige Radclyffe Hall, die Unterdrückung, nicht die Abweichung verurteilte. Sie wollte die Unterdrückung homosexueller Frauen darstellen und ließ deshalb ihre Hauptperson Stephen Gordon das Buch damit beenden, daß sie Gott anrief: »Laß die ganze Welt wissen, daß du uns anerkennst. Gib auch uns das Recht auf Existenz.« Dieses Recht fehlte nämlich den Homosexuellen, was Radclyffe Hall Stephen fühlen ließ, der in Familie und Freundeskreis großer Widerstand entgegengebracht wurde.

»Ja, die ganze Welt gab sich alle Mühe, sie zu zertreten, die konventionelle, selbstzufriedene Welt mit all ihren Regeln über Sitten und Schicklichkeit, die doch so unendlich häufig von denen übertreten wurden, die so stolz und selbstzufrieden waren, weil sie sich für normale Menschen hielten. Sie traten unbarmherzig nach den vielen Tausenden der anderen, die nicht – Gott weiß, aus welchem Grund – so waren wie sie. Sie waren von der sittlichsten Verärgerung erfüllt und blickten voller Ekel auf die unglückseligen Geschöpfe hinunter. Daß sie selber sündigten, spielte keine Rolle, daß sie den tierischen Instinkten nachgeben konnten, was machte das schon? Sie waren ja normal! Und noch die am tiefsten Gesunkenen und Lasterhaftesten unter ihnen hatten in den Augen der Welt das Recht, andere anzuspucken...« (Hall, S. 254)

Stephen sehnte sich danach, von der normalen Gesellschaft trotz ihrer Homosexualität anerkannt zu werden. Sie wollte wie ein ganz normaler Mensch leben, auch wenn sie eine andere Identität hatte. Die moderne Zeit lud den Homosexuellen nämlich nicht nur Unterdrückung auf den Buckel, sondern auch eine Identität, die es ihnen ermöglichte, sich selber zu definieren. Diese Identität, so stigmatisiert sie auch war, gab ihnen ein Recht auf Begehren, wie abweichend das auch sein mochte,

Dänisches Titelbild von Quell der Einsamkeit *von 1945*

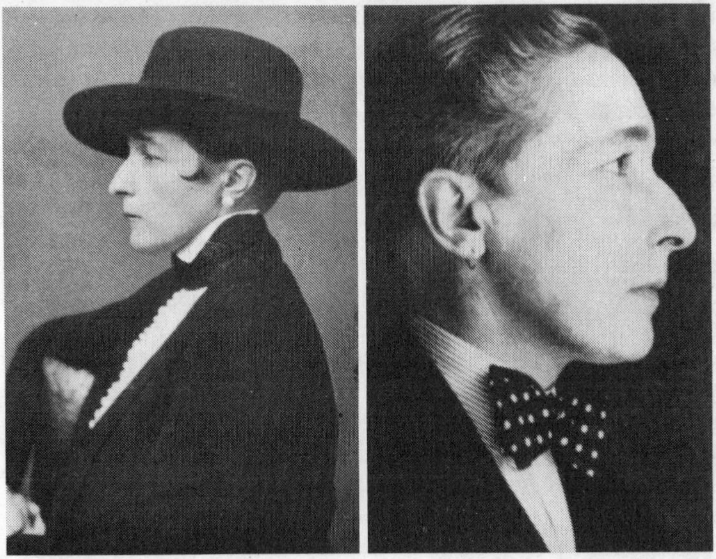

Radclyffe Hall aus der Zeit des Prozesses gegen Quell der Einsamkeit

und hob damit indirekt die Anklage auf, da sie nur dem Drang folgten, den die Natur ihnen eingepflanzt hatte.

Außerdem ermöglichte diese Identität eine Identitätsgemeinschaft mit allen anderen homosexuellen Frauen, und sie konnten sich in der homosexuellen Subkultur ihre Atemlöcher schaffen. Diese Subkultur war jedoch klassenbestimmt, da sie vor allem in Nachtklubs und Bars gedieh, die ohnehin schon ein etwas verlebtes Gepräge hatten. Die Frauen, die wie Gertrud Jensenius gern in die Kirche gingen und Kurse besuchten, hätten sicher nicht einmal im Traum daran gedacht, solche Lokale zu besuchen. Die bürgerlichen Frauen, die in der modernen Zeit lieber ihre Ehrbarkeit behielten, statt der homosexuellen Gemeinschaft beizutreten, schickten sich damit selber ins Exil.

Radclyffe Hall wollte diese soziale Ungerechtigkeit zeigen, da sie wünschte, daß homosexuelle Frauen in der anständigen Gesellschaft zugelassen würden. Sie hielt es deshalb für strategisch richtig, die homosexuelle Subkultur so abstoßend wie möglich darzustellen: Schaut, darauf sind wir angewiesen, weil die Normalen uns nicht mögen. Das hatte allerdings die Nebenwirkung, daß die Subkultur wirklich für abscheulich gehalten wurde, was die Ansicht der Heterosexuellen nur bestärkte und gleichzeitig befriedigte.

Daß ein solcher Verteidigungsroman geschrieben wurde, war bemerkenswert, da die leidende Seite den Dialog mit der Sexualwissenschaft aufnahm. *The Well of Loneliness* ist auf diese Weise die erste wichtige Selbstdefinition eines homosexuellen Menschen. Radclyffe Hall hielt sich für hervorragend qualifiziert, eben weil sie homosexuell war – oder »invertiert«, wie sie das nannte. Da sie invertiert war, keine Expertin, machte sie aus den bisher sprachlosen dritten Personen sprechende erste Personen und schuf dadurch die Tradition, daß homosexuelle Frauen kein Blatt mehr vor den Mund nehmen mußten und sich in die Debatte einschalten konnten. Und da sie selber offen als Homosexuelle auftrat, machte sie in eigener Person Homosexualität sichtbar.

Um die Unterdrückung der homosexuellen Frauen so herzergreifend wie nur möglich zu machen, ließ Radclyffe Hall ihre Hauptperson die Ansichten der Unterdrücker übernehmen. Sie nannte sich deshalb »ein armes, elendes Wechselbalg«, »eine Scheußlichkeit« und »eine von denen, die Gott gezeichnet hat. Ich bin gezeichnet wie Kain.« (Hall, S. 200 und 295) Auch die 46jährige Dänin, die unter dem Pseudonym Agnete Holk veröffentlichte, ließ ihre Hauptperson in ihrem Roman *Et Vildskud* (Ein Irrläufer) aus dem Jahre 1941 ähnliches denken. »Homosexuell! Das war sie, ein Irrläufer in einem ehrwürdigen Stamm, eine Schande für sich, für ihre Familie, für die Menschheit. Homosexuell! Sie wiederholte das Wort, um sich selber zu verhöhnen.« (Holk, S. 112)

Nun tauchte diese selbstquälerische Aussage ja nicht in Erinnerungen auf, sondern in Verteidigungsromanen und war ein Teil der Strategie, durch die Toleranz erreicht werden sollte. Nur indem sie die Ansichten der Umwelt übernahmen, glaubten die Verfechterinnen dieser Theorie zu zeigen, daß sie sich genügend gedemütigt hatten, um die hartherzige Unterdrückung zum Schmelzen zu bringen. Das gelang ihnen jedoch nur zum Teil, denn diese Darstellungen trugen auch dazu bei, daß die Normalen die Homosexuellen für einen Haufen flennender Waschlappen hielten, während die Homosexuellen, die diese

Bücher lasen, ihr Haupt senkten beim Gedanken an das Leben, das sie erwartete. Wenn wir bedenken, daß *The Well of Loneliness* während der nächsten fünfzig Jahre zur lesbischen Bibel der westlichen Welt wurde, war es ja eine etwas triste Identität, die den homosexuellen Frauen mit auf den Weg gegeben wurde.

Identität und Rolle

Während die früheren homosexuellen Frauen in den Aufklärungsbüchern über sich selber hatten lesen können, konnten die späteren zu *The Well of Loneliness* greifen, und Stephen Gordon bot sich als Identifikationsmodell geradezu an, weil sie sich homosexuell fühlte. Das Auffällige an der homosexuellen Identität war nämlich, daß sie nicht leicht zu erhalten war und erst aufgewirbelt werden mußte, während die Heterosexuellen mit ihrer Identität vollgestopft wurden und kaum etwas anderes sehen konnten, wohin sie auch schauen mochten. Aber nur die wenigsten Eltern brachten ihren Kindern freudestrahlend die frohe Botschaft, daß es Homosexualität gab, und passend zu den Ansichten über Pubertätsfreundschaften versicherte die Sexualwissenschaft noch nach 1950, daß durchaus nicht alles so sein mußte, wie es aussah. Die Frauen, die das Gefühl hatten, nicht so zu sein, wie sie sein sollten, sollten erst herausfinden, was sie waren, und sie konnten der Volksmeinung lauschen oder über sich in den Aufklärungsbüchern lesen. »Kapitel 9 – sexuelle Abweichungen – da bin ich genau getroffen!«, aber das kam nur selten vor, da diese abweichenden Menschen so herablassend beschrieben waren, daß sich nur die wenigsten begeistert mit dieser Gruppe identifizieren wollten.

Außerdem richtete sich dieses Kapitel ja nicht an die homosexuellen Frauen selber, sondern an normale Leser, die durch die neuen Aufklärungsbücher über alles zwischen Himmel und Erde informiert werden sollten, eben auch über die Schattenseiten des Lebens. Die homosexuelle Frau mußte deshalb in ihrem Kopf eine Karussellfahrt machen und das unpersönliche »die Homosexuellen« durch »ich« ersetzen, das wurde dadurch noch erschwert, daß *die* Homosexuellen ausschließlich als Männer dargestellt wurden, während Frauen nur in Nebensätzen auftauchten. Eine homosexuelle Frau mußte sich also selber in der dritten Person und in einem Nebensatz entdecken, und vielleicht wurde Stephen Gordon deshalb zum perfekten Identifikationsmodell, weil sie einen Namen, eine Geschichte und zahllose Gefühle hatte.

Aber Stephen Gordon bot nicht nur eine Identität, sie bot auch zwei Rollen an, eine von der Gesellschaft geschaffene und eine selbstgestaltete. Die Gesellschaft schafft eine besondere Frauenrolle und eben auch eine homosexuelle Rolle, das heißt eine Norm dafür, wie richtige Homosexuelle sich benehmen. Und Sexualwissenschaft und öffentliche Meinung waren der Ansicht, waschechte Homosexuelle grämten sich über ihre Abweichung und seien ihretwegen einsam. Ein Teil der Unterdrükkung lag darin, diese Rolle anzunehmen und danach zu leben, so daß die Homosexuellen wirklich unglücklich und einsam wurden und so dem Bild ihrer selbst entsprachen.

Außerdem gab es eine besondere Geschlechtsrolle für Homosexuelle, die für Männer feminin und für Frauen maskulin war. Diese Rollen wurden in der homosexuellen Subkultur weiterentwickelt, und in den USA wurde die vermännlichte Frau »Butch« genannt, die Frau, die sich in sie verliebt dagegen »Femme«. Diese beiden Bezeichnungen wurden in viele Länder exportiert. Die Rollenverteilung war allerdings nicht den homosexuellen Frauen vorbehalten, sie kamen auch in gewöhnlichen Mädchenfreundschaften vor. Der Sexualwissenschaft und Radclyffe Hall zufolge waren allerdings die Butchs die eigentlichen homosexuellen Frauen, während die Femme oft eine heterosexuelle Frau war, die ein wenig auf Abwege geraten war.

Stephen Gordon hatte sich immer als Mann gefühlt und war von ihrem Vater auch wie ein Junge erzogen worden, da er sich so glühend einen Sohn gewünscht hatte, daß er seiner Tochter sogar einen Jungennamen gegeben hatte. Radclyffe Hall selber war Marguerite getauft worden, legte diesen Namen jedoch ab und benutzte ihre beiden Nachnamen – und nannte sich privat John. Diese Namenstravestie ist nicht neu, denn auch Carey Thomas hatte ihren Frauenvornamen Martha abgelegt und benutzte ihre beiden Nachnamen. So hatte Aurore Dupin sich das männliche Pseudonym George Sand gegeben; Katherine Bradley und Edith Cooper veröffentlichten ihre Gedichte unter dem Pseudonym Michael Field, und Mary Ann Evans schrieb unter dem Namen George Eliot.

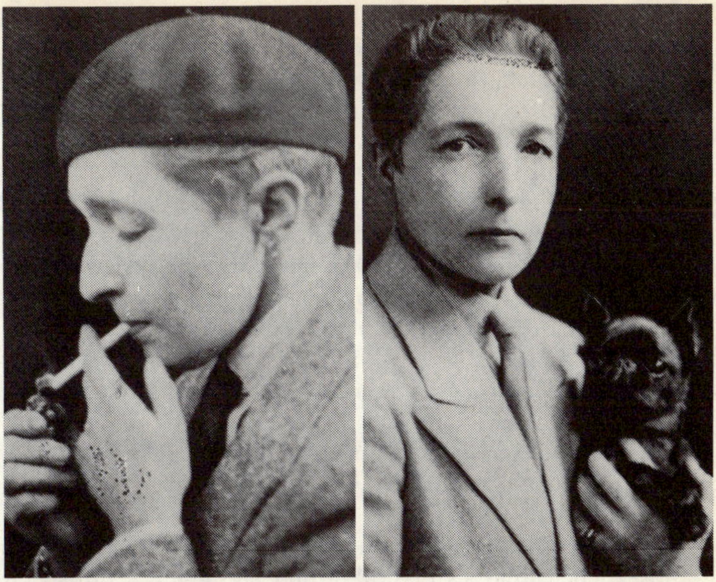

Radclyffe Hall

Mit ihrer männlichen Identität wurde Stephen Gordon aber dermaßen zum Vorbild aller lebenden Butchs, daß sie oft glaubten, es gebe auf der ganzen Welt nur diese beiden homosexuellen Frauen. Das berichtet die Dänin Connie in der fünfziger Jahren über ihre Lektüre von *The Well of Loneliness.* »Es war dieses Glück zu entdecken, daß ich nicht allein auf der Welt war. Wir, die wir so fühlten, waren zu zweit.«

Connie machte deshalb Stephen zu ihrem Modell, als sie mit etwa zwanzig Jahren, um 1960, ihren Einzug in die lesbische Subkultur Kopenhagens hielt und dabei die Butch »Tarzan« erblickte. Sie trug graue Terylenhosen, ein kariertes Hemd mit aufgekrempelten Ärmeln, so daß ihre Muskeln und Tätowierungen zu sehen waren, und hatte das Hemd so weit geöffnet, daß ihr Herrenunterhemd zum Vorschein kam. Ihre Haare waren nicht so kurzgeschoren wie bei den alten Butchs mit ihrem Maschinenschnitt, sondern eher im Stil von James Dean. Tarzan war einfach moderner als die maskulinen Frauen im Köstüm und kam außerdem aus einer zugänglicheren Klasse, weswegen sie augenblicklich zu Connies neuem Modell wurde.

»In Wirklichkeit war Tarzan für mich ein Ersatz für Stephen. Mir war ja klar, daß Stephen nur ein blutarmer Oberklassenherr war, das merkte ich, als ich Tarzan sah. Also schickte ich Stephen zur Hölle, weil er nicht *ich* war. Tarzan war wahrscheinlicher, mit Stephen hatte ich zu viele Kompromisse schlucken müssen. Alle diese Reitpferde und Teegesellschaften...«

Die Ausformung der Butch-Rolle ist geschichtlich bestimmt, und sie ist ein Beispiel für das dialektische Verhältnis zwischen Sanktion und Verinnerlichung. Das heißt, daß die Sexualwissenschaft die homosexuelle Frau zuerst als vermännlicht dargestellt hatte, und wenn die lebendige homosexuelle Frau diese Ansicht von der Wissenschaft übernahm, so war das von der Wissenschaft bereits sanktioniert – oder gesegnet und für gut befunden. Je mehr die Sexualwissenschaft ihr ihre eigene Homosexualität verständlich machen konnte, um so getreuer paßte sie sich dem Bild an, das diese Wissenschaft sich von ihr gemacht hatte, weil es ihre Gültigkeit bekräftigte.

Diese Wechselwirkung verstärkte also die Auffassung der homosexuellen Frau als maskulin, und zu diesem historischen Zeitpunkt war etwas anderes kaum möglich. Wenn die Sexualwissenschaftler eine Frau wie Marie David beschrieben haben, die laut Strindberg auf die Straße kackte, sich betrank und Frauen verführte, so haben sie vielleicht eine Frau gesehen, die die herkömmliche Frauenrolle verachtete. Auch in der modernen Zeit gab es keine große Auswahl, und wenn eine Frau keine Frau sein wollte, mußte sie zwangsläufig zum Mann werden. Außerdem konnten Frauen andere Frauen nicht sexuell begehren, was nur Männern zugestanden wurde, und wenn eine Frau dieses Begehren empfunden hatte, hatte sie also die Männerrolle übernehmen müssen.

Daß *die* homosexuelle Frau jedoch maskulin wurde, zeigt auch, daß diese Rolle in einer patriarchalischen Gesellschaft geschaffen wurde. Einerseits betrieben Männer Sexualwissenschaft, und in einer Gesellschaft, in der Männer die Macht haben, werden auch die männlichen Werte am meisten geschätzt und zum Maß aller Dinge. Außerdem gaben die männlichen Eigenschaften Macht und Freiheit, und eine Frau, die daran teilhaben wollte, mußte die Männerrolle übernehmen, die ihr sexuelles Begehren und Initiative zubilligte. Die maskuline Frauenrolle wurde deshalb auch von den Frauen vorgezogen, die scheinbar

Marlene Dietrich ist auf diesem Bild ein typisches Beispiel für die androgyne Frau.

heterosexuell waren, sich aber der Ehe entziehen und sich statt dessen ihrer Karriere auf dem Arbeitsmarkt widmen wollten.

Anders als die maskuline Frauenrolle bietet die androgyne Rolle die faszinierende Vereinigung der weiblichen und der traditionell für männlich gehaltenen Eigenschaften. Eine androgyne Frau ist gern Frau, aber sie überschreitet die klassische

Frauenrolle, nimmt Eigenschaften an – Macht, Tatkraft usw. –, die den Männern zugeschrieben werden, und macht sie zu weiblichen. Allerdings gehört die androgyne Frau in die Welt der Märchen, und die Butchs der Wirklichkeit machten einen Bogen um alles Mädchenhafte, weil sie genug damit zu tun hatten, so auszusehen wie das Bild, das von homosexuellen Frauen entstanden war.

Sie hatten bereits 1928 ein Identifikationsmodell durch das Buch *Orlando* erhalten, dem verliebten Porträt, das die 46jährige Virginia Woolf von der zehn Jahre jüngeren Vita Sackville-West und ihrer inneren Wirklichkeit geschaffen hatte. Anders als der triste Klang des *Quells* hatte *Orlando* einen sprudelnden, lustigen Tonfall und war so elegant, daß man tausend Jahre lang Literaturwissenschaft studiert haben mußte, um zu entdecken, daß das Buch *auch* von Homosexualität handelte und deshalb nicht gerade die nächstliegende Bibel war.

Wozu es aber trotztdem wurde in gewissen geistreichen Kreisen, da die Frauen dort *The Well of Loneliness* für ein ödes Machwerk hielten. Die Frauen mit Stil zogen Orlando Stephen absolut vor. Virgina teilte Vita in einem Brief aus dem Februar 1929 mit, daß die Figur einen großen Einfluß gewonnen habe. »Eine Frau schreibt, daß sie sich unterbrechen und die Seite küssen muß, wenn sie ›Orlando‹ ließt. Von deiner Rasse, nehme ich an. In den USA steigt der Prozentsatz der Lesbierinnen, alles deinetwegen.« (Nicolson, IV, S. 14)

Als Antwort auf diesen Brief deutete Vita an, daß sich gewisse Frauen nicht damit zufriedengeben wollten, über Orlando zu lesen, sondern auch gern die Person dahinter verehrt hätten, die damit kein Identifikationsmodell mehr war, sondern ein Liebesobjekt. Vita hielt sich gerade in Berlin auf – wohin ihr diplomatischer Ehemann versetzt worden war – und hatte bei einer der führenden Wirtinnen der Stadt gespeist. »Sie fiel nach dem Essen über mich her. ›Ach, Sie müssen einfach in den anderen Salon kommen. Wir sterben alle vor Sehnsucht nach einem Gespräch mit Orlando.‹ Das alles muß ich deinetwegen erleiden. Aber Orlando wollte nicht mitspielen. War vergrätzt und ungehorsam.« (De Salvo, S. 337)

Es ist durchaus möglich, daß Orlando gegen Ende der zwanziger Jahre in den höheren Kreisen der letzte Schrei war, aber seine Botschaft war doch zu dunkel, um zur ewigen lesbischen

Bibel werden zu können. Deshalb reichten verständnisvolle Bibliothekarinnen in den Leihbüchereien aller Welt nicht *Orlando* über den Tresen, sondern *The Well of Loneliness*, wenn eine Ausleiherin mit verlegenem Erröten flüsternd nach einem Buch über weibliche Homosexualität fragte.

Und es ist vielleicht nur zu beklagen, daß es so kam. Denn Radclyffe Hall hatte nicht nur zuviel Sexualwissenschaft gelesen und deshalb Stephen als vermännlichte Frau dargestellt, die lieber ein Mann wäre, sie hatte ihr Buch noch dazu in einem selbsthasserischen und leidenden Ton geschrieben. Virginia Woolf dagegen verspottete die wissenschaftliche Auffassung von Homosexualität, die sie nicht selber betraf, und bot statt dessen eine ganz andere Identität an. Wenn *Orlando* am meisten verbreitet worden wäre, hätten die homosexuellen Frauen der modernen Zeit damit den Ansporn bekommen, ihre Weiblichkeit anzuerkennen und eine neue Weiblichkeit zu entwickeln, und das hätte zu einer ganz anderen homosexuellen Identität geführt.

Wenn *Orlando* ausgeprägte Literaturkenntnisse erforderte, um als homosexueller Roman erkannt zu werden, so forderte *Challenge* von Vita Sackville-West dagegen Hintergrundwissen. Sie hatte diesen Roman im Jahre 1918 während ihrer stürmischen Liebesbeziehung zu ihrer Jugendfreundin Violet Keppel Trefusis begonnen; um die wahre Identität der Personen zu vertuschen, hatte sie sich selber die Rolle des Julian zugeteilt. Damit erschien der Roman als normaler heterosexueller Liebesroman, und nur die scharfsinnigsten Leserinnen konnten das homosexuelle Motiv entdecken.

Der Roman spielt in Griechenland und ist eine romantische Geschichte über den jungen Engländer Julian, der den Aufstand leitet, den einige Insulaner gegen ihre Herren auf dem Festland in Gang bringen, und über seine Verliebtheit in seine junge Kusine mit dem klassischen Frauennamen Eve – alias Violet. Die Homosexualität wird durch den Aufruhr und die Tatsache symbolisiert, daß homosexuelle Liebe immer zwischen Verwandten, also zwischen Menschen desselben Geschlechts, entsteht. Da diese Botschaft aber dermaßen verborgen war, brauchte Vita ihre Personen nicht als ehrsame und herkömmliche Mittelklassefrauen darzustellen, sondern konnte ihrer Feder zum Preise der Leidenschaften freien Lauf lassen, und Eve ist eher das Bild der klassischen Verführerin als der Traum vom Heimchen am Herd.

Wenn *Challenge* als homosexueller Identifikationsroman aufgefaßt werden sollte, mußte die Leserin also nicht nur die wahre Identität der Personen kennen, sondern außerdem noch in den USA wohnen. Kurz vor seinem Erscheinen 1920 in England zog Vita den Roman zurück, da sie von ihrer Familie gehört hatte, daß er den gemurmelten Klatsch über sie und Violet zur Orkanstärke steigern würde. Deshalb erschien er erst im Jahre 1924 und nur in den USA. Er wurde erst 1974 in England veröffentlicht, als alle Beteiligten tot waren und Vitas Sohn ihre Homosexualität entlarvt hatte, indem er ihr heimliches Tagebuch und eine Darstellung ihrer Ehe veröffenlicht hatte. Die einzige Frau, die ihre Homosexualität offen zuzugeben wagte und die damit ein Identifikationsmodell geben konnte, war Radclyffe Hall, und die Probleme, die sie sich damit auflud, bieten ausreichenden Beweis für die Stigmatisierung der Homosexualität.

Die homosexuelle Subkultur

Radclyffe Hall wollte die homosexuelle Subkultur als Hölle darstellen, was daran liegen kann, daß sie sie mit den Augen ihrer Klasse sah; mit ihrem ordentlichen Mittelklassehintergrund hätte sie unbedingt einen Salon mit dünnem Tee und kultiviertem Gespräch vorgezogen. Solche Salons haben zweifellos auch existiert, und zahllose homosexuelle Mittelklassefrauen haben ihre eigenen sozialen Netzwerke geschaffen, wo sie sich privat trafen und wo die gemeinsame Homosexualität eine stillschweigende und selbstverständliche Voraussetzung war.

Aber die homosexuelle Subkultur entfaltete sich in den »Lokalen« – ob es sich dabei um Nachtklubs, Bars, Tanzcafés oder Kabaretts handelte. Solche Lokale hatte es laut Strindberg und Zola in Paris ja schon um 1880 gegeben, und in moderner Zeit schossen sie überall in den Großstädten der westlichen Welt wie Pilze aus dem Boden. Die Lokale waren die selbstdefinierten Atemlöcher, wo Homosexuelle beiderlei Geschlechts ihresgleichen treffen und sich in der Gemeinschaft geborgen fühlten konnten. Sie waren und sind auch ein Ort, wo sich die homosexuelle Identität nach ihren eigenen Bedingungen entfalten kann, sie sind dadurch ein »Heim« in einer ansonsten grenzenlos heterosexuellen Gesellschaft. Und schließlich sind sie natürlich ein

Butch und Femme-Paare in der Pariser Subkultur

Ort, an dem eine Freundin gefunden werden kann – und zwar nicht irgendeine Freundin, sondern eine Frau, die sich auf homosexuelles Begehren eingestellt hat und nicht zuerst eimerweise Skrupel verdauen muß. Seltsamerweise wurden diese selbsterschaffenen Freistätten von *den* Heterosexuellen als »Ghetto« bezeichnet, die nicht fassen konnten, daß ihre eigene allesdominierende Kultur und ihr Verhalten die Homosexuellen in ein kulturloses Exil in »*der* Gesellschaft« jagten – während sie sich selber von der Szene auch angezogen fühlten, weil dort ihre voyeuristischen Gelüste befriedigt wurden.

Den Frauen, die sich in ihrer homosexuellen Identität nun so wohl fühlten – soweit das in dieser homosexualitätsfeindlichen Gesellschaft überhaupt möglich war, wurden die Lokale zum ganzen Leben. Diese Frauen kamen oft aus der Arbeiterklasse oder dem Büroproletariat, standen also ohnehin schon zuunterst auf der gesellschaftlichen Leiter und brauchten sich gar nicht erst die Hoffnung zu machen, auf irgendeine Weise anerkannt zu werden. Deshalb zogen sie die Konsequenzen und lebten nach Kräften mit ihrem Stigma, da sie gewissermaßen ihr Leben um ihre Homosexualität herum aufbauten.

Connie ist eine Dänin, die seit 1960 einige Jahre lang in »Admiralkroen« verkehrte, einem Lokal, das in der Boldhusgade in Kopenhagen lag. Später wurde es in »El Toro Negro« umgetauft – auch »Stier« genannt –, und in einem Interview hat Connie über diese Szene berichtet. »Eigentlich war alles komprimierte Bürgerlichkeit auf Abwegen – so könnte ich das nennen. Denn schließlich wurden keine Normen verschoben, sondern die Normen der Unterdrückten wurden voll ausgelebt. Du hattest ja keine Kultur, auf die du dich beziehen konntest, du warst nur am Wochenende hinter vorgezogenen Gardinen lesbisch.« Aber es war auch eine physische Szene, was vielleicht daher kommt, daß sie von Frauen aus der Arbeiterklasse besucht wurde und daß sie sich um das Begehren herum aufbaute.

Connie hatte die Butch-Rolle übernommen, und deshalb war »Admiralkroen« für sie ein wichtiges Atemloch, da sie hier die Illusion leben konnte, das zu sein, was sie in der Gesellschaft draußen nicht sein konnte. »Wenn ich wußte, daß ich von Montag bis Freitag versuchen würde, in der Rolle irgendeiner Art von Mädchen zu überleben, war es ja klar, daß ich von Freitagabend bis Montagmorgen von mir und meiner Umgebung forderte, daß das Spiel, das ich spielte, bis ins letzte erfüllt würde. Schließlich wurde es die ganze restliche Woche hindurch angegriffen. Admiralkroen war eine Freistätte, wo du dein Spiel spielen konntest, wo die Leute mehr oder weniger darauf eingingen. Und wenn sie nicht darauf eingingen, waren sie eben miese Spielkameradinnen. Deshalb brachen dort die Normen oft zusammen. Wenn sie so streng sind, läßt es sich fast nicht vermeiden, daß du auf jemandes Zehen trittst – auf deine eigenen oder die von anderen.

Wir verlagerten einfach das ganze Traumbild ins Lokal, und dann versuchten wir, die Traumbilder der anderen herauszufinden und zu unterstützen. Wenn also ein fremdes Element kam, zum Beispiel ein Mann im Suff, und zu *mir* ›Na, Kleine‹ sagte – dann durfte er das einfach nicht tun, denn genau das war ich schließlich nicht. ›Wie meinen‹, sagte ich, ›steh doch mal eben auf…‹ Er hatte einen Normbruch begangen, weil er mein Bild von mir selber brach.

Es gab auch sehr strenge Normen. Wenn du ein maskuliner kesser Vater warst, dann solltest du galant sein. Viele unserer Normen waren heterosexuelle Normen. Wir wollten ja alle die Normen der Gesellschaft bewahren. Die Szene wurde dazu benutzt, zu sein wie die anderen, nicht, um anders zu sein.«

Connie sagt, daß sie ein Spiel spielten und heterosexuelle Normen nachahmten. Aber vielleicht läßt sich auch sagen, daß diese Frauen im Grunde in »Admiralkroen« lebten und den Rest der Woche über draußen im Leben spielten. In dieser Szene konnten sie nach den Regeln leben, die sie selber entwikkelt hatten und die Raum für ihre Träume schufen. Nur hier konnte Connie einen Mann zu einer Prügelei herausfordern, was im Alltag, wo sie in hochhackigen Schuhen und mit weiblichem Lächeln auftreten mußte, unmöglich gewesen wäre. Die Norm konnte zu diesem historischen Zeitpunkt kaum etwas anderes sein als heterosexuell, so. wie die Butch-Rolle schwerlich etwas anderes sein konnte als eine Nachahmung der Männerrolle. Es gab einfach keine Kraft oder Möglichkeit, andere Bilder zu schaffen.

Die Stammgäste dieser homosexuellen Lokale überall auf der Welt beugten also nicht den Nacken. Statt dessen gelang es ihnen, ihren Traum zu verwirklichen und ihn auszuleben – und sei es auch nur einmal in der Woche. »Wir lebten einfach nur. Ich habe nicht erlebt, daß Leute sich selber fragten, warum sie homosexuell waren, sondern daß sie eigentlich die Ansichten der Gesellschaft übernahmen und doch durch ihr Leben dagegen protestierten. Wir übernahmen mehr oder weniger die Ansichten der Gesellschaft, waren uns dessen jedenfalls nicht bewußt – aber konnten den Protest in uns spüren, und er wurde ausgelebt. Dadurch, daß wir an den Wochenenden groß zuschlugen, dadurch, daß in dieser Szene alles komprimiert wurde. Ich glaube, wir lebten unsere Verzweifelung und unsere unklaren Vorstellungen davon aus, wer wir waren und warum. Ich glaube, wir hielten uns für eine Art Neger, und unsere Szene war folglich Harlem. Wir hatten frei, wenn wir in der Szene waren. Wir wußten das alles gut, konnten es aber nicht analysieren. Wir lebten darin. Rächten uns, indem wir Weiber stahlen. Also, statt uns hinzusetzen und eine Abhandlung zu schreiben, trieben wir es mit vier Frauen.«

Das Recht auf das Begehren

Ob die homosexuellen Frauen es nun mit vier Damen trieben oder ob sie von Gott das Recht auf ihre Existenz forderten, so hatten sie doch die Gemeinsamkeit – egal, aus welcher Klasse sie kamen –, daß sie das Recht auf das Begehren hatten. Eine homosexuelle Frau wurde ja durch ihr sexuelles Begehren definiert, und sie konnte feststellen: Ich begehre eine Frau, also bin ich homosexuell, und ich habe ein Recht auf dieses Begehren, weil es mich homosexuell macht. Da sowohl die Umwelt als auch die homosexuellen Frauen selber *die* homosexuelle Frau als Butch definierten, war dieses Recht den Butchs zugeschrieben. Wie die Femmes es mit dem Begehren hielten, bleibt dunkel, und es ist schwer, Aussagen über ihre Wirklichkeit zu machen.

Aber Butch Radclyffe Hall ließ Butch Stephen Gordon denken, daß sie niemals den Sommer vergessen würde, »wo sie sich zum erstenmal verliebte, als wäre das das Natürlichste auf der Welt, denn sie folgte ja nur dem Instinkt, den die Natur selber in sie eingepflanzt hatte«. Agnete Holk legte ihrer Heldin Vita Storm dasselbe Argument zur Verteidigung ihres Rechts, ihrem Begehren zu folgen, in den Mund. »Da die Natur ihr solche

Radclyffe Hall, rechts mit ihrer Lebensgefährtin Una Troubridge

Sehnsüchte eingegeben hatte, mußte es ja wohl auch ihr Recht sein, deren Geboten zu folgen, die Forderungen zu stellen, die die Natur – ja, eben die Natur – ihr bei der Geburt, vielleicht sogar noch früher, gegeben hatte.« (Holk, S. 112)

Die homosexuellen Frauen hatten also die moderne Ansicht verinnerlicht, daß die Befriedigung des Geschlechtstriebes genauso gesund und natürlich war wie der Trieb, Hunger, Durst und Müdigkeit zu stillen. Die Unterdrückung des Begehrens galt deshalb als gesundheitsschädlich und gefährlich. Auch den homosexuellen Frauen erschien die Forderung des 19. Jahrhunderts als altmodisch und prüde. Das hatte Georg Brandes bereits 1885 behauptet, worauf die Frauen ihm in Scharen widersprochen hatten, nun aber war die Zeit reif für solche Anschauungen, zumindest unter Butchs, was Radclyffe Hall Stephen in einem verzweifelten Monolog sagen läßt.

»Warum soll ich einsam leben, immer einsam, sowohl körperlich als auch seelisch? Warum wurde ich mit einem Körper geschaffen, der nie befreidigt werden darf und immer unterdrückt werden muß, bis die von Grund auf unnatürliche Unterdrükkung stärker wird als meine Seele und mein Geist? Was habe ich getan, um diese Strafe auf mich zu laden? Und nun greift sie mein Allerheiligstes an – meine Arbeit – und nimmt es mir. Und ich kann niemals eine große Autorin werden, weil ich einen abnormen, unnatürlichen Körper habe…« (Hall, 218–19)

Das Recht auf das Begehren war ein wichtiges Argument in den Verteidigungsromanen, die dadurch indirekt das Recht auf eine homosexuelle Identität vermittelten. Als Stephen nach Ende der Enthaltsamkeit die Femme Mary Llewellyn kennenlernte, erlebte sie die Befriedigung ihres Begehrens, und Radclyffe Hall ließ sie das Recht auf diese Befriedigung verteidigen, als sie vesuchte, sich einzureden, es sei erlaubt, mit Mary in einer sexuellen Paarbeziehung zu leben.

»Und Stephen war kein unwissendes Kind mehr, das durch diese Situation entsetzt und erniedrigt wurde. Überall in der Welt gab es viele wie sie, auch hier in Paris, die kein Leben des Entsagens lebten, die nicht das Begehren ihrer Körper unterdrückten und dadurch ihre Gehirne zerstörten und die so zum Opfer ihrer unnatürlichen Enthaltsamkeit wurden. Sie führten statt dessen ein natürliches Leben – für sie war es nämlich ganz natürlich! Sie liebten wie alle anderen – warum nicht? Sie hatten doch sicher das Recht zu lieben.«

Dieselbe Einstellung vertrat Vita Storm in *Et Vildskud*, die allerdings mehr als Butch war, da sie sich selber für einen Mann hielt und deshalb einen Arzt aufsuchte, der andeutete, daß hier eventuell eine Geschlechtsumwandlung angebracht sein könnte. Als die Femme Irene Hardenau sie verlassen hatte, kreisten deshalb Vitas Gedanken um die Umwandlungsmöglichkeit, da sie ahnte, daß ihr homosexuelles Stigma Frauen vertrieb. Bezeichnenderweise wollte sie nicht nur Irene mit gutem Gewissen begehren dürfen, sondern überhaupt das gesamte weibliche Geschlecht.

»So gut kennt Vita sich selber, selbst jetzt, wo sie glaubt, daß ihr Lebensglück zerstört ist, daß ihr bewußt ist, daß ihre rein physische Vitalität eines Tages andere Frauen fordern wird, und wie in einem schönen Traum sieht sie die Möglichkeit vor sich, eine Frau in den Armen halten zu dürfen, ohne sich selber homosexuell vorkommen zu müssen, ohne zu wissen, daß andere sie für homosexuell halten. Vita findet es verlockend, Männerkleider tragen zu dürfen.« (Holk, S. 188)

Während im 19. Jahrhundert die Liebe zwischen Fauen als vollkommen galt, weil das Begehren fehlte, galt die Liebe des

20. Jahrhunderts erst als vollkommen, wenn Begehren – und die damit einhergehende Befriedigung – vorhanden war. Das schrieb Radclyffe Hall 1934 in einem Brief an die zögernde Evguenia Souline, die sie begehrte, obwohl sie schon seit vielen Jahren mit Una Troubridge zusammenlebte. »Wenn du nur wüßtest – es ist so einfach. Es gibt keinen Grund zur Furcht, keinen Grund zur Angst, abgesehen davon, daß alle intensiven Gefühle im Grunde entsetzlich sind. Aber glaub mir, ohne sie ist das Leben nicht vollkommen – es reicht einfach nicht aus, es bloß theoretisch zu kennen.« (Dickson, S. 213)

Auch Vita Sackville-West hielt die Befriedigung des Begehrens für eine natürliche Folge der Liebe. Aber als sie ihre Beziehung zu Virginia Woolf begann, wollte sie dieser dennoch nicht ihr Begehren aufzwingen, da Virginia geistig so zerbrechlich war, daß sie eine Explosion befürchtete. Deshalb deutete sie 1926 in einem Brief an ihren Mann an, daß Begehren zwar selbstverständlich sei, aber durchaus nicht immer ausgelebt werden müsse.

»Außerdem – wo ich nun beschlossen habe, dir von mir und Virginia zu erzählen – habe ich schreckliche Angst, wegen ihrer Geisteskrankheit in ihr physische Gefühle zu erwecken. Ich weiß nicht, wie sie sich auswirken würden, verstehst du, es ist ein Feuer, mit dem ich nicht spielen möchte. Dazu empfinde ich zuviel Zuneigung und Respekt für sie. Außerdem hat sie niemals mit jemand anderem als Leonard zusammengelebt, was ein großes Fiasko war und rasch beendet wurde. Alles ist also eine unbekannte Größe, und ich habe zu viele Hunde, um die, die wirklich schlafen, auch noch zu wecken. Außerdem cą ne me dit rien; und cą lui dit trop, wenn es um mich geht. Ich habe keine Lust auf eine Affäre, über die ich jederzeit die Kontrolle verlieren könnte. Schließlich ist Virginia nicht der Typ, an den ich so denken könnte. Die Idee hat etwas Absurdes und fast Unanständiges. Ich *habe* mit ihr zusammen geschlafen (zweimal), das ist alles.« (Nicolson, S. 193)

Vita zeigt hier nicht nur Rücksichtnahme, sondern die typische Angst der Butchs, die Kontrolle zu verlieren. Das Recht auf Begehren bedeutete nämlich auch das Recht, den Verlauf zu lenken, und auf französisch deutete sie an, daß eine sexuelle Beziehung zu Virginia ihr nichts und Virginia zuviel sagen und vielleicht eine unkontrollierbare Situation herbeiführen würde. In kodierter Sprache deutete sie vielleicht auch an, daß sie genug

Frauen (= Hunde) zur Auswahl hatte, daß sie sich deshalb also nicht anstrengen müßte, um den schlafenden Hund Virginia zu verführen. Obwohl Vita sich also um einer guten Sache willen beherrschen konnte, konnte sie es doch nicht lassen, Virginia wegen ihrer Begehrlosigkeit aufzuziehen. Im Juni 1927 schrieb sie ihr einen sehr herausfordernden Brief. »Weißt du, was ich machen würde, wenn du keine Person wärst, mit der man so vorsichtig umgehen muß« – die so schwächlich und rücksichtheischend ist. Aber wenn Virginia das nicht wäre, dann würde Vita mit Vergnügen in ihr Auto springen, zu Virginia aufs Land düsen, Steinchen an ihre Fenster werfen und die Nacht mit ihr verbringen.

»Aber da du bist, wie du bist, geht das leider nicht. Hast du mein Buch gelesen? Challenge, meine ich. Vielleicht habe ich mir damals die Hörner abgestoßen. Und doch habe ich das Gefühl, daß der Ansporn mich nicht verlassen hat, nein, das weiß Gott, denn für eine andere Virginia würde ich mitten in der Nacht nach Sussex fliegen. Aber durch Alter, Überlegung und eine erhöhte Rücksichtnahme lasse ich es. Die Versuchung ist allerdings groß.« (De Salvo, S. 229–30)

Challenge bedeutet Herausforderung und war der Titel des Buches, das Vita über ihre Liebe zu Violet geschrieben hatte. Wenn sie nun darauf anspielt, dann will sie indirekt damit sagen, daß auch Virginia eine Herausforderung darstellt. Als Virginia sie beim Wort nahm und telegrafierte »komm doch!«, hielt Vita sich dennoch zurück, was zeigt, daß auch bei draufgängerischen Butchs bisweilen alle Energie im Mundwerk liegt. Dennoch ritt sie weiterhin auf Virginias Begehrlosigkeit herum, und vier Monate später spielte sie in einem Brief auf ihre erste Begegnung bei Virginias Schwager Clive Bell vor fünf Jahren an.

»Wie hatte ich doch recht – nicht, daß es großen Scharfsinn erfordert hätte –, als ich bei Clive einsah, daß hier meist ... wie soll ich sagen? Du wünschst dir Pflicht und Aufopferung, aber wenn ich schriebe, was ich wirklich glaube, dann würdest du nur sagen, daß Vita zu dick aufträgt. Also setze ich mich deinem Hohn lieber nicht aus. Aber wie hatte ich doch trotzdem recht, auch, als ich mich dir in Richmond aufgezwungen habe und so für die Explosion, die in meinem Zimmer auf dem Sofa stattfand, als du dich so schändlich aufgeführt und mich für immer erworben hast.« (S. 252)

Für Virginia dagegen war das Begehren nicht so einfach, und ab und zu zog sie sich in geheimnisvolle Krankheitsanfälle zurück, für die es keine ärztliche Erklärung gab. Vita deutete deshalb an, daß sie vielleicht eine psychosomatische Ursache haben könnten. Mit dem Lehrsatz der modernen Zeit vertraut, das sexuelle Enthaltsamkeit alle möglichen Gebrechen mit sich bringt, schrieb sie deshalb nach einem solchen Anfall 1929 an Virginia: »Weißt Du, was ich glaube, worunter Du neben der Grippe noch gelitten hast? An *unterdrückter Geilheit.*« (S. 336)

Ideal und Begehren

Für Vita Sackville-West war Geilheit also ein Trieb, der um keinen Preis unterdrückt werden durfte, aber trotz allem gingen nur die wenigsten homosexuellen Frauen so unbefangen mit dem Begehren um. Als Butchs hatten sie zwar die weibliche Rolle überschritten und die sexuelle Initiative ergriffen, sie waren jedoch immer noch so sehr Frauen, daß sie glaubten, das Begehren dürfte kein isoliertes Eigenleben führen. Deshalb war der Traum von der Liebe für sie immer noch das Wichtigste, und das Begehren sollte nur eine – natürliche – Folge der Anziehung der Herzen sein.

Vita schrieb selbstverständlich über die unterdrückte Geilheit nur in einem persönlichen Brief, der erst nach dem Tode aller Beteiligten an die Öffentlichkeit kam. Und die Frauen, die in den Büchern über die ideale Forderung an das Begehren schrieben, wollten den homosexuellen Weg minder dornig machen und bemühten sich um ein schönes Ideal. Vielleicht waren sie ja im tiefsten Herzen derselben Ansicht wie Vita, aber das hätte sich gedruckt nicht gut gemacht. Eine der volkstümlichen Vorstellungen von homosexuellen Frauen – und Männern – sagt ja gerade, daß sie sexuell unersättlich seien, was faktisch eine höhnische Annahme ihres Mangels an Geschmack bedeutet – falls wir nicht ganz einfach mit dem heterosexuellen Wunschtraum zu tun haben, vom eigenen Geschlecht begehrt zu werden.

Aber wie dem auch sei, die Tatsache, daß die homosexuellen Frauen das Recht forderten, nach ihrem verkorksten Geschlechtstrieb zu leben, führte nicht dazu, daß sie auch das Recht forderten, nur nach ihrem Begehren zu leben. Das hätte einen Schlag ins Gesicht des ewigen Traumes unserer Kultur von der Liebe als göttlicher Kraft bedeutet und die Homosexualität als tierisch abgestempelt. Die homosexuellen Frauen schrieben deshalb in ihren Verteidigungsromanen und ihren Erinnerungen über das Begehren als *Folge* der Liebe, nicht als deren Ursache. Radclyffe Hall ließ Stephen zu ihrem Begehren eines der Ideale des 19. Jahrhunderts empfinden, nämlich, daß das Begehren gut und edel und selbstlos durch die Liebe sei.

»Zu Anfang richteten Stephens Augen sich nur auf die Sterne, und ihre große Liebe verwandelte alles in lautere Schönheit. Ihre physische Leidenschaft für Angela Crossby hatte in ihrer Seele ein entsprechendes Gefühl geweckt, so daß jedes zwingende, brennende Verlangen – das sie bisweilen selber nicht verstand – ein weiteres Verlangen hervorrief, das nicht dem Körper angehörte, sondern ein edles, uneigennütziges, erhöhtes Gefühl war, das nicht das eigene Wohl suchte – mit Freude hätte sie unsägliche Schmerzen erlitten, ja, sogar ihr Leben für die Frau gegeben, die sie liebte.«

Daß dieser Geschlechtstrieb nun den homosexuellen Frauen zugebilligt war, bedeutete allerdings nicht, daß sie die Liebe beiseite warfen. Statt dessen strebten sie eine ebenbürtige Vereinigung von Körper und Seele an. Das ließ Agnete Holk Vita Storm empfinden, die ihre Sehnsucht nach der einzig Wahren und erkennt und voller Abscheu feststellt, daß ihre Eintagsaffären nur auf dem Begehren beruht hatten.

»Vita hat in diesem Moment das Gefühl, daß sie auf eine wartet, deren Liebe reicher und reiner ist als die der anderen, die kommen und gingen, eine Liebe, die Körper und Seele gleichzeitig durchtost, die nicht die ewige Sehnsucht der Liebe vom starken Verlangen des Körpers trennen kann, eine Liebe, die nicht nur in der Erde verwurzelt ist, sondern auch mit der Gottheit in Pakt steht, auf die jeder Mensch, selbst die, die nicht glauben, im tiefsten Herzen hofft.« (Holk, S. 110)

Daß dem Begehren die Seele beigegeben wurde, bedeutete, daß die Liebe als solche aus dem geistigen Reich auf die Erde herabsank. Aber es bedeutete auch, daß die homosexuellen Frauen sie nicht noch tiefer und ins tierische Reich sinken sehen wollten, wie Mary Casal zum Ausdruck brachte, als sie in ihren Erinnerungen ihre Begegnung mit der geliebten Juno beschrieb. »Unsere Vereinigung suchte keine tierische Befriedigung. Es war ein wirkliches Verstehen von Ideen und Idealen, und als Nebenprodukt folgte die physische Befreiung vom sexuellen Begehren.« (Casal, S. 156) »So wie unsere Seelen und Herzen zueinander hingezogen wurden, so geschah es auch unseren Körpern. Wir spürten beide, daß ohne die tiefe und wahre Liebe, die wir füreinander empfanden, die sexuelle Begegnung keine Befriedigung bringen könnte. Diese war eher Resultat als Ursache unserer Liebe.« (S. 159)

Mary Casal war sich darüber im klaren, daß diese Begegnung als homosexuell stigmatisiert wurde, egal, wieviel Geist dabei eine Rolle spielte. Das Wissen, daß ihr gemeinsames Bewußtsein eine gemeinsame Identität ergab, war ein geteiltes Vergnügen. Einerseits vermittelte es eine Sicherheit, im selben – sinkenden – Boot zu sitzen, und gemeinsamer Schiffbruch ist immer ein Trost, andererseits aber vermittelte es auch Unsicherheit, denn in einen Topf mit aller Welt geworfen zu werden senkte auch den Standard. Manche homosexuellen Frauen hielten es deshalb für nötig, ihre auffälligen Artgenossinnen in die Finsternis hinauszustoßen, damit sich vor dem Hintergrund des schändlichen Lebens der anderen ihr eigenes Leben um so ansprechender ausmachen würde.

Mary Casal zum Beispiel hielt ihre Liebe zu Juno für etwas ganz anderes als die, die die allgemeine Ansicht homosexuellen Frauen zuschrieb, die nämlich ausschließlich vom Begehren gelenkt würden. »Unser Leben lag auf einem viel höheren Niveau als das Leben, das die echten Invertierten lebten. Obwohl wir uns natürlich unserer sexuellen Beziehung hingaben, war das doch nie unser erster Gedanke.« (S. 185)

So schöne Ideale aufzustellen war jedoch etwas anderes, als sie zu leben, und wo Mary nach ihren eigenen Worten nach ihrem Traum lebte, gab Diana Frederics zu, daß das seine Schwierigkeiten haben könnte. Sie hatte ihre Homosexualität erkannt, als sie in den Aufklärungsbüchern über sich selber gelesen hatte und weil sie sich ab und zu ein bißchen in Frauen verliebte. Trotzdem heiratete sie einen Mann, beschloß dann aber bald, ihrer wahren Identität entsprechend zu leben, und verließ ihn. Sie war homosexuell geworden, ohne homosexuelle Erfahrungen gemacht zu haben. Dann lernte sie eines Tages in einer Pension in Berlin die Amerikanerin Elise kennen, die eine »umgekehrte« Homosexuelle war.

»Nach nur wenigen Tagen wußte ich, daß Elise sich für mich interessierte. Unsere Isolation, meine Einsamkeit hatten uns zu rasch zusammengeführt, alles wirkte phantastisch und unwirklich. Physische Anziehung, fühlte ich, sollte das Ergebnis einer Freundschaft und nicht ihr Anfang sein. Ich konnte den Gedanken nicht ertragen, eine Frau zu begehren, die mir mehr oder weniger fremd war, und mit kindischer Irritation wünschte ich, Elise wäre weniger anziehend.« (Frederics, S. 61)

Mehrere Jahre später erlebt Diana das Gegenteil, nämlich, daß das Erscheinen von Begehren auch ein Beweis für das Vorhandensein von Liebe sein konnte. Sie war nun Lehrerin an einem College und hatte als Logiergast die Schülerin Leslie, die eines Abends Dianas Zimmer besuchte. »Sie legte ihren Kopf ein bißchen auf die Seite, ihre Haare waren nicht gekämmt, und ihr Mund hatte einen ernsten Ausdruck. Ihr Schlafanzug stand halb offen und zeigte die weichen Umrisse ihrer Brust. Eine intensive und wilde Erregung ergriff mich, und ich hatte Angst davor, etwas zu sagen. In diesem Moment glaubte ich, niemals etwas so begehrt zu haben, wie ich Leslie begehrte. Auf eine seltsame Weise wußte ich, daß ich sie liebte. Und alles war so, wie es sein sollte.« (S. 130)

Auch in der homosexuellen Subkultur gab es ein Idealbild des Begehrens. Wie Connie berichtet hatte, waren die Normen in »Admiralkroen« die der bürgerlichen Gesellschaft, was sich daran zeigt, daß Begehren gestattet war, sich aber nicht in aller Öffentlichkeit zeigen durfte. Da die homosexuellen Lokale die komprimierten Atemlöcher waren, wo das angestaute Begehren einer ganzen Woche endlich befriedigt werden konnte, gestatteten die Normen doch gewisse Brüche der Bürgerlichkeit. Den Butchs war es deshalb gestattet, zu »jagen«, womit eine direkte und körperliche Werbung gemeint war.

»Du konntest eng tanzen, und das war ein unschätzbarer Vorteil der Normen. Aber es bedeutete auch, daß der Paarungsakt in dem Moment anfing, wo du mit einer tanztest, und das war auch kein Geheimnis. Alle wußten, wenn du eine auffordertest, daß du gerne ihren Unterleib spüren wolltest. So war die Botschaft.

Deshalb war der sexuelle Tanz den Ritualen des Paarungstanzes unterworfen. In dem Moment, wo du zum Mädchen von Butchs wurdest – wast du ein Ding. Und wenn andere mit dir tanzen wollten, dann durften die Freundinnen das manchmal –

aber sie baten um Erlaubnis. Wenn du eng und ein bißchen geil mit einer Femme tanzen konntest, dann hattest du sie, und sie war wild auf dich, Mann, das war einfach der Traum. Darauf warst du scharf. Darauf hofften alle. Und die Femmes hofften natürlich, just diesen Butchs in die Arme sinken zu können. Das hielt den ganzen Betrieb in Gang.«

Wenn das Begehren beim Paarungstanz aufloderte, so gestatteten die Normen der Subkultur, es auf der Toilette zu befriedigen, wo ansonsten auch noch Eifersuchtsdramen und Prügeleien der Femmes stattfanden. Die Butchs schlugen sich natürlich im Lokal, weil es für sie einen Prestigegewinn bedeutete, Männer – oder andere Butchs – zu Boden schicken zu können. »Die Klos waren einfach der Nerv des Lokals, sie waren der Ort, wo alles überkochte«, wie Connie sagte, und das Spiel auf den Toiletten war der gestatte Bruch der idealen Norm.

»Das mit den Klos kam, glaube ich, vom Alkohol. Manche wurden dann völlig ungenießbar. Das hing oft mit beendeten Beziehungen zusammen, also daß sich irgendwer aus einer Beziehung danebenbenommen hatte, oder mit blöder Geilheit im Suff, die sich einfach ausleben mußte. Oder irgendwelche Butchs wollten ihr Gesicht nicht verlieren und machten ihre Madames fertig. Nach außen hin war alles so schön – ach, wie schön –, und dann geschah es, weil die Zeit so knapp war und weil gesoffen wurde, und dann ... es ist wie bei der Konfirmation: Es beginnt in der Kirche und endet unter dem Tisch. Es ist ungefähr dasselbe.

Es gab auch desillusionierten Toilettensex. Es gab solche, die sich eigentlich überhaupt nichts auseinander machten und nur aus Geilheit, Suff oder Einsamkeit oder vielleicht allem zusammen mittaten. Es war vielleicht die Antwort der Frauen auf die Pissoirszene der Schwulen. Vielleicht war es eine unbeachtete weibliche, viel direktere, Art, sich auszuleben, als vom Frauenbild akzeptiert wurde.«

Das beschmutzte Begehren

Die desillusionierte Geilheit in der Subkultur zeigte, daß Begehren und Liebe nicht immer Hand in Hand gingen. Das wußten die Frauen, die die homosexuellen Lokale aufsuchten und die sich deshalb die Toilettenspiele als Sicherheitsventil geschaffen hatten. Auch homosexuelle Frauen aus anderen Klassen entdeckten, daß das Begehren ab und zu sein eigenes Leben führte und sich nicht der Idealforderung unterwerfen wollte. Das Entsetzen entsprang der Erkenntnis, diese gewaltige Kraft in sich zu wissen, sie nicht durch den Willen bezwingen zu können, und der Angst davor, sich tierisch zu betragen.

Das widerfuhr Vita Sackville-West, als ihre geliebte Violet 1919 Denys Trefusis heiratete. Beide Frauen hatten zwar überlegt, daß eine Ehe Violet größere Freiheit geben würde, da unverheiratete Frauen in der englischen Oberklasse von ihren Familien abhängig und zu sittlich einwandfreiem Benehmen verpflichtet waren. Dennoch war Vita verzweifelt, als ihr aufging, daß Denys als Ehemann nun per Gesetz das Recht erhielt, das sie bisher genossen hatte. In dieser Verzweiflung fuhr sie nach Paris, wo ihr Mann sich gerade aufhielt, und besuchte das junge Paar im Hotel Ritz.

»Ich kann nicht beschreiben, wie schrecklich das Ganze war – diese Begegnung und alles. Mir wird schlecht, wenn ich darüber schreibe oder daran denke, und meine Wangen brennen. Es war schrecklich, schrecklich! Ich wohnte nicht mehr in Versailles, sondern allein in einem kleinen Hotel. Ich nahm sie dahin mit und war brutal zu ihr, ich liebte sie, und ich nahm sie, mir war alles egal, ich wollte nur Denys verletzen, obwohl er ja nichts davon wußte.« (Nicolson, S. 110)

Daß Violet nun mit kirchlichem Segen von Denys begehrt werden durfte, machte Vita so wild, daß sie nachdrückliche Spuren hinterlassen wollte. In ihrem Tagebuch schrieb Vita »I made love to her«, was auch die physische Seite der Liebe meinen kann.

Sogar die Sympathie weckenden Romanheldinnen fanden den Balancegang auf dem Seil des idealen Begehrens nicht leicht. Als Stephen so schmerzhaft von Angela – ihrer ersten Geliebten – im Stich gelassen wurde, starb zwar alsbald die Liebe, ihr Begehren jedoch nicht, und sie stellte entsetzt fest, daß es auch jetzt, nachdem ihr Herz verblutet war, sein eigenes Leben lebte.

»Nun war es ein welkes, totes Ding, denn nun pochte es nicht mehr vor Liebe, wenn sie an Angela Crossby dachte, und das mußte bedeuten, daß ihr Herz tot war. Es war schrecklich, ein totes Herz in der Brust zu tragen. Angela Crossby – und doch,

Jeanne Mammen: im Damen-Spiel-Klub

trotz allem gab es Augenblicke, in denen sie sich unsäglich danach sehnte, diese Frau zu sehen, sie sprechen zu hören, die Arme nach ihr auszustrecken und sie an ihr Herz drücken zu können ... nicht sanft und behutsam wie in alten Tagen, sondern leidenschaftlich, gewaltsam, ja, fast brutal. Es war widerlich – tierisch! Sie fühlte sich erniedrigt. Nun konnte sie Angela Crossby keine Liebe mehr anbieten, diese Zeit war vorbei – nun hatte sie nur noch etwas, das wie ein häßlicher Fleck ihrer früher so schönen Liebe anhaftete.« (Hall, S. 236)

Wenn die Liebe verschwand und das Begehren allein übrigblieb, wurde sie von Sanftheit zu Leidenschaftlichkeit. Die Erkenntnis jedoch, eine solche Kraft zu beherbergen, war für Stephen durchaus keine Freude, denn sie sah ein Begehren ohne Liebe als etwas Tierisches und als häßlichen Fleck. Auch Vita Storm litt unter diesen Qualen, wenn sie enthaltsam lebte, weil sie keine Freundin hatte. Ihr eigentliches Begehren richtete sich darauf, noch einmal eine normale – also heterosexuelle – Frau wie Hilda Hartmann, ihre erste Geliebte, kennenzulernen. Sie hatte erkannt, daß die homosexuelle Subkultur größere Möglichkeiten bot und daß es in Berlin, wo sie sich gerade aufhielt, einige solche Bars gab, die »Dielen« genannt wurden. Sie hatte jedoch Hemmungen davor, einen solchen Ort aufzusuchen, weil sie dadurch offen zugegeben hätte, daß sie ihr Begehren befriedigen lassen wollte – egal, von wem. »Sie lächelt nachsichtig ihr Spiegelbild an, nachsichtig, ein wenig kummervoll, weil es nun so weit mit ihr gekommen ist, daß sie Nachtklubs aufsucht, wo Frauen sich treffen.« (Holk, S. 112)

Bei diesem Besuch traf Vita zum erstenmal Scharen von Artgenossinnen, schloß aber mit keiner nähere Bekanntschaft. Sie atmete deshalb erleichtert auf, als sie in der Pension die normale und gebildete Irene kennenlernte und eine Beziehung zu ihr einging. Aber auch diese nahm ein Ende, und Vita fragte sich, was eigentlich ihr Recht war – welche Frauen sie begehren durfte.

»Und tief in ihrer Seele wurde die Antwort geboren, durch die sie gerettet wird: eine von denen, die – mehr oder weniger – so sind wie sie, eine der Töchter der Dielen in gewissen Vierteln der Großstadt. Ihre Seele krümmt sich bei diesem Gedanken. Nein, das nicht, nicht die, die für jegliche Gunst zu haben sind. Vita sieht vor sich das Publikum der Fürstinnen-Diele, sieht plötzlich Gesichter vor sich auftauchen, denen sie niemals auch nur einen Gedanken geschenkt hat, Gesichter, die dasselbe schmerzhafte Verlangen verraten, das sie selber empfindet, Seite an Seite mit Gesichtern, die von perverser Schamlosigkeit berichten. Und in ihr klingt es: Urteile nicht! Sie, die mehr als die meisten normalen Menschen darüber weiß, was die wahre, unabweisbare Natur eines Menschen sei, darf als allerletzte sich einbilden, das Recht zum Verdammen zu haben. Vielleicht gibt es Mädchen, die dorthin gehen, so, wie sie selber es getan hat, in der letzten Hoffnung, eine zu finden, die wie sie selber ist – Mädchen mit reinen Sehnsüchten, nur eben keinen normalen.« (S. 189–90)

Die reinen Sehnsüchte nach den normalen Frauen waren allerdings genau das, worum Vita sich bemühte. Sie stellte jedoch fest, daß sich in Berlin mehrere Frauen wünschten, von ihr begehrt zu werden, und das in ganz normalen Restaurants zeigten. »Ihr Blick traf auf zwei graue Mädchenaugen, sie hielten einander fest – lange. Und Vita liest zuerst Verwunderung, dann intensives Gefallen, eine feuchte, heiße Glut, und langsam geht ihr auf, daß das Leben nicht durch schöne, unwirkliche Visionen gelebt werden kann. Vielleicht ist es klüger, die Blumen zu pflücken, die am Staßenrand wachsen, als sich nach dem – Unerreichbaren zu sehnen. Sie glaubt, Hildas Blick zu sehen – wird an ihre Jugendträume erinnert, an ihre pure Reinheit. Und wie in Aufruhr über ihre eigenen Gedanken, den Gedanken, davon abzuweichen, erhebt Vita sich, bezahlt und geht, schaut sich in der Tür noch einmal um, sieht zwei Augen, die ihr folgen, die sie zurückrufen wollen. Dann fällt hinter Vita die Tür ins Schloß.« (S. 221)

Vita hatte bereits die Befriedigung des Begehrens erlebt und kannte außerdem die moderne Auffassung vom natürlichen Recht des Geschlechtstriebes auf Befriedigung. Sie litt deshalb unter ihrer Enthaltsamkeit, zumal sie überall von anziehenden Frauen verfolgt wurde. »Und langsam wurde ihr ihre Sehnsucht bewußt, nicht nach etwas Bestimmtem, nur danach, eine Frau zu haben – in ihren Armen.« (S. 218) Aber sie wollte dem Drängen des Begehrens nicht nachgeben, um sich nicht zu beschmutzen, was sie in Gedanken der fernen Irene gestand.

»Warum hast du mich verlassen, Irene? Wenn du hier wärst, hätte ich nichts an mir kennengelernt, dessen ich mich schämen muß. Es war so selbstverständlich, wenn wir zusammenkamen, wie daß der Tag auf die Nacht folgt, aber dieses Verlangen nach etwas, das ich begehre, aber nicht wünsche, nimmt mir meine Lebenskraft. Ich weiß, es gibt Menschen, die behaupten, es sei eine so natürliche Forderung wie Hunger und Durst, aber ich glaube, geringer zu werden, wenn ich mich an den verlockenden Gerichten des Lebens gütlich tue.« (S. 219)

Dennoch gab Vita endlich ihrem Drang nach und fand zusammen mit der Eintänzerin Natascha Befriedigung. Nun jedoch zeigte das Klassenbewußtsein des Romans sein versnobtes Gesicht, denn mit der wohlerzogenen Gutsbesitzerstochter Irene Hardenau fand Vita Schönheit im Begehren, bei der elternlosen

Eintänzerin russischer Herkunft und ohne Nachnamen dagegen nur eine fremdartige und geschmacklose Wildheit.

»Und blitzschnell begreift Vita, daß sie den Glauben an ihr eigenes Recht bewahren muß, daran, daß ihre Beziehung zu einer Frau natürlich und rein sein kann und daß sie sich deshalb nicht mitreißen lassen darf – die Ekstase zu suchen, wie sie das in den letzten Monaten getan hat, sich immer stärker von Nataschas überschäumender Phantasie erhitzen zu lassen, nicht zuletzt, weil sie im tiefsten Herzen weiß, daß es nichts mit dem zu tun hat, was sie erreicht hat.« (S. 230)

Das Recht, homosexuell zu sein und dem homosexuellen Geschlechtstrieb zu folgen, wurde also verletzt, wenn das Begehren die erste Geige spielte. Nur wenn die ideale Forderung verwirklicht wurde, wenn sich also Körper und Seele in Harmonie trafen, konnte Vita mit ihrem Begehren leben. Deshalb war sie erleichtert, als ihre Jugendliebe Hilda plötzlich auftauchte und sie davor rettete, in der Ekstase zu ertrinken. Aber ihre Jugendliebe war bemüht schwesterlich und damit asexuell, wenn auch nicht ganz ohne Begehren, und Vita geriet in das Dilemma, daß sie nicht wußte, wohin sie nun ihr Begehren richten sollte, mit dem sie Hilda anständigerweise nicht kommen durfte.

»Auf einmal kommt ihr der Gedanke an Natascha – wie ein Unbehagen. Sie kann Natascha nicht im Stich lassen, sondern muß ihr helfen, bis sie genug verdient, um selber zurechtzukommen. Sie muß sie auch sehen und – Gott möge ihr helfen – sie als Geliebte behalten, weil – weil sie sonst Hilda einfach nicht mehr als ›kleine Schwester‹ sehen kann. So gut glaubt Vita sich selber zu kennen. Sie verhöhnt sich selber bei dem Gedanken, Sklavin ihrer ›Männer-Erotik‹ zu sein.« (S. 235)

Der letzte Satz zeigt das ganze Dilemma. Diese homosexuellen Frauen akzeptierten zwar gewisse maskuline Charakterzüge und übernahmen deshalb innerlich und äußerlich die Butch-Rolle, aber das bedeutete noch lange nicht, daß sie nun auch Männer geworden wären. Die moderne Zeit hatte Frauen zwar ebenso wie Männern ein Sexualleben zugebilligt, hatte aber trotzdem die alte Vorstellung des Bürgertums nicht ausrotten können, daß nur Männer Triebe haben konnten und daß es schweinisch sei, sich nur von den Trieben leiten zu lassen. Da diese homosexuellen Frauen zur Mittelklasse gehörten und die Normen dieser Klasse vertraten, teilten sie auch diese Ansichten

Vielleicht eine Blume am Straßenrand, die gerne gepflückt werden möchte

über den Geschlechtstrieb. Deshalb träumten sie von der einzigen, mit der sie auf einer Wolke der Liebe davonschwimmen würden, was das Begehren zulässig machen würde.

Obwohl die homosexuellen Frauen in diesem Zeitraum nun lernten, ihre Triebe als positive Zugabe zur Liebe zu betrachten, kann nicht die Rede davon sein, daß sie gleichzeitig ein besonderes weibliches Begehren entwickelt hätten. Vielleicht gelingt es Frauen deshalb nicht, Liebe und Begehren zu trennen, weil beides so fest in der Auflage der Frauenrolle verankert ist, sich um die Angelegenheiten des Herzens zu kümmern. Aber diese Aussagen zeigen doch, daß Fauen ab und zu von einem sexuellen Gefühl überrascht wurden, das nicht als Nebenprodukt der Liebe entstanden war. Daß sie es nicht auslebten, lag daran, daß sie sich ihrem eigenen Idealbild des Begehrens unterwarfen.

Die Rede ist hier von den Mittelklassefrauen, die gerne diesem Idealbild entsprechen wollten. Wenn sie jedoch die Augen aufmachten – so wie Vita Storm in Berlin –, dann mußten sie feststellen, daß sie von zahllosen heterosexuellen Frauen umgeben waren, die sich für die Butchs anziehend machten und begehrten, begehrt zu werden. Wenn Vita sich nicht mit ihnen einließ, dann lag es daran, wie sie selber sagte, daß sie keine Kompromisse schließen und die Blumen am Straßenrand pflücken wollte. Andere homosexuelle Frauen taten das gern und fanden das Begehren dennoch nicht beschmutzt. Das berichtet Connie und betont, daß sie nicht nur in »Admiralkroen« »auf Jagd ging«.

»Ich konnte nicht einsehen, daß ich, weil ich lesbisch war und Frauen mochte, mich nur am Wochenende mit ihnen treffen sollte. Nein, das wollte ich nicht, Mann. Und das bedeutet wohl auch, sich gegen eine Norm aufzulehnen. Denn in der Definition der Normalen läuft die sexuelle Minderheit mit einem ewigen Lächeln der sexuellen Euphorie herum und befriedigt ihre verkommenen Gelüste bei mehr oder weniger lichtscheuen Unternehmungen.

Das Jagdrevier – das konnten die mondänen Warenhäuser sein; mein Typ kommt bei gebildeten Damen gut an, und wenn die Oberklassedamen nicht in Panik geraten und vor Schreck sterben und nach Hause ins Eremitageschloß rennen, dann sind sie gewaltig angezogen, das ist meine Erfahrung. Wenn du maskulin bist und alle Register ziehst, dann ist die ganze Welt dein Jagdrevier, denn die Welt ist so stinklangweilig und durch die schwachsinnigen Vorstellungen des Bürgertums definiert, wie du dein Leben leben und vor allem, wie du es nicht leben sollst. Deshalb wird es immer aufreizend sein, wenn du anders bist. Und wenn du sexuell anders bist und dich traust, dann kannst du alles erleben. So ist das einfach.«

Der Inhalt des Butch-Begehrens

Das Recht auf das Begehren und dessen Idealbild brachte die Butch-Frauen nun dazu, die Femmes zu begehren, und die Dynamik im Zusammenstoß der beiden Geschlechts-Rollen führte natürlich dazu, daß Butch und Femme unterschiedlich begehrten. Als Folge der Tatkraft der Butch-Rolle wollten die Butch-Frauen die Femmes erobern, und das Idealziel war es, eine Frau zu erobern, die sie versorgen konnten. Das führte dazu, daß die unschuldigen und hilflosen Femmes sie besonders anzogen, da deren Hilflosigkeit ihre eigene Macht verstärkte und da deren Unschuld den Wunsch vermittelte, sie zu beschützen.

Eine Femme-Blick, der jede Butch zum Beschützer werden läßt

Die Femmes dagegen begehrten das genaue Gegenteil, und obwohl die wenigen, die sich dazu geäußert haben, nichts von Schutz und Versorgung sagten, begehrten sie doch, sich hingeben zu können. Sie spielten die weibliche Rolle, und Aufopferung war ein Teil ihrer Liebe. Was sie bei den Butchs anzog, war deshalb das, was ihre eigene Weiblichkeit verstärkte – also die Stärke.

In dieser Hinsicht unterscheidet sich die Butch-Femme-Anziehungskraft nicht von der zwischen mächtigen und dienenden Frauen des 19. Jahrhunderts. Hier fühlte eine mächtige Frau wie Natalie Zahle sich zu Ulrikke Rosing hingezogen, weil die die reinste, wahrste und feinste Frau war. Und so waren die dienenden Frauen von Natalie Zahles Unnahbarkeit, von Agnes Nyrops schöner Überlegenheit und von Mlle Julies durchdringendem Blick hingerissen. Diese Dynamik der Anziehung scheint also nicht historisch bestimmt, sondern rollenbestimmt zu sein.

Dieselbe Dynamik finden wir in den Verteidigungsromanen der modernen Zeit, wo die Femme mit ihrer klassischen Weiblichkeit ihre eigene normale Weiblichkeit und damit auch die angeborene Homosexualität der Butchs betonte. Die Butch-Heldin sollte ja gerade Sympathien erwecken, weil sie sich in echte, normale Frauen verliebte, nicht in Abweichlerinnen wie sie selber. Durch die Liebe einer normalen Frau wurde sie selber in die Normalität emporgehoben.

Stephen Gordon in *The Well of Loneliness* hatte in ihrem Leben drei Frauen geliebt; als Kind das Stubenmädchen Collins, danach die verheiratete Angela Crossby und schließlich die junge Mary Llewellyn, die sie bei ihrer Hilfsarbeit im Ersten Weltkrieg kennengelernt hatte. Bei allen drei waren es ihre Kindlichkeit und Unschuld, die Stephen anzogen.

Collins wurde als blühendes junges Mädchen aus dem Volke beschrieben, »aber sie hatte die strahlendsten großen blauen Augen, die einen mit ihrem halb verwunderten, halb fragenden Kinderblick im Herzen trafen« (Hall, S. 13). Dieser Blick traf vor allem Stephen im Herzen, und genau der gleiche Blick zeichnete auch Angela aus. Als Stephen mit 21 Jahren mit ihrer Mutter allein auf dem Gut lebte, nachdem ihr Vater gestorben war, ließen Angela und ihr Mann sich in der Nähe nieder. Als Neureiche waren sie nicht recht gesellschaftsfähig, und Stephen begegnete Angela deshalb nur durch Zufall. Sie rettete nämlich Angelas

Schoßhund, den der Köter des Schlachters gerade zerreißen wollte.

Angela wimmerte und war hilflos und sehr dankbar für Stephens Eingreifen. Stephen ihrerseits war hingerissen von Angela und ihrem bezaubernden Aussehen. »Die Augen waren blau – eine tiefe, veilchenblaue Farbe – und hatten einen kindlich unschuldigen Ausdruck. Diese Augen waren so klar, so unschuldig und zutraulich, daß Stephen ganz empört war, als sie an all den Klatsch dachte, den sie über die Crossbys gehört hatte.« (S. 130)

Es stellte sich jedoch heraus, daß Angela nur zu genau wußte, welche Macht in ihren Kinderaugen lag, und sie benutzte sie gern, um Stephen um den kleinen Finger zu wickeln. Eines Tages erzählte sie Stephen von ihrem elenden Leben und war von ihrer Geschichte so ergriffen, daß sie in Tränen ausbrach. »Die Glut im Kamin fiel zusammen, und bei ihrem plötzlichen Aufleuchten konnte Stephen Angelas Gesicht sehen. Es war verweint, die Augen waren geschwollen und gerötet. Die weiße Haut war fleckig, und alle Schönheit war aus diesem jämmerlichen, verzweifelten Gesicht gewichen. Und doch liebte Stephen sie noch tausendmal mehr, weil sie so elend und so jämmerlich schwach war, ja, gerade wegen ihrer Schwäche und ihrer Würdelosigkeit liebte Stephen sie so sehr, daß sie kein Wort über die Lippen bringen konnte.« (S. 184)

Radclyffe Hall deutet an, daß Angela eine betrügerische Frau war, was die eigentlich unschuldige Stephen jedoch nicht bemerkte. Angela hielt Stephen zum Narren und brachte ihr bestes Lockmittel zur Anwendung. »Sie sah kindlich unschuldig aus ihren großen blauen Augen zu Stephen auf, und Stephen konnte diesen treuherzigen blauen Augen niemals widerstehen.« »Sie hatte ihren Hut abgenommen und sah aus wie ein unglückliches Kind, und Stephen war seltsam ergriffen, als sie sie so hilflos in ihrem Schlaf daliegen sah.« (S. 192–93)

Der Blick mit seinem hilflosen Flehen ließ auch Vita Sturms Liebe und Beschützerinstinkte anschwellen. Sie war 22, als sie durch gemeinsame Bekannte die etwas jüngere Hilda Hartmann kennenlernte, und sie war augenblicklich so bezaubert von ihr, daß sie sie und noch weitere Bekannte einlud, sie auf dem Lande zu besuchen. »Aber ihre Augen sahen vor allem Hilda, die in ihrem pastellblauen Sommerkleid fast wie ein Kind aussah, etwas unsicher über die Situation, mit einer Art Flehen im Blick, als suche sie einen Ort, um sich zu verstecken.« (Holk, S. 22)

Die beiden machten es bald zu ihrer Angewohnheit, daß Hilda Samstag und Sonntag bei Vita auf dem Lande verbrachte, und da Hilda Angst davor hatte, allein im Gästezimmer zu schlafen, wurde sie auf dem Sofa in Vitas Zimmer untergebracht. Nach einem wunderschönen Tag konnte Vita nicht sofort einschlafen, sondern lag wach und betrachtete die schlafende Hilda. »Nein, nicht nur, was sie sieht, erfüllt sie mit Glück, sondern alles, was Hilda ausmacht, ihr helles, klares Lachen, ihre Rehaugen, ihre hilflosen Bewegungen, wie sie sich an Vita anklammert wie an der Stärkeren, ihr ganzes Wesen. Vita streckt die Arme aus, als wollte sie Hilda an sich ziehen, und plötzlich kommt es – leise und doch wie ein Orkan, der losbricht: ›Ja, aber Hilda, ich liebe dich ja!‹« (S. 52)

Leider war Hilda so sehr Reh, daß sie sich nicht an Vita binden wollte, sondern sie verließ, um eine normale Familie zu gründen. Vita war wie zerschmettert, fing aber in Berlin ein neues Leben an, wo sie in der Pension wieder eine neue Frau traf, zu der sie sich hingezogen fühlte. »Seit sie sich zuletzt von Irene verabschiedet hat, leidet sie unter diesem schlechten Gewissen, hat sich selber Hunderte von Malen gesagt, daß sie Irene zuliebe weggehen müßte, aber von dem Moment an, als sie die Frau in Irene verstanden hat, das ewig junge und ewig schöne Flehen der Frau um Güte – um Schutz –, weiß sie trotz allem, daß es zu spät ist.« (S. 122)

Irenes Flehen um Güte machte sie dermaßen anziehend, daß Vita schon bald fürchtet, die Selbstbeherrschung nicht mehr bewahren zu können. »In Vitas Blick liegt eine Stärke, die Irene den Blick abwenden läßt, und als sie die Augen wieder aufschlägt, liegt darin ein Ausdruck, der Vita verstehen läßt, warum Männer Frauen haben rauben können. Ein kleiner Seufzer. Es ist, als ob Irene sich auf Gnade und Ungnade ergäbe. Vita schweigt, wagt nicht weiterzusprechen, denn sie hat Angst, sich zu vergessen, weiß, daß sie auch nicht einen Augenblick die Kontrolle über sich selber verlieren darf, sonst wäre es unmöglich, dem Sturm der Gefühle, die mit der Vernunft kämpfen, noch Einhalt zu gebieten.« (S. 129)

Dieser Blick und dieser Seufzer waren so hinreißend, daß Vita sich fast hätte hinreißen lassen, die sexuelle Befriedigung des Begehrens zu suchen. Das war ein Teil der Wünsche dieses Begehrens, außerdem wollte sie die Frau für immer erobern und zu ihrer Gattin machen. Die Verteidigungsromane waren ja in der Absicht geschrieben, bei »den Normalen« Verständnis und damit größere Toleranz gegenüber den homosexuellen Frauen zu erwecken – das Begehren der Butchs sollte deshalb als normal geschildert werden. Die sexuelle Befriedigung war in dieser Zeit *wirklich* normal geworden, aber das war auch das Familienleben, und die normalste Lebensform war eine Kerneinheit, die darauf aufbaute, daß die Familie aus einem erwerbstätigen Vater, einer Mutter zu Hause und zwei sorgfältig gekämmten Kindern bestand.

Radclyffe Hall ließ Stephen ihr Lebensglück opfern und Mary einem Mann überantworten – was die Einsamkeit nur vertiefte und der Heterosexualität vor der Homosexualität den Vortritt ließ. Agnete Holk dagegen beendet ihren Roman damit, daß Butch Vita ihrer geliebten Hilda ein Pflegekind besorgt, wodurch sie zusammen eine kleine Familie aufbauen können. Vita hatte eine gutbezahlte Stellung und konnte deshalb »die zu Hause« versorgen. Agnete Holk stellte das Begehren danach, eine Familie zu versorgen, als Sympathie weckenden Zug ihrer homosexuellen Frau dar. Wie Natalie Zahle vor fast hundert Jahren geträumt hatte, »irgendwann einmal so viel für Ulrikke zu tun«, wollten auch die Butch-Heldinnen eine Femme versorgen und beschützen.

Dieses Begehren war gewissermaßen ein Teil der Butch-Rolle, denn es bewies, daß eine solche Frau die maskulinen Qualitäten besaß: Fleiß, Tüchtigkeit, Beschützerfähigkeiten und so weiter. Es bewies aber auch, daß sie wie ein ganz normaler Mensch leben konnte, der auch das stabile Familienleben begehrte – sogar ohne kirchlichen Segen – und nicht das berühmte promiskuitive Geschlechtsleben, das den Homosexuellen sonst zugeschrieben wurde.

Ehe Vita mit Hilda vereint wurde und ehe sie bei Irene das ideale Begehren und bei Natascha das beschmutzte Begehren kennengelernt hatte, war das Leben für sie sinnlos gewesen. »Eine gute Stellung hat sie, keine finanziellen Sorgen. Aber was nützt das. Niemand ist da, für den sie die Verantwortung übernehmen oder für den sie ein Heim schaffen kann. Ein Heim – ja!

In Gedanken sieht Vita eine junge Frau, die den Tisch deckt, sieht Blumen darauf, sieht Kerzen – sieht sich selber in der Tür stehen, dem Blick der jungen Frau begegnen, der aufleuchtet, wie Frauenaugen nur für den geliebten Menschen aufleuchten.« (S. 109–10)

Für Butchs war es also nicht befriedigend genug, nur Karriere zu machen. Anders als die moderne heterosexuelle Frau sollte die homosexuelle nicht ihre Selbständigkeit als Frau unter Beweis stellen – denn die lag sozusagen schon in ihrer Rolle, sie sollte ihre Macht unter Beweis stellen und eine Frau unter ihre Fittiche nehmen. Diese Befriedigung erreichte Vita schließlich doch noch, als sie mit ihrer Jugendliebe Hilda vereint wurde. Bei dem Essen, bei dem sie dem zukünftigen Mann ihrer geschiedenen Mutter vorgestellt wurde, fühlte sie sich mit ihm verwandt.

»Und als Vita das Glas niedersetzt, fühlt sie, daß in der Auffassung dieser vier Menschen als Paare nicht nur etwas Trennendes, sondern auch etwas Verbindendes liegt. Das Gefühl, daß Hilda sich so in ihre Obhut gegeben hat wie ihre Mutter in Wagners, ein Gefühl, das Vita dazu bringt, ihn mit Sympathie anzusehen, mit ihm zu fühlen – ja, wie mit einem älteren Kameraden, der dieselbe Aufgabe übernommen hat wie Vita, eine Frau zu beschützen. In diesem Moment fühlt Vita sich entschieden maskulin.« (S. 257)

Auch Radclyffe Hall zeigt in *The Well of Loneliness* diese Rollenverteilung in einer allesverzehrenden Liebesbeziehung mit gemeinsamem Heim. »Wenn Stephen Mary in ihren Armen hielt, fühlte sie, daß sie wirklich alles für sie war – Vater und Mutter, Freund und Geliebter – alles. Und Mary war alles für sie – Kind, Freundin, Geliebte. Aber Mary war ganz und gar Frau und ruhte deshalb sicher in Stephens Armen, ohne zu denken, ohne zu fragen. Für sie gab es auf der ganzen Welt nur ein einziges Bedürfnis, und das war Stephen.« (Hall, S. 306) Hier hat die Stimme der Autorin offenbar ganz zum Schluß der Hauptperson das Wort entzogen und der Femme übertragen. Sie wollte jedenfalls sagen, daß beide die Rolle gefunden hatten, in der sie sich am wohlsten fühlten. Stephen war zum Familienoberhaupt geworden, denn sie war nach außen das homosexuelle Gesicht der Beziehung, und das Verhältnis war durch ihre Initiative entstanden.

Diese leicht weinerlichen Femmes scheinen in reiner Form allerdings nur in Verteidigungsromanen aufgetreten zu sein. Dabei war es ihre Aufgabe zu beweisen, daß es nur billig war, wenn Butchs Beziehungen zu ihnen eingingen, da sie sie durch ihre hinreißende Hilflosigkeit und ihre Sehnsucht nach Schutz gewissermaßen selber dazu herausforderten. Im wirklichen Leben verguckten die Butchs sich jedoch in Femmes, die durchaus nicht so eindeutig auftraten, wenn sie sich in ihren Erinnerungen auch nicht sehr viel Mühe geben zu beschreiben, worauf sie nun genau angesprungen sind.

Virginia Woolf läßt sich nicht unbedingt als weinerliche Göre darstellen, schließlich war sie eine bedeutende Autorin. Dennoch war sie zart und wurde ab und zu von geheimnisvollen Krankheitsanfällen überwältigt, die Ruhe und Bettruhe erforderten. In etlichen Briefen an sie hat Vita Sackville-West dargestellt, wie sie versuchte, mit dem Image der Halbinvalidin zu brechen, das ihre nahe Umgebung Virginia verpaßt hatte. Vita dagegen betonte nämlich immer Virginias Energie und Fleiß.

Dennoch wirkte Virginias berühmte Zartheit sehr anziehend, und Vita schrieb 1928 auf einer gemeinsamen Reise mit Virginia an ihren Mann: »Virginia ist sehr süß, und ich fühle mich ihr gegenüber noch beschützerischer als sonst. Die Kombination dieses strahlenden Gehirns und dieses gebrechlichen Körpers ist sehr liebenswert.« (Nicolson, S. 195)

Ansonsten verliebte Vita sich in den Typus hingebungsvolle Femme, die allerdings nicht so zart waren wie die Femmes der Romane. Sie gestattete ihnen nie, ihre Ehe zu gefährden, nachdem sie sich einmal in ihrem Leben von ihrem Begehren hatte lenken lassen. Und das hatte ihr einen Skandal und eine Ehekrise eingebracht. Diese allesverzehrende Leidenschaft hatte sich auf Violet Trefusis gerichtet, die zwar Femme war, aber einwandfrei zum schicksalhaften und leidenschaftlichen Typus gehörte.

Vita und Virginia waren schon als Kinder befreundet gewesen und begegneten sich Anfang 1918 wieder, als Violet Vita auf dem Lande besuchte und ihr eines Tages folgte, als Vita, berauscht von einem Gefühl der Freiheit, sich zum erstenmal in männlicher Arbeitskleidung zeigte. Dieses Erlebnis brachte Vita dazu, den Durchbruch zu ihrer Butch-Rolle und wohl auch zu ihrer Homosexualität zu schaffen, was sie Violet in einer langen Rede offenbarte, worauf diese ihr ihre Liebe gestand.

»Sie war viel tüchtiger als ich. Ich hätte ein Knabe von 18 sein können und sie eine Frau von 35. Sie war unendlich klug – sie erschreckte mich nicht, sie bedrängte mich nicht, sie ließ mich nicht sehen, wohin ich ging; das Ganze war von ihrer Seite durchdacht, während ich ganz einfach von der Befreiung berauscht war – einer Befreiung der einen Hälfte meiner Persönlichkeit. Sie eröffnete mir eine neue Sphäre.« (S. 102)

Obwohl Vita zwei Jahre älter war als Violet, fühlte sie sich dieser Dame von Welt gegenüber doch als Knabe – und Violet war wirklich eine Dame von Welt. Sie sah Vita nicht aus verwunderten Kinderaugen an und stieß auch keine kleinen hilflosen Seufzer aus; statt dessen wußte sie genau, welche Saiten sie aufziehen mußte, um Vita zum Schmelzen und dazu zu bringen, sie zu verführen, was Vita in ihrem Tagebuch von 1920 weiter berichtet.

»Sie lag auf dem Sofa, ich war im Sessel verborgen; sie nahm meine Hände und trennte meine Finger, als ob sie daran etwas abzählen wollte, während sie mir erzählte, warum sie mich liebte. Von einer solchen Liebeskunst hatte ich nie geträumt. So etwas war für mich immer zu *direkt* gewesen; ich hatte niemals eine Liebe gekannt, die diese lateinische Virtuosität enthielt (ob diese nun instinktiv oder erworben war). Ihre bloße Berührung und ihre klangvolle, tiefe Stimme beunruhigten mich grenzenlos. Sie appellierte an meine schlafenden Sinne; ich weiß noch, daß sie ein rotes Samtkleid trug, von der Farbe einer roten Rose, und daß das Kleid und ihre weiße Haut und ihre goldbraunen Haare sie sehr verführerisch machten. Sie zog mich hinab, bis ich sie küßte – und das hatte ich seit vielen Jahren nicht getan. Dann war sie klug genug, sich zu erheben und gute Nacht zu sagen; aber ich küßte sie in der Dunkelheit wieder, nachdem ich unsere einzige Lampe ausgeblasen hatte. Sie lag ganz willenlos und passiv in meinen Armen. (Ich schaudere beim Gedanken an die Erfahrung, die sich hinter ihrer Hingabe versteckte.) Ich glaube nicht, daß ich in jener Nacht geschlafen habe – und von der Nacht war auch nicht mehr viel übrig.« (S. 102–3)

Vita machte Violet in ihrem Roman *Challenge*, den sie einen Monat nach diesem Ereignis begann, als echte Femme fatale unsterblich. In diesem Roman verkleidet Vita sich als der romantische Adelige Julian, während Violet die faszinierende Kusine ist, mit der er ein Verhältnis hat, als beide erwachsen sind. Und wie Violet im wirklichen Leben, so lenkte Eve im Buch auf rät-

Vita Sackville-West (links) und Violet Keppel Trefusis

selhafte Weise den Verlauf der Beziehung und entschied, wer wen wann verführen sollte.

»Sie kam, zuerst schweigend, zurückhaltend, dann fast schmollend, und dann umfing ihn nach und nach der Zauber ihrer Vertrautheit, und mit einem Wort oder einem Blick waren sie miteinander verbunden; das ganze System ihrer Verbundenheit entwickelte sich aufs neue, ein System, das sie entwickelt hatte, was ihm sehr klar war; aufgebaut aus persönlichen putzigen Scherzen; ermunternd, erfinderisch, hatte sie in hohem Grad die Fähigkeit, ein solches Netz zu weben, listig, indem sie mehr meinte, als sie sagte, und weniger sagte, als sie meinte; indem sie Unendliches versprach, die Erfüllung jedoch immer wieder aufschob.« (Sackville-West, S. 129)

Auch in der Befriedigung des Begehrens war Eve die eigentliche Lenkerin, wobei sie allerdings dafür sorgte, daß die Rollen beibehalten wurden. Ihre einnehmende weibliche Schüchternheit war allerdings nur ein Spiel, das ihre Hingabe sichern konnte. »Ihre Sinnlichkeit – die sich sogar in der Wahl der Künste zeigte, die sie liebte – hatte sie zur menschlichen Leidenschaft bestimmt. Er hatte ihren Instinkt bemerkt, sich zu seinem Vergnügen zu schmücken; er hatte die auserlesene Raffinesse bemerkt, mit der sie ihren Körper umgab. Er hatte ihren Instinkt bemerkt, ihre Liebe in eine Kunst zu verwandeln. Sie hatte ihm den Wert ihrer Zurückhaltung, ihres Ausweichens und ihres plötzlichen Übermutes gezeigt. Er entdeckte nie – durchaus kein geringerer Epikuräer als sie – und versuchte auch nie zu entdekken, ob ihre Fähigkeiten angeboren, unbewußt oder berechnet waren. Beide wußten stillschweigend eine leicht geheimnisvolle Verschleierung zu schätzen, die die Roheit ihrer Selbstentlarvung milderte.« (S. 235)

Diese raffinierte und gefährliche Frau wurde Julians Ruin, so, wie auch Vita Violet für ihren Ruin hielt. Nachdem ihre Beziehung Anfang der zwanziger Jahre im Sande verlaufen war, reiste Violet nach Frankreich und ließ sich halbherzig bei ihrem Mann nieder. Die beiden Frauen blieben in bemüht lockerem Ton in Verbindung, bis die Leidenschaft ein weiteres Mal entflammte, als Violet bei Ausbruch des Zweiten Weltkrieges nach England zurückkehrte. Im Dezember 1940 war die 49jährige Vita bereit, die 47jährige Violet zu treffen, stellte jedoch fest, daß Violet immer noch zu beunruhigend war. Darüber schrieb sie Anfang 1941 in einem Brief:

»Wir könnten diese schöne, einfache, naive, kindische Beziehung einfach nicht haben, ohne sie in eine leidenschaftliche Liebesaffäre zu verwandeln. Wenn Du eine Spur von Ehrlichkeit in Deiner Natur hast, dann wirst Du mir zustimmen. Du und ich können nicht zusammensein. Ich gehe die Landstraße entlang und sehe ein Schild mit ›Achtung. Undetonierte Bombe‹, und dann muß ich einen anderen Weg gehen. Du bist für mich die undetonierte Bombe. Ich will nicht, daß Du explodierst. Ich will nicht, daß Du mein Leben zerreißt. (...) Dieser Brief wird Dich wütend machen. Das ist mir egal, denn ich weiß, daß keine Wut oder Irritation jemals die Liebe zwischen uns zerstören wird. Und wenn Du mich wirklich willst, dann werde ich zu Dir kommen, immer, überall. Verstehst Du, Du hast gesagt, wir könnten zwei Formen von Kapital ausbeuten; die große Tragödie und die Kinderfreundschaft. Das stimmt in gewisser Weise – ist aber nicht die ganze Wahrheit. Du weißt sehr gut, wenn Du der Sache ehrlich in die Augen blickst, daß unsere Kinderfreundschaft zwar stark und wichtig ist, daß das andere jedoch genausoviel bedeutet.« (Jullian, S. 220)

Das tiefe Wasser, auf das Vita Virginia rücksichtsvollerweise nicht hinauslockte, wollte sie also auch nicht mit Violet betreten, dieser schicksalhaften Femme, denn dann hätte sie die Kontrolle, die sie als Butch hatte, verloren. Aber die aktiven Femmes griffen auch den Alleinanspruch der Butchs auf Verführung an, da sie selber entschieden, von wem sie verführt werden wollten. Auf diese Weise zeigten sie ihre Selbständigkeit, während sich ihre verborgene Macht darin zeigte, daß sie – wie Vita in *Challenge* schrieb – die Entwicklung der erotischen Nähe lenkten. Sie waren deshalb so beunruhigend, daß die Butchs nicht wagten, sich mit ihnen einzulassen, was auch Connie gesagt hat, als sie erzählte, daß in »Admiralkroen« immer die Butchs die Femmes zum Tanz aufforderten. »Sie kamen nicht selber und fragten, das war zu billig. Wer das tat, sank in den Augen der Butchs. Mit denen wollten wir nichts zu tun haben, mit diesen Nymphomaninnen, Mann! Und zwar, weil sie uns unsere Rolle als Verführer nahmen, und deshalb wurden wir unsicher.«

Die einzigen aktiven Femmes, die sich in »Admiralkroen« ein solches Verhalten erlauben konnten, ohne als zu billig zu gelten, sondern die dadurch den Status der Butchs erhöhten, waren die Prostituierten. Sie hatten durch ihr Gewerbe größeren Spielraum für ihr Benehmen bei der Jagd – und hier haben wir uns also weit von der Auffassung des 19. Jahrhunderts entfernt, die die Prostituierten als schwache Frauen betrachtete, die Hilfe brauchten. »Wir Butchs wußten, daß die Nutten unseretwegen kamen. Sie brauchten einen Mann, hatten die Männer aber satt. Da konntest du eine richtig rotzfreche Verabredung machen. Der Status der Butchs war ja sexuell, und wenn eine sexuell erfahrene Frau – für die wir sie damals allesamt hielten – ein Auge auf eine von uns warf, dann lag das natürlich daran, daß sie sich mit diesen Dingen auskannte.«

Der Inhalt des Femme-Begehrens

Nicht nur die homosexuelle Subkultur erwartete von den Femmes Zurückhaltung, sondern auch die obere Kultur. Und das fiel ihnen scheinbar leicht, da ihr Begehren nach Hingabe und Aufopferung strebte. Das klingt sehr klassisch, und die wenigen Femmes, die sich ausgesprochen haben, zeigen auch, daß der Inhalt ihres Begehrens dem der anderen modernen Frauen glich. Dieses Begehren wurde in der Traumwelt der heterosexuellen Frauen vom Scheich und seinesgleichen befriedigt. Aber auch Frauen besaßen einige dieser Eigenschaften, die Knud Pontoppidan 1891 als »das Determinierte in Wesen und Auftreten, das den Sieg über das Frauenherz davonträgt«, definiert hatte. (Pontoppidan, S. 510)

Nun haben leider nur sehr wenige homosexuelle Femmes Erinnerungen geschrieben, während einige andere Frauen, die sich in Butchs verguckten – ohne deshalb die homosexuelle Identität anzunehmen –, sich geäußert haben. Die beiden Frauen, die die tiefstgehenden Beschreibungen des Inhalts ihres Begehrens hinterlassen haben, sind Violet Trefusis und Virginia Woolf, die witzigerweise beide dieses Begehren auf Butch Vita Sackville-West richteten. Der Grund dafür, daß ihre Aussagen so gut wie die einzigen veröffentlichten sind, kann nicht der sein, daß sie die einzigen waren oder daß außer Vita keine Butchs es wert waren, begehrt oder beschrieben zu werden. Es liegt wohl eher daran, daß beide bemerkenswerte Frauen waren und daß deshalb das Interesse bestanden hat, ihre Papiere zu veröffentlichen. Wenn also etwas Allgemeingültiges darüber gesagt werden soll, was Femmes an Butchs interessiert, dann muß das vor dem Hintergrund von Vitas faszinierender Persönlichkeit geschehen. Aber da sich ihre Selbstauffassung nicht sonderlich von der anderer Butchs unterscheidet, kann sie verallgemeinert werden, wenn ihre Person natürlich auch viel mehr Glamour umgibt als die meisten anderen.

1919 erhielten die modernen heterosexuellen Frauen in Gestalt des Scheichs ihren Traumhelden, doch Violet hatte Vita bereits ein Jahr zuvor zwar nicht in einer romantischen Wüste, aber immerhin in einem romantischen Zigeunerstamm untergebracht. Sie nannte Vita Mitya, was in ihrer Welt offenbar ein Zigeunerprinz war, und nannte sie so in einem Brief aus dem Jahre 1919. »Mein Schöner, denn man kommt nicht um die Tatsache herum, daß Du schön bist. Ich verliere die Sprache, wenn ich Dich ansehe – die prachtvolle Elfenbeinsäule, die Dein Hals ist, Deine Augen wie glühende Juwelen, Dein Mund mit seinen sinnlich gemeißelten Lippen, blaßrot wie verblaßte Weinflekken. Vielleicht schreibe ich lauter Unsinn, aber dann bin ich berauscht. Berauscht von der Schönheit meines Mitya! Den ganzen Tag über war ich unzusammenhängend. Ich sage Dir, Du hast eine barbarische Pracht, die nicht nur mich allein besiegt,

Vita Sackville-West

sondern alle, die Dich ansehen. Du bist dazu geschaffen, zu *besiegen*, Mitya, nicht besiegt zu werden. Du warst *prächtig*. Die Welt hätte Dir zu Füßen liegen können.« (Jullian, S. 152)

Auch Virginia Woolf war für das Majestätische in Vitas Auftreten empfänglich, obwohl sie eher als Violet die Frau dahinter erkennen konnte. Das zeigt sich in ihren Tagebuchaufzeichnungen vom Dezember 1925, nachdem sie sich auf Vitas Landsitz hingegeben hatte. »Ich mag sie und bin gern mit ihr zusammen und mag ihre Pracht – sie strahlt im Kaufladen von Sevenoaks wie ein Leuchter mit angezündeten Kerzen, wenn sie mit Beinen wie Buchenstämmen, rosenrot glühend, traubenbehängt, perlenumschlungen, daherstolziert. Ihr Glamour hat ein Geheimnis, davon gehe ich aus. Unter allen Umständen fand sie mich unglaublich schlecht und geschmacklos angezogen, keine Frau war weniger an ihrem Aussehen interessiert – keine kleidete sich so wie ich. Und dennoch so hübsch und so weiter. Wie wirkt das alles auf mich? Sehr unterschiedlich. Da sind ihre Reife und ihre vollen Brüste: daß sie immer mit vollen Segeln der Flut standhält, während ich im toten Wasser an der Küste entlangtreibe, ihre Fähigkeit, meine ich, in jedweder Gesellschaft das Wort zu ergreifen, ihr Land zu vertreten, Chatsworth zu besuchen, Silbergeschirr, Dienstboten und Hunde zu beaufsichtigen; ihre Mütterlichkeit (obwohl sie ihren beiden Jungen gegenüber ein bißchen kalt und abweisend ist), kurz gesagt, daß sie (was ich nie gewesen bin) eine richtige Frau ist. Und sie hat etwas Sinnliches, die Trauben sind reif, aber sie ist nicht nachdenklich.« (Bell, III, S. 52)

Nachdenklich war Virginia selber, das brauchte sie bei einer anderen nicht zu verehren. Aber Vita war »eine richtige Frau« – und dafür hielt Virginia sich selber nicht –, wobei es auffällt, daß dieser Ausdruck damals eine orgastische, nichtfrigide Frau bezeichnete. Was eine Femme anzog, wird hier von Virginia deutlich gemacht, es war eine Art Vervollkommnung des Selbst: Du lieferst Sinne und Bauch, ich liefere das Gehirn, und zusammen bilden wir eine vollkommene Einheit. Nun war Vita ja eine sehr verfeinerte Butch, aber es ist sehr wahrscheinlich, daß ihre Gesinnungsgenossinnen in der Subkultur dieselben Eigenschaften in etwas proletarischerer Fassung aufwiesen. Eine Femme in der Subkultur hätte sich zweifellos von Butchs angezogen gefühlt, die energisch auftraten und für Ruhe und Ordnung im Lokal sorgten – die also brutale Männer am Kragen packten und sie hinauswarfen. Diese mächtige Eigenschaft in allen klassenhängigen Formen sorgte damit dafür, daß die Hingabe der Femmes sicher und ihre Aufopferung süß wurden.

Una Troubridge

In einem Butch-Femme-Paarverhältnis kennzeichneten die Butchs nach außen hin die Beziehung, und die Unterdrückung, die auf sie regnete, tröpfelte damit auch auf die Femmes. Sich mit Butchs zusammenzutun war damit bereits eine Aufopferung für die Femmes. Butchs hatten keine Wahl, wenn sie ihrer Identität und ihrer Rolle folgen wollten, wenn sie so lebten wie ihre Natur oder was auch immer es von ihnen forderte. Eine Femme dagegen konnte als »normal« durchgehen, und wenn sie sich öffentlich mit ihrer auffälligen Butch-Geliebten zeigte, opferte sie den Schutz der Normalität. Da eine Femme aber die Möglichkeit begehrte, sich völlig hinzugeben, faßte sie diese freiwillige Stigmatisierung nur als Beweis dafür auf, daß sie für ihre Liebe alles opferte.

Das war der Fall bei Una Troubridge, die mehr als einmal als liebevolle Stütze einer verfolgten Person auftreten sollte. Das erste Mal war, als ihr Ehemann zu Beginn des Ersten Weltkrieges vor ein Kriegsgericht gestellt wurde, da er als englischer Admiral seine Flotte in Sicherheit gebracht hatte, statt gegen die Deutschen zu kämpfen, bis von den Schiffen und ihrer Besatzung nur noch Treibholz und Strandgut übrig waren. Bei den Verhandlungen stand Una fest an seiner Seite. Fünfzehn Jahre später sollte sie wieder die Stütze einer Angeklagten sein, nämlich 1928 beim Prozeß gegen *The Well of Loneliness*.

Als Una 1915 die 29jährige Radclyffe Hall kennenlernte, verließ sie ihren Mann und zog bald mit ihrer Geliebten zusammen. In ihrer Biographie über sie schreibt Una, daß Radclyffe Hall schon lange mit dem Gedanken gespielt hatte, ein Buch über eine homosexuelle Frau zu schreiben, und daß sie eines Tages um 1925 zu Una sagte, nun sei die Zeit reif. »Obwohl die Veröffentlichung eines solchen Buches bedeuten konnte, daß ihre ganze Karriere Schiffbruch erleiden würde, war sie völlig auf jegliches Opfer vorbereitet – nur meinen Seelenfrieden wollte sie nicht opfern.« Radclyffe Hall überließ deshalb Una die endgültige Entscheidung, und sie zeigte sich denn auch als hingebungsvolle und aufopfernde Femme – nicht, weil sie ängstlich, sondern weil sie mutig war. »Ich sagte, sie sollte schreiben, was ihr am Herzen lag, und was die Folgen für mich selber beträfe, so hätte ich die Zweideutigkeiten satt und wünschte nur, als das bekannt zu sein, was ich war, und mit ihr im Palast der Wahrheit zu wohnen.« (Troubridge, S. 82)

Auch die französische Schriftstellerin Lucie Delarue-Mardrus opferte sich für ihre Liebe zu einer Frau. Sie hatte 1900 einen angesehenen Dichter geheiratet, nach 15jähriger Ehe trennten die beiden sich jedoch in aller Stille, und Lucie schloß sich in Paris dem Kreis um die frauenliebende Natalie Clifford Barney an. In den folgenden Jahren hatte sie diverse romantische Freundschaften mit verheirateten und unverheirateten Damen. 1932 jedoch begegnete sie mit 58 Jahren der großen Leidenschaft ihres Lebens in Gestalt der Sängerin Germaine de Castro. In ihren Erinnerungen schreibt Lucie, daß vor allem Germaines Gesang sie verzaubert hatte. »Die Stimme – ich nenne sie mein Morphium, mein Rauschgift. Ich bin, ich werde immer von ihr vergiftet sein. Sie ist immer neu für mich, immer überraschend.« (Delarue-Mardrus, S. 300) Auch Germaine selber bezauberte Lucie, die schrieb: »Je mehr ich diese Frau sah, um so mehr beschäftigte sie mein Gemüt. Ich fühlte mich erschüttert, verjüngt von diesem Enthusiasmus. Ihr etwas aggressives Wesen – der direkte Gegensatz ihrer Stimme – fesselte mich unermeßlich.« (S. 304)

Diese fesselnde Besessenheit wurde zur selbstopfernden Liebe, denn Lucie scheute kein Mittel, um Germaine ihre Liebe zu zeigen. Nicht nur schrieb sie 1935 über Germaine den Roman *Une Femme mure et l'Amour*, sondern sie schrieb auch Texte und Musik, die Germaine dann im Varieté singen sollte, während sie selber sie am Klavier begleitete. In ihren Erinnerungen erzählt sie, sie hätte genau gewußt, daß die Leute sich darüber wunderten, daß die gefeierte Dichterin im Varieté auftreten wollte. »Sie konnten nicht wissen, daß ich versuchte – auf eigenes Risiko und wochenlang zweimal täglich leidend –, einer großen Künstlerin Gerechtigkeit widerfahren zu lassen, ihr die Möglichkeit zu geben, mitten in der Arbeitslosigkeit in der Welt der Kunst mit ihrer Kunst ihr Brot zu verdienen.« (S. 371)

Nun war Germaine nur in Lucies verliebten Augen eine große Künstlerin – alle anderen, auch Lucies Freundinnen, fanden, sie sänge genauso entsetzlich, wie sie aussah und sich benahm. Lucies Aufopferung bestand also nicht nur darin, daß sie ihre Liebe offen zeigte und Gefahr lief, als homosexuell stigmatisiert zu werden, sondern auch darin, daß sie in den Augen der anderen eine betrübliche Mesalliance einging, die ihr nicht die glühende Aura der Liebe vermittelte, sondern sie eher der Lächerlichkeit preisgab.

In ihrer Bewertung dieser aufopfernden Liebe zeigte Natalie Clifford Barney ihre charakteristische Großmut. Statt diese Liebe nur herunterzumachen, versuchte sie, sie von Lucies Standpunkt aus darzustellen. Sie schrieb deshalb in ihren Erinnerungen, daß der bloße Klang von Germaines Stimme Lucie »in den siebten Himmel versetzte, wo sie dann blieb«, und daß »es zum Beginn von Himmelfahrt oder Verfall der Dichterin wurde, je nachdem, aus welchem Winkel man das betrachtet« (Barney, S. 173–74).

Obwohl Natalie zu der Gruppe von Freundinnen gehörte, die diese Beziehung beklagten und die es Germaine nachtrugen, daß sie Lucie scheinbar in ihren letzten Jahren leiden ließ, hatte sie dennoch großen Respekt vor der Fähigkeit zu vollständiger Hingabe. »Denn ohne ihre Hingabe für diese Stimme hätten wir nie erfahren, daß unsere Freundin zu dieser bedingungslosen Entsagung fähig war. Diese Dichterin von so edlem Zustand, von solcher Reinheit, die dermaßen edel war, daß sie an das Edle der Vergangenheit glaubte, war zu sehr an ihre Rettungsarbeit gebunden, um ihre eigene Aufopferung sehen zu können. Es war eine Aufopferung, in der sie physisch und materiell ihren Ruin gefunden hatte, in dem sie geistig aber vielleicht ihre Rettung sah: Hat sie nicht durch diese vollständige Entsagung ihrer selbst gezeigt, wozu sie in der Lage ist? Was geht es uns an, ob sich der Gegenstand eines solchen Kultes als wert oder unwert erwiesen hat? Möge ihre schöne Seele nach einer so übermenschlichen Aufopferung in Frieden ruhen! Sie hat eine Hingabe gezeigt, mit der sich keine von uns, weder in Liebe noch in Freundschaft, messen könnte.« (S. 182)

Diese Aussagen zeigen die Aufopferung von zwei Femmes in der Liebe, aber selbst der *Traum* von der Aufopferung konnte schon ein Begehren sein. Das war mit Violet Trefusis der Fall, die 1918 an Vita Sackville-West schrieb: »Du bist die große Leidenschaft meines Lebens. Mit welcher Freude würde ich nicht *alles* für Dich opfern – Familie, Freunde, Reichtum, alles.« (Jullian, S. 155) Ein Jahr darauf hatte sie jedoch das Gefühl, Vita zöge sich zurück, und Violet schrieb deshalb einen herzzerreißenden Brief: »Was habe ich Dir getan, Mitya, außer Dich zu lieben? Was habe ich denn getan, außer Dir mein ganzes Leben zu weihen?« (S. 163)

In Violetts Augen bedeutete Lieben, das Leben für jemand anderen zu opfern. Diesen Standpunkt zeigte sie auch in einem anderen Brief aus demselben Jahr, in dem sie Vita bat, mit ihr zu fliehen. »Du sagst, Du bewunderst moralischen Mut. Es würde riesigen moralischen Mut fordern, die ganze Welt zu verhöhnen und gegen sie zu kämpfen und sie schließlich zu überwinden. Wir müssen dafür kämpfen zu beweisen, daß Liebe – egal, wo sie entsteht – mächtiger ist als alles andere auf der Welt. Das, nur das ist unser wert. Anstelle von Lügen und Falschheit, elenden kleinen Ränkespielen, Getuschel und Skandalen, Übermaß und Bequemlichkeit auf Kosten der Menschen, die uns nichts geben würden, wenn wir sie verließen, sollten wir offen und mutig der ganzen Welt Trotz bieten, und unsere Liebe zueinander sollte die höchste Rechtfertigung sein.« (S. 180)

Für Violet ging es nicht um das Recht auf homosexuelle Identität, sondern um das Recht auf die wahre Liebe. Sie war willens, diesen Kampf auszufechten, denn ihre Liebe erschien ihr als so überzeugend, daß sie das Recht auf ihrer Seite haben mußte. Allerdings hätte die verwöhnte Oberklassedame als Putzfrau eine klägliche Figur gemacht, und das wäre die betrübliche Wirklichkeit gewesen, wenn sie ihre Klasse verlassen hätte. Als ihre wohlhabende Mutter kurz davor stand, sie fallenzulassen, gab sie deshalb ihre Aufopferung auf.

Außerdem war Vita nicht sonderlich willens, dieses Opfer anzunehmen, da sie den Schutz der Ehe der Unterdrückung des offenen homosexuellen Lebens vorzog. Obwohl Violet also nicht die Möglichkeit fand, ihr Leben Vita zu weihen, so brachte ihre Liebe ihr doch das Opfer ihres guten Rufes.

Um dessen letzte Reste zu retten, wurde sie von ihrer Mutter in die Niederlande ins Exil geschickt. Von hier aus schrieb sie im Oktober 1920 an Vita und zeigte abermals ihre vollständige Hingabe.

»Ich liebe nichts auf der Welt außer Dir. Meine Liebe wird auf eine Probe nach der anderen gestellt, und Probe um Probe wird triumphierend überwunden. Für Dich würde ich jedes Verbrechen begehen, für Dich würde ich jede andere Liebe opfern. Meine Liebe zu Dir grämt und überwältigt mich ... Meine Liebe zu Dir verschlingt alles. Es gibt keine andere Liebe in meinem Leben, keine andere Beschäftigung. (...) Du könntest mich genausogut töten. Mein Leben liegt in Deinen Händen. Wenn Du mich in einer wichtigen Frage verrietest, würdest Du mich töten. Du darfst mich nicht verlassen. Das verdiene ich nicht. Mein ganzes Leben gehört *Dir*.« (S. 207)

Aber Vita ließ sie doch im Stich. Im März 1921 schrieb Violet noch immer aus ihrem Exil, daß Vita auf die Frage, warum sie nicht auch ihre Familie verließe, geantwortet hatte: Warum sollte ich? »Warum solltest Du auch? Du hast alles, was Du Dir wünschst – ein schönes Heim, Liebe, Hingabe, Verständnis. Es ist nicht *gerecht*, und das Gefühl dieser schrecklichen Ungerechtigkeit in allem wächst jeden Tag. Wie kann ich es verhindern, *bitter* zu werden? Wärest Du an meiner Stelle nicht bitter?« (S. 209) Das wäre Vita zweifellos, aber sie hatte ja alles so geschickt hingebogen, daß sie nicht in Violets Lage geriet, fast von der Familie verstoßen zu werden. In ihrer Beziehung bewahrte also Butch Vita durch die selbstverständliche Normalität der Ehe ihre Ehrbarkeit, während die Femme in ihrer Aufopferung ins Exil geschickt wurde.

Für die Butchs schien sich der Inhalt des Begehrens um Eroberung, Schutz und Versorgen gedreht zu haben, für die Femmes um Hingabe und Aufopferung, was so ein Unterschied ist, daß beide einander auf glänzende Weise vervollkommnen. Die Frage ist also, wie der Inhalt des Begehrens befriedigt wurde.

Alle modernen Frauen hatten ja nun das Recht auf sexuelles Begehren, verwalteten es jedoch unterschiedlich. Die heterosexuellen Frauen waren zwar dankbar dafür, sehnten sich aber danach, es mit der Liebe vereinen zu können. Die homosexuellen Butchs hielten es für den Beweis ihrer homosexuellen Identität und damit für ihr rechtmäßiges Eigentum. Sie stellten jedoch eine ideale Forderung auf und hatten deshalb Probleme mit dem schmutzigen Begehren. Die mehr oder minder homosexuellen Femmes dagegen scheinen sich kaum so sehr mit der sexuellen Seite des Begehrens beschäftigt zu haben, denn ihr Begehren lief eher auf Vereinigung oder Erwiderung hinaus. Wie die frauenliebenden Frauen des 19. Jahrhunderts fanden sie scheinbar ihre Befriedigung darin, Liebe zu empfinden und sie durch ihre Aufopferung zu beweisen.

Eroberung und Hingabe als Inhalt und Befriedigung des Begehrens zeigen sich in Äußerungen von Vita Sackville-West und Violet Trefusis. In Vitas Augen gab das Recht auf Begehren auch das Recht auf Besitz, was sie im Juli 1920 in ihrem Tagebuch aussprach, als sie über ihre Kindheitsfreundschaft mit Violet schrieb: »Es *gibt* einen Pakt, der mich an Violet bindet und Violet an mich, nicht weniger damals als heute, aber was das für ein Pakt ist, das weiß nur Gott. Bisweilen kommt er mir vor wie etwas Magisches. Violet gehört *mir*, das war immer schon so, darum führt kein Weg herum. Ich habe es damals gewußt, wenn auch nur durch mein dunkles, aber stetiges Gefühl des Eigentumsrechts, sie wußte es auch, weniger dunkel, und versuchte aktiv, mich dazu zu bringen, es einzusehen. Daß ich nicht reagierte und daß ich trotzdem keine Angst hatte, sie zu verlieren, wie stolz und feurig sie auch war, zeigt nur, wie sicher ich mir meiner Macht über sie war. Sie gehörte *mir* – ich kann das nicht stärker oder richtiger ausdrücken, und ich habe auch keine Lust, ein elementares Faktum mit Umschreibungen zu beschönigen.« (Nicolson, S. 31)

Es war dieses – sexuelle – Recht, das Vita dem frischgebackenen Ehemann Denys Trefusis nur ungern übertragen wollte. Deshalb kam sie zu ihrer Hochzeitsreise 1919 und nahm Violet und »made love to her«, um Denys eins auszuwischen, was sie in ihrem Tagebuch erzählt. »Am nächsten Tag hatten wir eine scheußliche Unterhaltung mit Denys. Violet sagte ihm, daß sie lieber mit mir weggegangen wäre, als ihn zu heiraten; sie sagte, sie machte sich nichts aus ihm. Er wurde ganz weiß im Gesicht, und ich glaubte, er würde gleich in Ohnmacht fallen. Ich sagte nicht sehr viel. Ich hätte gern gesagt: ›Weißt du nicht, du großer Idiot, daß sie mir in jeder Bedeutung des Wortes gehört?‹, aber ich hatte Angst, er könnte sie umbringen. An diesem Abend aß ich im Ritz; von ihrem offenen Zimmerfenster aus behielt Violet mich im Auge, und Denys schluchzte hinter ihr im Zimmer.« (S. 110)

Auch Violet hatte einige Monate vor ihrer Hochzeit in einem Brief an Vita dieses Recht betont, in der Hoffnung, Vita würde sie entführen. »Warum beanspruchst Du nicht Dein Recht auf mich vor der ganzen Welt? Du weißt, daß Du nur ein Wort zu sagen brauchst.« (S. 153) Auch in der sexuellen Vereinigung der beiden Frauen zeigte sich so die Verteilung von Eroberung und Hingabe, da Vita ja zugegeben hatte, daß sie Violet genommen und sie geliebt habe. Das kann bedeuten, daß sie Violet einen Orgasmus gab, aber auch, daß sie die Aktive und Violet die Hingebungsvolle war. An diese Rollenverteilung erinnerte Violet sich, als sie 1919 an Vita schrieb und die Erinnerung an ihre glückliche Zeit in Paris auffrischte, ehe die Hochzeit und andere Widerwärtigkeiten über sie hereingebrochen waren. Sie hatten ein Schauspiel sehen wollen, und »ich lehnte mich in einer Ausgelassenheit des Glückes zurück und gab mich ganz Deinen skandalösen, indiskreten Liebkosungen hin – vor Augen des ganzen Theaters« (Jullian, S. 159).

Violet war nicht die einzige Femme, die sich so Butch Vita hingab, denn der feste Refrain der Liebesbriefe an sie erzählt dasselbe. Virginia Woolf, die in ihren Liebeserklärungen sehr zurückhaltend war, schrieb im Juli 1927 und bat sie, nicht ins Ausland zu fahren. »Bleib in England. Liebe Virginia. Nimm sie in Deine Arme.« (Nicolson, III, S. 398) Im selben Jahr schrieb Mary Campbell: »Wird die Nacht niemals wiederkehren, wo ich Stunden in Deinen Armen verbringen kann, wo ich Deinen mächtigen Schutz um mich merken und ganz nackt sein kann, abgesehen von einer Decke aus deinen Rosenblattküssen?« (Glendinning, S. 184) Margaret Goldsmith Voigt schrieb im März 1928 an Vita: »Ich wußte nicht, daß es solche Nähe und Einheit gibt. Gute Nacht, meine Geliebte, wann, ach, wann werde ich wieder in Deinen Armen schlafen, bis die Dämmerung anbricht?« (S. 191) Nach dieser Nacht traf sich die höchst aktive Vita mit Mary, die schrieb: »Meine Geliebte – Deine Arme wärmen mich noch immer – ich brenne immer noch von der Liebe der letzten Nacht.« (S. 192) Und bald darauf schrieb Margaret: »Geliebte, meine Liebe, ich wünschte, ich wäre drei Jahre alt, und ich könnte in Deine Arme kriechen und nur dort bleiben, während Du es übernähmst, mein Leben zu lenken.« (S. 196)

Alle diese Femmes begehrten, sich Butch Vita in die Arme zu werfen, und wenn sie sich auch nicht dazu geäußert hat, ob sie mit offenen Armen begehrte, so war das auf jeden Fall der Kehrreim in *The Well of Loneliness*. So sagte Stephen zu Angela, daß ihre Liebe zu einem Licht in der Finsternis geworden sei. »Wir können uns an dieser Liebe wärmen, wir können sicher zusammen ruhen, und du sollst in meinen Armen liegen.« Danach meldete sich die Stimme der Autorin und verkündete: »Und dann nahm Stephen Angela in ihre Arme und küßte ihre Lippen – warm und leidenschaftlich wie ein Liebhaber...« (Hall, S. 145) Angela zog sich gerade aus ihrer Beziehung zurück, und Stephen wandte ein, daß sie doch nur um so wenig bat, »nur darum, mit dir in meinen Armen schlafen und dich neben mir sehen zu dürfen, wenn ich erwache« (S. 195). Das wurde ihr jedoch nicht erlaubt, aber dann lernte sie Mary kennen, und »sie riß Mary in ihre Arme und bedeckte ihre Augen und Lippen mit Küssen« (S. 304). Später spürte sie, daß auch Mary ihr entglitt, »aber an diesem Abend nahm sie die leidenschaftliche Mary in ihre Arme – es war die zwingende, unerbittliche Umarmung eines Liebhabers...« (S. 306), und »Nacht für Nacht schloß Stephen Marys weichen Leib in ihre starken, unerbittlichen Arme« (S. 402).

Es kann also kein Zweifel daran bestehen, wer wen im lesbischen Sexualleben in die Arme schloß. Allerdings kann sich das verketzerte Begehren nicht bloß in Umarmungen niedergeschlagen haben. Sicher finden Frauen tiefe Befriedigung darin, eine Frau in ihren Armen zu halten, aber sie sind doch nicht so sinnreich eingerichtet, daß ihnen das auch sexuelle Befriedigung bringt. *The Well of Loneliness* ist deshalb kein Buch, das die Antwort auf diese Frage gibt, was verständlich genug ist, da Radclyffe Hall schließlich keine Pornographie schreiben wollte – und als das wären Beschreibungen des Sexualaktes unweigerlich betrachtet worden.

Die Befriedigung des Butch-Begehrens

Wie die Butchs ihr Begehren befriedigten, sagt Agnete Holk in ihrem Roman *Et Vildskud* offener. Als sich die junge Vita Storm immer mehr für Hilda mit dem Rehblick begeisterte, spürte sie gleichfalls, daß etwas in ihr wuchs. »Sie fühlt, daß dieses Etwas sie immer näher an Hilda heranzieht, daß es in ihr den Drang erweckt, zu liebkosen, zu küssen – heftig – wild.« (Holk, S. 51–52) Dieser Drang wurde befriedigt, wenn auch nicht so leidenschaftlich, wie Vita es sich vorgestellt hatte, als die beiden langsam anfingen, Liebkosungen in ihren Umgang miteinander einzuführen.

»Sie hatten ihre glücklichen Tage miteinander gehabt, diese beiden, ohne Mißklänge, einen vollkommenen Tag, einen Tag, der mit den freudigsten Liebkosungen, den zärtlichsten Küssen endete, endete wie so viele Tage davor – nur mit dem einen Unterschied: Trotz ihrer engen Nähe, trotz der süßen Worte und des Streichelns von Haaren und Gliedern – Vita fühlte, das weiß sie, nicht das stille Glück, nicht die Sicherheit, die sie früher empfunden hatte, sondern eine wachsende Sehnsucht nach Hilda. Es geschieht so nicht zum erstenmal, aber es wird ihr vielleicht zum erstenmal so unabweisbar klar. Ab und zu, häufiger und häufiger, stärker und stärker hat es sich wiederholt, daß Vita nach den Stunden ihrer Liebkosungen fühlte, wie nah sie einander gekommen waren, und doch scheint etwas zu fehlen, was sie nicht begreifen, nach dem sie sich sehnen, nach dem sie mit ihrem ganzen Wesen streben – ohne es erreichen zu können. Vita jedenfalls nicht.« (Holk, S. 67)

Küssen und Liebkosungen zum Trotz verspürte Vita immer noch eine Sehnsucht, und da ging ihr auf, daß das Begehren auf diese Weise nicht befriedigt wurde. In derselben Nacht erwachte Hilda und sagte, daß sie sich sehnte, und Vita begriff, daß auch Hilda sich nicht befriedigt fühlte. »Und während Vita Hilda

Ruhe bringt, sie auf den Schoß nimmt und ihre Haare streichelt, geht ihr durch den Kopf, was sie über Verhältnisse zwischen Frauen gelesen hat – was sie noch vor zwei Jahren kaum geahnt hat –, die glücklich miteinander waren, weil ihre Liebe ihnen alles gab, was die große Mehrzahl in der Ehe suchte und vermutlich fand. Das alles – oder vielleicht nur fast alles. Und Vita denkt, daß diese Frauen vielleicht doch nicht so glücklich waren, wie es den Anschein hatte, wenn nicht – wenn sie dann nicht über den Schlüssel zu dem Rätsel verfügten, das sie selber nicht zu lösen vermochte. Vielleicht wußten sie, wie ein Mädchen einem anderen Mädchen nicht nur Fieber im Blut, sondern auch – danach – Frieden geben konnte. (...) Und Vita hat Angst, daß Hilda eines Tages begreifen wird, daß dieses Gefühl, das sie beide erfüllt, darin verwurzelt ist, daß Vita kein Mann ist, Hildas – und ihre eigene – Sehnsucht nicht stillen kann. Nicht kann – oder vielleicht bloß nicht weiß, wie.« (Holk, S. 67–68)

Der Schlüssel zum Rätsel ist – offen gesagt – das Rezept, wie eine Frau einer anderen Frau einen Orgasmus geben kann. Und es ist nicht so seltsam, daß weder Vita noch Hilda dieses Rezept kannten, da sie ohne Zweifel als anständige Mittelklassemädchen erzogen worden waren, und wenn sie überhaupt etwas von den Mysterien des Geschlechtslebens erfahren hatten, dann hatten sie sicher nur von Ei und Samenzellen gehört. Außerdem war Onanie zu diesem Zeitpunkt immer noch ein schlecht angesehenes Unternehmen, und die beiden hatten deshalb möglicherweise nicht einmal gelernt, sich selber einen Orgasmus zu machen.

Während also Vita den Schlüssel nicht mit der unschuldigen Hilda mit den strahlenden Augen fand, so gelang es ihr mit »einem schlanken, zigeunerhaften Mädchen«, das sie kennenlernte, als sie auf einer Wanderung durch Tirol Vergessen suchte, nachdem Hilda sie verlassen hatte. In Vitas klassenbewußter Welt war es einleuchtend, daß die Lösung von einer so exotischen Frau kommen mußte, der Tochter eines Alpenbauern – also völlig außerhalb des dänischen Klassensystems, ganz unverpflichtend, was sich darin zeigt, daß Vita nicht einmal ihren Namen erfährt.

Vita übernachtete in der Hütte des Alpenbauern, und als sie abends dasaß und sich mit der Familie unterhielt, bemerkte sie, daß die Tochter von ihr verzaubert war, daß sie schwarze Augen hatte und »einen Mund, der – der sich nach dem Abenteuer des Lebens sehnt, nach dem Wunder, das die Frau erweckt« (S. 103). Dieses Wunder sollten nun beide erleben, und wo sich Agnete Holk nun schon auf eine Beschreibung der sexuellen Befriedigung einließ, erschien es ihr angebracht, sie in einem noch süßlicheren und salbungsvolleren Ton zu halten, als er ansonsten das Buch durchtränkt.

»Und ihre Hände streckten sich nach einander aus, sie wissen es kaum, ziehen sie zusammen zu einer Begegnung – nicht Frau, kaum Mensch, sondern die Verkörperung des Abenteuers, nach dem sie sich beide, jede auf ihre Weise, sehnen. Und wortlos verschmelzen sie im großen Namen der Allnatur miteinander, und Vita kommt es vor, als umarmte sie durch diese Tochter des Gebirges die Natur, die ewig unveränderliche Geliebte ihres Lebens.

Und in dieser Nacht – hoch über dem tosenden Lärm der Menschen, im Schein des Lichtes der ewigen Sterne – findet Vita ganz von selber den Schlüssel zu dem Geheimnis, den sie gesucht hat. In brausendem Jubel begreift sie, wie sie die Freude der Ekstase darin findet, die Sehnsucht einer anderen zu befriedigen – und das tiefe Glück der gestillten Sehnsucht.« (S. 103)

Das Bemerkenswerte an dieser Beschreibung ist, daß Vita tatsächlich Befriedigung – und möglicherweise einen Orgasmus – erlebt hat, als sie einer Frau einen Orgasmus gab. Und das scheint der eigentliche Inhalt des Butch-Begehrens zu sein, wodurch die Butchs sich wesentlich von Männern unterschieden, die ihre Befriedigung darin finden, in eine Frau einzudringen, die dann mitmachen muß, so gut sie kann. In der Subkultur der USA gab es sogar einen besonderen Ausdruck für die Frauen, die ihre Befriedigung in der Befriedigung einer anderen fanden – und nur darin. Eine solche Frau wurde »one-way-butch« genannt, das heißt eine Butch, die nur in einer Richtung liebte und es nicht gestattete, sie wiederzulieben. Das lag natürlich daran, daß sie auf diese Weise die Kontrolle behielt und nicht Gefahr lief, in der Hingabe zu ertrinken. Das brachte ihr auch eine Befriedigung, wie Agnete Holk andeutet, und ein One-way-butch-Interview aus den USA bringt weitere Erklärungen.

»Du kannst dich so stark identifizieren und so einfühlend werden, wenn du mit einer Frau liebst, daß du einen Orgasmus bekommen kannst. Es ist kein wilder Orgasmus, hinterläßt aber keinerlei Bedürfnisse mehr. Der Orgasmus der Geliebten hat etwas so Erregendes und Befriedigendes und Überragendes, es ist irgendwie das Gefühl, das sich drei, vier Minuten nach dem Orgasmus einstellt, dieser unglaubliche Friede, die Ruhe. Wenn du also den Augenblick des Orgasmus ausläßt und einige Minuten vorgehst, dann ist es möglich.« (Ponse, S. 119)

Das wirft ja ein gewisses Licht auf Westphals Ausführungen über Frl. N.s Samenabgang. Sie war offenbar ein Fall von One-way-butch, und dennoch hatte sie offenbar Orgasmussaft ausgestoßen, was um 1860 als so ungewöhnlich für eine Frau galt, daß man es für Spermien hielt. Wenn sie einer Femme einen Orgasmus machten, erlebten die Butchs ihre volle Hingabe, und diese suchte nun auch Vita Storm, nachdem sie den Schlüssel zu des Rätsels Lösung gefunden hatte. Auch sie war sich darüber im klaren, daß sie sich in diesem wichtigen Punkt von Männern unterschied und ihnen gleichzeitig ähnelte.

»Sie weiß, daß ihre Gefühle für Irene die eines Mannes sind – nicht der Trieb eines Mannes, jedenfalls nicht bewußt, aber die Anbetung eines Mannes, sein Drang nach Zärtlichkeit, das Verlangen danach, in Irenes Augen zu lesen, daß sie die Frau ist, die gibt – und sich des Wertes ihrer Gabe bewußt ist.« (S. 122) Irene gab sich ihr hin, und Vita erlebte den Genuß, die Hingabe der anderen aufgrund ihrer eigenen Aktivität zu spüren. Nach diesem Teil ihrer Beziehung sehnte sie sich deshalb auch, nachdem Irene sie verlassen hatte. »Ihre Augen sehnen sich danach, Irenes im Glanz der Ekstase oder verschleiert in stiller Sehnsucht zu sehen, ihre Ohren wollen Irenes Herzschlag hören, ihre Lippen Irenes genießerischen Küssen begegnen, ihre Hände begehren danach, Irenes Körper unter ihrer Berührung zittern zu spüren.« (S. 178)

Aber dieses Begehren nach der Hingabe der anderen war so kompliziert, da Vita wünschte, daß es selbstlos sein sollte. Das entdeckte sie bei Natascha, die als die Proletarierin, die sie war, es selbstverständlich genoß, sich hinzugeben, weil ihr das einen Orgasmus brachte, davon müssen wir jedenfalls ausgehen. »Und nach den tiefen Enttäuschungen ihres Lebens sonnt Vita sich in Nataschas Anbetung, ihrer hemmungslosen Hingabe, und Vitas Sehnsüchte, die durch die Beziehung zu Irene nur noch stärker geworden zu sein scheinen, rufen Natascha niemals vergebens, die sich willig hingibt, ohne erobert werden zu müssen. Durch ihre Feurigkeit, die Vitas Sinne erregt, und durch eine niemals ganz weichende Hilflosigkeit, die Vitas beschützerische Instinke anspricht, wird Natascha Vita jeden Tag lieber.

Und doch gibt es Augenblicke, in denen Vita mit einem Seufzen an Irene denkt, die auch – wie Natascha – gerne gab, die dadurch aber scheinbar niemals die Süße der Liebe selber erleben, sondern sie Vita schenken wollte. Im tiefsten Herzen weiß Vita genau, daß sie Natascha nicht liebt, aber sie gibt es vor sich selber kaum zu.« (S. 228)

Doch je erfinderischer Natascha wurde, um ihre Beziehung prickelnd zu gestalten, um so häufiger dachte Vita an damals, als das Begehren erträglich war, rein und fein, da es eine Folge der Liebe war. »Sie kommt von Natascha, glaubt immer noch, den Klang ihrer Stimme zu hören, verschleiert von der Ekstase: ›Du, Vita – nun bin ich ein junges Mädchen, das allein in ein Hotel gegangen ist, und du bist der Verführer, verstehst du, der mit dem Revolver in der Hand bei mir einbricht und mich zwingt. Und die Alarmanlage funktioniert natürlich nicht.‹

Vita sieht Nataschas Augen vor sich, wie sie in seliger Vorausschau fast phosphorhaft leuchten – und wird plötzlich an eine mondhelle Nacht vor vielen Jahren erinnert – Hilda, in ihrer verschämtesten Jungmädchenschüchternheit, keusch wie die jungfräuliche Mondgöttin, ihre Hände, die schutzsuchend Vitas umfaßten, ihr kleiner Seufzer, als sie ihren Widerstand unter Vitas flehenden Augen aufgab.« (S. 229)

Für die Butchs war die Eroberung prickelnd, und deshalb wirkte sie nur noch platt, wenn sie als Liebesspiel inszeniert wurde. Das kam daher, daß es einem Orgasmus gleichkam, eine homosexuelle Frau zu erobern, und darin lag die eigentliche Freude. Dies deutete Agnete Holk in ihrem Roman an, und es kam auch in einem Brief deutlich zum Ausdruck, den Radclyffe Hall 1935 an Evguenia Souline richtete, in dem sie ihre erste sexuelle Begegnung beschrieb.

»Und ich denke daran, wie jungfräulich und unschuldig Du warst, wie unwissend über körperliche Leidenschaft – Du, die leidenschaftlichste aller Frauen. Schritt für Schritt leitete ich Dich sehr sanft zur Vollendung. Ich fand Dich als Jungfrau, und ich machte aus Dir eine Geliebte. Und das hat Dich doppelt zur Meinen gemacht; ich habe eine besonders gesegnete Verantwortung übernommen – eine besonders süße und liebe Last, die ich bis ans Ende und darüber hinaus tragen werde.« (Dickson, S. 214) Die beschützenden Butchs hatten damit ihre vornehmste und liebste Aufgabe gefunden, indem sie es gewagt hatten, die Verantwortung dafür zu übernehmen, eine Frau zur Leidenschaft zu erwecken.

Die Befriedigung des Femme-Begehrens

Die Leidenschaft, die Butchs in Femmes zu erwecken begehrten, wollte Vita Sackville-West bei Virginia Woolf aber doch lieber ruhen lassen. Das heißt nicht, daß ihre Beziehung ihnen nicht dieselbe Befriedigung gebracht hätte, denn Virginia scheint die ihre in ihrer eigenen Traumwelt gefunden zu haben, während Vita die ihre im wirklichen Leben und in ihrer Sexualität sah.

Dieser Unterschied in ihren Einstellungen zeigt sich im Fall *Orlando*, in Virginias Beschreibung von Vitas faszinierender androgyner Persönlichkeit. Als sie das Buch im März 1928 beendet hatte, schrieb sie an Vita: »Jetzt ist die Frage, werden meine Gefühle für Dich sich verändert haben? Ich habe in all diesen Monaten in Dir gelebt – nun kommst Du heraus, was bist Du also wirklich? Existierst Du? Habe ich Dich erfunden?« (Nicolson, III, S. 474)

Vita antwortete darauf: »Ich habe das immer vorausgesehen, wenn Du mit Orlando fertig wärst. Aber ich will Dir eins sagen: Wenn Du mich magst, nein, wenn Du mich ein bißchen weniger *liebst*, jetzt, wo Orlando tot ist, wirst Du mich nie mehr sehen, nur noch durch Zufall bei einer von Sibyls Gesellschaften. Ich *will nicht* erdichtet sein. Ich will nicht nur in einem Astralleib oder in Virginias Welt geliebt werden.« (De Salvo, S. 281–82)

Darin bringt Vita dieselbe Irritation zum Ausdruck, die Rosa Bonheur knapp dreißig Jahre früher gezeigt hatte, als Anna Klumpke sie immer wieder als die große Künstlerin anredete und Rosa sie bat, das zu vergessen und sie um ihrer selbst willen zu lieben. Aber ihrer erbosten Antwort zum Trotz wurde Vita doch weiterhin auf diese Traumweise von Virginia und von Violet Trefusis geliebt, und deshalb ist die Frage, ob ihre Person dazu aufforderte, sie zu einer Traumfigur umzugestalten, oder ob es in ihrer Liebe Vorbehalte gab, die die Femmes dazu zwingen, ihre Befriedigung selber zu erfinden. Schließlich ist vor-

Virginia Woolf

stellbar, daß dieses Verhältnis nicht nur für Vita & Co. typisch ist, sondern daß es ein allgemeines Problem in Butch-Femme-Beziehungen darstellt. Butchs konnten zwar auch von der einzigen einen träumen – sei sie nun Femme fatale oder Heimchen am Herd –, aber sie unterstützten normalerweise ihren Traum durch die Tat und zogen zur Jagd in die Welt hinaus. Eine Femme dagegen blieb zu Hause und begehrte, daß der Traum zum Fenster hereinplumpste, oder sie fand Befriedigung in ihrer Traumwelt, die sich in ihrer Phantasie abspielte, während sie warm und sicher drinnen saß.

Dennoch meinte eine Frau wie Virginia Woolf, daß diese Zurückhaltung ihr eine Einsicht vermittelte, die den Frauen, die so eifrig lebten, niemals zuteil wurde. 1927 schrieb sie an Vita über die Vorteile des, wie sie sagte, Eunuchenlebens. »Hier in meiner Höhle sehe ich sehr viel, das Ihr flammende Schönheiten mit dem Licht Eures Glanzes unmöglich macht.« (Nicolson, III, S. 320) Alles, was sie erblickte, konnte sie zweifellos für ihre Bücher verwenden, und deshalb stellt sich die Frage, ob der Traum das Benzin der Kunst ist – aber das ist wirklich ein ganz anderes Thema.

In ihren Erinnerungen erzählt Natalie Clifford Barney, daß ihre langjährige Freundin Elisabeth de Grammont von einer Frau gehört habe, die sich zweimal mit Männern verheiratet hatte, aber sich noch immer beklagte, weil sie ihren Tristan nicht gefunden hatte. Darauf hatte Elisabeth nur geantwortet: »Man trifft seinen Tristan nicht, man erfindet ihn. Und ist sie selber überhaupt sicher, daß sie Isolde ist?« (Barney, S. 130) Diese Antwort scheint den Kern im Liebestraum der Femmes auszumachen, denn sowohl Violet als auch Virginia schufen aus Vita die Gestalt, die die meisten Schauder verursachte. Darin unterscheiden sie sich nicht von den Frauen, die zur selben Zeit ihre Nasen in Romane oder dunkle Kinos steckten und sich weit weg in die Arme des Scheichs träumten. Und es scheint sich wirklich um dieselbe Sehnsucht gehandelt zu haben, da beide Vita wählten, die sowieso schon fesch war, die in ihren Augen aber zum reinen Wüstenscheich wurde und in deren Armen sie vollständige Hingabe und die Süße ihrer eigenen Weiblichkeit erleben konnten.

Der Traum konnte auf diese Weise so befriedigt werden, daß er auch losgerissen von der Figur überleben konnte, aus der er ursprünglich geschaffen worden war, und deshalb schrieb Violet mit 17 Jahren, 1911, auf einer Reise nach Ceylon an Vita: »Weißt Du, daß Du aufgehört hast, für mich Wirklichkeit zu sein? Du bist so weit weg, daß es mir vorkommt, als hättest Du außerhalb meiner Träume nie existiert. Du bist eine Luftspiegelung, die um so weiter zurückweicht, je mehr man sich ihr nähert.« (Jullian, S. 151)

Auch Virginia schuf sich aus Vita ihren eigenen Traum, was sie ihr im September 1925 anvertraute. »Ich versuche, Dich für mich zu erfinden, aber ich stelle fest, daß ich nur zwei Zweige und drei Halme dafür habe. Ich kann das Gefühl von Dir bekommen – Haare, Lippen, Farben, Größe und ab und zu sogar Augen und Hände, aber ich stelle fest, daß Du weggehst, um durch den Garten zu spazieren, um Tennis zu spielen, zu graben, zu rauchen und zu reden, und dann kann ich nichts davon erfinden, was Du sagst. Das beweist, was ich auf vielen Seiten schreiben könnte, wie wenig wir irgend jemanden kennen, nur Bewegungen und Gestik, nichts Zusammenhängendes, Grundlegendes.« (Nicolson, III, S. 204–5) Aber möglicherweise war es sicherer, Vita als Traumfigur zu haben, denn im Mai 1926 schrieb Virginia Woolf in ihr Tagebuch: »Dann kam Vita, und ich merkte, wie sehr es mich schockierte, sie nach langer Zeit wiederzusehen, wie verlegen man wird, wie enttäuscht über den wirklichen Körper.« (Bell, III, S. 88)

Dabei taucht die Frage auf, ob Virginia nicht vielleicht sehr damit zufrieden war, mit ihrer Erfindung in ihrer Höhle zu sitzen, die zwar nichts mehr mit der Wirklichkeit zu tun hatte, aber immer noch eine wunderbare Fiktion blieb. Und ohne sich klarzumachen, inwieweit ihr eigener Hang zum Träumen oder Vitas Person, die zum Träumen einlud, die Ursachen waren, hat Virginia Orlando eine solche Persönlichkeit gegeben, die seine Abwesenheit fast noch besser macht als seine Anwesenheit.

»Noch heute kursieren in Konstantinopel Anekdoten von der nichtauthentischen Sorte über Orlandos dortigen Aufenthalt (wir haben nur einige schlichte angeführt), was beweist, daß er in seinen besten Jahren über die besondere Gabe verfügte, die Phantasie zu erregen und die Blicke des Betrachters auf sich zu ziehen, was die Erinnerung auch dann noch frisch erhält, wenn die haltbareren Qualitäten eines Menschen in Vergessenheit geraten sind. Die Fähigkeit ist von rätselhafter Beschaffenheit und setzt sich zusammen aus Schönheit, guter Familie und gewissen selteneren Gaben, die wir ganz einfach ›Glamour‹ nennen können. ›Eine Million Lichter‹, wie Sasha das ausgedrückt hatte, brannten in ihm, ohne daß er auch nur ein einziges davon selber hätte anstecken müssen. Er ging wie ein Kronhirsch, ohne seinen Beinen auch nur einen Gedanken widmen zu müssen. Er sprach mit seiner natürlichen Stimme, und das Echo traf einen Silbergong. Folglich gab es Gerüchte über ihn. Viele Frauen und einige Männer beteten ihn an. Sie brauchten nicht mit ihm zu reden, ihn nicht einmal anzusehen; sie sahen nur mit ihren inneren Augen, vor allem unter Einfluß einer romantischen Umgebung oder eines Sonnenuntergangs, das Bild eines vornehmen Adligen in Seidenstrümpfen.« (Woolf, S. 93–94)

Was Violet und Virginia zu Vita hinzog und was sie zufrieden weiter ausspannen, waren ihre großartigen, mächtigen und besiegenden Eigenschaften. Das klingt nach einem Scheich in weiblicher Ausgabe, und die Frage taucht auf, ob die Femmes sich nicht auch einen Mann hätten aussuchen können, um ihm ihre romantischen Träume anzuhängen. Aber das war offenbar nicht der Fall, und eine Frau wie Virginia Woolf, die die homosexuelle Identität durchaus nicht annahm – die heterosexuelle allerdings auch nicht –, hat in mehreren Briefen erklärt, warum sie sich für Frauen entschieden hat. »Männer stehen immer im Licht; mit Frauen schwimmt man augenblicklich in die stille Dämmerung.« (Nicolson, III, S. 164)

So schrieb sie auch 1927 an ihre Schwester und lobte Vitas wunderbare Eigenschaften über den grünen Klee, bis sie sich bremste und daran erinnerte, daß ihre Schwester niemals dem Charme ihres eigenen Geschlechts erlag. Deshalb versicherte Virginia sogleich, daß sie den männlichen Verstand durchaus respektiere, daß es ihr aber schwerfiele, bei den Männern als Geschlecht irgendeinen Charme zu entdecken. »Die Bühne der Welt empfängt durch ihre Anwesenheit keinen Strahlenglanz. Sie steigern ihre Würde und ihre Sicherheit natürlich ins Unendliche, aber wenn es um ein wenig Spannung geht –!« (S. 381) Und 1930 schrieb sie an eine Freundin: »Es stimmt, daß ich mich nur Frauen zeigen mag. Nur Frauen setzen meine Phantasie in Bewegung.« (Nicolson, IV, S. 203)

In der stillen Dämmerung der Frauen gab es also Strahlenglanz und Spannung, und das konnte Virginias Phantasie in Bewegung setzen. Die Phantasie konnte das Begehren der Femmes befriedigen, konnte eine Befriedigung aber auch verhindern. Wenn das Begehren in der Phantasie lebte, bestand die Gefahr, daß es sich so weit von der Figur, auf der es aufgebaut war, entfernte, daß seine innere und äußere Wirklichkeit am Ende nicht mehr übereinstimmten.

Vita war nicht nur wunderbar, als Traumfigur war sie fähig, noch größeres Schaudern zu erwecken, was sich in einem Brief zeigt, den Violet ihr 1918 schrieb. »Mitya, Mitya, ich habe Dir nie die ganze Wahrheit gesagt. Jetzt bekommst Du sie: Ich habe Dich mein ganzes Leben lang geliebt, lange Zeit, ohne es zu wissen, dann fünf Jahre lang, wo ich es so unwiderruflich wußte, wie ich es jetzt weiß; habe Dich als mein Ideal, meine Inspiration, meine Vervollkommnung geliebt.« (Jullian, S. 154) Dieses Ideal, diese Inspiration und Vervollkommnung konnten auch statisch sein und nur in Violets Phantasie weiterleben. Aber sie begehrte nach Erwiderung, danach, sie wieder und wieder von der Vita der Wirklichkeit wiederholt zu wissen – und deshalb wurde sie enttäuscht, denn Vita kam ja nicht auf ihrem feurigen Roß angaloppiert, um die hingebungsvolle Violet zu entführen.

Violet wurde zu einer Art weiblichem Pygmalion, der aus seinem Traumideal eine Galatea schaffen wollte, während Vita eine lebendige Frau war, keine Statue, und deshalb für ständige Enttäuschungen sorgte. Deshalb schrieb Violet im Oktober 1920, als sie ins niederländische Exil geschickt worden war, daß sie den Gedanken nicht ertragen konnte, daß Vita sich mit ehrbarer Sozialarbeit beschäftigte, was eine reichlich öde Beschäftigung für einen Zigeunerprinzen sei. »Es macht mich wütend und krank. Um Gottes willen, überlaß das anderen. Ich kann es nicht ertragen: Es ist ein häßlicher Anachronismus und zeigt nur, wie falsch meine Vorstellungen von Dir sein müssen.« (Jullian, S. 208)

Und damit hatte sie wahrscheinlich recht, aber es war eher ihre eigene Vorstellung, die sie der Wirklichkeit hatte anpassen müssen, als umgekehrt. Dieses Beispiel von Violets Traum – zuerst strahlend, dann zerschmettert – zeigt, daß eine Femme es vielleicht vorzog, sich mit ihren Träumen in ihrem Luftschloß niederzulassen, statt der Liebe in der Wirklichkeit in die Augen zu sehen. Aber was ist denn schon Wirklichkeit? Träume sind vielleicht gerade ein Ausdruck der inneren Wirklichkeit, die in der äußeren Wirklichkeit mit ihren langweiligen Begriffen wie Familie, öffentliche Meinung, guter Ruf nur behindert wird.

Violets Briefe bringen somit die traurige Tatsache zum Ausdruck, daß Verliebtheit bedeutet, vom eigenen Traum bezaubert zu sein und danach zu erwachen und zu erkennen, daß es sich nur um Projektionen gehandelt hat.

Auch Virginia Woolf veranstaltete mit Vita Sackville-West das Examen der Verliebtheit. Während Violet Trefusis in ihr Traumbild verliebt war, bis sie enttäuscht wurde, war Virginia die ganze Zeit über skeptischer. Aber ihre Beschreibung von Vitas äußerlicher Anziehung ist ein Beispiel für die graduelle Sehbehinderung der Verliebtheit.

Als Virginia Vita im Dezember 1922 kennenlernte, schrieb sie über sie in ihr Tagebuch: »Nicht das Richtige für mich mit meinem strengen Geschmack – angerötet, mit Schnurrbart, papageienfarben, mit der geschmeidigen Zwanglosigkeit der ganzen Aristokratie, aber ohne künstlerische Klugheit.« (Bell, II, S. 216) Im Juli 1924 waren ihr jedoch für Vitas fesches Aussehen die Augen aufgegangen, und sie schrieb: »Sie ist wie ein Hirsch oder ein Rassepferd, abgesehen vom schmollenden Gesicht, und sie hat kein besonders scharfes Gehirn. Was aber ihren Körper angeht, so ist er vollkommen.« (S. 306) Zwei Monate später hatte Virginia endlich den Körperteil Vitas eingegrenzt, der sie in den kommenden Jahren bezaubern sollte: »Vitas Gesichtszüge ähneln einer überreifen Traube, mit Schnurrbart, schmollend, sie wird ein wenig dick werden, aber vorerst schreitet sie auf schönen Beinen daher.« (S. 313)

Virginia war nun bereit, sich mit Vita zu vereinigen, was im Dezember 1925 geschah, und sie beschrieb Vitas großartiges Wesen und ihr schönes Aussehen. Das zeigt sich daran, daß ihr Schnurrbart nicht mehr erwähnt, daß sie nicht mehr als rot angelaufen beschrieben wurde, sondern als rosa glühend, und daß ihr Schmollen sich in Ausstrahlung verwandelte. So sehen also die Augen, wenn sie verblendet sind – oder vielleicht gereinigt? – von der Verliebtheit.

Nachdem Virginias Begehren nach einer Traumfrau endlich befriedigt war, machte sie sich an *Orlando*. An Vita schrieb sie bekanntlich, sie fürchte, ihre Gefühle könnten sich durch das Schreiben ändern, und das scheint auch eingetreten zu sein. Denn nach Erscheinen von *Orlando* wurden Virginias Augen klar – oder versandeten? –, und die Verliebtheit hörte auf. Von nun an sah sie Vita so wie bei der ersten Begegnung. Im Juli 1934 schrieb sie in ihr Tagebuch: »Sie ist üppig und dreist und rot geworden – tomatenfarben – und malt ihre Lippen und Finger an, die noch mehr Farbe gar nicht nötig haben.« (Bell, IV, S. 226)

Scheinbar war Virginia sich selber darüber im klaren, daß sie sich im Rausch der Verliebtheit ein Bild von Virginia geschaffen hatte, und im März 1935 schrieb sie nach einem Besuch bei Vita in Sissinghurst in ihr Tagebuch: »Meine Freundschaft mit Vita ist vorbei. Nicht durch Streit, nicht durch Krach, sondern wie das Fallen einer reifen Frucht. ›Nein, ich will nicht nach London, ehe ich nicht in Griechenland gewesen bin‹, sagte sie. Und ich stieg ins Auto. Aber ihre Stimme, die vor dem Turmzimmer ›Virginia?‹ sagte, war so bezaubernd wie immer. Nur geschah nichts. Und sie ist sehr dick geworden, so richtig wie eine bedächtige Gutsherrin, interessiert sich jetzt nicht mehr für Bücher; hat keine Gedichte geschrieben, kümmert sich nur um Hunde, Blumen und Bauen. Sissinghurst soll einen neuen Flügel bekommen, einen neuen Garten, eine neue Wand. Aber so – es ist, als würde ein Bild herausgeschnitten; da hängt sie in der Kaufmannshalle in Sevenoaks in hellrotem Pullover und Perlen, und damit hat sich's.« (S. 287)

Dieses Bild, das Virginia nun herausschnitt, hatte sich im Dezember 1925 in ihre Netzhaut eingebrannt, als sie so bezaubert gewesen war. Daß *nichts* geschah, als Virginia ihren Namen sagte, bedeutet vielleicht, daß Virginia kein verliebtes Kribbeln mehr im Bauch verspürte. Ganz banal läßt sich sagen, daß die beiden Frauen einander entwachsen waren, aber sie waren ja schließlich auch niemals zusammengewachsen. Vita war in den zwölf Jahren, die diese Bekanntschaft gedauert hat, eine Gutsherrin gewesen, während Virginia sie als Orlando gesehen hatte, und als diese Figur ausgeformt war, hatte Vita überhaupt nichts Charmantes mehr. Das heißt, wenn Vita äußerlich versucht hätte, Orlando zu gleichen, dann hätte Virginia immer noch betört sein können, denn fünf Monate nach diesem enttäuschenden Besuch schrieb sie in ihr Tagebuch: »Vita in Hosen. Das hätte fast meine Liebe und Trauer geweckt.« (S. 335) Und an eine Freundin schrieb sie über denselben Besuch: »Vita war in Seemannshosen so verführerisch.« (Nicolson, V, S. 425)

Violet und Virginia fanden zu Vita eine Nähe, und dadurch unterscheiden sie sich von den jungen Frauen des 19. Jahrhunderts, die immer auf Distanz liebten und deshalb an ihrem Idol keinen Fehl und Tadel entdecken konnten. Das Recht auf das Begehren hatte den Vorteil, daß die Verliebtheit bekam, was sie wollte – nämlich eine Erwiderung –, aber auch den Nachteil, daß sie die luftigen Träume platzen ließ. Beide Frauen wären sicher höchst zufrieden damit gewesen, ihr eigenes Traumnetz ganz allein zu spinnen, die selbstverständliche Vereinigung dagegen ließ den Strahlenglanz der Traumfigur verblassen.

Da Vita mehr oder weniger zugänglich war, war sie auch leichter zu kritisieren, als die Nähe entlarvte, daß sie nicht *nur* Zigeunerprinz oder Orlando war, sondern auch sonst noch allerlei – worauf Violet und Virginia lieber verzichtet hätten. Damit zerschlug sie nicht nur die Traumfigur, sondern auch den Traum von der großen, allumfassenden Liebe. Die Frage ist nun, ob Vita anders hätte handeln können. Sie hätte es sich verbitten wollen, als Astralleib in Virginias Welt geliebt zu werden. Sie wollte gesehen – und geliebt – werden, mit ihrer ganzen komplexen Persönlichkeit, als Zigeunerprinz und Schriftstellerin und Hundebesitzerin und Mutter, während Violet und Vita nur mit einem einzigen Aspekt zu tun haben wollten, nämlich dem, den sie ihr selber angedichtet hatten. Vita war deshalb vielleicht nur die Leinwand, auf die sie ihre eigenen Träume projizierten, und ihre Kritik an Vita als Person war nur die Erkenntnis ihrer eigenen Enttäuschung über die Tatsache, daß nichts im Leben ewig währt – nicht einmal die Träume.

Die Frage ist auch, ob Virginia oder Violet hätte anders handeln können, aber dabei kommt es darauf an, was sie haben wollten. Wenn ihre Befriedigung im Träumen lag und wenn sie eine seligmachende Inspiration und den Sinn des Lebens darin fanden, dann taten sie absolut das Richtige und brauchten nur nach einer neuen Figur als Ersatz für die, die sie enttäuscht hatte, zu suchen. Vielleicht hätten sie es auch machen können wie ihre Vorgängerinnen im 19. Jahrhundert und versuchen, die Seiten an sich selber zu entwickeln, die sie Vita andichteten, um selber so zu werden, wie sie Vita wünschten.

Aber wenn sie wirklich gern eine höchst irdische Liebesbeziehung eingeleitet hätten, mit allen dazugehörigen Mietforderungen, Darmgrippen, Hausputz, Katzenflohkuren und Familiengeburtstagen, dann wäre es vielleicht sinnvoller gewesen, wenn sie den Unterschied gewußt hätten zwischen dem, was sie *sahen*, und dem, was sie zu sehen *wünschten*. Aber das konnten sie nicht, weil sie es nicht wollten. Deshalb müssen wir feststellen, daß sie besser dran waren als ihre träumenden Mitschwestern, die nur selten außerhalb des Kinos ihren Scheich fanden, weder in Frauen- noch in Männergestalt.

Allerdings haben wir nur von diesen beiden bemerkenswerten Femmes ausführliche Aussagen über die Befriedigung ihres Begehrens, und deshalb können wir nicht feststellen, ob alle Femmes ausschließlich im Traum Befriedigung fanden. Auch die Hingabe war ja schließlich ihr Begehren, ob sie sich nun für die Geliebte aufopferten oder sich in ihre Arme warfen – möglicherweise mit dem Orgasmus als Folge. Die meisten von Vitas übrigen Freundinnen waren moderne Karrierefrauen, und wie Lady Diana danach begehrte, alles aufzugeben, um in den Armen des Scheichs zu liegen, so empfanden sie das auch. Margaret Voigt Goldsmith schrieb sogar, daß sie danach verlangte, von Vita gelenkt zu werden. Dieses Begehren nach vollständiger Hingabe kann ein Ausdruck dafür sein, daß sich selbst eine Karrierefrau danach sehnen kann, umsorgt zu werden und aller Pflichten, Verantwortungen und Ambitionen ledig zu sein, um in der immerwährenden Hingabe ihre Seligkeit zu finden.

Aber das war nur ein Traum – wie auch der Scheich ein Traum war –, denn Vita bat sie nie, allein mit ihr in der Wüste oder in der englischen Heide zu leben, und diesen Frauen wäre es im Ernstfall wahrscheinlich auch schwergefallen, zwischen der Karriere und der allesverschlingenden Liebe zu wählen. Als Traum jedoch war sie zweifellos inspirierend, ebenso wie die Fähigkeit der Femmes inspirierend war, sich vollständig hinzugeben. Anders als Lady Diana hat sich allerdings keine dazu geäußert, ob ihre Weiblichkeit durch die Hingabe freigesetzt wurde. Vieles weist jedoch darauf hin, daß die Femmes das »Sein« und die Butchs das »Tun« erlebten.

Einiges konnte auch darauf hindeuten, daß es den Butchs schwerfiel, sich hinzugeben, also die Kontrolle aufzugeben, weil sie die Rolle der Handelnden, Beschützenden und Initiativeergreifenden angenommen hatten. Obwohl Vita Sackville-West ihr Verlangen nach Virginia an den gefährlichen Klippen der Geisteskranken vorbeisteuerte, kann dieses Beschützen Virginias auch ein Selbstschutz gewesen sein. Vielleicht fürchtete sie, in einer vollständigen Hingabe zu ertrinken, und wich dieser Gefahr aus, indem sie eine Frau nach der anderen eroberte. Aber die passive Hingabe paßte nur schlecht zur Butch-Rolle, und so fanden die modernen Frauen – ob sie nun Butchs waren oder frauenliebende Frauen – jede für sich die Befriedigung ihres Begehrens, die am besten zu ihrer Rolle paßte.

Der Orgasmus

Allerdings übernahmen nicht alle homosexuellen Frauen eine Rolle. Nach außen hin war es ja am besten, so normal wie möglich zu sein, und eine auffallend homosexuelle Rolle hätte zur Brandmarkung eingeladen. Aber es gab natürlich auch Frauen, die sich einfach nur als Frauen fühlten, die Frauen liebten und die es wagten, zu erobern und sich hinzugeben – auf schickliche weibliche Weise, versteht sich.

Das scheint der Fall gewesen zu sein bei den beiden Heldinnen des US-amerikanischen Romans *The Price of Salt* (dt. *Carol*, 1990), den die 31jährige Patricia Highsmith 1952 unter dem Pseudonym Claire Morgan herausgab. Das Buch erlebte zahllose Auflagen und ist als der erste homosexuelle Roman mit Happy-End bezeichnet worden, weshalb sich Homosexuelle vielleicht am wenigsten dafür interessieren. Die Hauptperson ist Therese Belivet, 18 Jahre, die Bühnenbildnerin werden möchte, sich jedoch als Verkäuferin in einem New Yorker Warenhaus über Wasser halten muß, wo sie sich in die elegante Kundin Mrs. Carol Aird verliebt.

Therese hat zwar einen Freund, mit dem sie auch schon zu schlafen versucht hat, aber mitten im Versuch hat sie ihn gefragt, ob er denn auch sicher wäre, das Richtige zu tun – sie stand also kurz davor, von der neuen Frauenkrankheit, der Frigidität, angesteckt zu werden. Obwohl feminin, ergreift sie doch die Initiative, um Mrs. Aird außerhalb des Warenhauses treffen zu können, denn diese Frau versetzt sie in Unruhe, ohne daß sie sich den Grund dafür klarmacht. Carol ist Anfang Dreißig und liegt in Scheidung. Als sie eine Luftveränderung braucht, lädt sie Therese zu einer Autoreise durch die USA ein. Unterwegs verliebt Therese sich immer mehr in sie, und eines Abends bekommen sie ein Motelzimmer mit einem Doppelbett. Zum erstenmal können sie eng umschlungen schlafen, wovon sie sich allerdings vor dem Einschlafen nicht in Versuchung führen lassen – aber nun sind sie so verliebt, daß sie einander ihre Liebe erklären.

»Nun kam die Dämmerung. Carols Finger zupften an ihren Haaren, Carol küßte ihre Lippen, und Lust regte sich wieder in Therese, als wäre jetzt nur die Fortsetzung des Augenblickes, als Carol am Vorabend den Arm unter ihren Nacken geschoben hatte. Ich liebe dich, wollte Therese wieder sagen, aber dann wurden die Worte von der brennenden und entsetzlichen Lust ausgetilgt, die sich in Wellen von Carols Lippen verströmte – über Hals und Schultern, die plötzlich ihren Körper hinabjagte. Ihre Arme umklammerten Carol, und sie spürte nur noch Carol und nichts anderes, nicht Carols Hand, die über ihre Rippen fuhr, Carols Haare, die über ihre nackten Brüste strichen, und dann schien auch ihr Körper in sich ausweitenden Kreisen zu verschwinden, die weiter und weiter sprangen, dorthin, wo kein Gedanke folgen konnte.

Dabei funkelten Tausende von Erinnerungen und Augenblikken, Worten – das erste ›Liebling‹, bei ihrer zweiten Begegnung im Warenhaus, Tausende von Erinnerungen an Carols Gesicht, ihre Stimmen, Augenblicke von Zorn und Lachen – wie der Schwanz eines Kometen durch ihr Gehirn. Und nun gab es blaßblaue Entfernung und Raum, weiten Raum, durch den sie wie ein langer Pfeil flog. Der Pfeil schien einen unmöglich breiten Abgrund mit Leichtigkeit zu überqueren, schien weiter durch den Raum zu eilen und nicht anzuhalten. Dann merkte sie, daß sie sich noch immer an Carol anklammerte, daß sie schrecklich bebte und daß der Pfeil sie selber war. Sie sah Carols blasse Haare über ihren Augen, und nun war Carols Kopf wieder dicht neben ihrem eigenen. Und sie brauchte nicht zu fragen, ob das hier richtig sei, niemand brauchte ihr das zu sagen, denn es hätte nicht richtiger oder vollkommener sein können. Sie drückte Carol enger an sich und spürte mit ihrem eigenen lächelnden Mund Carols Mund.« (Morgan, S. 180)

Das Patriarchat

Anders als im 19. Jahrhundert herrschte zu diesem Zeitpunkt keine große Uneinigkeit zwischen Frauen und Männern über das Begehren unter Frauen. Der entscheidende Unterschied lag nicht länger im Unterschied der Ansichten, sondern im Unterschied der Identitäten. Das heißt, die heterosexuellen Frauen und Männer waren ungefähr derselben Ansicht, während die Frauen, die die homosexuelle Identität übernahmen, sich natürlich ein nuancierteres Selbstbild schufen.

Das Bewußtsein, das die modernen heterosexuellen Frauen in Fiktion, in Geschichtsschreibung, in Ärztebüchern und in Ratgebern zum Ausdruck brachten, unterschied sich nicht von dem ihrer Kollegen. Allerdings zeigte sich eine geschlechtsspezifische Aufteilung der Macht, da es viel häufiger Männer waren, die sich in Medizin, Gesetzgebung, Psychologie und Psychoanalyse über Homosexualität äußerten. Das Patriarchat kam ebenfalls in der Tatsache zum Ausdruck, daß *die* Homosexuellen scheinbar Männer waren, während homosexuelle Frauen nur in Nebensätzen bei der Beschreibung des Phänomens Homosexualität vorkamen. Die Stimme der Macht war eine Männerstimme, und deshalb war sie die einflußreichste.

Frigidität und Homosexualität als neue Abweichung

Die Sexualwissenschaft hatte nicht nur die homosexuelle Frau, sondern auch die frigide Frau entdeckt, und beide Frauentypen waren zu den neuen Abweichlerinnen geworden. In seinem weitverbreiteten Buch *Feminismen* (Der Feminismus) aus dem Jahre 1924 beschrieb Professor Dr. Knud Asbjørn Wieth-Knudsen ausführlich die frigide Frau und ihren unseligen Einfluß.

»Wer weiß, wie entsetzlich und erniedrigend es vor allem für eine höherstehende männliche Natur sein kann, den Verkehr mit einer der vielen sexuell anästhetischen weißen Frauen suchen zu müssen, wird den aus den Tropen heimkehrenden Europäer verstehen, der auf die Frage des Fachmannes antwortet, daß er die malayische, polynesische oder japanische Geliebte vorzieht, die vor Freude aufschreit, wenn er sie nur berührte, und nicht die eiskalte weiße Frau, die seine erotische Verzückung voller Verachtung betrachtete und die sich nicht einmal scheute, ihm zu zeigen, daß sie ihn nur gewähren ließ, weil das zu ihren ehelichen Pflichten gehörte. Und dieses Unrecht fügte sie dem Mann noch dazu in dem Gefühl zu, gerade deswegen ein ›höheres Wesen‹ als er zu sein, obwohl sie in Wahrheit doch ein defektes Individuum ist, eine bedauernswerte Invalidin, eine hochmütige Ignorantin auf dem Gebiet der Liebe, in Übereinstimmung mit der alten Wahrheit, daß keine Arroganz sich mit der der Unwissenheit messen kann.« (Wieth-Knudsen, S. 89)

Zwar ergab es sich, daß diese Schmährede mehr über ihren Verfasser aussagte als über die Haltung der medizinischen Wissenschaft, aber er schrieb weiterhin, die frigide Frau sei gefährlich und lüftete vielleicht hierbei das Geheimnis hinter dem Interesse der Medizin an ihr. »Man kann nämlich die hier lauernde sozialbiologische Gefahr nicht leugnen, daß diese unter zivilisierten Frauen stark verbreitete sexuelle Anästhesie die Mißverständnisse zwischen den Geschlechtern noch verstärkt und sie einander noch mehr entfremdet, als das von Natur aus ohnehin schon der Fall ist. So vergrößert die (relative oder absolute) weibliche erotische Gefühllosigkeit die Bedrohung unserer Kultur, die schließlich in höherem Grad als jemals zuvor auf Verständnis und Zusammenarbeit der beiden Geschlechter aufbaut.« (S. 94–95)

Mit anderen Worten, die begehrlose Frau wies den heterosexuellen Verkehr ab, der in jeder Hinsicht zum Ideal erhoben worden war, und wurde dadurch zur Gefahr für die zwischengeschlechtliche Zusammenarbeit, die diese neue Zeit ausgerufen hatte. Dasselbe galt auch für die homosexuelle Frau, die sich bewußt der männlichen Gesellschaft entzog und statt dessen mit anderen Frauen eine mehr oder minder versteckte Kultur aufbaute. Diese beiden neuerfundenen Abweichlerinnen werden nun gleichgesetzt, da weibliche Homosexualität als Frigidität erklärt wurde.

Die frühere Sexualwissenschaft hatte sich vor allem damit befaßt, die homosexuelle Frau aus ihrem eigenen – verdrehten – Begehren heraus zu erklären, das ihr, wie gesagt, gewisse männliche Eigenschaften geben sollte, die sie in Kleidung und Auftreten zum Ausdruck brachte. Als jedoch in der modernen Zeit das Begehren dem ganzen weiblichen Geschlecht zugeteilt wurde, wechselte die wissenschaftliche Aufmerksamkeit von *der* homosexuellen Frau als seltsamer Person auf die Frage über, *warum* sie dieses Begehren hatte.

Auch die früheste Sexualwissenschaft hatte natürlich an einer Erklärung der Ursachen herumgedoktert, hatte sich jedoch mit der Erklärung zufriedengegeben, daß Homosexualität wohl auf irgendeine Weise angeboren sei, ob nun durch Chromosomenfehler oder degenerierte Erbanlagen. In diesem Zeitraum wurde jedoch die Seele in den Körper einbezogen, und es herrschte großes Interesse an seelischen Leiden, weshalb Psychiater, Psychologen und Psychoanalytiker eine ganze Wissenschaft entwickelten. Homosexualität sollte nun eine psychische Ursache haben, und die Experten behaupteten, daß schicksalhafte Eindrücke in der frühesten Kindheit von großer Bedeutung seien – ohne jedoch genauer zu erklären, worin das Schicksalhafte zum Ausdruck kam. Aber noch im Erwachsenenleben konnten Frauen Erlebnisse haben, die sie zu Homosexuellen machten, und die Grundlage dieser Erlebnisse war just die neue große Frauenkrankheit – Frigidität. Das Paradoxe daran war, daß das Begehren nun die entgegengesetzte Rolle zu spielen schien, da früher ihr Begehren eine Frau zur Homosexuellen gemacht hatte, während nun ihre Begehrlosigkeit daran schuld war.

Die Experten und die begehrlose homosexuelle Frau

Ehe diese Erklärungen der Ursachen vorgetragen worden waren, war die Begehrlosigkeit der Frauen bereits ein Teil ihrer homosexuellen Identität geworden. Unter Experten war man sich nämlich völlig einig, daß ein homosexueller Mann unter keinen Umständen heiraten sollte, da eine Ehe nur zu Unglück und nicht zur Heilung führen könnte. »Umgekehrt ist es eher möglich, da die Frau als der passive Teil sich leichter mit einem geschlechtlichen Verkehr abfindet, der ihr eigentlich zuwider ist.« (Leunbach, S. 54) Dies schrieb der Arzt Jonathan Leunbach in seinem 1926 erschienenen Buch *Kønslivets Problemer i Nutiden* (Probleme des Geschlechtslebens in unserer Zeit). Darin vertrat er die Ansicht, daß die Frigidität eine homosexuelle Frau in die Normalität hinüberretten könnte – auch wenn das Abfinden nichts mit Genießen zu tun hatte.

Dr. phil. Sigurd Næsgaard sah ebenfalls eine Verbindung zwischen Frigidität und Homosexualität, wenn eine falsche Onanieform angewendet wurde. In seiner *Psykoanalyse* aus dem Jahre 1933 betonte er natürlich als fortschrittlicher Mann, daß Onanie an sich nicht schädlich sei, solange Frauen sie weiblich und Männer sie männlich betrieben.

»Viele Frauen und Männer haben sich in sexueller Hinsicht nämlich falsch entwickelt, da sie eine Onanieform anwenden, die dem entgegengesetzten Geschlecht gehört, und damit haben sie sich eine schwächere oder stärkere Homosexualität zugezogen. Wenn sie nun zum Beischlaf übergehen, können sie dabei auf normale Weise keinen Höhepunkt erleben. Die Männer werden vielleicht nicht nur homosexuell, sondern auch stark feminin, und die Frauen homosexuell-maskulin. Wenn eine solche Entwicklung eintritt, ist der einzelne nicht mehr in der Lage, normales Sexualverhalten richtig zu erleben. Oft ist der Mann impotent und die Frau frigide.« (Næsgaard, S. 125)

Was Næsgaard für normales Sexualverhalten hielt, war natürlich der heterosexuelle Beischlaf. Und der war in jener Zeit ja die wahre Plage geworden, da Männer Fingerfertigkeit und Frauen einen Orgasmus vorweisen mußten. Das fiel offenbar beiden Teilen schwer, die Frau wurde für frigide erklärt und der Mann zum Tolpatsch. Dieses betrübliche Ergebnis konnte zu Homosexualität führen, weil man annahm, eine so unbefriedigte Frau – die schließlich Anspruch auf einen Orgasmus hatte – werde ihn bei Frauen suchen.

Damit wurden Männer indirekt zu den Verantwortlichen für Homosexualität ernannt, denn wenn sie einer Frau einen Orgasmus geben konnten, hatten sie sie für die Heterosexualität gewonnen, gelang ihnen das nicht, dann verloren sie sie an die Homosexualität. Diese Haltung ist aus den Schriften der Experten in den Volksmund abgesunken, was sich im geflügelten Wort zeigt: »Alles, was eine Lesbe braucht, ist ein richtiger Schwanz« (und zwar den des Sprechers!). Nicht ganz so vulgär drücken es die Experten aus, als die Frigidität sich wie eine Epidemie verbreitet hatte. Der Oberarzt Axel Tofte war der erste Arzt in Dänemark, der diese Annahme 1941 in seinem populären Aufklärungsbuch *Seksuel Hygiene* vertrat.

»Eine häufige Ursache für die Homosexualität der Frau ist die mangelnde geschlechtliche Befriedigung in der Ehe oder überhaupt die unglückliche Ehe. Die Frau findet in der Beziehung zu einem rücksichtslosen oder gar brutalen Mann keine Befriedigung. Sie fühlt sich beim aufgezwungenen Geschlechtsverkehr verletzt und abgestoßen. In ihrer Einsamkeit schließt sie sich einer Freundin an, die vielleicht unter demselben Schicksal leidet. Aus dem gemeinsamen Unglück entwickelt sich ein Zusammenschluß von Frauen, dessen Grundton Feindschaft und schließlich Haß auf das Männliche überhaupt ist. Von hier bis zur Homosexualität ist es natürlich nur ein kleiner Schritt, und es braucht nur eine kleine ›Einladung‹, um eine solche Frau aus ihrem ›Frauenkreis‹ in ein homosexuelles Frauenmilieu zu lokken.« (Tofte, S. 212–13)

Die schicksalhafte homosexuelle Verführerin ist nun restlos verschwunden, übrig sind zwei frigide Hausfrauen. Witzigerweise stimmt das alles so ziemlich mit dem Gemeinschaftsgefühl der bürgerlichen Frauen des 19. Jahrhunderts überein, das auf der gemeinsamen Begehrlosigkeit aufbaute. Aber da im 20. Jahrhundert Begehrlosigkeit nicht mehr als Ideal, sondern als Krankheit – und als Schande – galt, brachte die Gemeinsamkeit kein stolzes Zusammengehörigkeitsgefühl mehr, sondern nur noch einen schnöden Trost.

Diese Ansicht blieb nun erst einmal die geltende. 1945 schrieb Henry Olsen in *En Læges Vejledning* (Ratgeber eines Arztes), Homosexualität sei niemals angeboren, sondern gründe auf Erlebnissen, die einen normal angelegten Geschlechtstrieb in die falsche Richtung gelenkt hätten. »Zum Beispiel tritt Homosexualität häufig bei Frauen auf, die mit rücksichtslosen und brutalen Männern verheiratet sind.« (Olsen, S. 280) Mit selbstquälerischer Freude übertrafen sich die Experten in ihren Beschreibungen, *wie* ungeschickt und brutal Männer doch sein könnten und *wie sehr* die Frauen darunter litten.

Auch der Jurist Aage Lotinga vertrat 1947 in *De seksuelt afsporede og Samfundet* (Die sexuell Abweichenden und die Gesellschaft) diese Ansicht. Er war der Meinung, daß in Wirklichkeit eine beträchtliche Anzahl von Frauen »konträrsexuell«, wie er es in altmodischer Manier nannte, eingestellt sei und daß das Milieu für sie eine entscheidendere Rolle spiele als für Männer.

»Es fällt Frauen nämlich zweifellos leichter, gegenüber dem natürlichen Geschlechtsverkehr mit Männern Abscheu zu empfinden als umgekehrt, woran hauptsächlich die Männer selber schuld sind. Der restlose Mangel an sexueller Kultur, ihr sexueller Egoismus, der viel zu oft eine schnelle und rein persönliche Befriedigung ohne Rücksicht auf die Frau anstreben kann, und ihr mehr oder minder brutales Benehmen beim Verkehr, innerhalb und außerhalb der Ehe, wirken auf die Frau oft so abstoßend und schockierend, daß diese Seite des Trieblebens ihr nur Abneigung bringt. Es ist auch allgemein bekannt, daß weibliche Prostituierte, an die von ihren Kunden alle möglichen perversen Forderungen gestellt werden, schließlich oft Männern gegenüber direkten Widerwillen empfinden und ihre eigentliche sexuelle Befriedigung in einer lesbischen Beziehung zu anderen weiblichen Prostituierten suchen. Das Ergebnis ist, daß die Frau in unzähligen Fällen frigide wird, das heißt, nicht fähig, beim normalen Geschlechtsverkehr mit Männern auch nur die geringste physische oder psychische Ausbeute zu gewinnen. Als Folge davon läßt sie sich oft auf Perversionen verschiedenster Art ein.« (Lotinga, S. 45)

Es war jedoch möglich, diese Fahnenflucht zu verhindern. Der unbeholfene Ehemann sollte nämlich von den fingerfertigen homosexuellen Frauen lernen. Es mag zwar wie ein Widerspruch wirken, daß die stigmatisierten homosexuellen Frauen nun als Lehrmeisterinnen der Männer fungieren sollten, denen nicht bloß der Glorienschein der Normalität ums Haupt schwebte, sondern die noch dazu die volle Unterstützung des Patriarchats im Rücken hatten. Aber so war es nun einmal, und der Biologe Alfred Kinsey aus den USA schrieb darüber 1953 vorsichtig in seinem Buch *Sexual Behavior in the Human Female*, in dem er seine Untersuchungen über das Sexualverhalten der Frauen – inklusive Homosexualität und Frigidität – veröffentlichte. Dabei erwies es sich, daß Frauen in homosexuellen Beziehungen leichter und häufiger zum Orgasmus kamen als Frauen in heterosexuellen Beziehungen. Kinsey begründete das damit, daß homosexuelle Frauen zwar nicht heißblütiger seien als andere, daß sie aber zweifellos mehr über Sexualität und Geschlechtsorgane von Frauen wüßten als Männer.

»Natürlich ist es durchaus möglich, daß Männer genug über weibliche sexuelle Reaktionen lernen, um ihre heterosexuellen Beziehungen so wirkungsvoll zu gestalten, wie Frauen es bei den meisten homosexuellen gelingt. Durch die zusätzlichen Möglichkeiten, die eine Vereinigung zwischen den männlichen und den weiblichen Geschlechtsorganen in einer heterosexuellen Beziehung bieten kann, und durch die öffentliche Meinung und Lebensweise, die heterosexuelle Beziehungen unterstützen und homosexuelle mißbilligen, werden die meisten Menschen heterosexuelle Verbindungen für befriedigender halten, als homosexuelle es je sein können. Heterosexuelle Beziehungen könnten jedoch noch befriedigender sein, wenn sie öfter auf das Wissen über weibliche sexuelle Anatomie und weibliche Psychologie zurückgriffen, über das die meisten homosexuellen Frauen verfügen.« (Kinsey, S. 468)

Männer konnten sich also nicht nur orgiastische Frauen sichern, wenn sie sich wie Frauen benahmen, sie konnten auch sicherstellen, daß ihre Frauen und Geliebten nicht zur Homosexualität konvertierten. Dadurch wurde das volkstümliche geflügelte Wort über die wahren lesbischen Bedürfnisse schändlich widerlegt, da die Erlöserrolle anders besetzt worden war. Seltsamerweise wurde jedoch die Sexualpraktik, die homosexuelle Frauen mit so hervorragenden Ergebnissen betrieben, von der Medizin als »gegenseitige Masturbation« bezeichnet. Das kann daran liegen, daß die Ärzte den Vorgang von außen studierten und 1 Stück Hand + 1 Stück Geschlechtsorgan sahen, weshalb sie sofort an Selbstbefriedigung denken mußten.

Es läßt sich jedoch sagen, daß es etwas ganz anderes ist, sich selber oder eine andere Person zu befriedigen, da sowohl Ausführung als auch Erleben sich restlos unterscheiden. Mit größerer Berechtigung könnten wir den heterosexuellen Verkehr gewisser Männer als Masturbation bezeichnen, da sie *selber* den Penis in die Scheide einführen wie in ein Loch in der Matratze und *selber* befriedigt werden. Diese Praxis läßt sich wohl kaum als »gegenseitig« bezeichnen. Vergewaltigung schließlich ist die äußerste Konsequenz dieser Art von Selbstbefriedigung.

Wenn die homosexuellen Frauen andere Frauen zum Orgasmus bringen konnten, dann, weil sie das nicht als Selbstbefriedigung oder saure Pflicht beim »richtigen« Verkehr ansahen. Für sie war es eine Befriedigung, Befriedigung zu geben, wie wir schon bei Vita Storm und One-way-butchs aus den USA gesehen haben. Wenn Männer Kinseys Rat befolgen und wie Frauen werden sollten, um Frauen zu befriedigen, mußten sie also ihre eigene Befriedigung in den Hintergrund schieben.

Die Frigidität wurde jedoch nicht nur zur alleinigen Verantwortung der Ehemänner erklärt, sondern auch zu der der Frauen. Wenn also eine Frau zu Frauen ging, weil ihr Mann sie nicht befriedigte, hatte sie zu früh aufgegeben. Das lesen wir im *Kjærlighedens ABZ* (A bis Z der Liebe) der Psychologen Inge und Sten Hegeler aus dem Jahre 1961.

»Sehr vielen Frauen fällt es schwer, beim normalen Verkehr mit einem Mann Befriedigung zu finden. Natürlich stellen sich manche dieser Frauen vor, daß eine Frau wie sie selber ihnen vielleicht besser helfen könnte, und es ist denkbar, daß die Verführungstheorie – die anhaltende Verführung – deshalb eher zutrifft, wenn es sich um junge Frauen handelt. Wir können uns Frauen vorstellen, die ohne Ergebnis heterosexuelle Beziehungen versucht haben und die sich nicht darüber im klaren sind, daß auch sie als Frau zur Befriedigung beitragen können und daß es meistens lange dauert, bis eine Beziehung völlige Befriedigung gibt. Wir können uns vorstellen, daß solche Frauen, die einer tüchtigen und erfahrenen Frau begegnen und von dieser befriedigt werden, vielleicht sofort glauben – völlig zu Unrecht –, daß sie unnormal sind und nur in den Kreis der Homosexuellen gehören.« (Hegeler, S. 98–99)

Zu dieser Zeit zeigte es sich ja, daß man dem Gaul ins Maul schauen und nicht glauben sollte, daß alles immer so war, wie es aussah. Nicht nur durften sexuelle Beziehungen zwischen Mädchen in der Pubertät nicht mehr als Homosexualität betrachtet werden, auch die frigide Frau, die bei einer anderen Frau ihre Befriedigung fand, brauchte das homosexuelle Stigma nicht auf sich zu nehmen. Das verkündeten die Experten natürlich in bester Absicht, da sie – wie Kinsey – genau wußten, wie stark die homosexuelle Identität stigmatisiert war. Gleichzeitig wurde damit an die frigiden Frauen die Forderung erhoben, den Männern noch eine Chance zu geben.

Denn es war ja auch denkbar, daß Homosexualität die genau entgegengesetzte Ursache hatte. War also eine heterosexuelle Frau frigide, dann lag es vielleicht daran, daß sie in Wirklichkeit homosexuell war – was Thereses Verwunderung beim heterosexuellen Verkehr und ihre Erweckung bei Carol im gleichnamigen Roman vielleicht andeuten. Diese Annahme würde dann allen Lorbeer der Heterosexualität verwelken lassen, wäre jedoch auch eine allzu statische Annahme in einer Zeit, die an Fortschritt und Verbesserung glaubte.

Frigidität als Ursache wurde von der Psychoanalyse durch den Begriff »Angst« vertieft. Das brachte der assistierende Oberarzt Poul M. Færgeman in seinem Buch *Perversiteter, Pornografi og Forargelse* (Perversitäten, Pornographie und Ärgernis) aus dem Jahre 1965 zum Ausdruck, in dem er schrieb, daß eine Form weiblicher Homosexualität zum Teil »Angst vor dem Mann« sei, verursacht durch »seinen gewaltigen Phallus, den das kleine Mädchen gesehen hat und der ihr die Vorstellung eingegeben hat, er werde sie zerstören, wenn er in sie eindränge, teilweise handelt es sich auch um eine Anziehungskraft zwischen Frauen aufgrund der ursprünglichen Bindung an die Mutter« (Færgeman, S. 96).

Diese Angst vor dem männlichen Glied scheint jedoch wie die Frigidität ein Teil der weiblichen Rolle zu sein. Außerdem erklärt sie, warum es Exhibitionisten immer sehr gut gelingt, Frauen zu erschrecken. Wieder zeigt es sich, daß die historische Entwicklung aus einem Ideal ein Leiden machen kann, da die Frauen des 19. Jahrhunderts stolz darauf waren, für die männlichen Geschlechtsorgane Abscheu zu empfinden. Die moderne Frauenrolle konnte die alte Frauenrolle nicht vollständig ersetzen, da immer noch gewisse grundlegende Reste übrig waren, unter denen das Gefühl der Entfremdung den männlichen Geschlechtsteilen gegenüber das am häufigsten erwähnte war.

Noch im Jahre 1972 zog der Arzt Tage Voss in seinem Buch *Sexologi for Hvermand* (Sexologie für jedermann) Frigidität zur Erklärung herbei. »Es besteht kein Zweifel daran, daß weibliche Homosexualität, Lesbismus sowie Einsamkeit und Kontaktschwierigkeiten mit Männern oft Enttäuschung über Männer, unglückliche Erfahrungen mit Ungeschicklichkeit, Brutalität, Grobheit oder fehlende Zärtlichkeit und Geduld, um die Schwelle des Orgasmus zu überschreiten, zur Ursache haben – vielleicht gab es auch einfach keinen Verkehr in einer Form, bei der sich die Selbstachtung der Frau bewahren ließ. Deshalb wird für solche Frauen das gesamte männliche Geschlecht mit dermaßen negativen Assoziationen (oder Blockierungen) belegt, daß heterosexueller Kontakt aufgegeben wird.« (Voss, S. 192)

Ganz offenbar ist Frl. N., die laut Westphal im Jahre 1869 an dem Wahn litt, Frauen zu lieben, hundert Jahre später reichlich verwässert worden, da »Lesbismus« – wie Voss sich auszudrükken beliebt – nicht länger auf schäumendem Begehren beruht, sondern auf Frigidität, Einsamkeit, Kontaktschwierigkeiten. Die homosexuelle Frau mit dem entschiedenen Wesen, die 1892 den Worten Pontoppidans zufolge die Frauenherzen besiegte, ist achtzig Jahre später zur todkranken trüben Tasse geworden, die keinen Mann finden und deshalb bei Frauen Trost suchen muß. Das zugeschriebene Begehren war wahrlich zur Plage geworden.

Das Verlangen nach kleinen Mädchen

Frigidität war ein wichtiges Thema, das die moderne Frau anging und das mit der Erklärung der Ursachen von Frigidität vermischt wurde. Ein anderes Thema, das in der modernen Zeit mit Homosexualität in Verbindung gebracht wurde, war Pädophilie, also Verkehr mit Minderjährigen. Wie schon gesagt, hatte diese Aufmerksamkeit sich im Straf- und im Kastrationsgesetz niedergeschlagen, das im Jahre 1935 auch auf Frauen ausgedehnt worden war, obwohl die Fachleute geteilter Meinung darüber waren, inwieweit homosexuelle Frauen und Männer in dieser Frage über einen Kamm geschoren werden konnten.

Die Vorstellung von der pädophilen Veranlagung der Homosexuellen zeigt nicht nur, daß sie als so verderbt galten, daß ihnen wirklich alles recht war, weil die eine Perversion die andere mit sich zieht, sondern auch, daß das homosexuelle Begehren als unbeherrscht galt und nicht einmal vor den unschuldigen Kleinen zurückschreckte. Warum homosexuelle Menschen so besonders scharf auf kleine Kinder sein sollten, wurde nicht näher erläutert, es lag jedoch in der Luft, daß sie einer altgriechischen Tradition folgten, die zu ihrer Zeit von der Gesellschaft gebilligt worden war. Des weiteren ging man davon aus, daß die homosexuellen Männer wie die heterosexuellen junges Fleisch schätzten, wie der Jurist Wilcke bereits 1911 bei einer Bürgerversammlung gesagt hatte: »Denen geht es auch nicht anders als uns, wir gehen ja schließlich auch nicht hin und verlieben uns in eine fünfzigjährige Dame.« (Vort, S. 16) Und doch besteht wohl ein ziemlicher Unterschied zwischen einer 50jährigen und einer Minderjährigen, was den Vergleich reichlich übel erscheinen läßt.

Wie dem auch sei, jedenfalls schrieb Professor Dr. med. Svend Aage Gammeltoft in dem 1946 erschienenen Buch *Kvinden i Sundhed og Sygdom* (Die Frau in Gesundheit und Krankheit), daß die homosexuell geborenen Frauen nur selten im Licht der Öffentlichkeit stünden. »Aber man darf nicht vergessen, wie schicksalhaft diese Abnormität nicht nur für die Betroffenen selber sein kann, sondern vielleicht in noch höherem Grad für die unglücklichen Frauen, die diese homosexuell Geborenen an sich locken können. Obwohl man deshalb mit den homosexuellen Frauen Mitleid haben und sich darüber im klaren sein muß, daß die Abnormität, unter der ihr Gefühlsleben leidet, für sie selber unsägliche Leiden mit sich führen und sie in widerwärtige und für sie selber zutiefst erniedrigende Situationen bringen kann, so müssen wir doch aus Rücksicht auf ihre oft relativ unschuldigen und unwissenden Opfer, die unter ihrem krankhaften Trieb zu leiden haben, fordern, daß die Gesellschaft in deren Interesse die notwendigen Schutzmaßnahmen ergreift, vor allem, da es sich hierbei oft um halbwüchsige oder blutjunge Frauen handelt.« (Gammeltoft, S. 113-14)

Auf die von ihm geforderten Schutzmaßnahmen ging Gammeltoft allerdings nicht näher ein. Rein juristisch gesehen, war durch § 225 im neuen Strafgesetz, das 1933 in Kraft trat, die Möglichkeit gegeben, bei Verführung Minderjähriger in hetero-sexuellen und homosexuellen Beziehungen einzugreifen. Im Strafgesetz von 1866 lag das gesetzliche Mindestalter bei zwölf Jahren, nun aber wurde es auf 15 Jahre angehoben, wenn auch nur bei Personen unterschiedlichen Geschlechts. Bei homosexuellen Beziehungen lag es bei 18 Jahren. Diese Paragraphen behandelten jedoch freiwillige sexuelle Beziehungen zwischen mehr oder weniger Gleichgestellten. Im Falle von Beziehungen zu Unterlegenen oder Abhängigen lag das Mindestalter in heterosexuellen Beziehungen bei 18, bei homosexuellen bei 21 Jahren. Das Gesetz hatte also dafür Sorge getragen, daß homosexuelle Verführung junger Menschen strafbar war, hatte jedoch freiwillige homosexuelle Beziehungen zwischen erwachsenen und geistig gesunden Personen für straffrei erklärt, solange solche Beziehungen nicht schamverletzend wirkten – was immer das bedeuten mochte.

Aber wenn Professor Gammeltoft trotzdem wegen der Gefahr einer Verführung junger Frauen »Gewehr bei Fuß!« rief, kann es daran liegen, daß diese Paragraphen nur selten auf weibliche Homosexuelle angewandt wurden. Zwischen 1933 und 1947 wurden 600 Männer und nur vier Frauen aufgrund dieser

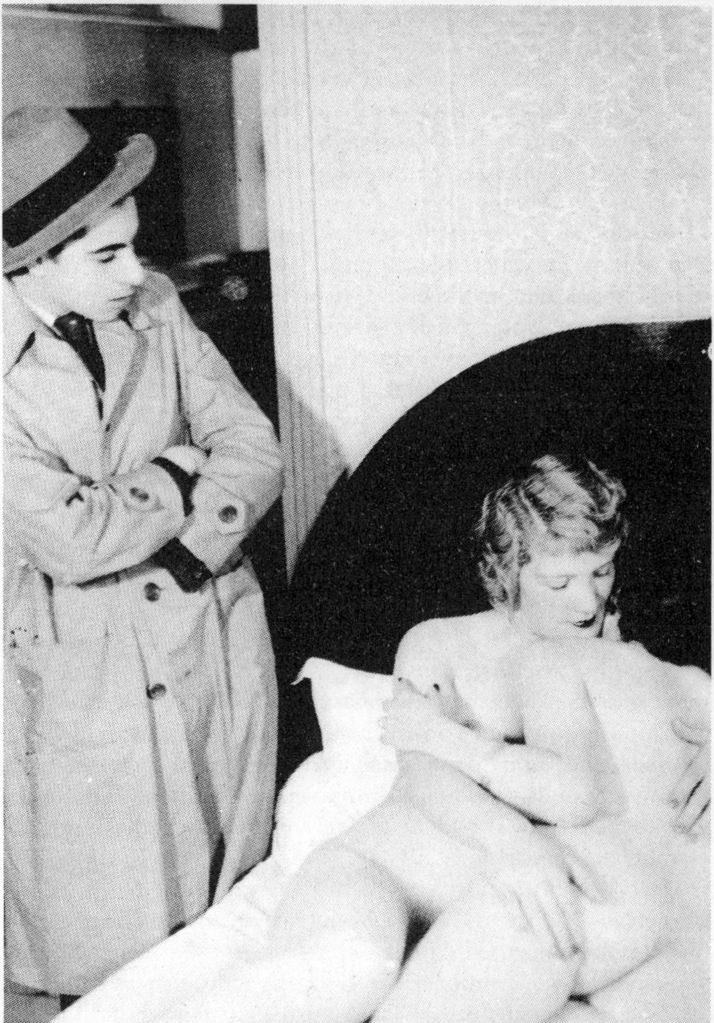

Sogenannte »französische Postkarte«, auf der lesbischer Sex zur Belustigung von Männern abgebildet ist. Allerdings soll dieses Bild den betrogenen Ehemann darstellen.

Paragraphen bestraft. Das teilt Karl O. Christiansen in einem Sammelband aus dem Jahre 1951 (*Hvorfor er de sådan?* / Warum sind sie so?) mit. Gleichzeitig versucht er, den großen Unterschied zwischen der Anzahl bestrafter Frauen und Männer zu erklären, indem er wie Gammeltoft durchaus davon ausgeht, daß Frauen Minderjährige zu schätzen wissen.

»Daß so wenige Frauen wegen irgendeiner kriminellen Homosexualität verurteilt worden sind, weist auch darauf hin, daß diese Verbrechen den Behörden nur selten zu Ohren kommen. Es gibt nämlich keinen Grund zu der Annahme, daß der zahlenmäßige Unterschied zwischen den Verbrechen der homosexuellen Männer und Frauen gegenüber Minderjährigen so groß ist, wie die Kriminalstatistik zu behaupten scheint.

Es gibt wohl kaum weniger weibliche als männliche Homosexuelle, und es gibt wohl auch keinen Grund zu der Annahme, daß Frauen seltener als Männer Minderjährige verführen oder Beziehungen zu ihnen eingehen. Die Zahlen zeigen dagegen mit aller wünschenswerten Deutlichkeit, daß ein größeres Interesse vorliegt, Verhältnisse zwischen Männern anzuzeigen, zu untersuchen und zu verurteilen.

Dieser Unterschied liegt wohl an der unterschiedlichen Beurteilung von Homosexualität bei Männern und bei Frauen. In diesem Zusammenhang muß man darauf aufmerksam machen, daß die Ausübenden von Recht und Gesetz fast ausschließlich Männer sind, und Männer scheinen eher dazu zu neigen, bei Homosexualität zwischen Männern einzuschreiten, da ihnen die männliche Homosexualität als verwerflicher erscheint als die weibliche.« (Hvorfor, S. 204)

Und da kann er durchaus recht haben. In Dänemark wenigstens geriet nach dem Zweiten Weltkrieg die männliche Prostitution ans Licht der Öffentlichkeit. Nachdem die Deutschendirnen in die Umerziehungslager geschafft worden waren, kamen jetzt die Stricher an die Reihe und wurden zu den Schutzobjekten der Sittenpolizei. Der Chef der Sittenpolizei war der Jurist Jens Jersild, der in den fünfziger Jahren ins Feld zog, um die Stricher vor der Verführung zur Homosexualität zu retten, da er Kinseys berühmte 37 Prozent (von Männern, die mit einem Mann einen Orgasmus erlebt haben) in den falschen Hals bekommen hatte und überzeugt war, die echten Homosexuellen könnten die unechten zur homosexuellen Orientierung verlocken.

Das führte dazu, daß die Polizei Treibjagden auf die homosexuellen Männer veranstaltete, die durch die Stadt schlenderten, um mit den Strichern in Kontakt zu kommen. Während dieser Jahre wurde die männliche Homosexualität zum Gegenstand vieler Debatten, und die Medien quollen von haarsträubenden Beschreibungen dieses ekelhaften Themas nur so über. Zahllose homosexuelle Männer wurden vor Gericht gestellt, einige begingen Selbstmord, andere verloren ihre Arbeitsplätze, und etlichen wurde der energische Rat erteilt, sich gefälligst kastrieren zu lassen.

Jens Jersild selber sonderte zahllose Schriften zu diesem Thema ab, in denen er Frauen jedoch immer überging, da er bei ihnen, im Gegensatz zu Gammeltoft und Christiansen, keine pädophilen Veranlagungen entdecken konnte. 1959 schrieb er in seinem Buch *Hvad unge bør vide om Homoseksualitet, Prostitution, Sædelighedsforbrydelser og Kønnssygdommer* (Was junge Menschen über Homosexualität, Prostitution, Sittlichkeitsverbrechen und Geschlechtskrankheiten wissen müssen) – also alle diese Pfui-Spinne-Themen unter einem Hut! –, daß er vor allem die männliche Homosexualität im Blick hatte.

»In der Regel tritt die weibliche Homosexualität nämlich sehr viel zurückhaltender auf und führt deshalb nur in Ausnahmefällen zu denselben Problemen wie die männliche. So kommt es nur selten vor, daß eine homosexuelle Frau Mädchen unter 18 Jahren zu verführen sucht.« (Jersild, S. 17) Nicht einmal der Retter der Jugend beschuldigte also Frauen der Pädophilie. Danach wurde die Verführung von Mädchen durch Frauen überhaupt nicht mehr erwähnt.

Bei den Männern war das anders, und 1961 wurde deshalb das berüchtigte »schlimme Gesetz« als Zusatz Nr. 4 zu § 225 erlassen. Laut diesem Paragrah sollte nicht nur der Bezahlungsempfänger, sondern auch der Bezahlende in homosexuellen Beziehungen bestraft werden, wenn der Empfänger unter 21 war. Als Bezahlung reichte schon eine Packung Zigaretten aus, was Erpressung und Polizeikontrollen Tür und Tor öffnete. Erst als die Homosexuellen gemeinsam zum Widerstand aufriefen und von freundlich gesonnenen Fachleuten unterstützt wurden, wandelte sich die Stimmung, und das Gesetz wurde 1965 wieder abgeschafft.

Dieses peinliche Kapitel in der dänischen Geschichte hatte für die homosexuellen Frauen keine Bedeutung, wenn auch die Betonung der Schattenseiten der Homosexualität dazu führte, daß sie noch eine Stufe schlimmer stigmatisiert wurden. Die homosexuellen Frauen hatten es in jenen Jahren also leichter als die Männer – falls das ein Trost sein kann, denn leicht hatten sie es schließlich nicht.

Interessant ist, daß die homosexuellen Frauen Männer als Erklärung zugeordnet bekamen – erst wollten sie Männer sein, später wandten sie sich nach unglücklichen Erlebnissen von den Männern ab –, und obwohl sie sich im wirklichen Leben der Kontrolle und der Gesellschaft der Männer entzogen, wurden sie trotzdem in bezug auf Männer definiert. Das kann der Grund dafür sein, daß es die Experten sowenig interessierte, die weibliche Homosexualität zu studieren – denn wie man das Problem auch drehte und wendete, so behielten die machthabenden Männer doch immer die Hauptrolle.

Bei den homosexuellen Männern war das anders, denn wenn ein Mann die homosexuelle Identität annahm, so hielt er gleichzeitig das Patriarchat zum Narren. Er verzichtete auf die männliche Macht über Frauen, und er verhöhnte die männliche Rolle, die Mut, Verschlossenheit und Gleichgültigkeit für Schmuck und Flitter verlangte. Ein homosexueller Mann war deshalb ein Verräter am Patriarchat, ein Beweis dafür, daß Männer auch anders leben konnten – und deshalb mußte er gezüchtigt werden.

Es waren diese Bannerträger, die die öffentliche Meinung absteckten, die danach von Heterosexuellen beider Geschlechter verbreitet wurde. Vieles weist darauf hin, daß sie selbst in moderner Zeit die Liebe unter Frauen genauso sahen wie Balzac im Jahre 1835. Der Oberarzt Dr. med. Einar Geert-Jørgensen hat in seinem Buch *Hverdagsproblemer og sindslidelser* (Alltagsprobleme und Gemütsleiden) aus dem Jahre 1956 eine Annahme vertreten, die uns ahnen läßt, daß die männliche Toleranz der weiblichen Homosexualität gegenüber nicht auf wahrem Verständnis beruht, sondern auf Voyeursgelüsten – oder dem Glauben daran, daß sie nur der Männer wegen existiert.

»Es ist ja so, daß es uns immer schwergefallen ist, das zu verstehen und gutzuheißen, in das wir uns nicht hineinversetzen können. Die meisten Männer können deshalb die weibliche

Homosexualität besser verstehen als die männliche, weil sie sich ganz einfach mehr oder minder mit einer der Partnerinnen identifizierten oder – wenn man so will – sich an ihre Stelle setzen.« (Geert-Jørgensen, S. 268)

Die Frau der Gegenwart
1970 bis heute

Die bisherigen Kapitel bestanden aus einer Übersicht über die Geschichte von Begehren und Liebe von Frauen und den dazugehörigen Ansichten des Patriarchats. Nun ist der historische Bericht beendet, dieses Buch jedoch nicht. Die letzten Jahre haben zu einer vollständigen Änderung der Verhältnisse geführt, über die sich ein ganz anderes Buch schreiben ließe, was ich allerdings nicht vorhabe. Dennoch will ich versuchen, die Geschichte bis heute weiterzuführen. Deshalb habe ich beschlossen, subjektiv über das Bewußtsein zu schreiben, das sich in diesen Jahren unter lesbischen Frauen entwickelt hat. Ich will das Bewußtsein ihrer Umgebung und das eigene Bewußtsein der lesbischen Frauen darstellen, vor allem in bezug auf Sexualität und Rollen. Von einer erschöpfenden Beschreibung der lesbischen Lebensart kann keine Rede sein, wohl aber von einer Darstellung der lesbischen Denkweise, so, wie ich sie erlebt habe. Die letzten Jahre sind gekennzeichnet durch die neue Frauenbewegung und die Entwicklung des radikalen Feminismus, durch lesbische feministische Bewegungen, die sogenannte sexuelle Befreiung sowie die Tatsache, daß die Medizin dabei ist, ihren bisherigen Alleinanspruch auf das Fachwissen über Homosexualität und Homosexuelle aufzugeben.

Fachleute über Homosexualität

1973 beschlossen die Psychiater in den USA, Homosexualität nicht länger als Krankheit zu betrachten. 1980 strichen die dänischen Gesundheitsbehörden sie von ihrer Krankheitsliste. Die Homosexuellen wurden damit nach fast hundert Jahren aus dem Krankenbett entlassen. Nun wurde Homophobie das neue Problem. Allerdings analysierten die Fachleute dieses Problem mit denselben Methoden, mit denen sie den Homosexualitätsbegriff analysiert hatten, das heißt, sie betrachteten jeden einzelnen Menschen losgelöst von der Gesellschaft. Da die Psychoanalyse zum Volkswissen geworden war, waren Begriffe wie Angst und Verdrängung die erlösenden Worte. Homophobie wurde damit als ein Leiden diagnostiziert, das angeblich der Angst der einzelnen Heterosexuellen vor ihren homosexuellen Seiten und deren Verdrängung entsprang.

Die Fachleute rieten deshalb den homophobischen Menschen, sich diese Tatsache klarzumachen, und es ist ja ein netter Gedanke, daß das Problem Homosexualität an den Heterosexuellen festgemacht wird – unleugbar im Vergleich zu früheren Zeiten ein großer Fortschritt. Es ist zweifellos richtig, daß Menschen, die Angst vor ihren homosexuellen Seiten hegen, diese verdammen, wenn sie sie bei anderen in voller Blüte stehen sehen, aber das erklärt schließlich nicht, *warum* die Menschen solche Angst vor diesen Seiten bei sich oder bei anderen haben. Ein einleuchtender Grund muß sein, daß Homosexualität trotz allem immer noch ein stigmatisiertes Phänomen und deshalb nicht erstrebenswert ist. Die Erklärung der Homophobie wird sich deshalb nur finden lassen, wenn wir diese Stigmatisierung analysieren.

Die Menschen, die noch immer dem modernen Prinzip huldigen, daß Aufklärung jegliche vorurteilsvolle Unwissenheit ausrotten kann, meinen natürlich auch, daß größere Aufklärung *über* Homosexuelle die Unterdrückung beseitigen könnte. Aber genausogut könnten wir versuchen, die Judenverfolgung der Nazis zu erklären, indem wir über koscheres Essen, Sabbat, Synagogen, Talmud und alles andere, was jüdische Identität und Kultur ausmacht, aufklärten. Eine solche Aufklärung kann doch niemals erklären, warum ausgerechnet sie zu den Sündenböcken der Nazis wurden; diese Aufgabe könnte dagegen eine Untersuchung des Weltbildes, der Kultur und der materiellen Bedingungen der Nazis zu diesem entscheidenen historischen Zeitpunkt erfüllen.

Als die Fachleute seinerzeit den Homosexuellen die Rolle des Gegenbildes der Normalen zuteilten, beschrieben sie sie so haarsträubend wie möglich. Aber in den sechziger Jahren setzte die große Säuberungsaktion ein, und nun sagten die Fachleute, die Homosexuellen seien »genau wie wir anderen«, ja, sogar ihr Gefühlsleben galt als normal, nur die Wahl des Objektes der Gefühle war immer noch unnormal. Das bedeutete, daß die Homosexuellen zusammen mit allen anderen Freaks in den nationalen Schmelztiegel gestopft wurden und als gute Leberwurst essende Dänen und Däninnen wieder zum Vorschein kamen. Das spezifisch Homosexuelle aber war immer noch schlecht angesehen, und nur, wenn Homosexuelle »normal« wurden – sich also den Heterosexuellen soweit wie möglich anpaßten –, war Toleranz geboten. Die Homosexuellen sind also in der dänischen Gesellschaft – und auch anderswo – weniger akzeptiert, als von repressiver Toleranz umgeben.

Offenbar haben einzelne Wissenschaftler immer noch nicht erkannt, daß der Körper eine Seele bekommen hat, deshalb haben sie in den letzten Jahren begonnen, das Gehirn zu erforschen, um die Ursache der abweichenden Sexualrichtung zu finden. Gleichzeitig halten sie sich sklavisch an die Auffassung aus der Kindheit der Sexualwissenschaft und setzen Homosexualität und Konflikt der geschlechtlichen Identität gleich – die Behauptung also, daß Homosexuelle sich als Angehörige des anderen Geschlechts fühlen –, und damit können wir wieder von vorne anfangen. Die meisten Ärzte interessieren sich jedoch dafür, was die Homosexuellen selber über ihre Lebensweise zu sagen haben, und diese Hellhörigkeit spiegelt sich in den sexualwissenschaftlichen Fachbüchern der letzten Jahre wider. Außerdem unterscheiden sie zwischen sexueller Orientierung und sexuellem Verhalten. Das bedeutet, daß Menschen mit heterosexueller Orientierung sich durchaus ein homosexuelles Verhalten gestatten können, ohne ihre Identität ändern zu müssen. Dasselbe gilt für Menschen mit homosexueller Identität. Die sexuelle Identität wird also nicht mehr als lebenslängliches, vorherbestimmtes Schicksal betrachtet.

Der lesbische Feminismus – Lesbianismus

In den letzten Jahren haben homosexuelle Frauen und Männer sich in den verschiedenen, nach Geschlechtern getrennten homosexuellen Bewegungen überall in der westlichen Welt sichtbar gemacht. Die lesbischen Bewegungen bauten auf dem Bewußtsein auf, das sich aus radikalem Feminismus und einer Kritik der Zwangsheterosexualität ergab, und nannten das mit dem internationalen Namen »Lesbianismus«. Damit haben sich die homosexuellen Frauen aus dem anderen erfundenen Begriff »Homosexua*lität*« befreit und aktiv eine selbständige Gedankenwelt geschaffen, die sich neben andere »ismen« stellen läßt

Zwei Freundinnen in der Kopenhagener Frauenbewegung 1978

wie Marxismus, Existentialismus, Feminismus, Humanismus usw.

Wie der Feminismus führt auch der Lesbianismus eine Analyse und Kritik des Patriarchats durch, befaßt sich aber auch mit der Tatsache, daß die ganze Kultur von Heterosexualität durchsäuert ist und die Erwartung besteht, daß alle heterosexuell werden. Diese Zwangsheterosexualität hat dazu geführt, daß die lesbische Existenz verschwiegen oder nur in Nebensätzen der Sexualaufklärungsbücher erwähnt worden ist. Das erschien nicht nur als Unterdrückung der Lesben, sondern auch der heterosexuellen Frauen, die in dem Glauben erzogen werden, es gäbe nur diese eine Lebensform.

Die lesbischen Feministinnen empfanden das Lesbischsein dagegen als Ausdruck einer Lebensform, deshalb änderten sie das Verb von »lesbisch sein« zu »lesbisch leben«, denn die lesbische Lebensform galt ihnen als Wahl, die *alle* Frauen treffen konnten. Das stellte die bisherigen ursächlichen Erklärungen über Chromosomenfehler, Kindheitstraumata und Frigidität auf den

Kopf, die alle einen negativen Ausgangspunkt hatten und oft den Mann in den Mittelpunkt stellten.

Statt dessen hielten die lesbischen Feministinnen die lesbische Lebensform für etwas Positives, das als erfreulich, nicht als Fall dargestellt werden sollte. Außerdem hatten sie es satt, daß in den ursächlichen Erklärungen die Männer die Hauptrolle spielten, und erklärten deshalb, lesbisch zu leben sei keine Entscheidung gegen Männer, sondern eine Entscheidung für Frauen. Damit erblickte eine weitere ursächliche Erklärung das Licht der Welt, die genausogut sein kann wie alle anderen und die den Vorteil hat, daß sie positiv, beweglich und von den Betroffenen selber geschaffen ist – was sie jedoch nicht unbedingt wahrer macht. Diese Erklärung war ja wie alle vorhergehenden von den gesellschaftlichen Möglichkeiten bestimmt und konnte deshalb nur zu diesem historischen Zeitpunkt entwickelt werden. Ihre Wahrheit trifft zweifellos auf die Frauen zu, die sich in den siebziger Jahren für die lesbische Lebensform entschieden, es ist aber nicht sicher, ob sie auch in den achtziger Jahren noch zutrifft. Daß die »Abweichung« nun als Wahl galt, führte dazu, daß die lesbischen Feministinnen »den Sprung machten«, das heißt, sie sprachen nun offen über ihre lesbische Identität.

Es wurde eine weitere radikale Neudeutung geschaffen, nämlich die, daß das lesbische Leben eine Frage der Lebensform sei, keine Frage einer sexuellen Abweichung. Die durchgängige Haltung Lesben gegenüber sah sie ja als bestimmt allein durch ihre Sexualität und glaubte, sie unterschieden sich nur durch die Richtung ihres Begehrens von den heterosexuellen Frauen. Die lesbischen Feministinnen dagegen hielten die Sexualität für einen untergeordneten Teil der Liebe zu Frauen und des Engagements für die Frauenbewegung, was die Frage der Wahl noch sichtbarer machte. Keiner war es vorausbestimmt, Frauen zu begehren, aber alle konnten es lernen.

Und wenn sie das wollten, dann mußten sie wählen; Wankelmütigkeit wurde nicht geduldet, und Bisexualität war dasselbe wie Kollaboration mit dem Feind. Das wurde damit erklärt, daß die Bisexuellen auf sämtlichen Hochzeiten tanzen wollten – also die Normalität der Heterosexualität als Schutz haben und gleichzeitig die Liebe unter Frauen erleben wollten, ohne das Risiko zu laufen, als Abweichlerinnen stigmatisiert zu werden. Die lesbischen Feministinnen selber glaubten, das Patriarchat zu bedrohen und dadurch Widerstand zu leisten, wenn sie Frauen vorzogen und ihnen alle Energie, Liebe und Aufmerksamkeit widmeten. In ihren Augen waren bisexuelle Frauen deshalb Verräterinnen, die sich auf die Frauengemeinschaft stützten und die daraus gewonnene Kraft an die von ihnen geliebten Männer weitergaben. Dadurch trugen sie auf Kosten der Lesben zur Aufrechterhaltung des Patriarchats bei.

Die lesbische Geisel

Während die lesbischen Feministinnen sich von der Bisexualität distanzierten, fühlten sich gewisse Heterosexuelle davon angezogen. Bisexualität wurde in manchen Fällen zum Beweis für die Emanzipation dieser Menschen, in anderen wurde dieses Etikett zweifellos als Schutz von Menschen gebraucht, die ihre homosexuelle Einstellung nur ungern akzeptieren wollten. Gleichzeitig war Homophobie zum Problem der Heterosexuellen geworden, und deshalb balancierten diese emanzipierten Menschen zwischen der Rettung ihrer eigenen Normalität und der Prahlerei mit ihrer Emanzipiertheit.

Diese Strategie zeigt sich vor allem in der Sintflut der Bekenntnisromane, die in den siebziger Jahren das Licht der Welt erblickten. Weitaus die meisten waren von Frauen geschrieben, und alle enthielten die obligatorische Beschreibung der obligatorischen Beziehungen zu Frauen inmitten der vielen heterosexuellen Bettszenen. Am lächerlichsten wurde eine solche Szene von der US-Amerikanerin Erica Jong in ihrem Buch *Rette sich, wer kann* (1977, dt. 1978) beschrieben. Die Ich-Erzählerin, Isadora Wing, war mit Bennett verheiratet und arbeitete als Universitätsdozentin in New York, wo ihr ihre Studentin Rosanna Howard, wohlhabend und mit eleganten Oberklassemanieren, den Hof machte. Da Isadora aufgegangen war, daß Bisexualität gerade in war, und da sie nur ungern etwas versäumen wollte, wie wenig Lust sie auch dazu haben mochte, endete sie mit Rosanna, die ihre Möse leckte, bis sie zum Orgasmus kam, im Bett.

»Aber ich mußte dasselbe tun. Ich *versuchte es.* Ich schob nach besten Kräften meine Zunge vor und stürzte mich in den Abgrund. *Du wirst dich an den Geruch gewöhnen*, sagte ich mir. *Du selber riechst nicht anders*, sagte ich mir, aber es nützte nicht viel, Rosanna kam und kam es nicht, und meine Nase fühlte sich an, als hätte sie ihr ganzes Leben da drinnen zugebracht. Ich knabberte an ihrem Kitzler, wie sie zuvor an meinem, glitt mit zwei Fingern ein und aus, versuchte, nicht an den Geruch zu denken, nicht an die Haare, die zwischen meinen Zähnen hängenblieben, nicht daran, daß mein Handgelenk von dem dauernden Vor und Zurück, Vor und Zurück allmählich müde wurde. Wie lange ging das schon? Eine Stunde? Zwei? Ich fing an nachzuempfinden, daß Bennett mich nicht lecken wollte; ich fing an zu verstehen, was es für einen Mann bedeutete, auf gut Glück herumzufummeln – ist *hier* die richtige Stelle oder *da*? –, während man von der Partnerin keinerlei Hinweis bekommt (weil sie zu artig und zu sehr Lady ist, etwas zu sagen) und er sich immer wieder fragte, ob es ihr jetzt wohl kommt oder jetzt oder *jetzt* – oder *ist* es ihr schon gekommen, oder *wird* es ihr erst nächsten Sommer kommen, oder *was*? Hilfe!« (...)

»Ah! Ein Schauder durchzuckt ihr Becken. Sie drängt sich rhythmisch auf meinen Mund zu, schneller und schneller. Jetzt wird es klappen! Endlich wird's ihr kommen! Juchhe! Ich werde also nicht dastehen wie ein Schwein, das nur auf sein eigenes Vergnügen aus ist. Ich bin kein weibliches Chauvinistenschwein!

Falscher Alarm! Das Becken hat sich beruhigt, der Schauder hat sich gelegt, mir bleibt fast das Herz stehen.« (...)

»›Du bist nicht –‹, sage ich, das Herz sinkt mir, mein Handgelenk schmerzt, mein Mund ist voller Haare. Nach so viel Mühe kein Orgasmus. Ich fühle mich wie ein Tropf, ein unfähiger Liebhaber, ein besoffener Mann im Bett mit einer frigiden Frau.« (S. 138–39)

Dabei war es durchaus nicht die Absicht des Feminismus gewesen, daß Frauen sich plötzlich mit Männern identifizieren sollten. Ganz im Gegenteil! Aber Isadora fiel es schwer, ihren heterosexuellen und patriarchalischen Blickwinkel zu verändern, und das hatte zur Folge, daß sich männliche Leser in diesem Punkt ganz hervorragend mit ihr identifizieren konnten. Das zeigt sich im Gutachten, das der bekannte dänische Schriftsteller und Verleger Klaus Rifbjerg über dieses Buch schrieb und in dem er die Übersetzung ins Dänische wärmstens empfahl, was denn auch blitzschnell geschah.

»Um nichts unversucht zu lassen, stürzt sie sich auch in eine lesbische Beziehung zu ihrer Studentin Rosanna – und in bezug auf Komik sind ihre freimütigen Bekenntnisse zu diesem Thema der Höhepunkt des Buches. Mit Gefahr für Leib und Leben gibt Isadora zu, daß die orale Bedienung der Geschlechtsorgane ihrer Mitschwestern keine kleine Zumutung ist.« (Rifbjerg, S. 82) Und damit verbrüderten sich die heterosexuellen Männer und Frauen in ihrer gemeinsamen Auffassung von Mösenknabberei als harter Arbeit und Frauenliebe als etwas Lächerlichem. Die verdammende Haltung früherer Zeiten und die Unterteilung in »wir Richtigen« und »die anderen Abweichenden« war zwar nicht angenehm, aber es ist schwer einzusehen, daß es besser sein sollte, als sexuelles Spielzeug einer erlebnishungrigen Autorin behandelt zu werden.

Aber schließlich ist nichts in diesem Leben eindeutig – nicht einmal lesbische Heldinnen oder Schurkinnen. Im vorhergehenden Zeitraum hatten heterosexuelle Autorinnen die homosexuellen Frauen auf verschiedenste Weise dargestellt. Es gab die verklemmte, explosive Frau Torp, das hartgesottene, morphiumsüchtige Frl. Hergel, aber auch die wunderschöne Lakey aus der *Clique*. Und die US-Amerikanerin Marilyn French hat in ihrem Buch *Frauen*, das ebenfalls 1977 erschien (dt. 1978), eine heutige, weniger glamouröse Lakey beschrieben.

Sie heißt Iso und freundet sich mit Mira, der Hauptperson des Buches, an, die nach einigen Jahren einer langweiligen und unbefriedigenden Ehe ein Studium aufgenommen hat. Hier findet Mira eine Gruppe von Freundinnen, zu der auch Iso gehört, und noch ehe sie von Isos wahrer Identität weiß, fühlt Mira sich zu ihr hingezogen, was eines Tages zur wahren Verzauberung wird.

»Isos Augen leuchteten, ihre Lippen glänzten, ihr Haar war wie ein honigfarbener Heiligenschein. Mira wünschte sich, Iso würde die Arme nach ihr ausstrecken. Sie wollte hinübergehen zu ihrer Freundin und sie umarmen, umarmt werden. Aber sie konnte sich nicht rühren.

Sie interessiert sich nicht für mich, dachte sie, jedenfalls nicht so. Ich bin alt, ich bin unattraktiv.

Sie sahen einander einen Augenblick an. Dann war es vorbei. Iso wandte sich ab und gähnte. ›Es ist spät‹, sagte sie, ›ich gehe jetzt besser.‹« (S. 421)

Mehr kam nicht dabei heraus, und Mira ging weiter Beziehungen zu Männern ein, obwohl ganz deutlich war, daß sie danach begehrte, von Iso begehrt zu werden.

Und so ging es nach und nach etlichen Frauen. Wie Klaus Rifbjerg so richtig anführte, war es für Männer – und für Erica Jong – eine gelinde Zumutung, Frauen durch Stimulationsspiele befriedigen zu müssen. Deshalb fühlten sich viele heterosexuelle Frauen noch immer unbefriedigt, wenn sie mit Männern zusammen waren. Bereits 1953 hatte ja Kinsey Männer aufgefordert, von den homosexuellen Frauen zu lernen, aber das hatten sie offenbar nicht getan, weshalb Frauen beschlossen, dieses Zwischenglied zu überspringen und sich gleich an die Quelle zu begeben.

Dadurch wurde den lesbischen Frauen abermals die Funktion der Geisel zugeteilt. Sie galten nun als liebe rettende Engel für die Frauen der Gegenwart, die sich vom wohlbekannten brutalen Begehren der Männer erstickt fühlten. Das war allerdings durchaus nicht so neu, denn bereits während des Ersten Weltkrieges war ja Agnes Henningsen von einer Frau aufgesucht worden, die unter ihrem sadistischen Liebhaber litt und gerne eine Freundschaft zu Agnes eingegangen wäre. 1944 hatte die frigide Sanne aus Trotz gesagt, daß sie wohl eine Frau ausprobieren müßte, weil Frauen einander vielleicht befriedigen könnten. Und schließlich waren da noch die beiden Butchs, Vita Storm im Roman und die Connie der Wirklichkeit, die sich darüber im klaren waren, daß die Frauen massenhaft herumsaßen und schöntaten und danach begehrten, von Frauen begehrt zu werden. Vita Storm verbot es sich, Blumen am Straßenrand zu pflücken. Nicht so Connie, die auf diese Weise die Träume vieler solcher Frauen wirklich werden ließ.

Solche Träume beschreibt Nancy Friday in ihrem 1973 erschienenen Buch *Die sexuellen Phantasien der Frauen* (dt. 1978), in dem sie die sexuellen Phantasien von Frauen aus den USA behandelt. »Was sie in ihren Phantasien vor allem bei anderen Frauen finden, ist Zärtlichkeit sowie vollständige und gekonnte Stimulierung ihrer weiblichen Geschlechtsmerkmale, der Brüste, der Klitoris. Wenn die Realität Mängel aufweist – wer weiß dann besser über Zärtlichkeit Bescheid, über Brüste und Klitoris, als Frauen, da sie ja ebenfalls Frauen sind? Und wo könnte dieses Bedürfnis besser, ungefährlicher befriedigt werden als in einer Phantasievorstellung?« (Friday, S. 163)

Diese Sehnsucht hatte auch Shere Hite entdeckt, als sie 1972

Zwei Freundinnen im lesbischen Insellager 1978

mit einer Untersuchung der Sexualität von Frauen in den USA anfing, die 1976 unter dem Titel *Hite Report* erschien. Wie viele andere Fachleute hatte sie die Beschreibung der modernen Zeit, die Homosexuelle als Abweichlerinnen darstellte, deren Unmoralität ursächlich erklärt werden sollte, aufgegeben. Deshalb hatte sie ihren Fragebogen natürlich ganz anders formuliert als Kirsten Auken knapp dreißig Jahre früher den ihren. Nun gehörten homosexuelle Erlebnisse nicht mehr zu den anderen Peinlichkeiten – wie Geschlechtskrankheiten und Prostitution –, denn nun war es eine Frage der Lust. Und wo Kirsten Auken in bester Absicht ihre Gewährsfrauen vor Stigmatisierung beschützt hatte, indem sie betonte, wie sehr sie Annäherungsversuche von Frauen ablehnten, sieht Shere Hite dagegen diese Lust als Ausdruck der gesunden Neugier und der geschmeidigen sexuellen Orientierung vieler Frauen. Einige der befragten Frauen haben ganz offen alle die Vorteile aufgezählt, die Beziehungen zu Frauen aufweisen – die, anders ausgedrückt, in den Beziehungen zu Männern also fehlen.

»Mein allerbestes sexuelles Erlebnis hatte ich mit meiner Freundin, nicht, weil ich einen Orgasmus gehabt hätte, das hatte ich normalerweise nie, sondern 1) weil sie eine Frau war, und es fällt mir viel leichter, mich gefühlsmäßig einer Frau hinzugeben, 2) ihre Haut war so weich und glatt, ihre Verletzlichkeit raubte mir den Atem, 3) es war wunderbar, die Initiative als Aktive und als Liebhaberin ergreifen zu dürfen, 4) die Leidenschaft war gegenseitig, endlos, ohne Hast, sie war nicht sofort angespannt und verschwitzt und verlangte nicht sofort das alte Raus-und-Rein, 5) einen Orgasmus zu bekommen bekümmerte mich nicht, es gab kein festgelegtes Programm, 6) ich machte mir keine Sorgen über meinen Körper, ob er ›gut genug‹ wäre, und 7) ich machte mir keine Sorgen wegen ihres sexuellen und moralischen Urteils, darüber, wo ich auf der Skala als Frau (Engel oder Hure) plaziert werden würde.« (Hite, S. 325)

Die Forderungen, die die moderne Zeit gestellt und die die Gegenwart beibehalten hatte, waren also unerträglich in der Beziehung zu Männern, wo Hingabe zur Plage, wo Nähe quälend geworden war und wo die Gefahr, von der Frigiden zur Nymphomanin zu werden, also vom Samenbehälter zur Samensaugerin, alles überschattete. Diese Forderungen schienen dagegen in der Beziehung zu einer Frau zu verschwinden, wo der Traum zur Wirklichkeit wird und wo die Frau abermals die beste Freundin der Frau ist.

Lesbisch-feministische Läuterung in den siebziger Jahren

Wenn lesbische Frauen vergnügungssüchtigen Autorinnen nicht gerade als Versuchskaninchen oder unbefriedigten heterosexuellen Frauen als Traumfiguren dienten, dann lebten sie ihr eigenes Leben. Lesbische Feministinnen hatten nicht nur festgestellt, daß lesbische Orientierung eine Lebensform sein konnte, sie schufen auch die Bedingungen, um diese Lebensform zu ermöglichen.

Moderne homosexuelle Frauen hatten ihr lesbisches Leben nur in der Subkultur leben können, und viele machten das natürlich auch weiterhin. Viele lebten noch immer im verborgenen – oder *im Schrank*. Schulmädchen verliebten sich weiterhin ineinander oder in ihre Lehrerinnen. Und zahllose unverheiratete Frauen lebten zusammen und wußten nicht, daß dieses Leben als Homosexualität stigmatisiert werden konnte. Auf jeden Fall fiel es ihnen zweifellos schwer, zwischen sich und den kurzgeschorenen Lesben, die mit Parolen und lauten Rufen an Demonstrationen teilnahmen, eine Verbindungslinie zu ziehen. Und so lebten und atmeten verschiedene lesbische Lebensformen Seite an Seite. Einige sogenannte »Klub-Lesben« – das heißt Lesben aus der homosexuellen Subkultur – hatten gegen Ende der sechziger Jahre angefangen, sich von den Butch- und Femme-Rollen zu entfernen und sich mit neuen Augen zu sehen. Sie interessierten sich für die Frauenbewegung, weil die *Wiederentdeckung* der Frauen durch den Feminismus sie ansprach und sie mit anderen Frauen größere Gemeinsamkeit empfanden als mit Schwulen.

Leider waren die heterosexuellen Feministinnen von ihrem Engagement in der Frauenbewegung weniger begeistert. Die Lesben brachten nach ihrer Ansicht die Bewegung in schlechten Ruf, und der wiederum hielt andere Frauen davon ab, sich aktiv zu engagieren. In vielen Teilen der westlichen Welt haben lesbische Frauen deshalb ihre eigenen Bewegungen gegründet.

Lesbischen und heterosexuellen Frauen gemein war jedoch die Läuterung in bezug auf Aussehen, Kleidung und Stil, die zu Anfang der siebziger Jahre stattfand. Viele Frauen versuchten ein wenig an der Frauenrolle zu rütteln und wollten sich von der Forderung, ein schönes Äußeres haben zu müssen, befreien. Sie schoren sich die Haare auf dem Kopf, ließen sie unter den Armen und an den Beinen wachsen, Schminke, hochhackige Schuhe, BHs und anderer Krimskrams landeten in der Mülltonne. Statt dessen kleideten sie sich in Arbeitsklamotten – gerne aus den Ramschverkäufen des Militärs – und gingen am liebsten in Turnschuhen.

Dieses Auftreten erweckte in der Umwelt die Ansicht, Feministinnen seien so häßlich, daß sie unter sich bleiben sollten. Woran wir sehen, daß noch immer die Erwartung herrschte,

Frauen sollten eine Augenweide sein – vor allem für männliche Augen – und sich ansonsten schämen, aber genau gegen diese Forderung rebellierten nun die Frauen. Und durch diesen Läuterungsprozeß wurde es ihnen möglich, neu anzufangen und langsam einen von ihnen selbstdefinierten Stil zu entwickeln, unabhängig von äußeren patriarchalischen Forderungen.

Viele der lesbischen Frauen, die sich nicht in der Frauenbewegung engagierten, sondern zur homosexuellen Subkultur gehörten, behielten traditionelle Kleidung und Verhaltensweisen bei. Deshalb konnte es zwischen den beiden selbstdefinierten lesbischen Gruppen zu putzigen Verwicklungen führen, wenn sie aufeinandertrafen. Um das zu veranschaulichen, habe ich Annelise aus der Dänischen Lesbenbewegung gebeten, ihre Begegnung mit *der alten Welt* zu beschreiben. Sie war 1975 bei einer Veranstaltung zum 8. März in Kopenhagen im Alter von 29 Jahren bekehrt worden und nunmehr Feministin. Bei dieser Veranstaltung hatte sie ein lesbisches Rollenspiel gesehen – ein Theaterstück der Lesbenbewegung, das die Unterdrückung der Lesben darstellen sollte.

»Ich stand mitten in einem vollgestopften Saal und hörte diese sechs oder sieben Frauen ihre starken und treffenden Repliken in die Menge schleudern. Als frischgebackene offene Lesbe – und importiert aus dem in lesbischen Augen finsteren Jütland – fand ich das wirklich stark und faszinierend. Ich will auch so sein, dachte ich. Eine *echte* Lesbe. Eine starke und mutige Frau, die mit wenigen, aber wohlgesetzten Worten das unwissende Heterovolk in Grund und Boden argumentierten kann.

Und das wurde ich dann. Soweit es möglich ist, nicht nur für Augenblicke, sondern als permanenter Zustand stark und mutig zu sein. Denn nach diesem Tag geschahen die Dinge schnell in meinem Leben. Ich freundete mich mit einigen der *korrekten* Lesben an, zog in eine lesbische Wohngemeinschaft, trat der Lesbenbewegung bei und war bei der Gründung der brühmten Musikgruppe dabei. In meiner Eigenschaft als Musikerin sollte ich an der Frauenkarawane des Sommers teilnehmen, einem Projekt, das das edle Ziel verfolgte, durchs Land zu reisen und den unwissenderen Teil der dänischen Bevölkerung mit der Frauenbewegung vertraut zu machen sowie ihm – natürlich – in aller Bescheidenheit ein bißchen feministische Courage einzuhauchen. Für mich sollte die Reise in Århus enden, wo ich zu-

Haareschneiden im Insellager 1978

sammen mit anderen *korrekten* Lesben das lesbische Rollenspiel vorführen wollte.

Jetzt, wo ich im nachhinein klüger bin, erscheint mir nicht nur jene Zeit als etwas Besonderes, ich weiß auch, daß ich mich selber für etwas Besonderes hielt – für eine Erwählte. Weniger als ein halbes Jahr früher hatte ich Angst gehabt, war unterdrückt gewesen und identitätsverwirrt. Nun stand ich hier und war *korrekt*, während ich, mehr oder minder überzeugend, die drei Gitarrengriffe, die ich konnte, und die lesbischen Lieder vorführte und andere Frauen dastanden und aufmerksam zuhörten. Und mir war durchaus klar, daß ich jetzt, in den Augen einiger dieser Frauen, wie die stolze und unabhängige lesbische Frau wirkte, die ich so gern sein wollte. Meine Selbstzufriedenheit kannte keine Grenzen.

Dann kam der Tag, an dem wir das lesbische Rollenspiel aufführen wollten. Als ich in das Lokal kam, wo die Vorführung stattfinden sollte und wo die Lesben von Århus ihre monatlichen Zusammenkünfte abhielten, fand ich mich plötzlich umgeben von einem ganz anderen Lesbentyp. Sie waren älter – bisher hatte ich Lesbischsein mit Jugend assoziiert –, einige von ihnen trugen Anzüge und sahen aus wie halbgeglückte Nachahmungen von Männern, andere sahen aus wie nette Großmütter oder trugen Hut und Juwelen – und die Luft im Raum brodelte geradezu von Sexualität. Ich erschauerte vor Freude. Hier gab es für eine *korrekte* Lesbe weiß Göttin genug zu tun, hier konnte ich bekehren.

Wir *Korrekten* mischten uns also unters Publikum, wodurch wir zeigen wollten, daß wirklich jede lesbisch sein konnte, denn wenn wir uns eine nach der anderen erhoben und unsere Repliken aufsagten, dann sahen wir aus wie ganz normale Zuschauerinnen. Diese Pointe ging hier allerdings verloren, da wir unter den frischgewaschenen Lesben von Århus auffielen wie die bunten Hunde. Wir sahen wie eine Gruppe von Handwerkern aus, die sich in der Stadt verirrt hatte. Während ich also mitten im Publikum stand und nun endlich – kraft meiner Rolle – verirrten Frauen die Aufklärung vermitteln sollte, die sie zur *Korrektheit* führen würde. Selbstbewußt stand ich auf und wollte meine feurigen Repliken abschießen.

Aber ach, hier begegnete ich meinem Waterloo. In meinem Eifer hatte ich übersehen, daß ich dicht neben einem einarmigen Banditen stand, und im selben Moment, als ich meine starken und treffenden Repliken in die Menge warf – der Augenblick, der den Triumph meiner Korrektheit bedeuten sollte! –, steckte eine Lesbe im Anzug eine Münze in den Banditen – und erwischte den Jackpot! Die wichtigen Repliken ertranken im Klirren der Münzen und im Gekicher der Umsitzenden. Zornbebend fuhr ich herum und bat den Anzug, sich doch wenigstens still zu verhalten, und darauf sagte sie: ›Diesen Mist da – den will ich mir jedenfalls nicht anhören.‹ Und da begriff ich, daß es mehr als nur eine Art gibt, lesbisch zu sein.«

Die Lebensform der lesbischen Feministinnen schloß die Butch- und Femme-Rollen aus. Da das Ideal darin lag, eine freie Frau zu sein, waren diese Rollen passé. Zusammen mit der ursächlichen Erklärung der freien Wahl konnte das auf viele

Heterosexuelle ziemlich erschreckend wirken. Sie hätten lieber das Bild der entgleisten Geschlechtshormone in Schlips und Anzug beibehalten, weil es das Sicherste schien, den Unterschied zwischen *uns normalen und diesen armen Abweichungen, mit denen wir Mitleid haben müssen*, aufrechtzuerhalten.

Etliche heterosexuelle Feministinnen konvertierten in den siebziger Jahren zum lesbischen Leben und entdeckten dadurch eine neue Seite ihrer Sexualität. Die Schweizerin Verena Stefan beschrieb in ihrem kleinen selbstbiographischen Buch *Häutungen* aus dem Jahre 1975, wie sie den Frauenkörper wiederentdecken mußte, auf den Männer ansonsten den Alleinanspruch gehabt hatten.

»Wie sollten Fenna und ich unsere scheu und unsere ängste überwinden? wie sollten wir die lippen zwischen unsern beinen berühren, küssen und ansehen?

Ist es diese vorstellung, die schockartige abwehrreaktionen hervorruft, wenn von lesbischer liebe die rede ist? der eigenen hand, der männlichen hand, dem penis, dem männlichen mund wird gestattet, was frauen untereinander verboten ist.
Wir haben gelernt, den penis zu küssen, uns aber zu ängstigen vor den lippen zwischen unsern beinen.

Die hand auf dem weg zur klitoris
einer andern frau
legt jahrhunderte zurück.
sie kann sich tausendmal verirren oder erstarren.
sie kämpft sich durch brocken von zivilisation.
mehr noch, der weg, den sie zurücklegt,
führt zu einer stelle, die keinen namen hat:
Ich habe keine klitoris.
Ich habe keine vagina. keine scheide. keine möse.
Keinen busen, keine warzen.

Mein körper ist körperlich. an meinem körper gibt es keine stellen, die diesen körperlosen und brutalen bezeichnungen entsprechen. klitoris hat nichts zu tun mit der stelle an meinem körper, die klitoris genannt wird. um ein anderes wort dafür zu finden, muß ich noch länger anders leben als damals, da ich noch glaubte, mit klitoris etwas verbinden zu können.

Ich identifiziere mich nicht über die stelle an meinem körper, die klitoris genannt wird, sie ist nicht mein mittelpunkt. ich schmälere nicht ihre bedeutung, doch ich will nicht von neuem auf einen punkt meines körpers beschränkt werden.

Ich beginne, mich beim namen zu nennen.« (S. 97–98)

Butch und Femme sind wieder da

Als die lesbischen Feministinnen die Unterschiede dermaßen vertieft hatten, daß Butch und Femme schließlich zu vorgeschichtlichen Echsen in den homosexuellen Lokalen geworden waren, begann Joan Nestle von den Lesbian Herstory Archives in New York, das Thema zu diskutieren. Sie stammt aus der Arbeiterklasse und wuchs in den fünfziger Jahren als Lesbe auf, als diese Rollen einen Teil der homosexuellen Subkultur ausmachten. Obwohl sie ihre Femme-Rolle an den Nagel gehängt hatte, als sie sich der Frauenbewegung anschloß, war das mit blutendem Herzen geschehen. In ihrem Artikel »Butch-Fem Relationship. Sexual Courage in 1950's« von 1981 beschreibt sie, welcher Mut damals dazugehörte, eine dieser Rollen anzunehmen, und daß die Frauen der Gegenwart dies respektieren und nicht verdammen sollten. Aber sie beschreibt auch, welches Erlebnis es für sie war, in der Femme-Rolle zu leben. Damit näherte sie sich stark einer Neudefinition der lesbischen Sexualität – und des lesbischen Begehrens – als etwas Prickelnderem, als es sich die lesbischen Feministinnen hätten träumen lassen.

Als ich im Herbst 1982 im Archiv in New York forschte, sah ich mich dieser Problematik gegenüber, und als korrekte feministische Lesbe dachte ich in meinem stillen Sinn, daß die Lesben in den USA doch wohl ein bißchen rückständig wären. Zwar hatten wir in Dänemark damals gerade aufgehört, ganz so verbissen zu sein, und es war nicht mehr blasphemisch, sich schön anzuziehen, aber Butch und Femme waren eben doch so altmodisch wie falsche Augenwimpern und Schmalztollen. Dennoch packte Joans Bericht mich, und als sich außerdem herausstellte, daß sich auch die anderen klugen lesbischen Köpfe, denen ich begegnete, mit dieser Frage befaßten, gestattete ich es mir, ein halbes Ohr zu leihen.

Ich glaubte jedoch, einen schlagenden Gegenbeweis gegen diese statische Rollenzuteilung zu haben, denn wie sollte ich wohl eingestuft werden? Ha, ha, sagten sie im Chor, du – du bist

»aggressive femme« – wie es in den USA heißt –, das sehen wir doch auf den ersten Blick. Ich erfuhr, daß die Adjektive aggressiv und passiv vor Butch und Femme gesetzt werden konnten, und außerdem gab es noch Varianten wie Baby-Butch.

Ich war sehr geschmeichelt darüber, immerhin etwas zu sein – es war fast so, wie ein Horoskop gestellt zu bekommen –, aber ich schien dabei auch ein Werkzeug in die Hände gedrückt bekommen zu haben, mit dem ich meine eigenen Muster aufdekken konnte. Und ich konnte sehen, daß ich auch in heterosexuellen Zeiten »aggressive femme« gewesen war, und als ich mich nach meiner Bekehrung erholt hatte, war ich immer noch »aggressive femme« – was gab es also Neues? Es war doch interessant, wie wir in unserem Erweckungsrausch allen Ballast abgeworfen hatten, und nun stellte sich heraus, daß der Ballast noch vorhanden war.

Das betrübte mich jedoch nicht, denn ich mußte schließlich zugeben, daß es mir »the kick« gab, »aggressive femme« zu sein, mit Frauen sogar in noch höherem Grad als mit Männern – die mich oft fühlen ließen, daß ich zu überwältigend war. Der geschlechtslose Sumpf, in dem ich als lesbische Feministin in den siebziger Jahren herumgestapft war, hatte das Begehren etwas langweilig werden lassen. Aber nun, als ich es mir gestattete, mich an meine Zeit als »aggressive femme« zurückzuerinnern und auch weiterhin eine zu sein, fand ich gerade die Beziehung zu Frauen prickelnd, die eigentlich Butchs gewesen waren. Ich konnte mich restlos in Vita Sackville-Wests Beschreibung von ihr als Knabe von 18 und Violet als Frau von 35 hineinversetzen, und wenn Vita aus dem Grabe auferstände, würde ich liebend gern zu ihrer Butch die Femme spielen.

Damit soll nicht gesagt sein, daß die Rechnung immer 1 Stück Butch + 1 Stück Femme sein soll, geschweige denn, daß jede auf ewig zu ihrer Rolle verurteilt ist. Warum eine Rolle besser paßt als eine andere, werde ich nicht beantworten. Es kommt wohl darauf an, inwieweit die Forscher oder Forscherinnen zu einer biologischen, psychologischen oder soziologischen Theorie neigen, und es läßt sich sicher durch Mutterbindung, Kindheitstraumata oder freie Wahl belegen. Obwohl ich die Rolle »aggressive femme« spiele, heißt das nicht, daß ich mich notwendigerweise mit »passive butchs« paaren muß. Tatsächlich gibt es gewisse heterosexuelle Frauen, die den Tarzan in mir zum

Leben erwecken können – und andere flirten mit mir, als wäre ich ein Mann, was mir überhaupt nicht behagt. Auf einem Fest habe ich sogar einen Moment lang versucht, Butch zu sein, weil ich ein wenig für eine Femme schwärmte. Aber ich hatte das Gefühl, die Souffleuse hätte das falsche Stichwort gegeben, und die Butch-Worte fielen wie Hundekot aus meinem Mund. Aber obwohl das Ganze wirklich kein Erfolg war, würde ich mich nicht weigern, es noch einmal zu probieren.

Nun bin ich ja nicht die einzige, die die Butch-und-Femme-Frage wiederaufgegriffen hat, bloß weil ich von meinen Auslandsreisen so klug zurückgekehrt bin. Als Joan Nestle ihren Artikel veröffentlichte, erregte er ziemliches Aufsehen. Schließlich mußten die lesbischen Feministinnen, die immer noch die alte Fahne hochhielten, zwangsläufig diese Wiederbelebung der Vergangenheit beweinen. Andere hielten es für ungeheuer spannend, die Alt-Lesben waren zutiefst dankbar, und wieder andere ließen ganz leidenschaftslos das Thema zum einen Ohr hinein und zum anderen wieder hinaus. Aber immer mehr Frauen in vielen Ländern haben tatsächlich angefangen, die Reinheitsforderungen der ersten Tage aufzugeben und diese Rollen zu erforschen, die in der Gegenwart notwendigerweise etwas anders aussehen müssen.

Zum einen hat immer die Frage nach der Klasse bestanden, und aristokratische Butchs wie Vita Sackville-West waren zweifellos besser zu verdauen als die Arbeiterklassenbutchs der Subkultur. Außerdem sind ja auch die Heterosexuellen in späteren Jahren in ihrer Geschlechterrolle auf Entdeckungsreise gegangen, und Frauen- und Männerrollen sind nicht mehr so festgezimmert wie in der modernen Zeit. Das heißt, Butchs sehen nicht mehr wie verkleidete Hafenarbeiter aus, und Femmes ähneln nicht mehr den Damenfriseusen. Sicher leben diese Rollenbilder noch bei den Frauen, die damals diese Rollen angenommen haben, und das ist ja nur verständlich, da sie keine anderen Identifikationsmodelle hatten.

In den letzten Jahren haben viele lesbische Feministinnen eine neue Eleganz geschaffen, nachdem die Läuterung vollbracht war, und das zeigt sich auch an der Ausbildung ihrer Rollen – wenn sie sie annehmen –, da sie sich um »aggressive femme« und »passive butch« zu scharen scheinen. Diese Rollen scheinen nun eine Wahlmöglichkeit zu sein, keine Forderung. Je nach Lust

Modernes Butch-Femme-Paar

und Laune können sie angenommen werden, und manche Frauen lassen sich in keiner der Rollen unterbringen – deshalb kann eine Frau in einer Beziehung eine Rolle einnehmen, die ihr in allen anderen unmöglich wäre. Die Femme-Rolle ist längst nicht mehr so passiv und abwartend, kaum eine sieht noch aus wie Angela, Mary, Hilda und Irene mit den treuherzigen Kinderaugen. Nun neigen sie mehr Carmen zu, sie haben die Leidenschaft entdeckt, sie wagen selber, einen Flirt zu beginnen, und sie kennen das Begehren und die Süße der Hingabe. Butchs müssen nicht mehr alles unter Kontrolle haben, sie wissen, daß die Femmes nicht mehr auf Händen getragen werden wollen, und können ihre Männlichkeit dämpfen. Die heutigen Butchs sind deshalb eher androgyn – nun kann Orlando endlich als Identifikationsmodell dienen –, sie wollen keine Männer mehr sein, seitdem die Frauen die Grenzen ihrer Rolle erweitert haben. Butchs können deshalb ihre Weiblichkeit ausleben und ihr einige der Eigenschaften hinzufügen, die bisher als männlich gegolten haben. Aber das Begehren haben sie noch immer.

Lesbisch-feministischer Sex, Macht und Moral

Die Wiederentdeckung von Butch und Femme ist nicht die einzige Änderung, die sich im lesbischen Feminismus vollzogen hat. Auch die Sexualität ist umdefiniert worden, wodurch sich die Frauenbewegung in den USA nun in einen sinnlichen und einen moralischen Zweig aufgespalten hat. Bereits 1976 hatte die damals 42jährige Kate Millett ihren selbstbiographischen Roman *Sita* (dt. 1978) veröffentlicht, der ihre leidenschaftliche und schmerzhafte Liebesbeziehung zu einer reifen Frau schildert. Zum erstenmal zeigte eine lesbische Feministin nicht nur das, was gezeigt werden durfte, sondern erzählte auch über ihre sexuelle Besessenheit von Sita und ihren Genuß dabei, von ihr »finger-fucked« zu werden, von ihren Fingern also in der Scheide gevögelt zu werden. Sie berichtete von dieser Beziehung, ohne zu verhehlen, wie sie sie beeinflußte – auf eine Weise, die konventionell als »schlecht« betrachtet wird. Denn sie war nicht nur scharf auf Sita, sie ließ auf sich herumtrampeln, und es fiel ihr schwer, diese Beziehung aufzugeben, obwohl die Liebe ohne jeden Zweifel vorüber war.

»Aber sie ist es, die mich nimmt. Von mir will sie nichts, ich darf sie nicht berühren. Sogar das, auch das nehme ich hin, akzeptiere ich, nehme alles, was ich kriegen kann, wie eine Bettlerin, ohne Stolz, nehme die Hitze ihrer Hand auf mir, in mir, nehme die schwache Zuneigung, die sie verrät, das Gefühl, wenn schon nichts anderes, dann von Macht. Erinnerung. Die Erinnerung, immer wieder die Erinnerung an die Macht ihrer Finger im Inneren meines Körpers, ihre zügellose Stärke. Ich war noch nie gefickt worden. Es wurde mir klar, als ich das erste Mal mit ihr zusammen war. Ich war noch nie von einer Frau gefickt worden, hart, gründlich, gänzlich, wie von einem Mann. Nie von einer Frau, noch nie zuvor. Und ich entdeckte es das erste Mal, erkannte es, wie einen geheimnisvollen Gang, der mich dorthin führte, wo ich den Schmerz nicht länger zu ertragen glaubte, und dann darüber hinaus, wo es keinen Schmerz mehr gibt. Aber immer die atemlose Wucht ihrer Stöße, die sich in meiner Kehle verfangen, wie ein fallender Aufzug, dem Entsetzen nahe über diesen unbekannten Ort, diese neue Kraft. Und nachher an ihrer Sanftheit erkennen, daß es Leidenschaft war, daß sie aus Zärtlichkeit so hart und wild ficken konnte.« (S. 26)

Wie anders lag der Fall doch bei *The Well of Loneliness*, der die Unterdrückung durch die Gesellschaft zeigen wollte, und bei Agnete Holk, die die Sehnsucht der homosexuellen Frau nach einem normalen Leben darstellte, wie anders auch in den Schriften, die lesbische Feministinnen bisher herausgegeben hatten, um für diese hervorragende Lebensform zu werben. Aber *Sita* ist nicht geschrieben worden, um Mitleid, Toleranz oder Bewunderung zu erwecken, *Sita* soll zeigen, wie die lesbische Wirklichkeit *auch* sein kann. Die lesbische Liebe kann – sogar für eine feministische Galionsfigur wie Kate Millett – leidenschaftlich, begehrend, besessen sein – und zerstörend. Aber das Lesbischsein wurde nicht problematisiert, Millett schrieb ihr Buch nicht, um zu zeigen, daß die Liebe so war, *weil* sie lesbisch war, sondern daß die lesbische Liebe auch so sein konnte, wenn sie leidenschaftlich war.

Sita rief unter lesbischen Feministinnen sehr gemischte Gefühle hervor. Viele hielten das Buch für Verrat, anderen war es unangenehm, da es eine Seite zeigte, die sicher nur zum Tragen kam, wenn wirklich alles schiefging. Andere wiederum – so wie ich – hielten dieses Buch für einen Meilenstein, denn es hatte dem lesbischen Begehren wirklich Saft und Kraft und Fleisch und Blut gegeben. Daß Kate Millett sich mit ihren Leiden abfand, lag nicht daran, daß sie eine schlechte Feministin war, nein, sie war besessen, und das sagt vielleicht mehr über das Wesen des Begehrens als über die feministische Lebensform.

Die nächste lesbische Feministin, die sich für Backpfeifen anbot, war Pat Califia. 1980 veröffentlichte sie ihr Sexualaufklärungsbuch *Sapphistrie* (dt. 1981), ein ungeheuer freudevolles, aufklärendes und einfühlsames Buch. Sie kam auch ohne größere Schrammen davon, aber als sie ein Jahr später den Artikel »Feminism and Sadomasochism« schrieb, war sie innerhalb der Frauenbewegung eine tote Frau. Nicht nur galt S/M immer noch als sexuelle Abweichung, während die Lesben ihre Abweichung aus dem Mülleimer gefischt und zu einer Lebensform und fast asexuell gemacht hatten. S/M war auch ein Vergnügen, das auf Macht und Machtwechsel aufbaute, und das war nun wirklich das Schlimmste. Wenn Pat Califia nun dafür agitierte, die Macht in sexuellen Verhältnissen zu ergründen, wurde sie als verderbtes Sprachrohr des Patriarchats betrachtet.

»Weil der Sadomasochismus normalerweise als gewalttätige und gefährliche Handlung dargestellt wird, glauben die meisten Menschen nicht, daß zwischen einem Vergewaltiger und einem Bondage-Enthusiasten ein besonderer Unterschied besteht. Sadomasochismus ist kein sexueller Überfall. Es ist eine Handlung, die Übereinstimmung erfordert und die polarisierende Rollen und intensive Empfindungen einschließt. (...) Wie schon gesagt, es stimmt, daß die Gesellschaft die Sexualität formt. Wir können nach Herzenslust Beschlüsse über unser Sexualverhalten treffen, aber unsere Vorstellungen und unsere Fähigkeiten, diese Beschlüsse in die Tat umzusetzen, werden von der uns umgebenden Kultur begrenzt. Aber ich glaube nicht, daß Sadomasochismus in höherem Grad ein Resultat der institutionalisierten Ungerechtigkeit ist als heterosexuelle Ehe, lesbische Bars oder schwule Saunen. Das System ist ungerecht, denn es schafft Privilegien, die auf Rasse, Geschlecht und sozialer Klasse beruhen. In einem S/M-Zusammenspiel wählen die Mitwirkenden eine bestimmte Rolle, weil sie ihre sexuellen Bedürfnisse, ihre Gefühle für eine bestimmte Partnerin oder einen Partner am besten zum Ausdruck bringt. Die entscheidende »Belohnung« dafür, Herrscherin oder Sklavin zu sein, ist sexueller Genuß. Wem es nicht gefällt, zu herrschen oder beherrscht zu werden, tauscht. Versucht erst einmal, *das* mit dem biologischen Geschlecht, der

Titel der lesbischen Sex-Zeitschrift

Rasse oder dem sozioökonomischen Status zu machen!« (Califia, S. 47–49)

Sich hinzugeben zu wagen ist dasselbe, wie die Macht und die Kontrolle abzugeben, zu erobern dagegen bedeutet, es zu wagen, die Macht zu ergreifen und die Hingabe, die damit einhergeht, zu lenken. Beides können sowohl Butch- als auch Femme-Frauen ausführen – obwohl Femmes die Hingabe und Butchs die Eroberung leichter fällt –, aber es ist natürlich eine Provokation des feministischen Ideals vom gleichzeitigen Orgasmus in seitlicher Lage.

Aber egal wie, jede Erwähnung von S/M als etwas Positivem kam im Schlaraffenland des Feminismus einer Stinkbombe gleich, und die Kolleginnen in den USA, die immer schon gern scharfe Grenzen gezogen haben, teilten sich in zwei feindliche Lager, die sich gegenseitig bis zur äußersten Grenze trieben. Die lesbische feministische Gruppe »Samois« veröffentlichte 1981 das Buch *Coming to power*, woraufhin eine Gruppe feministischer Stars 1982 mit der Analyse *Against Sado-Masochism. A radical feminist analysis* konterte, wodurch die Reinen sich selber also das Patent auf die Radikalität zuschrieben. Witzig ist jedoch, daß die 2. Auflage von *Coming to power* wie warme Semmeln verkauft wurde, als ich mich im Herbst 1982 in New York aufhielt, während das Gegenbuch stapelweise in den Buchhandlungen verstaubte – die radikale Wahrheit wurde also nicht gern gehört, und das ist vielleicht nicht so seltsam, denn in ihr wurde pausenlos sauer aufgestoßen.

Ein Beitrag in diesem Buch hatte Diana Russell geschrieben, die sich sehr viel mit Vergewaltigungen beschäftigt hatte und die hier eine überarbeitete Rede veröffentlichte, die sie 1980 in einem Seminar über S/M gehalten hatte, zu dem die Gruppe »Women Against Violence in Pornography and Media« aufgerufen hatte. Obwohl Pat Califias Artikel erst ein Jahr später erschien, hatte sie ihre Ansichten damals bereits verbreitet, und Diana Russell wußte sehr gut, was sie zu bekämpfen hatte. Sie sagte, ebenso, wie die Feministinnen die Butch- und Femme-Rollen als sexistische Nachbildungen der heterosexuellen Männer- und Frauenrollen kritisiert hätten, müßten sie nun die entsprechende sadomasochistische Rollenverteilung im Schlafzimmer kritisieren. Mit anderen Worten: Die Feministinnen, die glaubten, den Stein der Weisen gefunden zu haben, sollten nun die noch rückständigen Frauen anleiten.

Darin zeigte sich eine feministische Moralpolizei auf, und sie war auch einsatzbereit, als im April 1982 eine Gruppe Frauenforscherinnen und Feministinnen in New York die Konferenz »Towards a Politics of Sexuality« abhielten. Es gab gut dreißig Vortragende, einige sprachen darüber, was wir aus der Pornographie lernen können, andere über Butch und Femme, noch andere über S/M. Was nicht heißen soll, daß sie diese Themen für das Alpha und Omega hielten, sie hielten sie nur für würdig, in einer solchen Versammlung diskutiert zu werden. Das meinten diverse Gruppen von Frauen gegen dies und jenes aber nicht, deshalb stellten sie vor der Universität, wo die Konferenz stattfand, Streikposten auf und teilten an die Frauen, die gerne teilnehmen wollten, kritisierende Flugblätter aus.

Das war nun eine höchst merkwürdige Art, das *Gespräch* über weibliches Begehren zu verwalten, und konnte an die Moralreform des 19. Jahrhunderts erinnern. 1984 veröffentlichte Carole S. Vance die Arbeitspapiere dieser Konferenz in ihrem Buch *Pleasure and Danger. Exploring Female Sexuality*, den ersten feministischen Beitrag zur Forschung über weibliches Begehren – auch nach Frauen. Im selben Jahr erschien eine Sex-Zeitschrift für Lesben mit dem spitzfindigen Titel *On our backs. Entertainment for the Adventurous Lesbian*. Der Name spielt auf die feministische Zeitschrift *Off our backs* an. Nun war also die Zeit gekommen, in der eine lesbische Feministin die Unterdrücker nicht mehr von ihrem Rücken abschütteln mußte, nun konnte sie sich auf denselben legen und genießen. Die Zeitschrift behandelt natürlich S/M und Butch und Femme, und die meisten Beitragsliefernden sind Veteraninnen aus der lesbischen feministischen Bewegung. So lebten in den USA verschiedene Einstellungen zum weiblichen Begehren Seite an Seite – wenn auch nicht in Eintracht –, und das zeigt, daß das Begehren noch immer ein Thema ist, das die Gemüter in Wallung versetzen kann.

In Dänemark und anderswo ist die Neudeutung des lesbischen Begehrens allerdings leiser über die Bühne gegangen. Dadurch ließ sich der Krieg verhindern, gleichzeitig blieb aber auch der Eifer, in Schrift und Rede zu philosophieren, recht matt. Die Sexualität ist statt dessen als selbstverständlicher Teil des lesbischen Lebens in mehrere der Romane lesbischer Feministinnen eingeflossen, in denen die Lesben übrigens der Ausgangspunkt waren und nicht das Problem. Das ist zum Beispiel der Fall in *Sieben Sinne* von Bente Clod (1980, dt. 1982).

Ein anderes Beispiel sind die beiden Ausgaben des Bestsellers *Kvinde, kend din krop* (Frau, kenne deinen Körper), in dem das

Kapitel »Über das Lesbischsein« in der Ausgabe von 1975 das lesbische Leben behandelte. Frauen aus der Lesbenbewegung hatten hier über die Unterdrückung und Unsichtbarmachung der Lesben in der Gesellschaft geschrieben und ihre neue ursächliche Erklärung der freien Wahl angeführt. In diesem sechsseitigen Kapitel war das Begehren nicht mit einem Wort erwähnt, während das folgende Kapitel der Sexualität der heterosexuellen Frau 35 Seiten widmete, die zwar nicht besonders freudevoll waren, aus denen aber immerhin hervorging, daß heterosexuelle Frauen zumindest ein Sexualleben hatten.

Als 1982 mit der Überarbeitung begonnen wurde, wurde ich als lesbisches Bewußtsein in die Redaktionsgruppe aufgenommen. Ich hielt die Zeit für reif, nun die Lesben aus den wohlmeinenden Ghettokapiteln zu entlassen und sie über das ganze Frauenleben zu verteilen. Das sollte im Prinzip dazu führen, daß alle anderen Themen – von der Geburt bis zum Klimakterium – heterosexuelle *und* lesbische Frauen behandeln sollten. Nur in den Fällen, in denen die beiden Lebensformen sich wesentlich voneinander unterschieden, sollten sie getrennt dargestellt werden. Es war mein Ziel, daß *die* Lesben nicht mehr als etwas beschrieben werden sollten, was am Horizont schwebte und dessen einziges Problem das Lesbischsein war – Menstruationsschmerzen und Krebs schienen außerhalb ihres Problembereiches zu liegen.

Deshalb wurde das Kapitel über Körpergefühl und Sexualität in die beiden Abschnitte »heterosexuell leben« und »lesbisch leben« eingeteilt. Damit wurden diese beiden Richtungen des Begehrens nebeneinandergestellt – nun mußte nur noch darüber geschrieben werden. Ich sollte den lesbischen Abschnitt verfassen, und ich war völlig verwirrt, weil ich über Fehler und Mängel nicht wie über klinische Fälle schreiben konnte. Statt dessen beschloß ich also, »von innen« zu schreiben, das hießt, meine eigene Entwicklungsgeschichte vom ersten Schmetterlingskuß über das wilde Begehren bis zu dessen Hinsterben und Wiederauferstehung darzustellen. Diese Methode gehört dazu, was ich die »vorführende Technik« nenne, denn ich finde, es gibt Grenzen dafür, was wir andere mit dem Verstand begreifen lassen können. Mein Abschnitt wandte sich nicht nur an Lesben, sondern sollte in gutem dänischem Aufklärungsgeist auch den Horizont der heterosexuellen Frauen, die ihn lasen, erweitern.

Denn Nancy Friday mag noch so sehr davon überzeugt sein, daß heterosexuelle Frauen von anderen Frauen träumen, es bleibt doch immer ihre eigene, selbstgeschaffene Phantasie. Schließlich fällt es ihnen sehr schwer, sich in das Gefühl hineinzuversetzen, eine Frau zu begehren und von ihr begehrt zu werden. Sie stellen sich das mit ihrer ganzen heterosexuellen Bewußtheit und Sexualität vor, können dabei nicht das geringste Prickeln verspüren, und deshalb bleibt die Erklärung der freien Wahl für sie ein Fremdwort.

Denn warum in aller Welt sollten sie sich für etwas entscheiden, das ihnen nichts sagt?

Ich persönlich meine allerdings, daß es eine Frage der Gewohnheit ist. Als ich mich nämlich noch für heterosexuell hielt, richtete ich mein Begehren auch ausschließlich auf Männer – das heißt, ich begehrte danach, von ihnen begehrt zu werden. Frauen sagten mir »auf diese Weise« gar nichts, was sich aber änderte, als ich mich für die lesbische Lebensform »entschied«. Das heißt, zuerst sagte mir das alles nur, daß es nett war, sich zu küssen und Händchen zu halten. Aber je länger ich in einem Frauenuniversum lebte, desto weiter öffneten sich meine Augen für die Anziehungskraft von Frauen, und eines Tages merkte ich, daß ich nicht nur begehrte, von ihnen begehrt zu werden, sondern daß ich selber ein Begehren empfand.

Was ich daran bemerkenswert finde, ist dasselbe, was Vita Storm mit ihrem Alpenmädel erlebte, nämlich, daß es einen Orgasmus bedeuten kann, einer anderen Frau einen Orgasmus zu geben. Als ich zum erstenmal erlebte, daß die Finger erogen sein können, weil es mich erregte, die Erregung der anderen Frau zu spüren, und daß mein Begehren sich darauf richtete, *sie* zu befriedigen, stand ich vor einer ganz neuen sexuellen Erkenntnis.

Das lesbische Begehren kann deshalb – wenn es nicht von Natur aus gegeben ist, aus welchen Gründen auch immer das der Fall sein kann – nicht ohne lesbische Identität und lesbisches Bewußtsein entstehen. Deshalb sagen viele heterosexuelle Frauen, die »versucht« haben, mit einer anderen Frau ins Bett zu gehen, daß »daran aber nicht viel war« – wie Dorothy Thompson das 1932 schrieb. Es liegt daran, daß sie mit ihrem heterosexuellen Bewußtsein ans Werk gegangen sind, was auch erklärt, daß Erica Jongs Versuch, lesbisch zu spielen, derartig auf die Nase fiel.

Mit anderen Worten: In meinem Beitrag zu *Kvinde, kend din krop* wollte ich die Leserinnen für einen Tag lesbisch machen. Nicht sie sollten sich in diese Lage versetzen, sondern ich versetzte sie hinein. Ich schrieb deshalb von innen, nicht von außen, das heißt, ich *war*, was ich schrieb, ich schrieb nicht aus der Erinnerung, und ich wollte die Leserinnen packen, als spürten sie selber dieses Begehren. Und das gelang mir, denn viele heterosexuelle Frauen haben mir erklärt, daß mein Text sie sexuell erregt hat und daß sie plötzlich *spürten*, wie wunderbar es war, und das ist der Unterschied zwischen Fühlen und Verstehen.

Der Forschung neue Fragen

Obwohl ich beschlossen habe, mich auf das Begehren zu konzentrieren, habe ich doch auch andere Themen berührt, und einige davon müßten näher untersucht werden. Eines ist die Frage, was zuerst da war: der von der Sexualwissenschaft definierte Homosexualitätsbegriff oder die von den Homosexuellen selber definierte Identität und Subkultur. Also die Frage, wieweit die Sexualwissenschaftler beschrieben, was sie sahen, oder ob einige Menschen auf diesen Begriff stießen und ihn dann auf sich bezogen. Wie ich gezeigt habe, kam es später zu einer Dialektik zwischen Sanktionen und Verinnerlichung, aber was war zuerst da? Das Huhn oder das Ei? Bei genaueren Untersuchungen wird sich auch feststellen lassen, warum die Subkultur gerade zu diesem Zeitpunkt entstanden ist, welche Menschen daran beteiligt waren, ob Frauen und Männer eine Artverwandtschaft fühlten, warum sie es taten oder auch nicht und welches Selbstbild sie hatten.

Eine andere Frage, die unbedingt genauer erforscht werden muß, ist die Geschichte der homosexuellen Femmes. Was ich finden konnte, waren die Beschreibungen der homosexuellen Butchs über sich selber und die Frauen, zu denen sie sich hingezogen fühlten, sowie erweiternde Beschreibungen von Violet Trefusis und Virginia Woolf, die sich allerdings nicht als homosexuell betrachteten. Es wäre daher naheliegend, den Schluß zu ziehen, daß die Femmes nicht homosexuell waren, aber das war ja nicht der Fall.

Als ich beschloß, Butch Connie zu interviewen, wollte ich dadurch nicht die homosexuelle Subkultur vollständig bloßlegen, sondern die Butch-Rolle in eine Arbeiterklassenperspektive setzen. Da Connie – wie auch Vita Storm – größeres Interesse daran hatte, »normale« Frauen zu verführen, hatte sie die homosexuellen Femmes der Subkultur kaum bemerkt – aber es gab sie. Eine meiner Freundinnen aus der Lesbenbewegung begann Ende der sechziger Jahre ihre lesbische Laufbahn im ehemaligen »Admiralkroen«. Sie war damals recht jung und niedlich, eine kleine Baby-Butch, und sie kann berichten, daß sie oft von älteren Frauen im Femme-fatale-Stil aufgelesen wurde, die einwandfrei homosexuell waren. Sie saßen in der Regel ganz oben in der Gesellschaft, hatten gute Stellungen und ähnelten Karrierefrauen, ohne vermännlicht zu wirken. Sie waren bei ihrer Werbung genauso aggressiv wie Prostituierte, auf die Connie gestoßen war, waren jedoch raffinierter, und manche ergriffen im Bett die Initiative.

Die Geschichte dieser homosexuellen »aggressiven Femmes« ist noch nicht geschrieben worden – wie sahen sie sich selber und ihr Begehren? Ebenso ist es immer noch ein Rätsel, wie die »stillen Mädchen« oder passiven Femmes ihre Identität sahen. Warum hatten sie oft nur eine einzige Beziehung zu einer homosexuellen Frau und später nie mehr, und warum hatten sie diese eine? Dazu kommt auch die Frage, was Frauen zueinander hinzieht – homosexuelle und heterosexuelle. Weshalb springen sie aufeinander an? Fühlen mächtige Frauen sich zur süßen Weiblichkeit hingezogen und Femmes zum Mächtigen? Wenn ja, warum ist Macht an einer Frau anziehender als an einem Mann? Im Laufe des Buches habe ich versucht, darauf zu antworten, aber die Untersuchungen könnten noch vertieft werden.

Auch die Frage der Macht sollte vertieft werden, und ich habe sie im Zusammenhang mit den Übergangsfrauen bereits berührt. Obwohl es sich um historische Fragen handelt, sind sie doch auch heute noch aktuell, und die heutigen Frauen können sich und einander dieselbe Frage stellen. Die Frauen, die sich mit Sadomasochismus beschäftigen, sprechen vom Machttausch im Sexualleben, aber das kann sich auch auf das ganze Leben ausdehnen lassen. In den ersten Tagen der neuen Frauenbewegung galt Macht als etwas Negatives, denn sie wurde mit der unterdrückenden Macht der Männer gleichgesetzt. Feministinnen hatten deshalb ein sehr unklares Verhältnis zu ihrer eigenen Macht. Es ist normal, daß Frauen sich durch Quengelei Macht aneignen oder daß sie ihre Macht mit albernem Kichern von sich weisen, wenn sie ihnen plötzlich zugeteilt wird – darüber habe ich übrigens 1984 in *Kvinders Hefte* den Artikel »Über die fehlende Sichtbarkeit von Frauen« geschrieben und Frauen im Hotel als Ausgangspunkt genommen.

Ich habe dasselbe kichernde Verhältnis zur Macht gehabt, und wenn ich einen Vortrag halten sollte und die Massen hereinströmen sah, wurde ich von Panik erfaßt und dachte: Wie kann ich bloß erwarten, daß ich sie fesseln kann? Ich bin nur ein kleines

Mädchen aus der Provinz; wo ist der Notausgang? Warum bin ich nicht lieber Gärtnerin geworden? ... Woraufhin ich mit Kleinmädchenstimme zu sprechen begann und nur die ersten drei Reihen mich hören konnten. Nun versuche ich, meine Macht als Geschenk zu betrachten, und wenn ich die Leute zu meinen Vorträgen kommen sehe, dann kribbelt es mir angesichts der Macht, die ich über sie habe, im Bauch. Es liegt in meiner Macht, ihnen den ödesten Tag oder ein großes Erlebnis zu bringen, es hängt nur davon ab, ob ich wage, meine Macht mit Würde zu verwalten. Auch wenn diese Macht mich ganz wild machen kann, so erscheint es mir doch als ein Ideal, sie aufzuheben, und so sehe ich mich nur als Katalysator für all die Energie, die das Publikum mit sich bringt. Um jedoch ein so demütiges Verhältnis zur Macht zu haben, müssen wir zuerst eine stolze Beziehung zu ihr entwickelt haben. Um Macht abgeben zu können, müssen wir erst fähig sein, sie anzunehmen – sonst wäre das Abgeben nur ein Ausdruck der Machtlosigkeit. Deshalb stellt sich auch die Frage, was die ideale Forderung von Frauen an die Macht sein kann, sexuell und arbeitsmäßig, und wie sie sich vorstellen könnten, sie zu verwalten.

Die Frage, warum jemand homosexuell wird, hat die Sexualforscher viele Jahre lang beschäftigt, sie haben jedoch keine befriedigende Antwort liefern können. Sie haben die Homosexualität als Abweichung betrachtet und versucht, einen Weg zu finden, um die Abgewichenen wieder auf den rechten Weg zu bringen.

Das wiederum hat die heute aktiven Homosexuellen irritiert, da ihnen diese Frage als restlos uninteressant erschien, denn warum wurde schließlich nicht erforscht, warum alle anderen heterosexuell werden? Das ist zwar ein schlagfertiges und provozierendes Argument, aber es wäre ja trotzdem interessant zu wissen, warum jemand diese Identität annimmt.

Was die Versuche der Fachleute so unerträglich gemacht hat, war, daß sie bei den individuellen Homosexuellen eine Krankheitsursache finden wollten, was überhaupt nichts mit einer Lebensform zu tun hat. Eine kulturhistorische Frage ist dagegen, welche unterschiedlichen, historisch bedingten Ursachen Frauen dazu gebracht haben, homosexuelle Identität anzunehmen. Wie ich im Kapitel über die Übergangsfrauen und die Sexualwissenschaft gezeigt habe, ist es vorstellbar, daß diese

Frauen diese Identität annahmen, weil sie eine gute Alternative zur Frauenrolle bot – was immer noch der Fall ist und auch die ganze Zeit war. Also geht es nicht so sehr um die Richtung des Geschlechtstriebes wie um die Anziehungskraft der Rolle?

Als ich selber »beschloß«, lesbisch zu leben, lag das nicht daran, daß mein Begehren plötzlich seine Richtung geändert hätte, wie ich vorhin bereits erwähnt habe. Es kam eher daher, daß ich die lesbischen Feministinnen wegen ihrer Selbständigkeit und ihrer anderen Weiblichkeit bewunderte und beneidete, und deshalb wollte ich gern so sein wie sie. Das ist gerade das Subtile an der eingeschlechtlichen Kultur: Es läßt sich nicht sagen, ob die Geliebte das Liebesobjekt ist – oder das Identifikationsmodell. Die Frage ist deshalb, ob die lesbische Frauenrolle Bestandteile enthält, die sich auch heterosexuelle Frauen zu ihrem Vorteil aneignen könnten. Aber müßten sie dafür lesbisch werden?

Dazu kommt die Frage von Orientierung und Verhalten. Wie ich schon gesagt habe, vertritt die Medizin heute die Auffassung, daß diese Begriffe nicht immer übereinstimmen müssen und daß ein Mensch eine heterosexuelle Orientierung, aber zugleich ein hetero- und homosexuelles Verhalten haben kann, was auch auf Homosexuelle zutreffen kann. Warum ist dann aber eine Orientierung überhaupt notwendig? Könnten wir nicht einfach eine pansexuelle Orientierung haben und uns damit zufriedengeben? Soweit ist es allerdings noch nicht, da mit Abstand die meisten sich an ihre heterosexuelle Identität anklammern und beim Gedanken, sie aufgeben zu müssen, homophobisch werden. Wenn sich jedoch die sexuelle Identität an Rolle und Geschlechtstrieb gleichermaßen festmacht, wäre es vielleicht doch an der Zeit, ein bißchen an der scharfen Trennung herumzufeilen.

Eine Frage, die ein eigenes Buch ergeben würde, wäre eine Untersuchung des Wesens des Begehrens. Obwohl ich zu diesem Thema gearbeitet habe und trotz meiner Erfahrungen, bin ich immer noch ein wandelndes Fragezeichen, wenn es um Entstehung und Absterben des Begehrens geht, nicht nur in bezug auf Liebesbeziehungen zwischen Frauen. Ist es eine allgemeingültige Frage von Frauenrolle, Klasse und geschichtlichen Bedingungen, ob Begehren und Liebe Hand in Hand gehen? Und warum richtet sich das Begehren auf eine ganz bestimmte Frau, und könnte es zu einem späteren Zeitpunkt auf eine andere gerichtet werden? Wenn sich das Begehren erweitert und die Gefühle umfaßt, die Liebe und Verliebtheit und Anziehungskraft genannt werden, warum ist es gerade diese Frau, die die Geliebte wird? Ist es eine Frage von Projektionen – ob sie die Wunderfrau ist, die wir selber gerne sein würden, es jedoch nicht wagen? Oder ist es das Begehren nach Vervollkommnung, da ihre und unsere eigenen Eigenschaften zusammen zur Segnung der Göttinnen werden?

Ober ist es eine Frage der Langeweile? Sind Begehren und all die anderen gefühlsmäßigen Gänsehäute nur etwas, das auftritt, wenn wir nicht wissen, was wir sonst machen sollten? Oder sind sie ein Streben nach dem Göttlichen, danach, uns aus dem irdischen Alltag zu erheben und durch die Liebe und alles andere aus unseren Hemmungen, unserer Quengelei, unserer Lahmarschigkeit, aus Angst und Beben gerissen zu werden, um unsere Grenzen zu überschreiten und neu geboren zu werden? Oder ist es die Angst vor Einsamkeit und Leere – es ist nicht gut für den Menschen, allein zu sein –, die das Entstehen von Liebe erklärt?

Und warum hört das alles oft auf, lange ehe der Tod uns scheidet? Liegt es daran, daß das Begehren befriedigt und nun satt ist? Aber warum kann es dann später für einen anderen Menschen neu entstehen? War sie doch nicht die Richtige, oder war ich nicht offen genug, lieb genug, geduldig genug, großmütig genug? Hatte das Begehren genug Zeit? Aber warum dauert diese Zeit nicht bis in alle Ewigkeit? Sehen wir unser Begehren als etwas Statisches, und sind wir unfähig, seine neuen Gesichter zu sehen? War das Begehren nur die Hofdame der Verliebtheit, die entschwand, als die Verliebtheit verduftete? Aber warum hat sie aufgehört, und was ist aus Verblendung oder Klarsicht geworden?

Und warum kommt eine »andere«? Ist sie eigentlich nur etwas, was wir uns schaffen, um eine Entschuldigung dafür zu haben, daß wir eine Beziehung aufgeben, die uns nicht mehr befriedigt?

Warum ist »die andere« plötzlich befriedigender als die erste? In historischer Perspektive ist es interessant, daß im 19. Jahrhundert keine andere kam, da die vereinten Paarbeziehungen anhielten, bis der Tod sie schied, oft sogar noch darüber hinaus – sie bauten nicht auf sexuellem Begehren auf, sondern auf der Vereinigung der Seelen. Als Frauen das Begehren zugeteilt wurde, konnte es sogar in so treue Beziehungen einbrechen wie die von Radclyffe Hall und Una Troubridge, als Radclyffe Hall plötzlich Evguenia Souline begehrte. Zerstört deshalb das Begehren die Liebe genauso, wie es sie ergänzt? Liegt das daran, daß das Begehren der Liebe den ersten Platz in der Gänsehautskala abgerungen hat? Ist es wichtiger geworden, das Brausen des Begehrens zu verspüren als die stille Glut der Liebe?

Im *Symposion* sagt, laut Plato, Aristophanes, daß der Mensch einst kugelrund war und vier Arme und zwei Köpfe hatte, sich wie Sporen vermehrte und sich selber genug war. Das ging Zeus dermaßen auf die Nerven, daß er die Menschen in der Mitte durchschnitt, und die, die früher Frauen waren, wandten sich Frauen zu, die ehemaligen Männer jedoch wurden Päderasten, also Knabenliebhaber – und die ehemals Zweigeschlechtlichen liebten jetzt das andere Geschlecht. Seitdem sucht der Mensch nach seiner anderen Hälfte – sagt also Aristophanes –, und wenn er sie findet, schlingt er die Arme um sie, um die frühere Einheit wiederherzustellen. Ist es vorstellbar, daß das Begehren also eine verzweifelte Jagd nach der anderen Hälfte ist; daß Scheidungen und Promiskuität nur daran liegen, daß wir leider unsere Arme um die falsche Hälfte geschlungen hatten? Oder lebt die andere Hälfte in uns selbst und braucht die Anwesenheit eines anderen Menschen, um zum Vorschein zu kommen? Könnten wir nicht Yin *und* Yang in uns selber haben? Mit diesen Fragen hat sich natürlich die gesamte Weltliteratur befaßt, sie werden jedoch nur selten in historischer Perspektive gesehen.

Schließlich möchte ich wiederholen, daß ich dieses Buch geschrieben habe, um Begehren und Liebe in historische Perspektive zu setzen. Beides sind Themen, über die immer wieder debattiert wird, die aber oft behandelt werden, als wären sie eben erst erfunden worden. Außerdem habe ich das Buch geschrieben, um die Geschichte der Liebe zwischen Frauen darzustellen, da es nicht nur ein übergangenes Thema ist, sondern auch ein Thema, das also ebenso statisch gilt wie das Begehren. Ich hoffe deshalb, daß dieses Buch klarstellen kann, daß beide unzählige geschichtliche Veränderungen erlebt haben und daß wir selber beitragen können, sie in wünschenswerter Richtung zu prägen.

Das Herrliche bei der geschichtlichen Forschung ist, daß wir so barmherzig werden. Das ging mir wenigstens so, als mein Zorn über viele der Ungeheuerlichkeiten sich gelegt hatte. Unter

Eine Frau und eine Katze, mit Frauenblick gesehen

dem Blickwinkel der Ewigkeit werden die Elefanten des Augenblicks zu Mücken. Und ich möchte der Beschuldigung, ich sei eine Revisionistin, und all den anderen Entsetzlichkeiten, mit denen die Fundis die Realos so gern überhäufen, zuvorkommen. Meine Barmherzigkeit führt nicht dazu, daß ich glaube, alles sei vollbracht oder daß das Patriarchat nun mein Freund ist. Doch ich habe dieses Buch nicht aus dem Haß der ersten Tage des Feminismus heraus geschrieben, ebensowenig bringt es das Flehen der Unterdrückten um Mitleid und Toleranz zum Ausdruck. Aber ich hätte es nicht schreiben können, wenn nicht andere gefleht hätten oder wenn ich nicht selber gehaßt hätte. Wir stehen auf den Schultern der anderen.

In den letzten Jahren ist behauptet worden, die Frauenbewegung sei dahingeschieden; andere schließen einen fast genauso deprimierenden Kompromiß und meinen, die Frauenbewegung sei zwar tot, der Kampf jedoch ginge weiter. Ich selber glaube, daß diese Leute sich entweder den Tod der Bewegung wünschen oder einfach nicht begreifen können, daß eine Bewegung eine Bewegung ist und deshalb in den achtziger Jahren anders aussehen muß als in den Siebzigern. Damals tobten wir mit unseren Transparenten mit der Aufschrift »Nieder mit dem Patriarchat!« durch die Straßen, und wir waren wütend und haßerfüllt, was dem Patriarchat sehr gut gefiel, da es die Devise zu befolgen schien: Lieber verhaßt als übersehen. Jetzt, wo wir *für* Frauen arbeiten, für eine Frauenkultur, für Frauenforschung, für Beratung von Frauen usw., heißt es, die Frauenbewegung sei tot, weil das Patriarchat nicht länger in der Schußlinie steht. Männer sind sichtbar, Frauen sind unsichtbar, und je sichtbarer die Feministinnen die Frauen machen – sei es nun durch Forschung, durch Literatur, Theater oder Tanz –, desto toter ist die Frauenbewegung. Das ist zwar ein wahnwitziges Paradoxon, zeigt jedoch, daß eine haßerfüllte Bewegung lebendiger wirkt als eine liebevolle.

Deshalb möchte ich gern betonen, daß ich dieses Buch als Teil des Kampfes der Frauen betrachte – wodurch ich ein Stück Frauenbewegungsarbeit vorgenommen habe –, und es ist aus Liebe geschrieben worden – aus meiner Liebe zur Forschung und aus meiner Liebe zu Frauen heraus. Damit nähere ich mich der Art, auf die Frauen im 19. Jahrhundert für Frauen gearbeitet haben, und da ich das nicht reaktionär finde, sondern schön, möchte ich mit den Worten abschließen, mit denen Natalie Zahle 1873 ihren Aufsatz »Über die weibliche Ausbildung hierzulande« beendete:

»Aber ich danke allen, die das Ideal für mich erhöhen, und denen, zu denen ich zu sprechen versuche, ich danke für jede liebevolle Zurechtweisung wie für jedes aufmunternde Wort von Lippen, die die Erkenntnisse der Liebe und die Glut des Geistes atmen, und so wahr ich glaube, daß es ernst ist und ich diese Fragen in vollem Ernst aufgeworfen habe, so wahr glaube ich auch, daß jede ernste Anwort für mich wie für die Sache von Bedeutung sein wird, und ich danke im voraus für jede liebevolle Begegnung.«

Nachwort zur deutschen Ausgabe

»Frauenfreundschaften – so wichtig und so wenig dazu geschrieben? Brauche für Dipl.-Arbeit zu FF dringend (Lit)Tips. Chiffre.«

Diese Anzeige findet sich in der Juni-Ausgabe der feministischen Zeitschrift EMMA und erklärt ganz einleuchtend, warum Karin Lützens Buch auch in der deutschen Übersetzung als Pionierausgabe zu gelten hat. Die dänische Originalausgabe erschien 1986; ursprünglich handelte es sich um eine Doktorarbeit im Fach Volkskunde an der Universität Kopenhagen. Während dieser Zeit ist in deutscher Sprache keine vergleichbare Untersuchung erschienen. Daß Lützen mit ihren Ansätzen und Arbeiten jedoch nicht alleinsteht, beweist eine Vielzahl von Neuerscheinungen auf dem Buchmarkt, von denen ich drei besonders erwähnen möchte:

Lesbian History Group: *Not a passing phase*
Rudolf Dekker/Lotte van de Pol: *Frauen in Männerkleidern*
Julie Wheelwright: *Amazons and military maids.*

Alle drei behandeln Beziehungen zwischen Frauen zu verschiedenen Zeitpunkten, alle Autorinnen (sowie der eine Autor) teilen Lützens Einschätzung, daß wir keine Aussagen über ihr Sexualverhalten machen können und daß es falsch wäre, Begriffe wie »lesbisch« oder »homosexuell« auf Menschen anzuwenden, die lebten, ehe es diese Begriffe und die dazugehörige (Sexual)wissenschaft gab. Das Buch der Lesbian History Group widmet sich englischen Frauen, von denen uns einige auch bei Lützen begegnen. Edith Simcox und George Eliot sind vertreten, aber auch Charlotte Brontë: Ein Beitrag zeigt auf, wie im Laufe des 20. Jahrhunderts Brontës Verliebtheit in einen Lehrer und die kurze Ehe am Ende ihres Lebens zum beherrschenden Motiv ihrer Biographien wurden, während man ihre lebenslange zärtliche Freundschaft zu Ellen Nussey systematisch verschwieg. Andere Beiträge behandeln Lehrerinnen in London oder die Jungmädchenliteratur der 20er Jahre oder scheinbar kuriose Themen wie die englische Volkstanzbewegung als Forum weiblicher Emanzipation.

Die beiden anderen Bücher behandeln Frauen, die sich zu verschiedenen Zeitpunkten als Männer ausgaben, in Heer und Ma-

rine Dienst taten, studierten, Duelle ausfochten und nicht selten sogar heirateten – und zwar andere Frauen. Vom 17. bis ins 20. Jahrhundert hinein läßt sich eine Vielzahl solcher Fälle belegen – gerade auch für den deutschsprachigen Raum. Anna Lühring aus Bremen, die ins Lützowsche Freikorps eintrat und unter dem Namen Eduard Kruse 1814 den Frankreichfeldzug mitmachte, ist nur ein willkürlich herausgegriffenes Beispiel. Haben wir es mit frühen Butch / Femme-Beispielen zu tun, fragen Autorinnen und Autor, und sie kommen wie Lützen zur Erkenntnis: Nein, denn Butch & Femme sind Produkte der lesbischen Subkultur des 20. Jahrhunderts, und es gibt keinen Grund, Frauen, die in anderen Epochen mit anderen Rollenbildern lebten, mit ihnen in einen Topf zu werfen.
Für überzeugende Aussagen über die Entwicklung der Beziehungen zwischen Frauen im deutschsprachigen Raum ist es angesichts der unbefriedigten Forschungssituation noch zu früh. Vieles weist darauf hin, daß sich auch hier die Entwicklung in etwa so vollzogen hat, wie Lützen es für Dänemark aufzeigt. Über die schwärmerische Freundschaft zwischen Bettine von Arnim und Karoline von Günderrode ist viel geschrieben worden. Allerdings fällt sie nicht in den von Lützen behandelten Zeitraum. Aber was ist z. B. mit Clara Fey? Alle Welt kennt das von ihr verfaßte Gebet »Müde bin ich, geh zur Ruh«, kaum jemand weiß, daß sie 1837 in Aachen ihre erste Mädchenschule gründete. Ihre Biographien beschreiben sie als »begnadete Erzieherin« – ob Clara Fey ihre Mitarbeiterinnen begehrt hat, wissen wir nicht. 1848 gründete sie den Orden der Schwestern vom Armen Kinde Jesu, der noch heute im Rheinland und in den Niederlanden eine Reihe von Mädchenschulen leitet. War es nur Frömmigkeit, die sie zu diesem Schritt bewog, oder wollte sie einfach mit ihren Schwestern und Schülerinnen ihre Ruhe haben? Und sie ist durchaus nicht die einzige Lehrerin, die im 19. Jahrhundert auch als Ordensgründerin hervortrat, eine Möglichkeit zur Schaffung von Frauengemeinschaften, die den von Lützen behandelten Lehrerinnen im lutheranischen Dänemark nicht offenstand. Tatsache ist übrigens, daß es in den 1960er Jahren durchaus üblich war, daß die alten weiblichen Lehrerinnen (kurz vor der Jahrhundertwende geboren) zu zweit zusammenlebten, während die jüngeren eigene Wohnungen hatten. Nach Lützens Einteilung hielten sich also die jüngeren an

die Regeln, die für die moderne Frau gelten, während die älteren, anders als in Dänemark, noch zu den Übergangsfrauen zu rechnen wären. Uns jungen Schülerinnen, obwohl sonst für jeden Skandal offen, ist niemals die Idee gekommen, diese tugendsamen alten Damen könnten ein anderes Begehren empfinden, als das nach einer guten Flasche Wein. Diese Beispiele zeigen, daß eine Untersuchung des deutschsprachigen Raumes durchaus auch Abweichungen ergeben könnte, schließlich gibt es, zumindest in katholischen Gegenden, auch heute immer noch viele reine Mädchenschulen – schlägt sich das in den Beziehungen zwischen Lehrerinnen und Schülerinnen oder unter den Schülerinnen nieder? Wir wissen es (noch) nicht.

Die deutsche Frauenbewegung geriet, wie in Dänemark, um die Jahrhundertwende rasch ins Kreuzfeuer der frischerfundenen Sexualwissenschaft – nicht umsonst zitiert Lützen ja auch eine reiche Auswahl deutscher Fachliteratur. An bekannten Frauenrechtlerinnen, die zusammenlebten, herrschte schließlich kein Mangel, nennen wir nur Lida Gustava Heymann und Anita Augspurg vom radikalen, Gertrude Bäumer und Helene Lange vom gemäßigten Flügel der deutschen Frauenbewegung. Daß beide Paare ihr Leben lang zusammenwohnten, wissen wir. Auf welche Weise sie einander begehrt haben mögen, wissen wir nicht. Wenn Bäumer/Lange 1910 für die Ausdehnung des Paragraphen 175 auf Frauen plädieren (»...die Maßregeln trage der Gerechtigkeitsliebe der Frauen Rechnung, denn sie beseitige eine uns nicht gerechtfertigt scheinende Begünstigung«), dann können wir daraus schließen, daß die beiden sich nicht als homosexuell definierten. Und warum sollten sie auch? Schließlich waren sie im Bewußtsein der begehrlosen Frauenliebe großgeworden und konnten sich vermutlich ebensowenig wie Natalie Zahle oder Henriette Skram in der »wissenschaftlichen« Darstellung perverser Lüstlinge wiedererkennen. Wie diese Frauen selber ihre Beziehungen sahen, wissen wir (noch) nicht.

Die Belletristik gibt uns, vor allem nach dem Ersten Weltkrieg, vage Anhaltspunkte – aber inzwischen hatte die Sexualwissenschaft ihren Siegeszug angetreten. Strindberg, Maupassant & Co. hatten auch in Deutschland ihre Nachfolger, die Liebe unter Frauen weiterhin aus dem verzerrten Blickwinkel des abgewiesenen Mannes darstellten. Stellvertretend für viele sei Alfred Döblin genannt, dessen Erzählung »Die beiden Freundinnen und ihr Giftmord« (1924) Claudia Schoppmann in ihrer Pionierarbeit *Der Skorpion* brillant analysiert. Christa Winsloë zeigt in *Mädchen in Uniform* eine Liebe zwischen Lehrerin und Schülerin, die an den Schranken der Konvention scheitert und mit dem Selbstmord der Schülerin endet. Clara Viebig greift in *Die mit den tausend Kindern* dasselbe Thema auf. Sie beschreibt das Dilemma einer Lehrerin, die aus Angst vor Sanktionen nicht wagt, die schwärmerische Liebe ihrer Schülerin anzunehmen. Viebig zeigt jedoch auch eine andere Lehrerin, die ihre Verlobung löst, um ihren Beruf nicht aufgeben zu müssen (was das Gesetz noch in den 20er Jahren von Lehrerinnen verlangte) und daraufhin als »unnatürlich« und »unweiblich« gebrandmarkt wird. Das Dogma der modernen Frau, für die aktives Hetero-Sexualleben als alleinseligmachendes Verhalten galt, war zum Bestandteil der Literatur geworden, auch wenn, wie das Beispiel Viebig zeigt, Frauen, die sich an andere Zeiten und andere Ideale erinnerten, immer noch dagegen protestierten.

Immerhin entwickelte sich für Frauen, die sich diesem Anspruch entzogen, in Berlin eine einzigartige Subkultur, was Lützen kurz skizziert und was Schoppmann in ihrer Studie *Der Skorpion* ausführlich darstellt. Radclyffe Halls *Quell der Einsamkeit* erschien 1929 in deutscher Übersetzung und wurde, anders als in Großbritannien, in der liberaleren Weimarer Republik nicht verboten. Die große Offenbarung war jedoch Anna Elisabeth Weirauchs Romantrilogie *Der Skorpion* (Bd. 1: 1919, Bd. 2: 1921, Bd. 3: 1931), nach der Schoppmann ihr Buch benannt hat – ein Roman, in dem lesbische Liebe als ganz normal und positiv dargestellt wird. Selbst in den millionenfach aufgelegten Romanen von Vicki Baum traten in den 20er Jahren Frauen auf, die andere Frauen sexuell begehrten – sie wurden zwar abgewiesen, wurden aber mit einer Sympathie dargestellt, die auch in unserer »offenen« Zeit alles andere als selbstverständlich ist. Und wenn Marlene Dietrich ihre »schöne Freundin« besang, so muß das durchaus mehrdeutig gewirkt haben in einer Zeit, in der enge Freundschaften zwischen Frauen bestenfalls als Zeichen der Unreife galten und durch die Sexualwissenschaft in Verruf gekommen waren.

Anders als in Dänemark und Großbritannien scheinen die

Jungmädchenbücher der Zwischenkriegszeit Mädchenfreundschaften und -gemeinschaften wenig gefördert zu haben. In Antiquariaten finden wir zwar Bücher mit Titeln wie *Wir sind sechs* (dessen Umschlag sechs lachende Backfische zeigt), aber die meistgelesenen Jugendbuchheldinnen waren stets in männlicher Begleitung. Nesthäkchen hatte Brüder, Försters Pucki hing ewig mit den Nachbarjungen zusammen, Professors Zwillinge waren Schwester und Bruder, und stets gab der Bruder den Ton an. Einzig der Trotzkopf darf ein schönes Jahr im Mädchenpensionat verbringen, wird aber noch im ersten Band verlobt. Wobei eine eingehendere Untersuchung der Jungmädchenliteratur zwischen 1910 und 1950 noch aussteht, wie so vieles.

Viele Forschungsaufgaben mögen in anderen Ländern leichter ausführbar sein – die Verfolgungen durch die Nazis zerschlugen nicht nur die homosexuelle Kultur in Deutschland, sondern vernichteten auch unersetzliches Quellenmaterial, Bücher, Archive (was Schoppmann genauer darstellt). Die 50er und 60er Jahre schließlich scheinen in Deutschland nicht anders gewesen zu sein als in Dänemark. Biederkeit und Bürgerlichkeit regierten, Beziehungen unter Frauen konnten nur im Verborgenen ausgelebt werden, wie die Lesbenforscherin Ilse Kokula in ihren Büchern beschreibt. Auch die kalten Krieger mischten sich ein. So verkündete 1951 ein Amtsgerichtsrat mit dem schönen Namen Gatzweiler in einer Broschüre, die in hoher Auflage erschien, alle Homosexuellen, Männer wie Frauen, seien von Moskau zu ihrem unsittlichen Treiben angestiftet und bildeten Vereine, um den Frieden der BRD zu gefährden. Daß in diesem Klima nur altehrwürdige Lehrerinnen ungeschoren zusammenwohnen konnten, liegt auf der Hand.

Und doch kommt Ilse Kokula, was die 50er Jahre angeht, zu einem Schluß, der eher an Natalie Zahle und ihre Mitarbeiterinnen denken läßt als an die Theorien des Sexualwissenschaftler:

»Lesbische Frauen hatten ein ungeheures Zusammengehörigkeitsgefühl – auch oder gerade deshalb – wenn sie sich auf der Straße begegneten und so taten, als kennen sie sich nicht. Der Begriff ›Kopf im Rollstuhl‹ brachte dies sehr genau zum Ausdruck. Sexualität war untergeordnet, wichtiger war die seelische Verbindung, das, was Frauen ausmacht.«

Gabriele Haefs
Juli 1990

Literatur

Die bürgerliche Frau

Bewußtsein

Fuller, Margaret: *Woman in the nineteenth Century*. London, 1845.
Klumpke, Anna: *Rosa Bonheur. Sa vie, son œuvre*. Paris, 1909.
Mit Liv. M. Zahles efterladte Papirer. Hrsg. Th. Moltke, Kopenhagen, 1914.
Muloch, Iris: *En Kvindes Tanker om Kvinden*. Kopenhagen, 1869.

Verhalten

André-Maurois, Simone: *George Sand – Marie Dorval*. Unveröffentlichte Korrespondenz. Paris, 1953.
Klumpke, Anna: *Rosa Bonheur. Sa vie, son œuvre*. Paris, 1909.
Memoirs of Margaret Fuller Ossoli. Band I und II, London, 1852.
Sand, George: *Marie Dorval*. In: Historie de ma vie, IV, Paris 1855.
Sand, George: *Marie Dorval*. In: Question d'Art et de Littérature. Paris, 1878.
Sand, George: *Traduction*. In: Journal intime. Postum veröffentlicht von Aurore Sand, Paris, 1926.

Das Patriarchat

André-Maurois, Simone: *George Sand – Marie Dorval*. Unveröffentlichte Korrespondenz, Paris, 1953.
Balzac, Honoré de: *Das Mädchen mit den Goldaugen*. Stuttgart, 1965.
Baudelaire, Charles: *Die Blumen des Bösen*. München, 1975.
Belot, Adolphe: *Mademoiselle Giraud – ma femme*. Paris, 1870.
Gautier, Théophile: *Mademoiselle de Maupin*. Stuttgart, 1965.
Houssaye, Arsène: *Les confessions. Souvenirs d'un demi-siècle. 1830–1880*. Bd. II. Paris, 1888.
Vigny, Alfred de: *La Colère de Sampson*. In: Les Destinées. Poemes philosophiques. Kritische Ausgabe, hrsg. von Edmond Estève. Paris, 1924.

Die Übergangsfrau

Bewußtsein

Aggersborg, Pauline: *Det sædelige Lighedskrav*. In: Kvinden og Samfundet. 1887.

Butler, Josephine: *Personal Reminiscences of a Great Crusade*. London, 1896.
Duurloo, Ellen: *Han skal herske over dig*. Kopenhagen, 1939.
Esche, Thora: *Erindringer. Fra mit Liv og min Gerning*. Kopenhagen, 1920.
Grundtvig, Elisabeth: *Nutidens sædelige lighedskrav*. Vortrag vor dem Dänischen Frauenverband, 16.3.1887. In: Kvinden og Samfundet, 1887.
Mit Liv. N. Zahles efterladte Papirer. Hrsg. Th. Moltke, Kopenhagen, 1914.
Schøyen, Elisabeth: *Den hvide Slavehandel*. Kopenhagen, 1914.
Skram, Henriette: *Er Pigeskolen overflødig?* In: Vor Ungdom, 1904.
Skram, Henriette: *Bør Ændringen af Kvindens retslige Stilling her i Landet kræve en Omdannelse af Barne- og Ungdomsskolen for Pigebørn?* In: Vor Ungdom, 1915.
Stampe Feddersen, Astrid: *Kan Kvindesagen og Sædelighedssagen skilles ad?* Kopenhagen, 1888.
Steinthal, Martha: *Natalie Zahles nærmeste Medarbejdere*. In: Natalie Zahle til Minde. Kopenhagen, 1927.
Thejll, K.: *Fra Festen paa N. Zahles Skole in Anledning af Hundredaarsdagen for Natalie Zahles Fødsel*. In: Bog og Naal, 1927.
Zahle, Natalie: *Om den kvindelige Uddannelse her i Landet. Et par Ord til Overvejelse*. Kopenhagen, 1873.
Zahle, Natalie: *Om Kvindens Uddannelse her i Landet*. In: Vor Ungdom, 1882.
Willard, Frances: *Glimpses of fifty Years*, Chicago, 1892.

Verhalten

Bondesen, Elisabeth: *Natalie Zahle*. In: Tilskueren, 1913.
Cather, Willa: *Not under Forty*. London, 1936.
Collis, Maurice: *Somerville and Ross*. London, 1968.
Cummins, Geraldine: *Dr. E. Œ. Somerville*. London, 1952.
Dobkin, Marjorie Housepain: *The making of a feminist*. Early Journals and letters of M. Carey Thomas. Kent, 1979.
Esche, Thora: *Erindringer. Fra mit Liv og min Gerning*. Kopenhagen, 1920.
Falbe-Hanse, Ida: *Mindeord om Natalie Zahle ved Aabningen af ›Den danke Pigeskole's Aarsmøde‹*. In: Bog og Naal, 1914.
Fenger, Augusta: *Erindringer*. Kopenhagen, 1932.
Fields, Annie: *Letters og Sarah Orne Jewett*. Boston, 1911.
Gertzen, Hansine: *Det gamle og det nye Skolehus*. Kopenhagen, 1877.
Gjøl-Korch, Vilhelmine: *Agnes Nyrop*. In: Kvinden og Samfundet, Nr. 14, Juli 1903.
Jacobsen, Lis: *Natalie Zahle*. In: Tilskueren, 1913.
Klumpke, Anna: *Rosa Bonheur. Sa vie, son œuvre*. Paris, 1909.
Koch, Margarethe: *Charlotte Munck*. Kopenhagen, 1941.

Martensen, Josepha: *Elise Bay. Et Karakterbillede*. Kopenhagen, 1917.
McKenzie, K. A.: *Edith Simcox and George Eliot*, Oxford, 1961.
Mit Liv. N. Zahles efterladte Papirer. N. Zahle i sit Liv og sin Virken af Henrietta Skram. Hrsg. Th. Moltke. Kopenhagen, 1914.
Nielsen, Nielsine: *Erindringer*. Kopenhagen, 1914.
Olivia (Dorothy Stratchey Bussy): *Olivia*. Berlin, 1983.
Roosevelt, Eleanor: *This is my story*. New York, 1937.
Røgind, Anna: *1927–1928*. In: Program for Comtesse Moltkes Pigeskole. Ved Skoleaarets Slutning. 1928.
A Selection from the Poems of Michael Field, London, 1923.
Skram, Henriette: *Nogle Mindeord om Frøken Zahle og hendes Klasselærerinder in Skolehuset ved Gammel Strand*. In: Bog og Naal, 1913 (1913–1).
Skram, Henriette: *Frøken Zahle som ung Lærerinde*. In: Vor Ungdom, 1913 (1913–2).
Somerville, E. Œ. & Martin Ross: *Irish Memoires*. London, 1918.
Sturge Moore, T. & D. C.: *Works and days*. From the Journal of Michael Field. London, 1933.
Thejll, K.: *Fra Festen paa N. Zahles Skole in Anledningen af Hundredaarsdagen for Natalie Zahles Fødsel*. In: Bog og Naal, 1927.
Zahle, Natalie: *Komtesse Th. Moltke of hendes Pigeskole*. In: Kristelig Dagblad, 1. 11. 1918.
Zahle, Vilhelmine: *Vildsomme Veje*. Kopenhagen, 1890.

Das Patriarchat

Brandes, Georg: *Arne Garborg*. In: Tilskueren, 1885.
Duc, Aimée: *Sind es Frauen?* Berlin, 1976.
Ellis, Havelock & John Addington Symonds: *Sexual Inversion*. London 1897. New York 1975.
Fenger, Augusta: *Erindringer*. Kopenhagen, 1932.
Forhandlinger paa Dansk Kriminalistforenings sjette Aarsmøde. Kopenhagen, 1908.
Fraenkel, Emanuel: *De Homosexuelle*, Kopenhagen, 1908.
Geill, Christian: *Læren om Psychopathia sexualis og den retsmedicinske Betydning*. In: Ugeskrift for Læger, 1903.
Goncourt, Edmond & Jules: *Journal*. Mémoires de la vie littéraire, XVIII. Monaco, 1956.
Goos, Carl: *Den danske Strafferets specielle Del*. Kopenhagen, 1895.
Göricke, Adolph: *Den kontraire Sexualfornemmelse*. In: Bibliotek for Læger, 1870.
Howitz, Frantz: *Bidrag til en Sundhedslære for Kvinder*. Kopenhagen, 1892.
Krafft-Ebing, Richard: *Psychopathia Sexualis*. Eine klinisch-forensische Studie. Stuttgart, 1886.
Krafft-Ebing, Richard: *Psychopathia Sexualis*. Stuttgart, 1907.

Maupassant, Guy de: *Madame Telliers Pensionat*. Leipzig, o. J.
Mendès, Catulle: *Mephistophéla*. Roman contemporain. Paris, 1890.
Mit Liv. N. Zahles efterladte papirer. Hrsg. Th. Moltke. Kopenhagen, 1914.
Pontoppidan, Knud: *Pervers Seksualitet*. In: Bibliotek for Læger, 1891.
Strindbergs Brev. Hrsg. Torsten Eklund. Bd. VII & VIII. Stockholm, 1961 & 1964.
Strindberg, August: *En Dåres Forsvarstale*. Kopenhagen, 1977.
Skal den unaturlige Last, paa Trods af Lovens klare Ord, være tilladt i Danmark? Kopenhagen, 1910.
»Tandem«: Den kontrære Sexualfornemmelse. Fragmenter til Oplysning. In: Bibliotek for Læger, 1892.
Vort Folks Skændsel. Talerne ved Borgermødet i Koncertpalæet, 30. 3. 1911. Kopenhagen, 1911.
Wedekind, Frank: *Lulu / Erdgeist*. München, 1986.
Wilcke, Julius Washington: *Om Homosexualitet*. In: Tidskrift for Retsvidenskab. 1908.
Zola, Emile: *La Fille au Théâtre*. In: Une Campagne 1880–1881. Paris, 1882.
Zola, Emile: *Nana*. München, 1975.

Die moderne Frau

Bewußtsein

Arenholt, Julie: *Beretning fra Udvalget angaaende Sædelighedsforbrydelser mod Børn*. In: Kvinden og Samfundet, 1923.
Auken, Kirsten: *Undersøgelser over unge kvinders sexuelle adfærd*. Kopenhagen, 1953.
Bang, Ellen: *Er bestemmelserne i Straffelovsudkastet om Sædelighedsforbrydere tilfredsstillende*. In: Kvinden og Samfundet, 1924.
Bankhead, Tallulah: *Tallulah*. London, 1952.
Bendix, Karen Stampe: *Fra mit Livs Tjørnekrat*. Kopenhagen, 1960.
Bjerresø, Karen: *Ene mod mange*. Kopenhagen, 1946.
Brask, Birte Høeg: *Puberteten*. Den psykiske Udvikling. In: Lægebog for Kvinder. Kopenhagen, 1954.
Casal, Mary: *The stone Wall*. An Autobiography. Chicago, 1930 / New York, 1975.
Dahl, Valborg: *Skolepiger*. Kopenhagen, 1922.
Davis, Maxine: *Facts About the Menopause*, o. O., 1951.
Davis, Maxine: *The Sexual Responsibility of Woman*, o. O., 1956.
Dederding, Dida: *Sundhedslære for unge Kvinder*. Kopenhagen, 1941.
Delarue-Mardrus, Lucie: *Mes Mémoires*. Paris, 1938.
Dickson, Lovat: *Radclyffe Hall at the Well of Loneliness*. London, 1975.
Duurloo, Ellen: *Lukke den runde ring*. Kopenhagen, 1951.

Fleuron, Kate: *Vi er Ungdommen*. Dansk Ungdom fortæller om sig selv. Kopenhagen, 1943.
Gad, Emma: *Takt og Tone*. Hvordan vi omgaas. Kopenhagen, 1919.
Gill, Brendan: *Tallulah*. London, 1973.
Greer, Germaine: *Der weibliche Eunuch*. Berlin, 1972.
Hammerich, Clara: *Afsporet*. Kopenhagen 1939.
Hansen, Aase: *Drømmen om i gaar*. Kopenhagen, 1939.
Henningsen, Agnes: *Skygger over vejen*, Kopenhagen, 1955.
Holst, Nina: *Sanne, hvorfor lyver du?* Kopenhagen, 1944.
Hull, Edith: *The Sheik*, o. O., 1919.
Jensen, Gertrud: *Alting er en overgang – sagde ræven*. Kopenhagen, 1957.
Konstantin-Hansen, Elise: *Små kapitler af et langt liv*. Odense, ²1944.
Lading, Aagot: *Dansk Kvindesamfunds Arbejde gjennom 25 Aar*. Kopenhagen, 1939.
Luhan, Mabel Dodge: *Intimate Memoirs*. London, 1933.
Lütken, Hulda: *Lys og Skygge*. Gedichte. Kopenhagen, 1927.
McCarthy, Mary: *Die Clique*. München, 1964.
Moore, Grace: *You are only human once*, o. O., 1944.
Michaelis, Karin: *Den farlige Alder*. Kopenhagen, 1910.
Michaelis, Karin: *Vidunderlige Verden*. Kopenhagen, 1950.
Nedergaard, Meta: *Thi Adam dannedes først*. Fredericia, 1942.
Pougy, Liane de: *Mes Cahiers bleus*. Paris, 1977.
Rasmussen, Gerhard: *Vi er ogsaa Ungdommen*. Kopenhagen, 1944.
Sand, Knud: *Den legale kastration*. 10 aars erfaringer med legal kastration i Danmark. In: Nordisk Tidsskrift for Strafferet, 1939.
Sanger, Margaret: *Woman and the New Race*, o. O., 1920.
Sheean, Vincent: *Dorothy & Red*. London, 1964.
Smirnoff, Karin: *Strindbergs første Hustru*. Kopenhagen, 1948.
Spies, Margarethe: *Vi nærmer os de fyrre*. Kopenhagen, 1950.
Stopes, Marie Carmichael: *Ægteskabelig Lykke*. Kopenhagen, 1921.
Strauss, Richard & Hugo von Hofmannsthal: *Briefwechsel*. Zürich, 1952.
Tillich, Hannah: *From Time to Time*. New York, 1973.

Verhalten

Barney, Natalie Clifford: *Souvenirs Indiscrets*. Paris, 1960.
Bell, Anne Olivier: *The Diary of Virginia Woolf*. Vol. II, 1920–1924, London, 1978. Vol. III, 1925–1930, London, 1980. Vol. IV, 1930–1935, London, 1982.
Casal, Mary: *The stone Wall*, An Autobiography. Chikago, 1930/New York, 1975.
Connie: *Ungdomsbanden på Admiralkroen*. Interview von Karin Lützen, 1985.
Delarue-Mardrus, Lucie: *Mes Mémoires*. Paris, 1938.

DeSalvo, Louise & Mitchell A. Leaska: *The Letters of Vita Sackville-West to Virginia Woolf*. London, 1984.
Dickson, Lovat: *Radclyffe Hall at the Well of Loneliness*. London, 1975.
Frederics, Diana: *Diana*. Kopenhagen, 1964.
Glendinning, Victoria: *Vita Sackville-West*. Frankfurt, 1990.
Hall, Radclyffe: *Quell der Einsamkeit*. Leipzig, 1929.
Highsmith, Patricia: *Carol*. München, 1990.
Holk, Agnete: *Et Vildskud*. Kopenhagen, 1941.
Jullian, Philippe & John Phillips: *Violet Trefusis*. Life and Letters. London, 1976.
Nicolson, Nigel: *Portraet af et aegeskab*. Kopenhagen, 1978.
Nicolson, Nigel: *A Change of Perspective*. The Letters of Virginia Woolf. Vol. II: 1923–1928. London, 1977.
Nicolson, Nigel: *A Reflection of the Other Person*. The Letters of Virginia Woolf. Vol. IV, 1929–1931. London, 1978.
Nicolson, Nigel: *The Sickle Side of the Moon*. The Letters of Virginia Woolf. Vol. V: 1932–1935. London, 1979.
Ponse, Barbara: *Identities in the Lesbian World*. Westport, 1978.
Sackville West, Vita: *Challenge*. London, 1974.
Troubridge, Una: *The Life and Death of Radclyffe Hall*. London, 1961.
Woolf, Virginia: *Orlando*. Frankfurt, 1978.

Das Patriarchat

Færgeman, Poul M.: *Perversiteter, Pornografi og Forargelse*. Kopenhagen, 1965.
Gammeltoft, Svend Aage: *Kvinden i Sundhed og Sygdom*. Band I. Odense, 1946.
Geert-Jørgensen, Einar: *Hverdagsproblemer og sindslidelser*. Kopenhagen, 1956.
Hegeler, Inge & Sten: *Kærlighedens ABZ*. Kopenhagen, 1961.
Hvorfor et de sådan? Et studie over homosexualitetens problemer. Hrsg. Dr. Jarl Wagner Smitt. Kopenhagen 1951.
Jersild, Jens: *Hvad unge bør vide om Homoseksualitet, Prostitution, Sædelighedsforbrydelser og Kønssygdomme*. Kopenhagen, 1959.
Kinsey, Alfred C.: *Sexual Behavior in the Human Female*. Philadelphia, 1953.
Leunbach, J. H.: *Kønslivets problemer i nutiden*, Kopenhagen, 1926.
Lotinga, Aage: *De sexuelt afsporede og samfundet*. Kopenhagen, 1947.
Næsgaard, Sigurd: *Psykoanalyse*. Band II. Kopenhagen 1933.
Olsen, Henry: *En Læges Vejledning*. Kopenhagen, 1945.
Tofte, Axel: *Seksuel Hygiejne*. Kopenhagen, 1941.
Vort Folks Skændsel. Talerne ved Borgermødet i Koncertpalæet. Kopenhagen, 1911.

Voss, Tage: *Sexologi for hvermand*. Kopenhagen, 1972.
Wieth-Knudsen, Knud Asbjørn: *Feminismen*. Kopenhagen, ²1930.

Die Frau der Gegenwart

Abbot, Sidney & Barbara Love: *Sappho was a right-on-woman*, New York, 1972.
Against Sadomasochism. A radical feminist analysis. Hrsg. Robin Ruth Linden u. a. East Palo Alto, 1982.
Brantenberg, Gerd: *Vom anderen Ufer*. München, 1983.
Brøgger, Suzanne: *Forførelse og Hengivelse*. Kopenhagen, 1980.
Califia, Pat: *Sapphistrie. Weibliche Sexualität*. Berlin, 1981.
Califia, Pat: *Feminisme og sadomasokisme*. In: HUG! 36/1983.
Clod, Bente: *Sieben Sinne*. Frankfurt, 1982.
Clod, Bente: *Vent til du hører mig le*. Kopenhagen, 1983.
Cruikshank, Margaret: *The Lesbian Path*. Tallahassee, 1980.
Daly, Mary: *Gyn/Ökologie*. Die Metaethik des Radikalen Feminismus. München, 1982.
French, Marilyn: *Frauen*. Reinbek, 1978.
Friday, Nancy: *Die sexuellen Phantasien der Frauen*. Reinbek, 1980.
Frye, Marilyn: *The Politics of Reality: Essays in Feminist Theory*. New York, 1983.
Garde, Karin & Inge Lunde: *Voksne Kvinder*. Kopenhagen, 1982.
Greer, Germaine: *Køn og Skæbne*. Kopenhagen, 1984.
Hertoft, Preben: *Klinisk Sexologi*. Kopenhagen, 1976.
Hite, Shere: *The Hite Report*, o. O., 1976.
Højgaard, Gunna: *Kære Foreldre*. Lesbiske fortæller om deres forhold til familien, Kopenhagen, 1978.
Johnston, Jill: *Lesbennation*. Berlin, 1977.
Jong, Erica: *Rette sich wer kann*. Frankfurt, 1980.
Kvinde, kend din krop. Hrsg. Brita Wielopska u. a., Kopenhagen, 1975.
Kvinde, kend din krop. Hrsg. Hanne Fokdal u. a., Kopenhagen, 1983.
Lesbianism and the Women's Movement. Hrsg. Nancy Myron & Charlotte Bunch. Baltimore, 1975.
Marcus, Maria: *Die furchtbare Wahrheit*. Frauen und Masochismus. Reinbek, 1980.
Millett, Kate: *Sita*. München, 1989.
Nestle, Joan: *Butch-Fem Relationships*. Sexual courage in the 1950's. In: Heresies. Sex Issue. 1981.
On Our Backs. Entertainment for the Adventurous Lesbian. Erscheint vierteljährlich seit 1984. P.O. Box 421916. San Francisco, Ca, 94142. USA.
Our right to love. A lesbian resource book. Hrsg. Ginny Vida. Englewood Cliffs, 1978.

Out of the closets. Voices of the Gay Liberation. Hrsg. Karla Jay & Allen Young. New York, 1972.
Rich, Adrienne: *On Lies, Secrets and Silence.* New York, 1979.
Rifbjerg, Klaus: *Jeg skal nok.* Kopenhagen, 1984.
Samois: *Coming to power.* Writing and graphics on lesbian S/M. Boston, 1982.
Stanley, Julia Penelope & Susan J. Wolfe: *The coming out stories.* Watertown, 1980.
Talking Sex: A Conversation of Sexuality and Feminism. Hrsg. Deidre English u. a. In: Feminist Review, Nr. 11/1982.
Vance, Carole S.: *Pleasure and Danger.* Exploring female sexuality. Boston, 1984.
Vasbo, Vibeke: *Al den løgn om kvinders svaghed.* Kopenhagen, 1976.

Nachwort

Baum, Vicki: *Stud. chem. Helene Willfüer.* Berlin, 1929.
Dekker, Rudolf & Lotte van der Pol: *Frauen in Männerkleidern.* Weibliche Transvestiten und ihre Geschichte. Berlin, 1990 (aus dem Niederländ.).
EMMA, Köln, Juni 1990.
Haefs, Gabriele & Manfred Sell: *Die Herren Damen – die Damen Herren.* Transvestiten im Volkslied und ihre geschichtlichen Vorbilder. Rundfunkmanuskript, WDR Köln, 19.3.1985.
Kokula, Ilse: *Jahre des Glücks, Jahre des Leids.* Gespräche mit älteren lesbischen Frauen. Kiel, 1986.
Kokula, Ilse: *Wir leben nicht mehr, wir sind gelitten.* Lesbisch Leben in Deutschland. Köln, 1987.
Kokula, Ilse: *Lesbisch Leben in den 50er Jahren.* In: Hamburger Frauenzeitung, 6/1990.
Lesbian History Group: *Not just a passing phase.* Reclaiming Lesbians in History. 1840–1985. London, 1989.
Schoppmann, Claudia: *Der Skorpion.* Frauenliebe in der Weimarer Republik. Kiel, 1985.
Torsy, Jakob (Hrsg.): *Der große Namenstagskalender.* Freiburg, ^{6}1976.
Viebig, Clara: *Die mit den tausend Kindern.* Stuttgart, 1929.
Wall, Renate: *Verbrannt, verboten, vergessen.* Kleines Lexikon deutschsprachiger Schriftstellerinnen 1933–1945. Köln, 1988.
Wheelwright, Julie: *Amazons and Military Maids.* Women who dressed as men in pursuit of life, liberty and happiness. London, 1990.
Winsloë, Christa: *Mädchen in Uniform.* München, 1983.

Namensregister